U0840224

国家社科基金项目“三至六世纪门阀士族与史学发展关系研究”(项目批准号：13BZS003)最终成果

安庆师范大学学术著作出版基金资助

国家社科基金丛书

GUOJIA SHEKE JIJIN CONGSHU

三至六世纪门阀士族与史学发展关系研究

Great Clans and the Development of Historiography in the 3rd–6th Centuries

金仁义 著

人民出版社

目　　录

绪　论

士族发轫于两汉,形成于魏晋,兴盛于东晋南北朝,消融于唐末五代。“士族”①一词频见于中古正史,如《晋书·许迈传》载:“许迈字叔玄,一名映,丹阳句容人也。家世士族,而迈少恬静,不慕仕进”②;《宋书·竟陵王诞传》载:“上乃使有司奏曰:‘……加以营宇制馆,僭拟天居,引石征材,专擅兴发,驱迫士族,役同舆皁,殚木土之姿,穷吞并之势’”③;《南齐书·贾渊传》载:“渊父及渊三世传学,凡十八州士族谱,合百帙七百余卷,该究精悉,当世莫比”④;《陈书·世祖本纪》载:天嘉元年二月诏“其衣冠士族,预在凶党,悉皆原宥;将帅战兵,亦同肆眚,并随才铨引,庶收力用’”⑤;《南史·沈怀文传》云:“上又坏诸郡士族以充将吏,并不服役,至悉逃亡”⑥;《魏书·宋弁传》载:“时大选内外群官,并定四海士族,弁专参铨量之任,事多称旨”⑦;《北齐书·

---

① 中古史籍常见有如“士族”“门阀”“世族”“势族”等称谓,毛汉光将这些钩稽出来共计28种,认为其实皆是指士族群体。详见毛汉光:《两晋南北朝主要文官士族成分的统计分析与比较》,见氏著:《中国中古社会史论》,上海书店出版社2002年版,第141页。下引所见“士族”一词,有出自帝王诏书,有出自朝臣奏章,有出自时人口头对话,也有出自学者撰著用名,可见当时“士族”一词使用具有一定普遍性。仇鹿鸣对士族也有一些新的认识可供参考。见氏著:《魏晋之际的政治权力与家族网络》,上海古籍出版社2015年版,第31—35页。

② 《晋书》卷八十《王羲之传》附《许迈传》,中华书局1974年版,第2106页。

③ 《宋书》卷七十九《竟陵王诞传》,中华书局1974年版,第2029页。

④ 《南齐书》卷五十二《贾渊传》,中华书局1972年版,第907页。

⑤ 《陈书》卷三《世祖本纪》,中华书局1972年版,第49页。

⑥ 《南史》卷三十四《沈怀文传》,中华书局1975年版,第890页。

⑦ 《魏书》卷六十三《宋弁传》,中华书局1974年版,第1415页。

慕容俨附库狄伏连传》载:"性又严酷,不识士流。开府参军多是衣冠士族,伏连加以捶挞,逼遣筑墙"①;《北史·裴让之附裴谳之传》载:"次谳之,字士平,七岁便勤学,早知名。累迁司徒主簿。杨愔每称叹曰:'河东士族,京官不少,唯此家兄弟,全无乡音'"②;等等。作为中古最为活跃的社会阶层③,士族有着多方面的历史内涵。余英时认为士族的形成,主要有两个渠道:"一方面是强宗大姓的士族化,另一方面是士人在政治上得势后,再转而扩张家族的财势。这两方面在多数情形上当是互为因果的社会循环。"④就此而言,士族形成之初便至少在政治、经济、文化中都具有特别的含义。一些学者积极呼应这一解读,将其士族研究基于"士族"聚政治、社会、文化意义于一体的历史概念来展开。⑤但实际上,士族发展至三世纪以降,其历史内涵有所延伸,更为丰富。苏绍兴论两晋南朝之士族,便说:"论政治,世族藉九品中正垄断高官厚禄;论经济,世族多厚自封殖,享用豪奢;论文化,世族得出入经籍,谈说属文;论社会,世族卑视寒人,自为婚嫁。"⑥士族群体的独特性,于政治、经济、文化与社会等方面,都有相当充分的表现。虽然士族这些历史内涵已基本为当今学界共认,但有鉴于兴趣和视

① 《北齐书》卷二十《慕容俨附库狄伏连传》,中华书局 1972 年版,第 283 页。

② 《北史》卷三十八《裴让之附裴谳之传》,中华书局 1974 年版,第 1386 页。

③ 对于士族的界定,学界众说纷纭,并无一个统一的标准。唐长孺先生认为士族是个动态的群体,其内部长期存在着起伏升降,至南朝时士族队伍尚在不断扩大,他提出"元嘉二十七年规定诸官,我以为多半是'寒微士人为之'的流外官和'仍为清浊'的流内卑官,即是最起码的士族标志。"(《士族的形成和升降》,见《魏晋南北朝史论拾遗》,中华书局 1983 年版,第 72 页)。毛汉光对士族确认标准有一个认识进步的过程,最终他在所著《两晋南北朝主要文官士族成分的统计分析与比较》中确定说:"三代之中有二代居官五品以上,同时合于这两个条件者,视为士族。"(《中国中古社会史论》,第 144 页)田昌五于本世纪初继续对这一问题进行探索与反思,提出"按官品划分,士庶之别应以五品为界限"的说法(《魏晋士族制度的历史考察——兼评陈寅恪的士族说》,《学术研究》2000 年第 1 期)。本书秉唐长孺先生之说,着眼于士族为动态群体,并认为在士族门第形成后,其门阀地位并不专以仕宦为据,对士族阶层的考察持相对开放的态度,并不专指一般常见的高门,在确立士族身份时参考王伊同《五朝门第·高门权贵婚姻世袭表》、杨勇校笺《世说新语校笺》第四册《世说新语汪藻人名谱校笺目录》及毛汉光的整理分析等。

④ 余英时:《士与中国文化》,上海人民出版社 1987 年版,第 222 页。

⑤ 毛汉光:《中古士族性质之演变》,《中国中古社会史论》,第 70—105 页。

⑥ 苏绍兴:《论"江左世族无功臣"》,载氏著:《两晋南朝的士族》,联经出版事业公司 1987 年版,第 19 页。

角各自有异，学者对士族关注角度并非完全一致，待发之覆仍是多有，再研究仍是必要。比如史学史角度对士族的考察，学界即并未多见。而从社会群体出发去考察史学之发展，在史学史领域中也属稀有。因此，基于三世纪以降士族尤为活跃，又基于这一时期史学的特别兴盛①，本课题即选择三至六世纪为考察时段，探讨这一时期士族群体与史学发展之关系。以下针对本课题扼要梳理下学界研究现状，并简要介绍研究基本思路、方法及主要内容。

一、课题研究现状

学界一向视三至六世纪的中国为士族社会，门阀士族恒为这一时期历史研究的重要课题，海内外的研究成果均十分丰富，代表性著作有杨筠如《九品中正与六朝门阀》、王伊同《五朝门第》、田余庆《东晋门阀政治》、刘驰《六朝士族探析》、陈爽《世家大族与北朝政治》、范兆飞《中古太原士族群体研究》②，港台毛汉光《两晋南北朝士族政治之研究》③、苏绍兴《两晋南朝的士族》，以及日本矢野主税《门阀社会形成史》、川胜义雄《六朝贵族制社会研究》、越智重明《魏晋南朝的贵族制》、中村圭尔《六朝贵族制研究》④，等等。这些研究共同之处在于都对门阀士族作以政治层面上的考察。其他如唐长

① 钱穆论及东汉至隋的史学演进时说："这一段时期就是中国史学史特别值得我们注意的时期。向上面讲，上面还根本没有独立的史学，向下面讲，诸位再看《唐书·艺文志》，一路看下，才知这一时期的史学，还要高出于唐代。中国的史学怕只有两个时代很盛，一便是这一期，再有一个时期，便是宋。"见氏著：《中国史学名著》，三联书店 2005 年版，第 122 页。

② 参见杨筠如：《九品中正与六朝门阀》，商务印书馆 1930 年版；王伊同：《五朝门第》，中华书局 2006 年版（此书初版于 1943 年 11 月，由成都金陵大学中国文化研究所刊行油印本；1978 年香港中文大学出版社出版修订版铅印本）；田余庆：《东晋门阀政治》，北京大学出版社 2012 年版（此书初版于 1989 年，再版于 1991 年，三版于 1996 年，四版于 2005 年，均由北京大学出版社出版）；陈爽：《世家大族与北朝政治》，中国社会科学出版社 1998 年版；刘驰：《六朝士族探析》，中央广播电视大学出版社 2000 年版；范兆飞：《中古太原士族群体研究》，中华书局 2014 年版。

③ 毛汉光：《两晋南朝士族政治之研究》，中国学术著作奖助委员会 1966 年版。

④ 矢野主税：《门阀社会形成史》，国书刊行会 1976 年版；川胜义雄：《六朝贵族制社会研究》，上海古籍出版社 2008 年版（初版于 1982 年，由日本岩波书店刊行）；越智重明：《魏晋南朝的贵族制》，研文出版社 1982 年版；中村圭尔：《六朝贵族制研究》，风间书房 1987 年版。

孺、周一良、王仲荦、祝总斌、刘琳等一些长期研治魏晋南北朝史专家们的学术旨趣也大多与他们保持一致,对门阀士族存在形态与升降兴衰等问题论述较多。20 世纪 80 年代后期,国内学界逐渐发展了陈寅恪的文化士族说,开始将文化与政治、经济、军事一起视为支撑门阀士族的四大支柱,有关士族的文化研究日渐增多,但重点集中于士族的哲学、宗教、文学与婚姻等方面。综观学界现有士族研究,多数仍落在以婚宦论士族上,往往忽视士族与史学的考察,即便关注到史学,也多限于士族史学撰述成就简介而不及其余。

从史学角度论及士族,学界也有着一个发展过程。囿于传统史学史研究影响,20 世纪 80 年代以前,如金毓黻、蒙文通、李宗侗及日本内藤湖南等学者史学史研究尚不曾论及士族与史学。改革开放后,这一局面明显改观。自白寿彝呼吁关注"史学的社会作用的发展进程"①以来,大陆治史学史者与治谱学者对士族与史学关系的重视和论述渐渐增多②,所持观点可以瞿林东为代表,即认为家史、谱牒和别传的兴盛都是门阀士族的政治要求和意识形态在史学上的表现形式。③ 这些成果多秉承了社会意识反映社会存在这一研究模式。台湾学界则呈别具一格的特色,如逯耀东《魏晋史学的思想与社会

① 白寿彝:《中国史学史上的两个重大问题》,《中国史学史论集》,中华书局 1999 年版,第 397 页。

② 瞿林东:《试论汉唐史学中的家学传统》,《辽宁大学学报》1981 年第 2 期;李颖科:《孙盛史学初探》,《西北大学学报》1984 年第 4 期;尹达:《中国史学发展史》,中州古籍出版社 1985 年版;卫广来:《袁宏与〈后汉纪〉》,《山西大学学报》1985 年第 3 期;白寿彝:《中国史学史(第一册)》,上海人民出版社 1986 年版;刘隆有:《士族门阀制度与魏晋南北朝史学》,《齐鲁学刊》1986 年第 2 期;施丁:《中国史学简史》,中州古籍出版社 1987 年版;庞天佑:《门阀士族与魏晋南北朝时期的史学》,《湛江师范学院学报》1994 年第 2 期;耿敬:《谱学,鼎盛于魏晋南北朝时期的家族档案学》,《上海档案》1994 年第 5 期;张泽咸:《谱牒与门阀士族》,载《中国史论集——纪念杨志玖教授八十寿辰》,天津古籍出版社 1994 年版;杨冬荃:《六朝家谱研究》,载《谱牒学研究》第四辑,书目文献出版社 1995 年版;张承宗:《〈汉晋春秋〉在史学上的影响》,《史学史研究》1996 年第 2 期;瞿林东:《〈魏晋隋唐间的河东裴氏〉序》,《晋阳学刊》1998 年第 2 期;孙达人:《论族谱与传统史学》,载《中国谱牒研究》,上海古籍出版社 1999 年版;周征松:《魏晋隋唐间的河东裴氏》,山西教育出版社 2000 年版;李传印:《魏晋南北朝时期谱学的时代特点》,《华中科技大学学报》2004 年第 2 期;李小树:《秦汉魏晋南北朝史学史稿》,中国人民大学出版社 2007 年版;等等。

③ 瞿林东:《中国史学史纲》,北京出版社 1999 年版,第 273—274 页。

基础》以杂传为中心，将士族群体与魏晋史学发展的社会基础联系起来。① 这一视角后来在大陆学者胡宝国《汉唐间史学的发展》②中得到继承。逯、胡二位先生的研究使士族与史学关系的探讨有了更为广阔的发展空间，应当得到学界更高的重视和更多的继承、拓展，但就目前来看，响应者仍是寥寥。

以上学者研究成果有力地推进了三至六世纪士族与史学相关问题的研究，但限于种种因素，该领域仍存在未曾涉及或忽视的重要内容，这些欠缺主要体现如下：

首先，一些学者专注于史学对士族意识与门阀形态的反映，这同士族与史学关系的全貌尚有距离。三至六世纪史学相当繁荣，士族参与到当时史官建设、历史教育、史学传授与研究、史学撰述等方方面面，引领了史学发展方向。士族还在仕进干禄、社会交往等方面借重史学，视史学为展开政治斗争和思想斗争的武器。这些都是目前学界研究薄弱之处。

其次，对士族与史学关系系统性研究欠缺。虽然学界都认同士族社会与史学繁荣是中国三至六世纪的基本时代特征，两方面各自研究成果均十分丰富，但统合二者进行专门研究的则仅有刘隆有《士族门阀制度与魏晋南北朝史学》、庞天佑《门阀士族与魏晋南北朝时期的史学》等单篇论文。整体来看，士族与史学关系的综合研究，不仅数量极为有限，而且也相对单薄。这同士族、史学在三至六世纪的特殊地位，同这一时期门阀士族与史学长时期、多层次的互动，都极不相称。而与此形成鲜明对照的是，学界士族与文学研究方面的成果不仅丰富得多，也深入得多。因此，士族与史学关系的课题不仅有着广阔的发展空间，也亟须史学领域更多的投入。

---

① 逯耀东：《魏晋史学的思想与社会基础》，中华书局 2006 年版。原书由台湾东大图书公司于 2000 年出版，2006 年由东大图书公司授权中华书局出版简体字版。

② 胡宝国：《汉唐间史学的发展》，商务印书馆 2003 年版。

二、本书的研究思路、方法及内容

本书以中观维度的士族群体为出发点，将士族群体与史学发展互动关系作为研究对象，立足前贤时辈丰硕成果，从史料的爬梳与整理出发，勾勒三至六世纪士族参与史学建设的整体面貌，厘清士族史学成就。以此为基础，发掘这一时期史学撰述中的士族主体意识，探讨史学针对士族社会功能的发挥，最后对士族与史学互动进行理论总结，与学界有关成果进行对话。

本书涉及范围和领域较广，结合学科特色，采用史学史与社会史等多学科研究方法：在检讨士族参与史学建设和借重史学诸现象时运用统计和归纳，历史比较与横向比较结合，宏观审视与微观剖析结合；整理士族史学成就和探寻士族主体意识时注意个案研究和整体研究结合；在做理论与宏观阐述时，运用当代史学理论作为评论根据；具体考证与微观分析时，采取历史主义原则。

本书力求在以下几个方面获得突破：一、引入社会史视角，从社会群体意识和行为研究出发探讨三至六世纪史学的发展动因；二、对三至六世纪士族与史学关系进行系统研究，提出并详细检讨士族对史学的参与、引领与借重；三、对三至六世纪有关史书辑本及墓志进行研究；四、如士族间史学交游、士族兴衰与史学撰述旨趣变动的研究等，这些研究都具有一定的创新意义。

三至六世纪士族与史学之间的互动，是理解这一时期史学高度繁荣，把握士族文化成就，认识士族社会时代特征的锁钥之一。以下简单介绍本书篇章结构与大致内容：

1. 士族对史学建设的参与。士族对史学的参与，不限于诸如在谱牒、杂传撰述中烙上门阀印记等学界习见论题上，而是全方位、多层次的。本书在较为广阔的视野上进行考察，分析三至六世纪士族的群体属性及其参与史学建设的热情和能力。士族对前期史学的传承、对史官制度建设的推进、士族与历史教育的发展、士族在史学撰述群体中的地位等，均充分体现出士族参与史学建设的深度与广度。课题对这些问题展开检讨，并由此讨论三至六世纪时期史学在外部环境发生变化的情况下出现的新动力。

2. 士族对史学发展的引领。通过文献的检阅，梳理三至六世纪士族群体在史学撰述和史学思想等方面的成就，并与其他社会群体史学成就作适度比较，分析士族对史学独立的推动和对正史悬诸令典地位、史学理论化发展方向的引领，讨论和总结士族史学成就的特色和历史地位。

3. 史学撰述中的士族主体意识。通过文本解读，从士族的各部类史学撰述中发掘士族独特的主体意识，并对士族的史学撰述旨趣异同进行比较分析，进而和学界现有成果对话，讨论三至六世纪士族社会的时代特征。

4. 士族对史学的借重。对现存三至六世纪经、史、子、集诸部文献及墓志碑铭、辑佚之书等进行爬梳，整理士族在政治生活（仕进干禄与政治斗争等，如两晋士族起家著作机构现象、南朝多由文史标准选官、处理政治热点和政治难题借重史学、孙盛与袁宏等裁制桓温的撰史活动等）、社会生活（婚媾与社会交游等）以及儒释道社会思潮传播中借重史学的各种表现，分析史学对士族的反向作用。

5. 结语，对士族与史学关系的总结。从士族主体出发，对三至六世纪士族与史学之间的互动进行总体评析和理论探索，讨论士族对三至六世纪史学独特发展道路的推进，并与学界相应成果对话，得出一般结论。

第一章　士族与三至六世纪的史学建设

时代学术必经建设而后有所发展，三至六世纪的史学也是如此。但凡留意中古史学者，往往会关注到这一时期史学相当繁荣，以及其繁荣背后所存在的多重原因。三世纪以降，政权林立，社会长期动荡，多元化社会思潮分流并进，史学发展的外部环境相较两汉有着很大变化。但史学发展却势头更劲，史风大盛，这就促使我们在考虑外在因素之余，恐怕更需思考史学内部建设。这一时期，史官制度化建设进入相对快速发展时期，历史教育新发展也为史学繁荣提供了学术根基和社会土壤，而更多史家竞相投身到史学撰述之中，以自身的史学实践最终实现了史学之繁荣。从史官制度建设到历史教育再到史学撰述，都离不开史学建设主体，士族与三至六世纪史学建设关系也由这一逻辑起点而出发。

第一节　士族与三至六世纪史官制度建设

一、士族与三国两晋史官制度

1. 三国两晋史官制度的演进

两汉至魏是史官制度发生重大转折的历史时期。两汉处于史官制度的重构阶段,前后汉均未设专门记言记事之官,但以他职兼掌史职的现象是存在的。司马迁父子以太史令而修史,这在两汉并不是一种普遍现象。太史令最初兼具天官与史官之特点,后来职掌发生变动,天官与史官分离。班固居任的兰台令史,是东汉较早设置的史官,虽有兼职,但主要任务还是撰史,因此有学者视其为专门史官。① 稍晚,东汉史官建设出现了值得注意的新变化,刘知幾说:"自章和以后,图籍盛于东观。凡撰《汉记》,相继在乎其中,而都为著作,竟无他称。"②东观著作的出现,"为以后的史官组织制度和国史著作制度的形成作了前期准备,它兆示着一种新的史官制度即著作官制度的产生。"③这种新的史官制度,在随之而来的三国初期即渐为成型。

众所周知,魏、蜀、吴立国形势颇有不同,立国之后内政格局也颇有不同,三国之间的史官制度形态亦有较为明显的差异。其中发展较快、对后期影响较大的当属曹魏的著作官制。

曹魏出现专职的著作郎,是在魏明帝年间。唐修《晋书》述及汉魏史官变化,云:"著作郎,周左史之任也。汉东京图籍在东观,故使名儒著作东观,有其名,尚未有官。魏明帝太和中,诏置著作郎,于此始有其官,隶中书省。"④魏齐王芳继立后,又添置佐郎,为著作郎属官。牛润珍综合《唐六典》《通典》所见,断置佐郎时约在嘉平以后。⑤ 曹魏时期著作郎员 1 人,品秩第六;著作佐郎员 3 人⑥,品秩第七。著作郎与著作佐郎分工明确,刘知幾以为"佐郎职知博采,正郎资以草传"⑦。《通典》卷二十一《职官八》还说:"自魏至晋,起居注

① 牛润珍:《汉至唐初史官制度的演变》,河北教育出版社 1999 年版,第 42 页。

② 刘知幾撰,浦起龙释:《史通通释》卷十一《史官建置》,上海古籍出版社 2009 年版,第 286—287 页。

③ 牛润珍:《汉至唐初史官制度的演变》,第 42 页。

④ 《晋书》卷二十四《职官志》,第 735 页。

⑤ 牛润珍:《汉至唐初史官制度的演变》,第 85 页。

⑥ 《唐六典》卷十注引《宋百官春秋》云:"常道乡公《咸熙百官名》有著作佐郎三人。"参见李林甫撰,陈仲夫点校:《唐六典》(上),中华书局 2014 年版,第 301 页。

⑦ 刘知幾撰,浦起龙释:《史通通释》卷十一《史官建置》,第 287 页。

则著作郎掌之。”①王应麟《玉海》也采是说。② 著作郎平时在朝会正殿建始殿傍承明庐办公，集注皇帝言行起居，撰修国史时则移至秘书省办公。③ 曹魏时期设置的著作机构与著作官，为魏晋南北朝史官制度建设确立了基本格局，“是中国历史上由朝廷设置专掌国史修纂之官的开始。”④东汉著作东观之人，多出于侍官与散官，与中枢和皇帝关系亲近。曹魏著作机构与中枢和皇帝关系也很密切，著作诸官常在中枢内迁转，延续了东汉时期的传统，又进一步持续影响了后世。

《三国志·蜀书·后主传》有言：“又国不置史，注记无官，是以行事多遗，灾异靡书。”并将事责归于诸葛亮，言“诸葛亮虽达于为政，凡此之类，犹有未周焉”。⑤ 整体考察蜀汉史官建设，陈寿所言未尽妥当，但蜀汉史官建置确实远逊曹魏。刘备对待史书的态度，从其对刘禅临终嘱托可以窥见一斑。据裴松之注《三国志》引《诸葛亮集》所载，刘备遗诏敕后主说及：“可读《汉书》、《礼记》，闲暇历观诸子及《六韬》、《商君书》，益人意智。”⑥只是蜀汉立国后一直形格势禁，且刘备以续汉为义，其官制设置一以承汉为务，所以他在官制革新及史官建设上未投入太多精力。蜀汉沿袭东汉而不置专门史官，但有秘书官制，并与文书制度相辅相成，分担了一定的史官职能。刘备入蜀后，袭用东汉尚书省掌管图籍秘记之旧制，正如杨鸿年所论：“臣民给君主的奏章由尚书平处呈上；君主给臣民的诏令由尚书制作发下；所有呈上发下文件之应归档者均由尚书保存。”⑦由此，也给蜀史修撰做了史料上的准备。与这种有益储存史料的文书制度相补充的是，蜀汉置有秘书图籍制度。蜀汉后主时置有秘书令，

① 杜佑：《通典》卷二十一《职官三》，中华书局 1988 年版，第 555 页。
② 王应麟：《玉海》卷一百二十一《职官》，上海书店、江苏古籍出版社 1987 年版，第 2234 页。
③ 牛润珍：《汉至唐初史官制度的演变》，第 86 页。
④ 牛润珍：《汉至唐初史官制度的演变》，第 85 页。
⑤ 《三国志》卷三十三《后主传》，中华书局 1982 年版，第 902 页。
⑥ 《三国志》卷三十二《先主传》注引《诸葛亮集》，第 891 页。
⑦ 杨鸿年：《汉魏制度丛考》，武汉大学出版社 1985 年版，第 74 页。

令下有郎及令史。秘书令所处秘阁又称东观，后世知名史家陈寿即曾官署蜀东观秘书郎。① 刘知幾论蜀汉史官时说："案《蜀志》称王崇补东观，许盖掌礼仪，又郤正为秘书郎，广求益部书籍。"②据常璩所说，蜀汉王崇也曾官居东观郎③，陈寿所记是郤正曾"入为秘书吏，转为令史，迁郎，至令"④。郤正在秘阁时掌校文献典籍，说明蜀汉秘书图籍制度运行良好，一定程度上弥补蜀汉史官制度的缺憾。王崇与陈寿入晋后分别撰成《蜀书》和《三国志》，盖与他们蜀汉时秘书郎任上收集有相关史料不无关联。

孙吴史官制度发展程度，介于曹魏与蜀汉之间，不比曹魏却又强于蜀汉。刘知幾总结说："吴归命侯时，有左右二国史之职，薛莹为其左，华覈为其右。又周处自左国史迁东观令。以斯考察，则其班秩可知。"⑤整体来说，孙吴杂取两汉，置太史令、东观令，并及左、右国史。吴时太史令职比西汉，兼掌天文历法和修撰国史，如丁孚、韦曜等人所职皆是。孙吴不设秘书省，于中书省下立秘府和东观令，由东观令掌秘府图籍。按牛润珍所说，"东观令为中书省官职，并非中书、秘书'通职'"，"中书郎又称'秘府郎'"⑥。所以《三国志・华覈传》出现华覈"以文学入为秘府郎，迁中书丞"又"后迁东观令，领右国史"⑦的说法。孙吴东观令主要职掌图籍秘记、修撰国史和谏议。孙吴左、右国史，据前引刘知幾所说，当始置于孙皓时。除薛莹、华覈外，韦曜早年也曾以太史令身份撰《吴书》，史称："孙亮即位，诸葛恪辅政，表曜为太史令，撰《吴书》。"孙皓即位后，又"封高陵亭侯，迁中书仆射，职省，为侍中，常领左国史"。⑧ 韦曜史才颇为时人看重，华覈赞其说："曜以其儒学，得与史官，貂蝉内侍，承合天问，

① 常璩撰，任乃强校注：《华阳国志校注图补》，上海古籍出版社 1987 年版，第 634 页。
② 刘知幾撰，浦起龙释：《史通通释》卷十一《史官建置》，第 289 页。
③ 常璩撰，任乃强校注：《华阳国志校注图补》，第 632 页。
④ 《三国志》卷四十二《郤正传》，第 1034 页。
⑤ 刘知幾撰，浦起龙释：《史通通释》卷十一《史官建置》，第 289 页。
⑥ 牛润珍：《汉至唐初史官制度的演变》，第 93 页。
⑦ 《三国志》卷六十五《华覈传》，第 1464、1467 页。
⑧ 《三国志》卷六十五《韦曜传》，第 1461、1462 页。

探综坟典,温故知新,及意所经识古今行事,外吏之中少过曜者。""今曜在吴,亦汉之史迁也。"①牛润珍将左、右国史分断为外朝官和内朝官,言"右国史似为内朝官,隶中书",又以华覈语中有"外吏之中少过曜者"之说,以为"左国史当属外吏"。② 据笔者来看,其中似有未解之意。其一,"外吏之中少过曜者",只是说外朝官中少有才过韦曜之人而已,并不足证韦曜是外朝之官。其二,既右国史隶中书而为内朝官,而韦曜常领左国史之时恰为侍中,正为内朝官。③ 其三,断左国史为外朝官并无他证。孙吴所见左国史者稀见,除韦曜外,还有前引刘知幾所举之薛莹。据《三国志》本传所见,薛莹先后任秘府中书郎、散骑常侍、左执法、选曹尚书、太子少傅,后因事出为武昌左部督,牵连圣豁事后因华覈所救得转为左国史,孙皓惩治薛莹后却又将事关后世荣誉的国史托于薛莹,说明了孙皓本质上是信任并重视薛莹的。薛莹入晋后复为散骑常侍。整体来看,薛莹是得到孙亮、孙休、孙皓等孙吴历任帝王以及晋室信赖,所以其长期居官都在内朝。某种程度上来说,这恰好说明左国史与内朝有着紧密联系。太史令仍掌国史和左、右国史之设,是孙吴史官建置不同于魏、蜀的显著特色。

与前此史官建设相比,两晋一个突出的变化和进步就是出现了专门的著作机构。曹魏时期虽创置著作郎,但并无独立机构。这一局面入晋初期尚无变化,至惠帝元康以后则变革明显。《晋书·职官志》云:"及晋受命,武帝以缪徵为中书著作郎。元康二年,诏曰:'著作旧属中书,而秘书既典文籍,今改中书著作为秘书著作。'于是改隶秘书省。后别自置省而犹隶秘书。"④其间沿革有二:一是由隶属中书改隶秘书;二是仍隶秘书但"别自置省"。实际上,自

---

① 《三国志》卷六十五《韦曜传》,第 1463 页。

② 牛润珍:《汉至唐初史官制度的演变》,第 94 页。

③ 《汉书》卷七十七《刘辅传》注引孟康曰:"中朝,内朝也。大司马左右前后将军、侍中、常侍、散骑、诸吏为中朝。丞相以下至六百石为外朝也。"见《汉书》,中华书局 1962 年版,第 3253 页。

④ 《晋书》卷二十四《职官志》,第 735 页。

晋武帝至惠帝元康之前的永平年间，晋室秘书机构还有过废而重置的变故。《晋书》同卷还载："及晋受命，武帝以秘书并中书省，其秘书著作之局不废。惠帝永平中，复置秘书监，其属官有丞，有郎，并统著作省。"①晋武帝时对行政机构作了重大调整，裁撤了秘书省，但保留了"秘书著作之局"。惠帝永平年间，恢复了秘书省，这样才会出现元康二年著作又转隶秘书的二次转变。秘书省的时废时立，说明其在西晋行政机构中的重要性波动与下降是不争的事实。这样也为后来著作"别自置省"提供了一种可能。著作机构"别自置省"，为见载最早的古代专门修史机构，它的出现说明，在秘书省于国家中枢机构中地位弱化的同时，国史重要性及史官地位却有所上升。晋时著作郎又称大著作郎，专掌史任，员额 1 人；又置佐著作郎 8 人。"著作郎始到职，必撰名臣传一人。"②这一制度，为两晋时期杂传兴盛提供了官方制度保障。东晋时期，官制沿袭西晋，约于建武元年即司马睿初立江东时，便已设置史官③，著作局设立及其隶属秘书的关系也保持不变。其间，佐著作郎员额一度略有变化，兴宁年间减半为 4 人，但旋于孝武帝年间恢复旧额。两晋著作郎多由门下内朝官兼升，佐郎也多是迁转内朝及东宫侍官，保留了著作官与皇帝和中枢特殊关系的传统。两晋时著作郎与佐郎品秩仍分别为六品和七品，朝服上，著作郎"进贤两梁冠，绛朝服"，佐郎"进贤一梁冠，绛朝服"。④ 两晋著作局中还设有著作令史，《唐六典》卷十《著作局》下"书令史"条下注云："自晋以来，秘书著作皆有令史，史阙其员、品。"⑤又有待诏著作，如东晋王隐曾居是职⑥。著作令史与待诏著作，史无常见，可见其地位与影响当无法与著作郎和佐郎相提并论。

---

① 《晋书》卷二十四《职官志》，第 735 页。

② 《晋书》卷二十四《职官志》，第 735 页。

③ 学界对东晋初立史官有不同看法。详见撰文：《正统观与东晋南朝时期的史学》，《史学史研究》2011 年第 1 期。

④ 杜佑：《通典》卷二十六《职官八》，第 737 页。

⑤ 李林甫撰，陈仲夫点校：《唐六典》卷十《著作局》，第 302 页。

⑥ 《晋太兴起居注》云："元帝依故事，召陈郡王隐待诏著作，单衣介帻，朔望朝著作之省。"汤球辑，乔治忠校注：《众家编年体晋史》，天津古籍出版社 1989 年版，第 514 页。

2. 士族与三国两晋史官制度建设

中国“士”阶层先秦时期即已存在,并具有鲜明的文化属性,而“士族”的形成则要晚得多。西汉时,士人背后渐附随有整个宗族,“士与宗族的结合,便产生了中国历史上著名的‘士族’。”①士族最终形成是在魏晋时期,正如唐长孺所指出的,“汉末大姓、名士是魏晋士族的基础,而士族的形成在魏晋时期,九品中正制保证士族在政治上的世袭特权,实质上就是保证当时显贵的世袭特权,因而魏晋显贵家庭最有资格成为士族。”②田昌五对学界讨论较多的陈寅恪“士族”说颇有质疑,但也承认“魏晋士族制度始于九品中正制”③。可见,对于士族的形成与发展,学界达成一个基本共识,那就是东汉延康元年(220年)的九品中正制起着至关重要的作用。因此我们可以说,三国鼎立时期,就典型性和代表性而言,曹魏政权内的士族远胜于孙吴和蜀汉所见。士族沿袭先秦“士”阶层的文化属性,是学界又一个基本共识。余英时解释汉武帝以后豪族士族化潮流时特别指出:“所谓‘士族化’便是一般原有的强宗大族使子弟读书,因而转变为‘士族’。”④陈寅恪考察中古士族主要由文化角度出发,这是他士族学说的显著特色,他说:“所谓士族者,其初并不专用其先代高官厚禄为其惟一之表征,而实以家学及礼法等标异于其他诸姓。”⑤士族的这种文化属性,有别于庶族群体,决定了他们必然与中古官方文化机构发生千丝万缕的联系,史职机构自无例外,这也导致三国时期的史官制度建设,免不了有士族的参与和推动。

揆诸史志,曹魏时期居任著作官者情况大体有:河东安邑卫觊于太和中以尚书兼任著作郎,汝南南顿应璩于正始中以侍中兼著作郎,太原晋阳王沈于正

---

① 余英时:《士与中国文化》,上海人民出版社2003年版,第195页。

② 唐长孺:《士族的形成和升降》,《魏晋南北朝史论拾遗》,中华书局1983年版,第54页。

③ 田昌五:《对魏晋士族制度的历史考察》,《学术研究》2001年第1期。

④ 余英时:《士与中国文化》,第197页。

⑤ 陈寅恪:《唐代政治史述论稿》,上海古籍出版社1997年版,第69页。

元中以侍中兼著作郎,任城孙该于景元二年前任著作郎,北地泥阳傅玄约嘉平初任著作佐郎,东海缪施约嘉平初任著作佐郎,范阳方城张华景元后任著作佐郎。[①]《晋书》傅玄本传载其少时博学善文、明解音律,"郡上计吏,再举孝廉,太尉辟,皆不就。州举秀才,除郎中,与东海缪施俱以时誉选入著作,撰集《魏书》。"[②]就此段材料,我们可以发现:一、著作官颇为时人所重,傅玄屡辞举荐,但一旦选为著作佐郎即欣然赴任。牛润珍分析卫觊、应璩和王沈以尚书、侍中等三品官去兼任六品官著作郎时,就曾说道:"著作郎官秩虽低,但名声很好,他们可以三品官的职位获取较丰厚的禄秩,以著作郎的官衔得到好的声誉。"[③]这恰可与傅玄行事相印证。二、至少在曹魏时期,著作佐郎就开始作为起家之选。三、撰著国史是佐郎的重要职责。傅玄与缪施得以选入著作,可能正出于当时官方撰集国史紧迫需要。以上胪列曹魏著作诸职,其中河东安邑卫觊、汝南南顿应璩、太原晋阳王沈、北地泥阳傅玄、范阳方城张华诸族后来都发展成两晋南朝时期的高门。[④] 曹魏时期著作官修撰国史时,往往还引入一些史臣参与,如太和年间的尚书东海缪袭,正始以后的京兆韦诞、陈留阮籍与颍川荀觊,而京兆韦氏、陈留阮氏与颍川荀氏魏晋之时即已成高门士族。史籍见载曹魏这些著作官与史臣,郡望多是华贵。论者以为,"典任著作者大多为出身士族家庭的饱学之士,他们从小就受到良好家学环境的熏陶,并显露出文才,多以才华被朝廷及州郡官府征用,参与掌管宫廷机要,逐渐熟悉曹魏官仪制度,这是他们典任著作的优越条件。"[⑤]这说明,士族在形成初期即已热衷于史职,深度参与曹魏史官制度建设,推动了曹魏史官制度的发展。

如前所揭,蜀汉和孙吴史官比较紊乱,不比曹魏那样有体系。蜀汉无国史撰修制度,即使是兼有部分史学功能的职官"东观郎",史志见载人数也仅郤

---

① 参见牛润珍:《曹魏著作官表》,《汉至唐初史官制度的演变》,第 87 页。

② 《晋书》卷四十七《傅玄传》,第 1317 页。

③ 牛润珍:《汉至唐初史官制度的演变》,第 89 页。

④ 参见王伊同:《五朝门第》,中华书局 2006 年版。

⑤ 牛润珍:《汉至唐初史官制度的演变》,第 89 页。

正、陈寿、王崇寥寥3人。蜀汉另有汉中陈术和巴西谯周有些史学建树。陈术博学多闻,位历三郡太守,撰《益部耆旧传》及《志》。① 谯周耽古笃学,为劝学从事,徙为典学从事,总州之学者。撰定《法训》《五经论》《古史考》。据裴松之注《三国志》所见,谯周还撰有《蜀本纪》。② 陈术与谯周勉强可算蜀汉境内与涉史学、影响较大的官僚。孙吴因有国史修撰与记注之制,其职掌史任的又有太史令,东观令和左、右国史等数种官僚,故见载史臣也相对较多。揆诸史志,计有太史令吴范、丁孚、韦曜,东观令史苏建、华覈、朱育、周处,左国史韦曜、薛莹,左国史华覈。除上述正式史职人员外,还有与修《吴书》的郎中项峻、中书郎周昭以及官职不详的梁广。孙吴曾四修国史,上述诸人多参与其中。综观蜀、吴二国史臣,其可称为士族仅有巴西安汉陈寿③、沛郡竹邑薛莹、义兴阳羡周处可无异议④,其余诸人或郡望不详,或有官居显职但仅能算一时豪族。后世吴姓高门的顾、陆、朱、张诸族,孙吴史臣不见一人。⑤ 可见,蜀汉和孙吴史官建设与士族关系不大,这与彼时两个政权下士族阶层发育不比曹魏充分的情况相吻合。

九品中正制本是魏文帝曹丕出于笼络北方世家大族之需要而设置,其实施之初尚综合品核德、才与家世三项来选拔人才,魏晋之际时便逐渐转向轻视德、才而特重家世了。正因如此,士族特权得到了更有力的保障,待遇得到进一步优容,士族在政治上进一步趋于活跃。与之相应,两晋著作官中士族比重大为增加。揆诸《晋书》,两晋见载著作郎的有:颍川荀勖于泰始年间领著作郎,平原华峤于泰始中任中书著作郎,兰陵缪征于泰始年间为中书著作郎,巴西陈寿约咸宁年间为著作郎,太原孙楚于太康时为著作郎,陈郡何嵩约太康时

---

① 《三国志》卷四十二《李譔传》,第1027页。

② 《三国志》卷三十八《秦宓传》裴注引见有谯周《蜀本纪》,第975页。

③ 《晋书》卷八十二《陈寿传》载陈寿曾“除著作郎,领本郡中正”,则其必为士族无异。第2137页。

④ 参见王伊同《五朝门第》“高门权门世系婚姻表”,中华书局2006年版。

⑤ 朱育为山阴(今浙江绍兴)人氏,并非后来吴姓高门吴郡吴县(今江苏苏州)朱氏。

为著作郎,范阳张华约元康时以司空领著作郎,王瓒元康时为著作郎,荥阳潘安于元康年间为著作郎,吴郡陆机元康八年为著作郎,阳平元城束皙元康年间为著作郎,安平张载元康年间为著作郎,济阳卞壶永嘉中为著作郎,颍川庾亮于太兴元年以中书郎领著作,安平张亢约太兴时以散骑常侍领著作,会稽虞预太兴二年至咸和六年为著作郎,堂邑王涛约永昌时为著作郎,江夏李充于太宁元年为著作郎,堂邑王戴约太宁以后为著作郎,颍川庾阐于咸康五年以散骑常侍领大著作,会稽谢沉咸康建元间为著作郎,琅邪王朔之永和八年为著作郎,太原孙绰永和年间以散骑常侍领著作郎,太原孙盛约咸安二年前以秘书监领著作郎,陈郡谢琰约太元初为著作郎,濮阳吴隐之太元中为著作郎,平昌伏滔太元中为著作郎,东莞徐广义熙元年至十二年以散骑常侍、大司农领著作郎,另据《宋书》琅邪王韶之元熙元年至二年以黄门郎领著作郎,据《唐六典》于窦东晋曾任散骑常侍领著作郎。又,揆诸《晋书》《宋书》及《华阳国志》,两晋见载为佐著作郎的有:巴西陈寿于泰始中为佐著作郎,陈寿兄子陈符泰始中为佐著作郎,安平张载泰始、咸宁年间为佐著作郎,太原孙楚咸宁、太康年间为佐著作郎,代郡鲁胜永熙、永平年间为佐著作郎,平原华徹元康中为佐著作郎,其弟华畅元康年间为佐著作郎,阳平束皙元康年间为佐著作郎,颍川钟雅建兴年间为佐著作郎,陈郡王隐太兴初为佐著作郎,河东郭璞太兴初为佐著作郎,新蔡干宝太兴初为佐著作郎,晋陵朱凤太兴初为佐著作郎,吴郡吴震太兴初为佐著作郎,安平张亢太兴中为佐著作郎,堂邑王涛约太兴、永昌间为佐著作郎,南阳顺阳范坚咸和年间为佐著作郎,琅邪王彪之咸和年间为佐著作郎,太原孙盛咸和年间为佐著作郎,谯国曹毗约咸和间为佐著作郎,太原孙绰永和初为佐著作郎,陈郡袁乔约永和时为佐著作郎,太原王修约太和时为佐著作郎,其弟王蕴也约太和时为佐著作郎,陈郡殷仲堪约太元中为佐著作郎,豫章罗企生约太元时为佐著作郎,陈郡谢裕隆安三年为佐著作郎,会稽孔靖约隆安四年为佐著作郎,济阳蔡廓约隆安时为佐著作郎,陈郡袁豹约元兴时为佐著作郎,颍川荀伯子义熙中为佐著作郎,琅邪王韶之义熙中为佐著作郎,另有郡望时间不明的桓雅也于东晋时为佐著作郎。以上凡著作郎30人、佐著作郎33人,又有8人先后担任佐著作郎和著作郎,除去重复共计55人。这55人中郡望难考的又有西晋王瓒,东晋时于窦、桓雅。剩下52人中,有32人来自侨吴士族21门,分别为琅邪王氏3人、平原华氏3人、太原孙氏3人、陈郡谢氏2人、颍川庾氏2人、太原王氏2人、颍川荀氏2人、陈郡袁氏2人、范阳张氏1人、吴郡陆氏1人、济阴卞氏1人、平昌伏氏1人、东莞徐氏1人、颍川钟氏1人、顺阳范氏1人、谯国曹氏1人、陈郡殷氏1人、济阳蔡氏1人、会稽谢氏1人、会稽虞氏1人、会稽孔氏1人,另有陈寿叔侄为梁州士族,史官中出身士族者占比61.8%。其中,又有家族成员相继出仕著作的情形,如华峤与华徹、华畅父子3人,孙楚与孙绰、孙盛祖孙3人,王修与王蕴兄弟2人。另,从前列来看,诸如东晋一流门阀士族琅邪王氏、颍川庾氏、陈郡谢氏、太原王氏,均有族人出任著作官。这些都足以反映两晋士族对著作官的好尚程度。同时也说明,两晋史官制度发展离不开士族的参与和推动。

东晋时期盛行门阀政治,士族政治活跃程度达到中古时期的最高峰,士族对史官建设影响也处于新阶段,这突出表现在两个方面:一是士族推动东晋建置史官。据《晋书》王导本传载,建武元年司马睿初登基后,"时中兴草创,未置史官,导始启立,于是典籍颇具。"①前此建兴三年(315),范阳祖纳曾举荐王隐修史,因草创务殷而未果。由祖纳而至王导,侨姓士族对东晋史官制度建设高度关注并发挥着积极推动作用。二是士族推进东晋中叶史官制度变革。哀帝兴宁二年(364),当轴士族桓温主持"并官省职"改革,这次政府机构改革范围很广,波及了著作机构,其结果是佐著作郎原本员额8人减为4人。桓温本人有着浓厚的史学情怀,于东晋中叶史坛影响甚巨②,并影响着东晋中叶的史坛。他对东晋国史修撰也比较重视,隆和元年(362),桓温上疏

---

① 《晋书》卷六十五《王导传》,第1749页。

② 参见拙文:《桓温与东晋史学》,《中国社会科学院研究生院学报》2008年第4期。

陈便宜七事,在提出并官省职建议的同时,也提出"宜选建史官,以成《晋书》"①。虽然诸条"有司皆奏行之",但具体到《晋书》修撰来说成效生疑,据前揭所见,哀帝隆和兴宁年间的著作官史籍未明。兴宁年间桓温推动了"并官省职"改革的落实,裁减佐著作郎,无疑会进一步影响东晋国史的修撰。东晋中叶的"并官省职"政策断续推进近十年,桓温卒后便告废弛,孝武帝时期佐著作郎员额又恢复旧制。东晋中叶佐著作郎减省与恢复的简短波折,对东晋史官制度整体影响并不大,但也较为充分地说明东晋时期门阀士族对史官建设的影响是不可忽视的。

二、士族与南朝史官制度

南朝时期的士族已难以再现东晋时期与君权分庭抗礼的强势局面,但依然保持着较高的政治地位,仍是历代王朝主要官宦群体和政权的支柱。史官虽无重权,但为朝廷不可或缺,且往往易转为皇帝近臣。史官这种特殊的地位,与当时皇室对士族的基本定位刚好暗合。是以,相较两晋,南朝时期居任史官的士族在数量上要占绝对优势,著作佐郎为士族起家之选渐成定制。这些都注定了士族对南朝史官制度的建设和参与,在深度上会远超过魏晋时期。

1. 南朝著作机构的发展

学界或以为南朝史官始置于刘宋文帝。② 考诸《宋书》,这一说法可能需要重新斟酌。《宋书》有两条史料值得特别注意。其一,《宋书·武帝纪下》载:

---

① 《晋书》卷九十八《桓温传》,第 2574 页。

② 南朝史官设置,学界比较流行的说法是始于元嘉之初。牛润珍即主此说,阐释理由有四:一、刘宋元嘉之前无史官记载;二、晋宋之际内侍官制变化;三、宋初无多少国史工作可做;四、田舍郎刘裕未意识到国史的重要。见牛润珍:《汉至唐初史官制度的演变》,第 148—149 页。这个说法影响了谢保成,谢保成《中国史学史》(一)中也说"宋至文帝元嘉初,始见著作官设置"。(商务印书馆 2006 年,第 334 页)

(永初二年)二月己丑,车驾幸延贤堂策试诸州郡秀才、孝廉。扬州秀才顾练、豫州秀才殷朗所对称旨,并以为著作佐郎。①

其二,《宋书·宗彧之传》载:

高祖受禅,征著作佐郎,不至。②

顾练和殷朗可能分别出自吴郡吴人顾氏和陈郡长平殷氏,宗彧之出自南阳涅阳宗氏。上述史料反映了士族就任著作佐郎的两种不同情况,有力说明刘宋武帝永初年间已置著作。

南朝自刘宋起沿袭两晋著作机构,《宋书》卷四十《百官志下》载云:"晋武帝以秘书并中书,省监,谓丞为中书秘书丞。惠帝复置著作郎一人,佐郎八人,掌国史。……著作郎谓之大著作,专掌史任。晋制,著作佐郎始到职,必撰名臣传一人。宋氏初,国朝始建,未有合撰者,此制遂替矣。"③《南齐书》又载云:"秘书监一人,丞一人。郎,著作佐郎。"④《隋书》又记梁著作官云:"著作郎一人,佐郎八人,掌国史,集注起居。著作郎谓之大著作,梁初周舍、裴子野,皆以他官领之。……佐郎为起家之选。"又言:"陈承梁,皆循其制官"。⑤《宋书》另载刘宋秘书著作丞、郎为第六品。⑥《隋书》另记梁:"秘书著作郎……朝服,进贤一梁冠,腰剑。"⑦同书卷二十六《百官志上》又记梁:"天监七年徐勉定十八班,著作郎为六班,著作佐郎为二班。"又记陈时:"次令仆子起家著作佐郎,亦为板行参军","著作郎,六百石。……品并第六","秘书著作佐郎,并四百石。……品并第七。"《南齐书》对萧齐著作郎和著作佐郎记载极其简略,不及员品,但《唐六典》记载:"《晋令》:'著作郎品第六,进贤一梁冠,绛朝

① 《宋书》卷三《武帝纪下》,第56页。
② 《宋书》卷九十三《宗彧之传》,第2291页。
③ 《宋书》卷四十《百官志下》,第1246页。
④ 《南齐书》卷十六《百官志》,第324页。
⑤ 《隋书》卷二十六《百官志上》,中华书局1973年版,第723、741页。
⑥ 《宋书》卷四十《百官志下》,第1262页。
⑦ 《隋书》卷十一《礼志》,第223页。

服。’……宋、齐并同晋氏。”又云：“《晋令》：‘著作佐郎品第六，进贤一梁冠，绛朝服。’……宋、齐并同。”①综合所见，晋、宋、齐著作郎与著作佐郎都是六品官，这引发牛润珍的怀疑。② 但阎步克对《南齐书》萧齐职官拾遗补证时，未对《晋令》提出质问，他在承认梁代官品与前朝有所不同时也指出：“刘宋官品来自晋朝，而南齐官品又与晋宋相近。”③《隋书》说梁初著作郎往往以他官领之，实际上，皇帝以信臣兼领著作现象，南朝史籍斑斑可见，不唯梁初。著作郎掌修国史、集注起居的情况在南朝各时期也并非整齐划一，刘宋时期，裴松之以中书侍郎受诏修撰《元嘉起居注》，萧齐时期著作郎多掌起居不掌国史，等等。但整体来看，南朝史家及唐初史臣的总结还是基本准确的。后来刘知幾考察南朝史官建置，所述与前人大体相当，他还对著作郎与著作佐郎的关系有所补充，语云：“旧事，佐郎职知博采，正郎资以草传。”④南朝时期，史籍还偶见有著作正员郎、著作令史、秘书著作治书、著作正令史等职官记载，但均语焉不详。南朝著作机构中值得重视的变化是撰史学士的新置。《隋书》卷二十六《百官志上》记梁著作郎和著作佐郎时说道：

又有撰史学士，亦知史书。⑤

《隋书》对撰史学士介绍过于简略，给后世学者留下许多想象的空间。胡宝国就对撰史学士设置时间和缘由提出了自己的看法，认为“《隋志》说起自梁更为合理。因为梁代既然从制度上明确规定了著作佐郎是高门子弟的起家官，佐郎按理说就可以名正言顺地不必参与史书修撰工作了。《隋志》正是把‘上车不落则著作，体中何如则秘书’这一民谣称为‘梁世谚曰’的。因此若说

① 李林甫撰，陈仲夫点校：《唐六典》卷十《著作局》，第 301 页。

② 牛润珍认为《晋令》记载有误，著作佐郎应为七品。牛润珍：《汉至唐初史官制度的演变》，第 104 页。牛先生于此并未给出下断依据。据《唐六典》卷一《尚书都省》所载，魏、晋、宋、齐时期，尚书令及其副职尚书仆射禄秩有差异，但官品相同，皆为第三，由此来看，《晋令》所记著作郎与著作佐郎官品同为第六，也未必不是历史真相。

③ 阎步克：《品位与职位》，中华书局 2002 年版，第 295—296 页。

④ 刘知幾撰，浦起龙释：《史通通释》卷十一《史官建置》，第 287 页。

⑤ 《隋书》卷二十六《百官志上》，第 723 页。

此时设立撰史学士,以代替过去佐郎负责的工作,是比较合情理的"①。胡先生对撰史学士的论断,是立足于他对萧梁著作佐郎的基本认识,创新意识浓厚,也颇有启发意义。有梁著作官,牛润珍《释"上车不落则著作"》一文考察最为细致缜密,基本结论是:"萧梁史官选任仍遵守宋、齐以来的制度,正郎多由有学问的内侍官、秘书监和吏部官兼任,兼任著作之途径,即大多由吏部选举,经皇帝诏准。佐郎为次令仆之子起家之选,所选大多为才学之士,并富家学。"②萧梁著作佐郎之选不是只讲门第而不问才学已是很清楚了,那么萧梁著作佐郎又是否不参与撰史活动呢?彭城刘孝绰,天监年间为著作佐郎,曾作《归沐诗》以赠任昉,任昉作《答刘孝绰诗》,诗云:

> 彼美洛阳子,投我怀秋作。讵慰耋嗟人,徒深老夫托。直史兼褒贬,辖司专疾恶。九折多美疹,匪报庶良药。子其崇锋颖,春耕励秋获。③

诗中"直史兼褒贬,辖司专疾恶"语,赞美刘孝绰发扬史官直书褒贬、扬善惩恶的传统美德。由此可见,刘孝绰司职佐郎时是有撰史活动的。进而言之,萧梁时期,著作佐郎襄助正郎撰史仍是职责所在,确立"佐郎起家之选"制度并不等同于放弃著作佐郎基本职责,萧梁著作佐郎并非当然"可以名正言顺地不必参与史书修撰工作了",见载选任著作佐郎多有才华即是旁证。因此,据以确立撰史学士意在取代佐郎工作的论断,并由此来断定撰史学士始于萧梁的结论,似乎有些勉强了。

考察南朝正史见载任职撰史学士的情况,可推进上述问题的讨论。《隋书》载高阳新城许善心"起家除新安王法曹。……转侍郎,补撰史学士"④。

---

① 胡宝国:《南北史学异同》,《汉唐间史学的发展》,第204页。

② 牛润珍:《释"上车不落则著作"》,《史学史研究》2001年第3期。

③ 《梁书》卷三十三《刘孝绰传》,中华书局1973年版,第480页。逯钦立辑录全诗共计16句,参见逯钦立:《先秦汉魏晋南北朝诗》,中华书局1983年版,第1598页。

④ 《隋书》卷五十八《许善心传》,第1424页。

《陈书》载吴郡吴人顾野王“天嘉元年，勅补撰史学士”①，北地灵州傅縡天嘉元年“随琳将孙场还都。……寻召为撰史学士。除司空府记室参军，迁骠骑安成王中记室，撰史如故”②。另，《陈书》又载清河东武城张正见“高祖受禅……历宜都王限外记室、撰史著士，带寻阳郡丞。累迁尚书度支郎、通直散骑侍郎，著士如故”③，陈留尉氏阮卓“天康元年，转云麾新安王府记室参军，仍随府转翊右记室，带撰史著士。迁鄱阳王中卫府录事，转晋安王府记室，著士如故”④。上述五人俱为士族子弟⑤，撰史学士或撰史著士之职皆非他们起家官，更为重要的是，他们任职撰史学士或撰史著士均是在入陈之后⑥，就此而言，单说梁代始置撰史学士并无史传支撑。实际上，《隋书》只是说梁代“又有撰史学士，亦知史书”，并没有具体说即是始置于梁。关于撰史学士设置时间，刘知幾有一个说法，“而齐、梁二代又置修史学士，陈氏因循，无所变革，若刘陟、谢昊、顾野王、许善心之类是也。”⑦在没有有力材料佐证之时，我们不能轻易对史书所见裁断否决，仍须看重刘知幾撰史学士始于萧齐之说。⑧

---

① 《陈书》卷三十《顾野王传》，第 399 页。

② 《陈书》卷三十《傅縡传》，第 400 页。

③ 《陈书》卷三十四《张正见传》，第 470 页。学界对撰史学士与撰史著士的关系有两种观点：一种认为撰史著士即撰史学士，如朱希祖、牛润珍等；另一种则将两职分列并举，如金毓黻、刘节、张承宗、内滕湖南等。

④ 《陈书》卷三十四《阮卓传》，第 471—472 页。

⑤ 王伊同《五朝门第》中“高门权门世系婚姻表”中收录有高阳新城许氏、吴郡吴人顾氏、北地灵州傅氏、清河武城张氏、陈留尉氏阮氏，此五人俱见录。其中，张正见为由魏至梁晚渡士人，《魏书》卷一百六上《地形志上》“司州条”下清河郡无东武城，但说汉晋时武城又称东武城。张正见祖张盖之，仕魏散骑常侍，官三品，父修礼仕魏散骑侍郎，归梁后仍拜本职，官五品，可见张正见门望不低，王伊同收录张正见在清河武城张氏中。

⑥ 张承宗将撰史学士始设定在陈。见氏撰：《南朝史官制度述论》，《扬州大学学报》2004 年第 2 期。

⑦ 刘知幾撰，浦起龙释：《史通通释》卷十一《史官建置》，第 288 页。刘知幾所说“修史学士”即“撰史学士”已是学界共识。胡宝国曾说：“刘知幾说此职（笔者注，即撰史学士）始自齐代可能是不准确的。”（《汉唐间史学的发展》，第 204 页）

⑧ 刘知幾关于齐梁陈设置撰史学士的陈说，实际上得到更多海内外学者的认可，如金毓黻、朱希祖、刘节、周一良、瞿林东、谢保成、牛润珍、内藤湖南，等等。

撰史学士员数难以稽考,从史书记载隐约来看,品秩也可能较低。对南朝撰史学士的增设,学界有着很高的评价。金毓黻说汉以后史官之名凡三变,“次则名为史官”,他举证的即是齐梁撰史学士①。朱希祖比较历代史官,称:“至论其名谊:撰史学士较著作郎及修撰、编修、检讨、总纂、纂修、协修等名,已能显其专掌史任,可称略胜一筹。”②他们都将撰史学士放入古代史官制度发展进程中加以考察,因而其论断都具有历史深度,撰史学士设置史学史的意义也由此昭然若揭。

2. 士族与南朝史官制度建设

刘宋元嘉年间“史学”馆与宋齐总明馆史科等专业史学机构的出现,是南朝值得关注的史学现象,后文将有专门论述。但这两个机构存在时间都并不长,其任职成员除何承天、山谦之等少许人外,史书多是失载。就整个南朝史官群体来说,其分量和影响显然不能与南朝著作机构相比拟。南朝著作机构对官方史学的意义更为明显,也更为重要,其任职人员史籍见载也较为翔实,为我们对其进行群体考察提供了可能。

南朝时期,著作郎多为皇帝或太子身边信臣兼领,著作佐郎也多为释褐或起家之选,是南朝官吏入仕的起点,因此著作官流动性很大。除徐爰、裴子野、杜之伟、徐陵、陆琼、姚察、顾野王、傅縡、张正见等有限诸人之外,多数史官在著作机构任职时间并不长。任职人员的频繁进出,使南朝著作官形成一个相对庞大的群体。③

---

① 金毓黻:《中国史学史》,商务印书馆 1999 年版,第 103 页。

② 朱希祖:《史官名称议》,载杜维运、黄进兴编:《中国史学史论文选集》(一),华世出版社 1976 年版,第 62 页。

③ 牛润珍《汉至唐初史官制度的演变》和张承宗《南朝史官制度述论》都对南朝著作机构任职人员进行过细致考察,大体情况已经明朗,但未能尽善。前者搜寻视野开阔,但脱漏和误载亦是未免;后者搜寻不及北朝之史书,除有所脱漏,还误将一些晋末著作郎或著作佐郎定为南朝史官。本文统计以正史所见正式就职南朝著作机构人员为准,在继承两位前辈成果基础上,有所辨正与补充。

揆诸正史，刘宋时期见载著作郎有：褚湛之、江智渊、何承天[①]、何求、江恁[②]、徐聿之、刘秉、徐爰、江敩、徐孝嗣、刘绘、许珪、孔灵运、王逡之[③]，著作佐郎有：顾练、殷朗、谢绍、褚寂之、江湛、褚渊、江恁、何承天、江敩、萧惠基、沈统、顾愿、王秀之、萧映、王奂、王莹、袁顗；萧齐时期著作郎有：王逡之、周颙、王肃、萧业[④]、沈约、顾暠之、傅昭等，著作佐郎有：萧洽、张率、王瞻、王长玄、萧秀、萧藻、萧介、萧昕素、王僧祐等；萧梁时期著作郎有：傅昭、任昉、王僧孺、裴子野[⑤]、刘杳、许懋、陆云公、贺季[⑥]、刘臧、刘刍、褚球、虞荔、杜之伟，著作佐郎有：刘孝绰、谢绥、陆襄、刘谅、萧特、到仲举、到荩、徐悱、刘遵[⑦]、萧几、柳仲礼、柳敬礼、徐敬成、陈昙朗、萧引、柳䛒、蔡允恭、姚察等；陈朝著作机构任职人员著作郎有：杜之伟、许亨、虞荔、徐陵、顾野王、陆琼、姚察等，著作佐郎有：姚察、陆从典、江溢，撰史学士有：顾野王、许善心、傅縡，撰史著士有：张正见、阮卓等。统上所见，南朝四个王朝著作机构中见任著作郎共 38 人，著作佐郎 47 人，撰史学士 3 人，撰史著士 2 人，除去重复，计有 82 人出任著作史职。这个数字，显然不可能是南朝著作史官的全部。两晋南朝时期，一般情况下著作郎与著作

---

① 《宋书》与《南史》本传均载何承天为著作佐郎，未见司职著作郎，但《宋书》中《徐爰传》《自序》与刘知幾《史通·古今正史》均载其为著作郎。凡史载如此类者，因不影响下文对其郡望考察，两存于此。

② 《宋书》与《南史》本传均载其为佐郎，《南齐书·江敩传》载其为著作郎。江恁子江敩，《南齐书》本传言其为著作郎，《南史·蔡兴宗传》载其为著作佐郎，并两存之。

③ 见《南齐书》卷五十三《孔琇之》，第 922 页。牛润珍《汉至唐初史官制度的演变》与张承宗《南朝史官制度述论》均未收录。

④ 牛润珍在著录萧齐史官时，于著作郎和著作佐郎中并列了萧业。《梁书》本传载其仕齐为著作郎，未说曾仕著作佐郎，《南史》本传则未录其任著作官，今从《梁书》本传。

⑤ 牛润珍于萧齐著作郎中也列有裴子野。《梁书》与《南史》本传都说裴子野《宋略》成书并产生影响后于天监二年由吏部尚书徐勉举荐为著作郎，今从之仅列于萧梁时期。

⑥ 见《梁书》卷四十八《贺瑒传》，第 673 页。牛润珍《汉至唐初史官制度的演变》书中未录，后来牛先生又作《释"上车不落则著作"》一文对萧梁著作官考察更为细致，所录人员对此前考察有所补充，仍遗漏贺季。张承宗《南朝史官制度述论》对南朝史官梳理中也未见。

⑦ 《梁书》卷四十一《刘遵传》与《陈书》卷十二《徐敬成传》分别载二人起家著作郎，牛润珍已辨其误，当为著作佐郎。今从之。

佐郎的比例为1∶8①,统计所见著作郎与佐郎比例与此差距明显。不过,就考察南朝门阀士族与史职机构的关系来说,其结论应该与史实不会有太大出入。

史籍可见南朝史官这82人中,除极少数具体郡望不明②,绝大多数可以梳理清晰。寻绎诸史,可考郡望注籍大体如下:琅邪临沂王逡之、王秀之、王奂、王莹、王肃、王瞻、王长玄、王僧佑;陈郡阳夏谢绍、谢绥;河南阳翟褚湛之、褚寂之、褚渊、褚球;济阳考城江智渊、江湛、江恁、江敩、江溢;东海郯人何承天;南琅邪开阳徐爰;南兰陵兰陵萧惠基、萧洽、萧介、萧视素、萧引、萧业、萧特、萧秀、萧藻、萧几;吴兴武康沈统、沈约;吴郡吴人顾愿、顾野王;陈郡阳夏袁顗;东海郯人徐聿之、徐孝嗣、徐悱、徐陵;彭城刘秉、刘绘、刘孝绰、刘谅、刘遵、刘刍;庐江潜人何求;会稽山阴孔灵运;高阳新城许珪、许懋、许亨、许善心;汝南安成周颙;北地灵州傅昭、傅縡;吴郡吴人张率;乐安博昌任昉;东海郯人王僧孺;河东闻喜裴子野;平原平原刘杳;会稽山阴贺季;沛国沛人刘臧;吴郡吴人陆云公、陆襄、陆琼、陆从典;会稽余姚虞荔;吴郡钱塘杜之伟;彭城武原到仲举、到荩;河东解县柳仲礼、柳敬礼、柳𧦧;安陆徐敬成;吴兴长城陈昙朗;济阳考城蔡允恭;吴兴武康姚察;清河东武城张正见;陈留尉氏阮卓。上列79人分属35家门阀。其中,若琅邪临沂王氏、陈郡阳夏谢氏、河南阳翟褚氏、济阳考城江氏、东海郯人何氏、东海郯人王氏、南兰陵兰陵萧氏、陈郡阳夏袁氏、东海郯人徐氏、河东闻喜裴氏、高阳新城许氏、吴兴武康沈氏、吴郡吴人顾氏、庐江潜人何氏、彭城刘氏、平原刘氏、汝南安成周氏、北地灵州傅氏、吴郡吴人张氏、吴郡吴人陆氏、会稽余姚虞氏③、会稽山阴贺氏、会稽山阴孔氏、彭城武原到

① 东晋桓温兴宁年间推行并官省职改革,曾将著作佐郎削减为4人,但孝武帝即位旋即恢复为8人旧制,此后至南朝,史书未见有改制。考虑到佐郎多为释褐起家之选,其流动性应该比正郎较大,那么南朝佐郎与正郎整体人数上的比例应该比制度规定的还要大。

② 如刘裕永初年间授职著作佐郎的扬州秀才顾练、豫州秀才殷朗,顾练是出自吴郡吴人顾氏,抑或是吴郡盐城顾氏,殷朗是否确是出自陈郡长平殷氏;又如萧齐著作郎顾暠之,史籍只详至吴郡,至于是出于吴县一支还是出于盐城一支,均不可详考。

③ 王伊同《五朝门第》"高门权门婚姻世系表"第70表题为"会稽山阴虞氏",所收实为史籍所见东晋南朝会稽余姚虞氏人物,文中所见会稽余姚虞愿、虞通之、虞荔均见录在内。

氏、河东解县柳氏、济阳考城蔡氏、陈留尉氏阮氏、清河东武城张氏等28姓计72人，均被王伊同收录在《五朝门第》“高门权门世系婚姻表”中，显示南朝著作机构中门阀士族子弟比例远高于其他社会阶层。这和毛汉光考察两晋南北朝各政权所得结论基本一致①，说明南朝时期，门阀士族仍然保持相当的活力，依旧是各王朝的政权支柱。

南朝时期著作机构的变化，如改两晋佐著作郎为著作佐郎，齐梁陈时期撰史学士设立，是否与门阀士族的倡议与推动有关，我们不得而知。但就南朝著作机构乃至所有史职机构而言，门阀士族的影响与印记，是无法回避的。唐时柳芳曾论江左士族：“过江则为侨姓，王、谢、袁、萧为大；东南则为吴姓，朱、张、顾、陆为大。”②他所说的王、谢、袁、萧、张、顾、陆等侨吴士族，均有子弟司职著作机构。史书说著作佐郎刘宋时“并名家年少”③、梁陈时为士族起家之选，洵非虚语。南朝还有些士族累世任职著作，如阳翟褚湛之、褚寂之、褚渊、褚球，济阳江湛、江恁、江敩、江溢，高阳许珪、许懋、许亨、许善心等，均是如此。不可否认，南朝著作史官也有名实不副的④，但更多的著作史官并非如此。学界多注意南朝后期士族种种衰落迹象，然当时著作机构仍然充斥士族子弟，门阀士族依旧是著作官员的绝对主力，说明门阀士族的这种衰落是相对的、有限的。

整体来说，南朝著作机构的存在，为南朝官方国史和起居注等修撰提供了一种制度保障。就此而言，门阀士族广泛参与著作机构，并成为南朝著作史官的主力军，对官方史学乃至南朝整个史学发展是起着积极作用的。

---

① 毛汉光曾对两晋南北朝各政权中十四类主要文官进行详细考察，得出“一般而论，各种主要官吏士族均占绝对多数”。参见毛汉光：《两晋南北朝主要文官士族成分的统计分析与比较》，《中国中古社会史论》，上海书店出版社2002年版，第186页。

② 《新唐书》卷一九九《柳冲传》，中华书局1975年版，第5677—5678页。

③ 《宋书》卷六十四《何承天传》，第1704页。

④ 如河东柳仲礼、柳敬礼兄弟与陈霸先侄陈昙朗均以武功见长，但他们都是在侯景乱梁前后进入著作机构的。梁末选官非任是普遍现象，并不限于著作机构，而且这种局面存在时间似乎并不太久。《陈书》卷二十六《徐陵传》载：“天康元年，迁吏部尚书，领大著作。陵以梁末以来，选授多失其所，于是提举纲维，综核名实。”（第332页）有陈著作史官遴选又恢复正常。

三、士族与十六国北朝史官制度

1. 十六国北朝史官制度的演变

十六国北朝时期，北方胡汉民族先后建立了 27 个政权。前期十六国阶段，胡汉 7 族共建有 23 国，诸政权存续时间各有长短，对待汉文化认同及汉化程度深浅不一，职官建置也往往自成特色，这也表现在他们的史官制度建设上。后期北朝包含的北魏、东魏、西魏、北齐、北周都是由鲜卑族治政，政权性质相对单一，史官制度一脉相承，基本面貌大体相同。

十六国阶段，北方少数民族初主中原，胡汉矛盾突出，社会动荡剧烈，政权林立，各国史官建设参差不齐。牛润珍对这一阶段史料条分缕析，建功颇多。他将纷繁杂乱的十六国史官制度约略分为三种类型。① 第一种为复汉型。即继承两汉，史官制度与两汉相似。以太史令掌星历天文同时兼掌外朝记事，由太中大夫掌国史，设左史，职当内史，掌记注、国史，如刘渊的刘汉政权。《史通・史官建置》云："伪汉嘉平初，公师彧以太中大夫领左国史，撰其国君臣纪传。"②第二种为诸侯国型。类似春秋列国时期所设史官及记事制度。刘知幾于前引之后又说："前凉张骏时，刘庆迁儒林郎、中常侍，在东苑撰其国书。蜀李与西凉朝记事，委之门下。南凉主乌孤初定霸基，欲造国纪，以其参军郭韶为国纪祭酒，使撰录时事。"③浦起龙此后加按语补充道："公师彧以下，皆证诸国有史官也。事当具《十六国春秋》，而崔本已亡，但与《正史》篇'十六国'一条互证之，略可见矣。"④前凉、成汉、西凉、南凉、北凉、南燕与北燕，均皆如此，即有史官存在，但不称著作却有著作官同样的职能。北凉以秘书郎掌记注，如刘昞，北凉史修撰则由别职承担，如宗钦以中书郎身份撰《蒙逊记》十卷；南

① 牛润珍：《汉至唐初史官制度的演变》，第 129—135 页。

② 刘知幾撰，浦起龙释：《史通通释》卷十一《史官建置》，第 289 页。

③ 刘知幾撰，浦起龙释：《史通通释》卷十一《史官建置》，第 289—290 页。

④ 刘知幾撰，浦起龙释：《史通通释》卷十一《史官建置》，第 291 页。

燕、北燕则以侍官掌起居注，以中书郎掌修史。第三种为魏晋型，也是十六国时期史官制度中居主导地位的类型。所谓魏晋型，即是指采用魏晋时期的著作官制，置有著作郎和佐著作郎，职掌如同魏晋。这种类型往往都是重用汉族士人或汉化程度较高的政权，其区域主要在中原河北及关中地区。以后赵为例，后赵建立者羯人石勒在史学史上具有特殊地位。石勒称王后，把史学建设放在了比较重要的位置。太兴二年（319），石勒初称王，便“署从事中郎裴宪、参军傅畅、杜嘏并领经学祭酒，参军续咸、庾景为律学祭酒，任播、崔濬为史学祭酒”①。“史学祭酒”的设置，向来受到学界的高度重视，如杜维运所揭：“这是中国历史上‘史学’一词最早出现的记录。”②谢保成也将此视为古代“史独立为学”的标志③。牛润珍以任播为据，推测“史学祭酒的职责似是宫禁帝王的历史教学”④。石勒还“命记室佐明楷、程机撰《上党国记》，中大夫傅彪、贾蒲、江轨撰《大将军起居注》，参军石泰、石同、石谦、孔隆撰《大单于志》。”⑤凡此种种，足见石勒对史学特别重视。但从上揭来看，后赵诸臣撰史不过是因人成书的权宜之策，而非常设制度，不利于后赵国史修撰。石勒称帝后，进一步推行文教治国，“命郡国立学官，每郡置博士祭酒二人，弟子百五十人，三考修成，显升台府。于是擢拜太学生五人为佐著作郎，录述时事。”⑥由此看来，称帝后的石勒已经开始完全袭用魏晋治国之道。前此，石勒还重新起用九品中正制，史称“勒清定五品，以张宾领选。复续定九品。署张班为左执法郎，孟卓为右执法郎，典定士族，副选举之任。”⑦从石勒后期国策来看，后赵在官制和理政方面逐渐走上魏晋治政轨道上来了。史籍未见载石勒时期著作郎情况，但

① 《晋书》卷一百五《石勒载记下》，第2735页。
② 杜维运：《中国史学史》，商务印书馆2010年版，第305页。
③ 谢保成：《中国史学史》，商务印书馆2006年版，第382页。
④ 牛润珍：《汉至唐初史官制度的演变》，第131页。
⑤ 《晋书》卷一百五《石勒载记下》，第2735—2736页。
⑥ 《晋书》卷一百五《石勒载记下》，第2751页。
⑦ 《晋书》卷一百五《石勒载记下》，第2737页。

记有石虎时的著作郎王度。这说明后赵是完整地继承了魏晋的著作官制，成为十六国时期采用著作官制的典型代表。揆诸史籍，十六国时期史官采用魏晋著作官制者，主要有前赵、后赵、前燕、前秦、后秦、后燕、大夏、后凉等。

北朝起于北魏，北魏拓跋政权在史官设置方面有一个变化过程，什翼犍时代，拓跋氏完成了从刻木记事到册簿书记的过渡。至拓跋跬时代，仿后燕，建立了史官制度，设置著作郎，并很快投入实际运作中，由著作郎邓渊撰《国记》，清河崔简参其事。刘知幾对拓跋跬时代史官运作不是特别看重，但他注意到了后期北魏史官制度进一步完善，他说："元魏初称制，即有史臣，杂取他官，不恒厥职。故如崔浩、高闾之徒，唯知著述，而未列名号。其后始于秘书置著作局，正郎二人，佐郎四人。其佐三史者，不过一二而已。普泰以来，三史稍替，别置修史局，其职有六人。"①其中，刘知幾提到北魏后期史官制度当有两个新变化，一是置著作局，二是置修史局。崔浩参与著述之事，起于拓跋焘太延五年(439)。是年十二月，拓跋焘命崔浩以司徒监秘书事，中书侍郎高允、散骑侍郎张伟参著作事，续修北魏国史，成《国书》。后因《国书》直书拓跋前史而无所避讳，特别是崔浩令将其刊刻石碑，暴于通衢，引发鲜卑贵族不满。太平真君十一年(450)七月，崔浩族诛，是谓"国史之狱"。刘知幾说北魏置著作局在崔浩之后，而国史案发后，拓跋焘废置史官，并延续十年之久。史称文成帝和平元年(460)六月，"崔浩之诛也，史官遂废，至是复置。"②牛润珍综合《魏书》中高允本传和刘模本传，将北魏著作局设置断在和平元年之后、皇兴五年(471)之前。③ 至于刘知幾所称北魏别置之修史局，史无他证。牛润珍因其员额 6 人，与北魏著作局正郎 2 人、佐郎 4 人编制吻合，怀疑修史局即是著作局。④ 北魏除著作官制之外，还有一个记注官制，负责皇帝起居注。《通

① 刘知幾撰，浦起龙释：《史通通释》卷十一《史官建置》，第 292 页。

② 《魏书》卷五《高宗纪》，第 118 页。

③ 牛润珍：《汉至唐初史官制度的演变》，第 168 页。

④ 牛润珍：《汉至唐初史官制度的演变》，第 168 页。

典》卷二十一《职官》云:“后魏始置其起居令史,每行幸宴会,则在御左右,记录帝言及宴宾客训答,后又别置修起居注二人,以他官领之。”①起居令史当始置于孝文帝太和十五年(491),史称是年正月“初分置左右史官”②。左、右史即起居令史,北魏记注制度由此始建,起居令史官从第七品上。起居记注制度本源自两汉,这说明孝文帝的汉化改革相当细致,也反映出孝文帝对记注工作的重视。

东魏、北齐与西魏、北周是由北魏分裂而来,史官制度均因袭北魏,置著作郎、著作佐郎以掌修国史,著作官多为兼领。东魏史官选任有阶段性特征:天平、元象年间主要用胡族领著作,典国史;武定后改用汉人。东魏还同样沿袭了北魏起居注撰集制度,设有大臣监修,其职由中书、门下的长官兼领。天保元年(550)高洋废东魏建北齐后,官制一仍如前,著作官也继续延用。据魏收自言,东魏时他即以秘书监兼任著作郎,北齐受禅后,“天保元年,除中书令,仍兼著作郎,封富平县子。二年,受诏撰魏史,除魏尹,故优以禄力,专在史阁,不知郡事。”③据此来看,至少在天保二年时北齐即已置有“史阁”。《唐六典》又称:“历宋、齐、梁、陈、后魏并置著作,隶秘书省。北齐因之,代亦谓之史阁,亦谓之史馆。史阁、史馆之名自此有也。故北齐邢子才作诗誳魏收‘冬夜直史馆’是也。”④牛润珍以为史馆与史阁有所不同,史馆是正式的官方机构名称,史馆中有阁,以收藏图书,故又名史阁而已。⑤ 北齐史馆组织与编制相对稳定,史馆职事者主要有监修大臣、著作郎、著作佐郎、修史臣、校书郎与令史等组成。天保初年,高洋令魏收撰魏史时,“又诏平原王高隆之总监之,隆之署名而已。”⑥天保八年(557),魏收又除太子少傅,监国史。此后,又有崔劼、赵彦深、阳休之、崔季舒、祖珽等相继监国史。北齐史馆与监修制度都具有开创性

① 杜佑:《通典》卷二十一《职官三》,第555—556页。
② 《魏书》卷七《高祖纪》,第167页。
③ 《魏书》卷一百四《自序》,第2326页。
④ 李林甫撰,陈仲夫点校:《唐六典》卷九《中书省》,第281页。
⑤ 牛润珍:《汉至唐初史官制度的演变》,第177页。
⑥ 《魏书》卷一百四《自序》,第2326页。

质，实为唐代史馆及监修制度之滥觞。北齐著作郎如北魏一样，编制2人，官秩从第五品，但佐郎则学习了南东晋南朝，员额8人，官秩第七品。北齐史馆中还有校书郎2人，官秩正第九品，及阙员品的书令史。修史臣为临时抽调入馆修史的官吏，不属史馆固定编制，员额不限，由他官兼任，事毕还职。

西魏同样有“史阁”，河东柳虬曾以秘书监领著作并改变西魏前此秘书监领著作却不参史事的旧制，他曾因西魏史官密书善恶未足劝诫而上疏，语及：“诸史官记事者，请皆当朝显言其状，然后付之史阁。庶令是非明著，得失无隐。”①西魏史阁也以大臣监修国史，如《周书》赵善本传称，大统三年（537），赵善“转左仆射，兼侍中，监著作”②。北周取代西魏后，将“史阁”改称为“史局”，隶春官府外史，《周书》姚最本传称北周宣帝年间，姚最旧主齐王宪以嫌疑被诛，杨坚为相后，“最以陪游积岁，恩顾过隆，乃录宪功绩为传，送上史局。”③北周史局亦以大臣监修国史，周武帝年间，河东柳敏“迁小宗伯，监修国史”④。周宣帝年间，荥阳郑译迁内史上大夫“又监国史”⑤。西魏之“史阁”与北周之“史局”中置有著作官，但任职与名称先后有所变化。如前所揭，大统十四年（548）以前，著作官多为兼任，秘书领著作而不参史事，国史修撰由中书省掌管，以柳虬兼领秘书丞和著作郎为界，此后著作官由兼职转为专职，国史修撰也转归秘书省负责。北周建立后，实行官制改革，采用西周六官制度，著作官改由春官统属，著作郎改称为著作上士，员额2人，著作佐郎改称为著作中士，员额4人。《唐六典》卷十《秘书省》记著作郎语及“后周春官府置著作上士二人，即其职也”，记著作佐郎语及“著作中士四人，即著作佐郎之任也”。⑥ 唐刘知幾《史通》、杜佑《通典》与宋《册府元龟·国史部》均有此说。

① 《周书》卷三十八《柳虬传》，中华书局1971年版，第681页。
② 《周书》卷三十四《赵善传》，第588页。
③ 《周书》卷四十七《姚最传》，第844页。
④ 《周书》卷三十二《柳敏传》，第561页。
⑤ 《隋书》卷三十八《郑译传》，第1136页。
⑥ 李林甫撰，陈仲夫点校：《唐六典》卷十《著作局》，第301页。

北周国史除由著作官掌撰之外,也有以他官兼领的现象存在,如张羡"入为司成中大夫,典国史",寇颙"转司成中大夫,除使持节、仪同大将军,专修国史。"西魏与北周同样有记注制度,西魏初年由著作官兼掌起居注,至大统四年(538),著作官专掌国史,记注则多由中书舍人、中书侍郎兼任。至北周时期,起居注又称"外史",有上士与下大夫。北周行《周官》之年,但宣帝嗣位后,对官员班品随意变革,"至如初置四辅官,及六府诸司复置中大夫,并御正、内史增置上大夫等,则载于外史。余则朝出夕改,莫能详录。"①其中所言之"外史",牛润珍以为即是"起居注"也。② 外史同时也是北周春官下一个职官,司职记注起居,《唐六典》卷八《门下省》"起居郎"条云:"后周春官府置外史,掌书王言及动作以为国志,即其任也。又有著作二人,掌缀国录,盖起居注、著作自此分也。"③从这个意义上来说,相较北魏与北齐,北周史官制度在职能分工上更为细致、精密。

2. 士族与十六国北朝史官制度建设

十六国北朝政权嬗替频繁,史官体系相对东晋南朝要复杂得多,见载史职人员也相当零乱。牛润珍先生遍寻《十六国春秋》《魏书》《晋书》《史通》等史志,勾辑亡佚,建筚路蓝缕之功。据其整理,十六国史官史臣可考基本情况如下:刘汉、前赵史臣有公师彧、和苞;后赵史臣有徐光、宗历、傅畅、郑愔、佐明楷、程阴、徐机、王兰、陈宴、傅彪、贾蒲、江轨、石泰、石同、石谦、孔隆、王度等;前燕史臣有黄泓、杜辅全、崔逞等;前秦史臣有梁谠、赵渊、车敬、梁熙、韦谭、董谊、赵整、冯翊、车频、崔玄伯等;后燕史臣有董统、申秀、范亨等;南燕使臣有王景晖、张诠;前凉史臣有边浏、索绥、刘庆等;西凉史臣有刘昞;后凉史臣有段龟龙;南凉史臣有郭韶;北凉史臣有刘昞、宗钦、阴仲达、段承根等;后秦史臣有马

① 《周书》卷二十四《卢辩传》,第404页。

② 牛润珍:《汉至唐初史官制度的演变》,第188页。

③ 李林甫撰,陈仲夫点校:《唐六典》卷八《门下省》,第248页。

僧虔、卫隆景；大夏史臣有赵思群、张渊；成汉史臣有常璩。以上姓名可考者凡51人，此外，后赵还有5位姓名不详的太学生为著作佐郎，以及后来流入东晋参撰《二石伪事》的陆翙。《史通》说西秦“其史或当代所书，或他邦所录”，牛润珍据此猜测其当也有史官撰国书。十六国政权建立者多为少数民族，史学建设意识整体上不如汉族政权那样鲜明强烈，再加上政权国祚短促，因此大多数政权留下史臣痕迹的并不多。从上述整理来看，后赵和前秦则显得相对突出，姓名可考史臣最多。后赵历经7主，享国33年，其史学建设主要由开国者石勒奠基。石勒高度重视从历史中汲取智慧，委信并征用汉人张宾，在郡国推行教化，典定士族并予以优容，使后赵重现汉家文治之风，并进一步提高了“史学”在国家政权建设中的地位。前秦则历经6主，享国44年，苻坚在位时，境内教化更胜石勒时代。他得汉族士人王猛辅政，崇学重教，史称：“自永嘉之乱，庠序无闻，及坚之僭，颇留心儒学，王猛整齐风俗，政理称举，学校渐兴”，以至于“关陇清晏，百姓丰乐”①。文化昌盛推动了史学发展，遂致后赵与前秦史学卓立于十六国之中。

西晋年间塞外游牧民族进入中原，阻断了中原士族发展的自然进程。此后，大批士族南下，还有部分流徙至西北和辽东，留居中原的士族本就数量有限，再加上少数民族君王采取民族歧视政策，所以十六国时代北方士族并不兴盛，其活跃程度远逊于南方政权。进入史官体系的更少之又少。因十六国史料所限，上揭十六国史臣其郡望难以尽考，其中可确认为士族的有傅畅、崔逞、崔玄伯3人。傅畅（？—330），字世道，出自北地泥阳傅氏，曹魏太常傅嘏之孙、西晋司徒傅祗之子，西晋时封武乡亭侯，官至秘书丞，石勒时为大将军右司马，著《晋诸公叙赞》二十二卷、《公卿故事》九卷。崔逞，生卒年不详，字叔祖，出自清河东武城崔氏，曹魏中尉崔琰六世孙，曾祖崔谅，官至晋中书令；祖崔遇，石虎时期官至特进；父崔瑜，官至黄门郎；崔逞官至御史

① 《晋书》卷一百十三《苻坚载记上》，第2895页。

中丞，撰《燕史》。崔玄伯（？—418），名宠，字玄伯，出自清河东武城崔氏曹魏司空崔林六世孙，祖父崔悦，后赵司徒左长史、关内侯，父崔潜，前燕黄门侍郎。崔玄伯前秦时曾仕著作佐郎，征东功曹。从可考士族史臣来看，十六国史官与史学建设中，士族发挥的作用显然难以与当时南方东晋士族相提并论。

北魏史官制度发展相对迅速，对此后的史官制度影响较大。北魏官方史学成就不仅远超十六国政权，也胜于江左的东晋。北魏史臣整体史学素养明显提升，史臣队伍也明显扩大。太武帝太平真君十一年北魏尚无常设修史机构之前，史臣以著作郎为主，著作郎有邓渊、崔琛、崔浩、高允、宗钦、段承根、阴仲达等，另有崔览、高谠、邓颖、晁继、范亨、黄辅、张伟参著作，太原闵湛、赵郡郄标任著作令史，以及史籍记有的他职如校书郎、正字而未录其人的情况。文成帝和平元年复置史官后，领著作郎者相继有游雅、成淹、程骏、高柔、崔光、傅毗、阳尼、邢产、韩显宗、李彪、孔惠蔚、李琰之、邢峦、李谐、韩子熙、陆恭之、刘仁之、山伟、綦儁、李同轨、裴景融等，著作佐郎有许赤虎、裴定宗、李宣茂、成淹、韩显宗、程骏、程灵虬、宋弁、陆景先、封轨、张始均、张珉、李邕、裴延儁、裴景融、裴聿、袁翻、江式、平恒、邢祐、阳嘏、裴定、赵元顺、卢观、李业兴、李郁、王衍、王遵业、陆恭之、李瑾、元庆智等，以别职参著作者有韩兴宗、李彪、崔鸿等。其他如校书郎刘模、国史典书高法显、正史中字江式。国史监修制度建立是北魏史官制度的一个重要方面，先后典领国史监修的有崔浩、高允、李彪、崔光、崔鸿、谷纂、山伟。北魏还有起居注官，第一位奉敕撰起居注的是李伯尚，此后相继有崔鸿、王遵业、邢峦、封肃、邢昕、温子升、许绚等。孝明帝后，模仿国史监修，又置监典官控制起居注，有裴延儁、崔鸿、祖莹、羊深、裴伯茂等。

东魏时期，史官多是北魏旧人，但亦有新增，如魏收兼著作郎，王理为著作佐郎，宇文忠之受敕修国史，领职起居注者有祖鸿勋、陈元康，此后北齐任起居注官者有阳休之、阳斐、崔□，监修起居注有王晞。北齐史馆史臣有监修大臣高隆之、魏收、崔劼、赵彦深、阳休之、崔季舒、祖珽 7 人，著作郎有魏收、祖珽、杜台卿 3 人，著作佐郎有萧慨、元行如、权会、崔镜玄 4 人，另与修《魏书》史臣有房延祐、辛元植、睦仲让、刁柔、裴昂之、高孝干、陆印、李广、綦毋怀文 9 人，修国史者有李德林、魏澹。西魏、北周，一如东魏、北齐，国史以大臣监领，置著作官与记注官。西魏监领史臣有赵善、柳敏、郑译等；著作官有张轨、李彦、吕思礼、卢柔、卢辩、苏绰、苏亮、柳虬、黎景熙、薛寘、李昶。北周时著作官改为著作上士和著作中士，史载著作上士有明克让、王文乾。此外，典领国史的还有张羡、寇颙。至于记注官，西魏有张轨、李彦、卢柔、檀翥、申徽、柳虬、薛寘。北周时期起居注类同著作官，由外史专职起居注，分为外史下大夫与外史上士，史载外史下大夫有明克让、外史上士黎景熙，另还载见刘行本和牛弘兼领起居注。

以上史载北魏姓名可考史官共计 79 人，出自清河崔氏、博陵崔氏、范阳卢氏、范阳祖氏、渤海高氏、陇西李氏、赵郡李氏、琅邪王氏、太原王氏、北平阳氏、广平宋氏、河东裴氏、清河张氏、泰山羊氏、高阳许氏、陈郡袁氏、渤海封氏、河间邢氏、太原温氏、济阳江氏及鲜卑士族陆氏、元氏、陆氏等 23 门共计 49 人，占比 62%。东、西魏及北齐、北周姓名可考史官共计 52 人，出自琅邪王氏、范阳祖氏、北平阳氏、清河崔氏、博陵崔氏、赵郡李氏、陇西李氏、渤海高氏、钜鹿魏氏、京兆苏氏、河东裴氏、河东柳氏、荥阳郑氏、兰陵萧氏、博陵杜氏、清河房氏、河东薛氏、平原明氏、高平檀氏、渤海刁氏、沛国刘氏、魏郡申氏及鲜卑士族元氏、陆氏、宇文氏等 22 门共计 34 人，占比 69. 4%。

相较于十六国时期，北朝史官中士族出身的明显增多，其占比均逾六成，也就是说，士族已经成为北朝史官群体的主力军。究其原因，盖与十六国以后北方史学建设和门阀士族的共同发展有关。自北魏统一北方，特别是孝文帝改革以后，史官制度建设日益成熟规范。而与此同时，在国家政策的推动下，随孝文帝南迁的鲜卑贵族开始走上士族化道路，汉族士族也重新活跃起来。北方士族同样注重学术文化，着意史官等文化体系职官，史称北齐武平之后

“史书所载著作佐郎多为令仆之子起家官品”①，北方已同南方一样，士族都将著作佐郎作为起家优选。这说明，在参与史官建设的热情上，北方士族已与当时南方士族大体相近了。而且，由上述梳理来看，北朝史官中士族分布还十分广泛，前揭唐柳芳在论北方士族时曾说：“山东则为‘郡姓’，王、崔、卢、李、郑为大；关中亦号‘郡姓’，韦、裴、柳、薛、杨、杜首之；代北则为‘虏姓’，元、长孙、宇文、于、陆、源、窦首之。”②此间所论及胡汉高门士族，诸如元、宇文、陆、王、崔、卢、李、郑、裴、柳、薛、杜等，均有人员出任史职。一言以蔽之，和南方士族相较而言，在参与史官制度及推动官方史学发展方面，北朝士族也可谓不遑多让。北朝门阀士族同样广泛参与著作机构，是著作史官的主力军，推动着官方史学乃至北朝整个史学的发展。

第二节　士族与三至六世纪历史教育

所谓历史教育，“是以历史知识作为教育的主要内容，透过对历史知识的学习与认知，达到教育的目标。”③三至六世纪，严格意义上的历史教育尚未充分发展起来，但相较此前，也有一些明显的进步，官学、私学和家学都广泛存在着历史教育。具有标志性意义的，便是出现了脱离经学而独立存在的历史教育机构。有学者论述这一时期历史教育发展，说其“是以教育为核心，但却是在当时的历史过程中开展，涉及了史学的发展，也及于史学与时代的互动关系”④。易言之，历史教育的发展，不仅是当时史学发展的结果，也与当时社会发展关联密切，其中，就包括士族的参与和推动。

---

①　牛润珍：《汉至唐初史官制度的演变》，第 182 页。

②　《新唐书》卷一九九《柳冲传》，中华书局 1975 年版，第 5678 页。

③　张荣芳：《中古历史教育的发展及其转折——一个初步观察》，载张国刚主编：《中国中古史论集》，天津出版社 2003 年版，第 249 页。

④　张荣芳：《中古历史教育的发展及其转折——一个初步观察》，载张国刚主编：《中国中古史论集》，第 250 页。

一、三至六世纪时期的历史教育

对历史教育的重视是古代的一个优良传统。《国语·楚语上》曾记申叔时论傅太子之道，语云："教之《春秋》，而为之从善而抑恶焉，以戒劝其心；教之《世》，而为之昭明德而废幽昏焉，以休惧其动；教之《诗》，而为之导广显德，以耀明其志；教之《礼》，使知上下之则；教之《乐》，以疏其秽而镇其浮；教之《令》，使访物官；教之语，使明其德，而知先王之务用明德于民也；教之故志，使知废兴者，而戒惧焉；教之训典，使知族类，行比义焉。"①此中所谓之《春秋》，乃以天时以记人事的史籍，《世》指记先王世系的谱牒，令指先王官法与时令，语是指治国之善语，故志谓记前世成败之书，训典乃五帝之书，其他如《诗》《礼》《乐》也脱不了历史范畴。由此可见，当时教育内容虽然广泛，但实是以历史教育为主，并且特别注重历史的资治鉴戒和教化功能。这种重视历史教育的传统历秦汉而不衰，至三国两晋南北朝得到进一步发展。

汉魏之际风云巨变，促使士人群体意识走向新自觉，学界于此已颇有论述。② 具有资治鉴戒特色的史学，在时人思想觉醒和升华过程中，无疑具有重要的促进作用，因而也颇为当政者所重。前揭刘备遗嘱后主读《汉书》即一例证，体现刘备历史教育意识的自觉化。《三国志》卷五十四《吕蒙传》注引《江表传》所载对此也有较好的说明，兹移逯于此，以备分析：

> 初，权谓蒙及蒋钦曰："卿今并当涂掌事，宜学问以自开益。"蒙曰："在军中常苦多务，恐不容复读书。"权曰："孤岂欲卿治经为博士邪？但当令涉猎见往事耳。卿言多务孰若孤，孤少时历《诗》、《书》、《礼记》、《左传》、《国语》，惟不读《易》。至统事以来，省三史、诸家兵书，自以为大有所益。如卿二人，意性朗悟，学必得之，宁当不为

---

① 《国语》卷十七《楚语上》，上海古籍出版社 1978 年版，第 528 页。

② 余英时：《汉晋之际士之新自觉与新思潮》，《士与中国文化》，上海人民出版社 2003 年版，第 251—353 页。

乎？宜急读《孙子》、《六韬》、《左传》、《国语》及三史。孔子言‘终日不食，终夜不寝以思，无益，不如学也’。光武当兵马之务，手不释卷。孟德亦自谓老而好学。卿何独不自勉勖邪？”蒙始就学，笃志不倦，其所览见，旧儒不胜。后鲁肃上代周瑜，过蒙言议，常欲受屈。肃拊蒙背曰：“吾谓大弟但有武略耳，至于今者，学识英博，非复吴下阿蒙。”蒙曰：“士别三日，即更刮目相待。大兄今论，何一称穰侯乎。兄今代公瑾，既难为继，且与关羽为邻。斯人长而好学，读《左传》略皆上口，梗亮有雄气，然性颇自负，好陵人。今与为对，当有单复以(卿)[鄕]待之。”密为肃陈三策，肃敬受之，秘而不宣。权常叹曰：“人长而进益，如吕蒙、蒋钦，盖不可及也。富贵荣显，更能折节好学，耽悦书传，轻财尚义，所行可迹，并作国士，不亦休乎！”①

孙权与吕蒙经受历史教育都有一个过程，这个过程充分体现了自觉意识的强化。孙权少时涉猎较广，从其受学来看，可谓经史并重。建安五年(200)孙策遇刺身亡，孙权时年 18 岁即继之掌事。因治事带兵所需，历史教育渐为其问学重中之重，史学资治功能也在其经营江东过程中得到彰显，即如孙权自言“至统事以来，省三史、诸家兵书，自以为大有所益”。孙权劝学是以切身体会为基础，自然具有说服力。在孙权引导下，吕蒙也开始读书问学，自史书中汲取智慧，谋略与见识得到增长。吕蒙说关羽亦好学重史，《三国志》关羽本传也引《江表传》称“羽好《左氏传》，讽诵略皆上口”②。鲁肃与吕蒙先后与关羽对峙，吕蒙能全面审视长短，所以不仅能为鲁肃提出有价值的策略，后来也能成功袭败关羽，夺取荆州。史书赞吕蒙“勇而有谋，断识军计，谲郝普，禽关羽，最其妙者”③。毫无疑问，吕蒙乃至孙权的成长，揆之于史，与他们自觉接受历史教育不无关联。

① 《三国志》卷五十四《吕蒙传》，中华书局，第 1274—1275 页。

② 《三国志》卷三十六《关羽传》，第 942 页。

③ 《三国志》卷五十四《吕蒙传》，第 1281 页。

孙权所言将“三史”与兵书相提并论，这一现象在《三国志·孙峻传》注引《吴书》中也可看见，《吴书》介绍留赞时说：“留赞字正明，会稽长山人。少为郡吏……然性烈，好读兵书及三史，每览古良将战攻之势，辄对书独叹。”①王鸣盛以为孙权所言“三史”不同于唐宋以后所指的《史记》《汉书》与范晔《后汉书》，而“似指《战国策》、《史记》、《汉书》”，他进一步说：“愚谓彼时不但未有范蔚宗书，并且谢承、华峤、司马彪之书皆未有，则《三史》自不得指为《史记》、《前》、《后汉》，即《晋书·傅玄传》云：‘玄撰论《三史》故事，评断得失，各为区例。’玄卒于晋武帝时，所称《三史》亦未必有《后汉》。”②王鸣盛指出“三史”有《史记》《汉书》而不含范晔《后汉书》不无道理，但认为包含《战国策》则有待商榷。钱大昕更引司马彪《续汉书·郡国志》“今录中兴以来郡县改异，及《春秋》、三史会同征伐地名”语，断“三史”为《史记》《汉书》与《东观汉记》③，这一说法为当今学界所认同。④《战国策》与《东观汉记》实际上都属史学撰述，但其属性归类又稍有不同。《汉书·艺文志》史部书分类不够缜密，将《战国策》和《史记》都附于《春秋经》后，《隋书·经籍志》则将《史记》《汉书》《东观汉记》归为“正史”，《战国策》归为“杂史”。这样，“三史”即《史记》《汉书》与《东观汉记》作为纪传体正史的共同属性更为清晰。《史记》《汉书》与《东观汉记》还有一个共同点，即其内容都是记载刘汉历史，《三国志·孟光传》记孟光：“博物识古，无书不览，尤锐意三史，长于汉家旧典。”⑤孟光长于汉家旧典，恰好佐证了其所锐意的“三史”，正是指《史记》《汉书》《东观汉记》。

“三史”概念的凝聚，既反映了三国时人对纪传体皇朝正史的高度重视，

---

① 《三国志》卷六十四《孙峻传》注引《吴书》，第1445页。

② 王鸣盛撰，黄曙辉点校：《十七史商榷》卷四十二“三史”条，上海古籍出版社2016年版，第490页。

③ 钱大昕：《十驾斋养新录》卷六“三史”条，《嘉定钱大昕全集·柒》，江苏古籍出版社1997年版，第147页。

④ 邱敏：《六朝史学》，南京出版社2003年版，第49页。

⑤ 《三国志》卷四十二《孟光传》，第1023页。

也反映出他们对史学及历史教育认识的深化。孙吴选曹尚书、太子太傅张温撰《三史略》二十九卷,《隋志》将其与汉卫飒《史要》、魏鱼豢《典略》、晋王蔑《史汉要集》与梁张缅《后汉略》共列①,当也是对"三史"进行删繁撮要之书,是对"三史"历史认识深化的结果。逯耀东还以为魏晋时期"三史"内涵有所拓展,不单纯指三部史书,而泛指"一般史学著作而言"②,并将其与经史分途和史学独立等问题联系起来,认为"当时的'三史'是与'五经'或'六经'相对的并称",指出魏晋以后"经史"并称现象的普遍化,说明"史学不仅不再是经学的附庸,而且已升格到和经学同等的地位"③。当然,"三史"由专指而发展成泛指一般史书,并与五经对称,这需要一个过程。这个过程,同时也是魏晋以后人们对史学和历史教育深化的过程。众所周知,即便是在儒学式微的魏晋南北朝时期,各类教育中,经学依旧占据基础地位,经史相融的传统使史学在当时教育体系中占有不可或缺的地位,而史学独立品性彰显和蔚为大观的史学作品不断涌现,也推动着历史教育进一步发展。这一时期,从王公贵族、一般知识分子到普通民众,历史教育受众不断扩大;从口诵听讲、撰文论述到专门研究,历史教育形式不断丰富;历史教育重视程度和普及性也不断向社会深层迈进。一言以蔽之,三至六世纪时期的历史教育在社会变迁中蜿蜒前进。

魏文帝曹丕也有接受历史教育的自觉意识,他曾自言受曹操好学的影响,说:"余是以少诵《诗》、《论》,及长而备历《五经》、四部、《史》、《汉》、诸子百家之言,靡不毕览。所著书论诗赋,凡六十篇。至若智而能愚,勇而知怯,仁以接物,恕以及人,以付后之良史。"④曹丕不仅接受《史记》《汉书》等历史教育,还养成较为强烈的史学意识,重视良史。《隋志》载录曹丕撰有《列异传》3

① 《隋书》卷三十三《经籍二》,第961页。

② 逯耀东:《魏晋史学的思想与社会基础》,第31页。

③ 逯耀东:《魏晋史学的思想与社会基础》,第180页。

④ 曹丕:《典论·自叙》,见严可均辑:《全上古三代秦汉三国六朝文》,中华书局1965年版,第1097页。

卷。如果说曹丕尚是受曹操“雅好诗书文籍,虽在军旅,手不释卷”①所感染,那么,后赵石勒之于历史教育,则其自觉性值得推重,堪称魏晋南北朝时期君王重视历史教育的典范。前文已经提及石勒对史官制度建设的推动,石勒本不识文字,他对历史教育和史学建设的重视,是源自实践之感悟,史称他“虽在军旅,常令儒生读史书而听之,每以其意论古帝王善恶,朝贤儒士听者莫不归美焉”②。《世说新语》记载一具体事例,可为石勒“常令儒生读史”之佐证,其语云:

> 石勒不知书,使人读《汉书》,闻郦食其劝立六国后,刻印将授之,大惊曰:“此法当失,云何得遂有天下!”至留侯谏,迺曰:“赖有此耳!”③

石勒军旅听史事,意义典型,在当时南北流传都很广,为南北史家所重视。刘义庆之前的东晋邓粲撰《晋纪》,刘义庆之后北魏崔鸿撰《十六国春秋》,均将此采录入史。④《世说新语》所载石勒听读并论立六国后事,摹绘传神,极见石勒的历史洞察力,令史家不得不赞叹“其天姿英达如此”⑤。长期军旅听讲,使石勒娴熟汉史,谈论时能信手拈来,史载:

> 勒因飨高句丽、宇文屋孤使,酒酣,谓徐光曰:“朕方自古开基何等主也?”对曰:“陛下神武筹略迈于高皇,雄艺卓荦超绝魏祖,自三王已来无可比也,其轩辕之亚乎!”勒笑曰:“人岂不自知,卿言亦以太过。朕若逢高皇,当北面而事之,与韩、彭竞鞭而争先耳。脱遇光武,当并驱于中原,未知鹿死谁手。大丈夫行事当礌礌落落,如日月皎然,终不能如曹孟德、司马仲达父子,欺他孤儿寡妇,狐媚以取天下

① 曹丕:《典论·自叙》,《全上古三代秦汉三国六朝文》,第1097页。

② 《晋书》卷一百五《石勒载记下》,第2741页。

③ 刘义庆撰,杨勇校笺:《世说新语校笺》,中华书局2006年版,第352页。

④ 汤球辑:《众家编年体晋史》,天津古籍出版社1989年版,第399页。崔鸿撰,汤球辑:《十六国春秋辑补》,中华书局1985年版,第104页。

⑤ 《晋书》卷一百五《石勒载记下》,第2741页。

也。朕当在二刘之间耳,轩辕岂所拟乎!”其群臣顿首称万岁。①

石勒对语中,将其与刘邦、刘秀、韩信、彭越等历史人物作比较,浸润鲜明的历史意识,持论允当得体,特别是对曹操、司马懿父子断论,往往为后世所借用。历史教育的功能,在石勒身上得到一定程度的实现。石勒是历史教育的受益者。是以,石勒重教育,设经学、史学等祭酒职官,兴办官学,自上而下推动包含历史教育的官学教育的发展,是有着内在理路的。王夫之否定石勒起明堂、行教化、倡官学,评其为“败类之儒,鬻道统以教之窃,而君臣皆自绝于天”②,今天看来,夷夏偏见浓重,不为持平之论。

不过,石勒兴办的官学教育虽有亮点,但其影响不能夸大也是史实。一方面,后赵政权建立于 319 年,亡于 352 年,起讫仅 33 年,较短的时间内还一直忙于内乱与外战;另一方面,从历史教育角度来看,后赵未见有专门体系的史学授受。改变这一局面,并在古代历史教育发展进程获得标志意义的,是南朝刘宋元嘉年间“四学”馆与宋齐之际总明观的设立。它们存在的时间也不长,但不仅属中古历史教育新实践,也推进了当时的史学独立,在史学史上有着特殊的地位。

元嘉“四学”与稍后的总明观皆是统治者设立的教育机构,吊诡的是,它们实际上都是因官学教育荒废而生。刘宋建立前后,国子学久废,官方常临时因人置立学馆之举。宋武帝永初年间即曾为周续之开馆东郭外,招聚生徒。文帝登位后也传承此风,“四学”馆即于这时出现。《宋书》卷九十三《雷次宗传》载:

> 元嘉十五年,征次宗至京师,开馆于鸡笼山,聚徒教授,置生百余人。会稽朱膺之、颍川庾蔚之并以儒学,监总诸生。时国子学未立,上留心艺术,使丹阳尹何尚之立玄学,太子率更令何承天立史学,司徒参军谢元立文学,凡四学并建。③

① 《晋书》卷一百五《石勒载记下》,第 2749 页。

② 王夫之:《读通鉴论》卷十三“成帝”条,中华书局 1975 年版,第 352 页。

③ 《宋书》卷九十三《雷次宗传》,第 2293—2294 页。

《南史·文帝纪》于元嘉十六年下也载此事,语云:

是岁,……上好儒雅,又命丹阳尹何尚之立玄素学,著作佐郎何承天立史学,司徒参军谢元立文学,各聚门徒,多就业者。①

宋文帝刘义隆是南朝少见的有作为的皇帝,清朱铭盘《南朝宋会要》于"文学·帝学"条下辑录宋文帝有三条,除上引"好儒雅",还有"博涉经史,善隶书""每与临川王义庆书,常加意斟酌。"②宋文帝对当时学术并不陌生,四学并建,正是宋文帝对汉魏以来学术发展变化的一种承认。从"各聚门徒"来看,四学应是以教育传授为主的教学机构。其中专门教授史学的"史学"馆,其生员情况与教学实效史迹模糊,唯《宋书·礼志》有载:

元嘉二十年,太祖将亲耕,以其久废,使何承天撰定仪注。史学生山谦之已私鸠集,因以奏闻。③

这是南朝诸史唯一见有"史学生"的记载。《宋书》还有一条说明何承天与山谦之关系非同寻常的史料,语云:"宋故著作郎何承天始撰《宋书》,草立纪传,止于武帝功臣,篇牍未广。其所撰志,唯《天文》、《律历》,自此外悉委奉朝请山谦之。"④何承天任职著作,主持国史修撰,不在著作机构寻求助手却委诸奉朝请山谦之。那么,何承天对山谦之撰史能力的了解和信任从何而来?综合前后,如果何承天在史学馆教授史学,山谦之为"史学生"从之受教,两人结成师徒,这样,何承天知道山谦之私集仪注,并将修志重任交付山谦之一事,也就容易理解了。周一良也关注山谦之佐修国史事,认为这"说明史学生受训练之后即从事国史撰述"⑤。由于元嘉时期其他史学生情况并不明朗,史学生从事国史撰述是否属普遍情况,无法得到印证。但山谦之一事说明"史学"

① 《南史》卷二《文帝纪》,第45—46页。

② 朱铭盘:《南朝宋会要》,上海古籍出版社1984年版,第225页。

③ 《宋书》卷十四《礼志一》,第354页。

④ 《宋书》卷一百《自序》,第2467页。

⑤ 周一良:《魏晋南北朝史学的几个特点》,《魏晋南北朝史论集续编》,北京大学出版社1991年版,第70页。

馆有所成就，应该是没有问题的。山谦之在地理书撰述上卓有成就，撰有《吴兴记》《南徐州记》《寻阳记》《丹阳记》，陈光贻视其为南朝两大方志名家之一。① 由此看来，元嘉“史学”馆，在培养史学人才、推动史学发展方面是有成绩的。史称此后“江左风俗，于斯为美，后言政化，称元嘉焉”②，又说“庠序建于国都，四学闻乎家巷”③，均是对四学设立的肯定。

元嘉四学，本意在弥补国子学的缺失，是以元嘉二十年国子学重建后旋遭省废。但不久国子学复遭废置，这样，宋明帝年间又出现新的官学机构。《南史·宋明帝纪》载泰始六年：

> 九月戊寅，立总明观，征学士以充之。置东观祭酒、访举各一人，举士二十人，分为儒、道、文、史、阴阳五部学，言阴阳者遂无其人。④

《南史·王俭传》亦载：

> 宋时国学颓废，未暇修复，宋明帝泰始六年，置总明观以集学士，或谓之东观，置东观祭酒一人，总明访举郎二人；儒、玄、文、史四科，科置学士十人，其余令史以下各有差。是岁，以国学既立，省总明观，于俭宅开学士馆，以总明四部书充之。⑤

《南齐书·百官志》于“总明观祭酒”条下也载：

> 泰始六年，以国学废，初置总明观，玄、儒、文、史四科，科置学士各十人，正令史一人，书令史二人，干一人，门吏一人，典观吏二人。建元中，掌治五礼。永明三年，国学建，省。⑥

上引三则史料，在总明观员职设置上有明显差异，但在说明“史科”分立上没有异见。总明观中的史科，是继元嘉“史学”之后又一官立历史教育机构。

---

① 陈光贻：《中国方志学史》，福建人民出版社1998年版，第139页。
② 《南史》卷二《宋文帝纪》，第46页。
③ 李昉：《文苑英华》卷七百五十四《宋略·总论》，中华书局1966年版，第3948页。
④ 《南史》卷三《宋明帝纪》，第82页。
⑤ 《南史》卷二十二《王俭传》，第595页。
⑥ 《南齐书》卷十六《百官志》，第315—316页。

总明观在学科分立上，大体与元嘉“四学”保持一致。总明观并非虚设，刘宋有东海郯人王谌、会稽余姚虞愿为总明观祭酒，北地灵州傅昭、庐江潜人何佟之、河内温人司马宪为总明观学士。总明观也常举行一些听讲活动，如河东闻喜裴顗“少有异操。泰始中，于总明观听讲，不让刘秉席，秉用为参军”①，直至齐永明二年仍出现“总明观讲，敕朝臣集听”②，是以周一良将总明观定为学术研究机构。不仅如此，周先生还以《南齐书·百官志》记齐制只言总明观祭酒一人，及“建元中，掌治五礼。永明三年，国学建，省”，推断“齐时似已无儒玄文史四科之设了”③。不过，检寻史乘，除总明观祭酒外，萧齐还有总明学士存在，如《南史·谢超宗传》云：“及齐受禅，为黄门郎。有司奏撰郊庙歌，上敕司徒褚彦回、侍中谢朏、散骑侍郎孔珪、太学博士王咺之、总明学士刘融、何法图、何昙秀作者凡十人，超宗辞独见用。”④又如同书《齐高帝纪》载齐高帝“所著文，诏中书侍郎江淹撰次之。又诏东观学士撰《史林》三十篇”⑤。又，吴兴乌程丘灵鞠很有史学素养，宋明帝时受敕撰《大驾南讨纪论》，萧齐建元年间掌知国史，齐武帝即位后，“寻领东观祭酒。灵鞠曰：‘人居官愿数迁，使我终身为祭酒不恨也。’”⑥这一切显示，萧齐时期总明观不仅并非虚设，而且仍有史学活动，史学色彩仍然浓厚。需要说明的是，永明二年“总明观讲，敕朝臣集听”，理解为单纯的学术研究活动似未尽周全。既有人主“讲”，又有朝臣“集听”，授与受并存，不正是教育活动成功实施了吗？而且，从其兴废缘由与当时国学废立内在关联而言，总明观具有弥补国学教育缺失的功能似不宜轻易排除，视其为教育机构并不偏颇。

诚如周一良先生所言，元嘉四学中“史学”馆的设置和总明观史科的分

---

① 《南齐书》卷五十三《裴顗传》，第919页。
② 《南史》卷三十二《张融传》，第835页。
③ 周一良：《魏晋南北朝史学的几个特点》，《魏晋南北朝史论集续编》，第70页。
④ 《南史》卷十九《谢超宗传》，第543页。
⑤ 《南史》卷四《齐高帝纪》，第113页。
⑥ 《南史》卷七十二《丘灵鞠传》，第1763页。

立，是南朝官方从制度层面对魏晋以来史学走向独立的认可与强化。① 它们在中国古代史学史和学术史上有着重要意义。“史”学与“史”科分立，“这标志着‘史’的内涵在不断扩展，从指史书、史官更加进了一步。虽然此处所谓‘史学’与我们今天所说史学含义不能完全等同，但自此时起，‘史’已包含史书、史官、史学三重含义，是确定无疑的了。”②从元嘉四学到总明观，儒学与史学分立思想一脉相承，又“象征着经史分途转变的新的发展阶段”③。刘宋文帝与明帝所为，既是魏晋史学发展所致，又势必会推动当时官私史学的进一步发展。在某种意义上来说，历史教育与史学独立是相互影响、不可分离的。学者有言“由著名学者何承天主持的史学馆，是六朝史上首次出现的专门以历史教育为目的的专科学校，说明在史学逐渐独立以后，历史教育也发展起来”，又说总明观“不仅对史学研究，而且对南朝历史教育的发展，显然也是有推动作用的”④，是有道理的。

由于官学对于文治和人才培养有着特殊的重要性，刘备、孙权、曹丕、石勒、宋文帝以及诸葛亮、北魏孝文帝、南朝梁武帝等都重视教育。也因此，三世纪以来，只要政权进入相对稳定时期，官学都有一定的恢复和发展，遗憾的是，这些官学的规模和效应都难以持久。如西晋统一后虽在太学之外另立国子学，一度推动了官学繁荣，但旋因西晋灭亡而告终。南渡后官学兴废无定，官学中蕴含的历史教育更是难以着落，南朝的“史学馆”和总明观“史科”存续时间也较为短暂。相较而言，北朝官学发展要好得多。不过，整体而言，三至六世纪的历史教育，更多地来说是依存于私学的。

相较官学的时废时兴，魏晋南北朝私学呈现出兴旺发达的景象，凡乡里、家族、山林乃至寺庙等，无不有私学活动。北朝时期，私学规模甚至达至数千

① 周一良：《魏晋南北朝史学的几个特点》，《魏晋南北朝史论集续编》，第 70 页。
② 谢保成：《中国史学史》，商务印书馆 2006 年版，第 383 页。
③ 逯耀东：《魏晋史学的思想与社会基础》，第 16 页。
④ 邱敏：《六朝史学》，第 50 页。

人，如武邑刘蘭，“读《左氏》，五日一遍，兼通《五经》”，泛读子史，博物多识，为当时儒者所宗，讲学于州南馆，“生徒甚盛，海内称焉”，其门下“学徒前后数千人，成业者众”。① 与刘蘭同时代的中山张吾贵也“聚徒数千”②。南朝私学也有数百人的规模，如刘宋沈麟士，博通经史，“隐居余不吴差山，讲经教授，从学士数十百人，各营屋宇，依止其侧，时为之语曰：‘吴差山中有贤士，开门教授居成市。’”③私学甚至成为学术和教育的中心。私学的发展还表现为教育内容得到拓展和扩充。这一时期，“汉代那种皓首穷经，死守家法和章句的情况已不见了”，“玄学、佛学、道学、文学、科技、书学、律学、史学等都融进私学中来了。”④从某种意义上来说，一切学问，包括经学、文学、玄学、佛学、道学等教育，都不可避免地包含历史知识教育，甚至如《春秋》三传和《尚书》本身就亦经亦史。但私学中专门历史教育的出现依然需要一个过程。刘宋元嘉年间兴办的“史学馆”不能不对私学产生了影响和渗透。南朝宋齐间的东莞臧荣绪，号“被褐先生”，早年与朋友关康之一道“沈深典素，追古著书”，不乐仕途，《南齐书》本传称他：

> 纯笃好学，括东、西晋为一书，纪、录、志、传百一十卷。隐居京口教授。⑤

这条史料也见载于《南史》本传。臧荣绪《晋书》体例完备，“赞论虽无逸才，亦足弥沦一代”，其价值为唐史家所肯定，《旧唐书》述及唐修《晋书》“以臧荣绪《晋书》为主，参考诸家，甚为详洽”⑥。也因此，王鸣盛颇为称许臧荣绪。⑦ 臧

① 《北史》卷八十一《刘兰传》，第 2715—2716 页。

② 《魏书》卷八十四《张吾贵传》，第 1850 页。

③ 《南史》卷七十六《沈麟士传》，第 1891 页。

④ 卜宪群、张南：《中国魏晋南北朝教育史》，人民出版社 1995 年版，第 119、120 页。

⑤ 《南齐书》卷五十四《臧荣绪传》，第 936 页。

⑥ 《旧唐书》卷六十六《房玄龄传》，中华书局 1975 年版，第 2463 页。

⑦ 王鸣盛在《十七史商榷》卷四十三“晋书唐人改修诸家尽废”条中说臧荣绪部帙远胜此前诸家，确为有晋全史，称许：“若荣绪既勒成司马氏一代事迹，各体具备，卷帙繁富，谅有可观，即以垂世，有何不可？”第 503 页。

荣绪是否专授其所撰《晋书》,史书未曾明言,但有学者即以指出:“臧荣绪的私学则偏重于史学,这种突破儒学一统教育的私学,对文化发展是有益的。”①结合此际“史学馆”和“史科”的相继出现,若果真私学中出现专授史学,也是不难理解的。

就史乘所见,历史教育专门化无疑是当时历史发展之趋势。《史记》《汉书》等经典史著,日益受到学者们的重视,进入士人的日常生活。魏晋名士间盛行清谈,《史记》《汉书》常为他们讨论的对象和内容,《世说新语》载:“诸名士共至洛水戏,还,乐令问王夷甫曰:‘今日戏,乐乎?’王曰:‘裴仆射善谈名理,混混有雅致。张茂先论《史》、《汉》,靡靡可听。我与王安丰说延陵、子房,亦超超玄著。’”②随着时代的发展,《史记》《汉书》等史著在知识界地位越来越高,文化影响也越来越大,研究者和传授者越来越多,逐渐形成专门之学。《北史》曾为由江南至北方的包恺立传,包恺“从王仲通受《史记》、《汉书》,尤称精究”,至大业中,“于时《汉书》学者以萧、包二人为宗匠,聚徒教授者数千人。”③从王仲通到包恺再到包氏生徒,其间学习传授时都是史学,私学历史教育不再像臧荣绪时代那样为偶发现象。刘知幾曾总结说:“如韩、戴、服、郑,钻仰《六经》,裴、李、应、晋,训解《三史》,开导后学,发明先义,古今传授,是曰儒宗。”④既指明了当时历史教育发展的一个路径,也为我们理解经魏晋南北朝以后《汉书》学成为显学,以及唐科举制下开立史科,提供了思想线索。唐政府设史科以取士,不能不说是魏晋南北朝以来历史教育发展的历史逻辑。

二、士族与历史教育的发展

上述所论,分别从思想意识自觉化,以及官学私学两条路线历史教育专门

① 卜宪群、张南:《中国魏晋南北朝教育史》,第135页。
② 刘义庆撰,杨勇校笺:《世说新语校笺》,第72—73页。
③ 《北史》卷八十二《包恺传》,第2759—2960页。
④ 刘知幾撰,浦起龙释:《史通通释》卷五《补注》,第122页。

化的出现,对三至六世纪的历史教育进行简单勾勒,大体可见这一时期历史教育发展的基本面貌和历史趋势。历史教育的发展,当然是官方有关史职及学校制度化建设的结果,同时还和史学风气盛行的良性互动有关。不过,如果离开历史教育主体来理解三至六世纪历史教育的发展,显然不能从真正意义上理解当时历史教育发展的动因。

历史教育的实施,更多的应当是在知识分子群体间进行,石勒军旅中听读《汉书》而接受历史教育,原因在于少时失学又不识文字,不能视为历史教育的常态。士族是中古时期最为活跃、最有影响的文化阶层,历史教育的施行和接受,自是士族授受教育、开展文化传播的重要组成。质言之,历史教育领域中必然活跃着士族的身影。孙权历史教育意识自觉程度较高,对手下吕蒙都提出读史要求,对其诸子期盼可想而知了。《三国志》卷五十九《孙登传》载:

> 是岁立登为太子,选置师傅,铨简秀士,以为宾友,于是诸葛恪、张休、顾谭、陈表等以选入,侍讲诗书,出从骑射。权欲登读《汉书》,习知近代之事,以张昭有师法,重烦劳之,乃令休从昭受读,还以授登。①

众所周知,孙吴正是江左士族形成之时,孙登宾友诸葛恪出自琅邪诸葛氏,为大将军诸葛瑾之子;顾谭出自吴郡顾氏,为丞相顾雍之子,王伊同《五朝门第·高门权门世系婚姻表》中都收录了这两个家族。张休为张昭之子,张昭为孙策时期重臣,孙权时因生性刚直而两次与丞相一职错身而过。张昭自幼好学,博览群书,史称张昭"有师法",可见张昭在教育方面颇有章法。是以孙权令张休先跟从张昭受教《汉书》,再由张休将《汉书》转而传授于孙登。历史教育在张昭、张休与孙登间传递。从孙登侍讲诸人,到专授史学张休父子,可以看出士族在太子孙登学习生涯中的重要性和活跃程度。

历史教育会丰富受教者的知识修养,完善其知识结构。反之,考察时人的

---

① 《三国志》卷五十九《孙登传》,第1363页。

知识结构,亦可窥视其历史教育之痕迹。见载“才兼文史”“博鉴经史”的魏晋南北朝士族,史书在在有之。如《晋书》各本传所见荥阳郑冲“耽玩经史,遂博究儒术及百家之言”,河内司马氏安献王孚“温厚廉让,博涉经史”,范阳卢钦“清淡有远识,笃志经史”,范阳祖纳“纳既闲居,但清谈、披阅文史而已”,琅邪王珣“神情朗悟,经史明彻,风流之美,公私所寄”①;《南史》载宋文帝刘义隆“博涉经史,善隶书”,陈朝文帝陈蒨“少沈敏,有识量,美容仪,留意经史”,陈后主皇后吴兴沈婺华“聪敏强记,涉猎经史,工书翰”,北地傅亮“博涉经史,尤善文辞”,汝南周确“博涉经史,笃好玄言”,兰陵萧惠开“少有风气,涉猎文史”,东莞臧质“涉猎文史,尺牍便敏”,陈郡谢札“博涉文史”,琅邪王僧虔“雅好文史,解音律”,琅邪王固“少清正,颇涉文史”,河东柳世隆“好读书,折节弹琴,涉猎文史”,彭城刘遵“内含玉润,外表澜清,言行相符,终始如一。文史该富”,南阳涅阳刘仲威“少有志气,颇涉文史”,兰陵萧绘理“少聪慧,好文史”,谯郡铚县夏侯亶“美风仪,宽厚有器量,涉猎文史”,京兆韦载“少聪慧,笃志好学。年十二,随叔父棱见沛国刘显,显问《汉书》十事,载随问应无疑滞。及长,博涉文史,沈敏有器局”,泰山羊侃“少而瑰伟,身长七尺八寸,雅爱文史”,吴郡陆山才“倜傥,好尚文史”,陈宗室永阳王陈伯智“少敦厚,有器局,博涉经史”、新蔡王叔齐“风采明赡,博涉经史,善属文”,兰陵萧济“好学,博通经史”,会稽贺文发“学兼经史”,陈郡谢蔺“稍授以经史,过目便能讽诵”,吴兴沈麟士“博通经史”,琅邪诸葛璩“博涉经史”,新野庾诜“幼聪警笃学,经史百家,无不该综”②,等等;《北史》载北魏宗室皇子元徽“粗涉文史”,洛阳刘仁之“爱好文史,敬重人流”,渤海封肃“博涉经史”,封述“窥涉经史,以清素自持”,渤海刁双“少好学,兼涉文史”,京兆杜景“字宣明,学通经史”,杜正玄“少传家业,耽志经史”,河东柳楷“善草书,颇涉文史”,范阳卢文甫“涉猎文史,有名誉于

① 各见《晋书》本传,第991、1081、1255、1699、1757页。

② 并见《南史》各纪传,第37、275、346、442、496、514、565、602、644、901、983、1008、1253、1319、1360、1434、1543、1581、1587、1672、1689、1752、1845、1890、1901、1904页。

时”，渤海高遵“涉猎文史”、高慎“颇涉文史”，赵郡李湛“涉猎文史，有家风”，荥阳郑严祖“颇有风仪，粗观文史”，琅邪王肃“少聪辩，涉猎经史，颇有大志”，彭城刘骘“少有风气，颇涉文史”，彭城刘懋“聪敏好学，博综经史”，清河东武城张彝“性公强有风气，历览经史”①，等等。凡此所见士族接受历史教育之现象，举不胜举。毫无疑问，上列诸士族，绝不仅仅是历史教育的受众，他们必在平时学习、交游中传播所受之史学。从群体角度来考察，史籍所见庶寒中也有诸如通经史、有文史才之人士，但其数量远逊于上述胪列之士族。而且，上列诸士族还不包括这一时期各政权中史职人员，刘知幾曾论此际史官，说道：“其有才堪著述，学综文史者，虽居他官，亦兼领著作。”②史职人员的史学素养，自比一般士人要求要高些，接受历史教育程度也应该超过一般士人。而从前文分析来看，这一时期史官群体主力军亦是士族。也就是说，当时士族在参与历史教育的广度上，显然要超过其他群体。没有参与历史教育，就无以谈论去推动历史教育，从这个意义上来说，士族无疑是三至六世纪历史教育发展主要推动者。

当然，对历史教育的参与只是基础性工作，如前所揭，三至六世纪历史教育发展一个重要表现，就是诸如对《史记》《汉书》教材研究得更深入，把握得更全面，亦即是所谓史学名著“专家之学”的出现，这是历史教育深度发展的重要表现。而在这一方面，士族群体也是贡献良多。

三世纪以降，士人对历史的关注更多地集中在前朝两汉史上。一方面，两汉时未久远，历史丰富而可资鉴者众多；另一方面，国史有诸多忌讳，孙吴、石赵和北魏先后发生国史冤狱便是对时人的警示。更为重要的是，《史记》与《汉书》底蕴丰富，成就卓著，足以经得起代代探研、相传。《三国志·张裔传》

---

① 并见《北史》各本传，第673、733、897、900、952、961、961、1001、1084、1133、1143、1207、1306、1537、1550、1553、1574页。

② 刘知幾撰，浦起龙释：《史通通释》卷十一《史官建置》，第287页。

说他“治《公羊春秋》，博涉《史》、《汉》”①，《王平传》说他“生长戎旅，手不能书，其所识不过十字，而口授作书，皆有意理。使人读《史》、《汉》诸纪传，听之，备知其大义，往往论说不失其指”②，《晋书·戴邈传》说他“少好学，尤精《史》《汉》”③，《晋书·王戎传》言“张华善说《史》、《汉》”④，《南史·沈攸之传》言“攸之晚好读书，手不释卷，《史》、《汉》事多所记忆”⑤。彭城王刘义康被贬后读汉史事也值得寻味，史云：“义康在安成读书，见淮南厉王长事，废书叹曰：‘前代乃有此，我得罪为宜也。’”⑥正是有这样重视汉史、普遍阅读《史》《汉》的社会氛围，《史记》与《汉书》才会在授受间成为专门之学。总体来说，三至六世纪《汉书》学也比《史记》学要发达。试以《汉书》学为例对士族推动历史教育深度发展作一说明。

《隋志》言“唯《史记》、《汉书》，师法相传，并有解释”⑦，一般视为“《史记》学”与“《汉书》学”等专家之学形成的确证。仔细推敲，《史记》《汉书》专家之学形成路径包括两个方面：一是“师法相传”的历史教育形式，二是“并有解释”，即将对《史记》《汉书》教学内容的研究推向深入。逯耀东论述这一历史进程说道：“就在司马迁的《太史公书》转称为《史记》之时，学术领域里出现‘三史’的新名词。当时所谓的‘三史’和唐以后的‘四史’概念不同，是‘三史’与‘六经’的相对称谓，省略言之，即为‘经史’。‘经史’并称，是魏晋之间学术的另一种代名词。这种现象的出现，说明史学不仅不再是经学的附庸，而且已上升至与经学并驾齐驱的地位。《史记》、《汉书》也成为专家之学，与六经同样成为讲授与传习对象，为了适应当时讲习的实际需要，于是出现大批

① 《三国志》卷四十一《张裔传》，第1011页。
② 《三国志》卷四十三《王平传》，第1050页。
③ 《晋书》卷六十九《戴邈传》，第1848页。
④ 《晋书》卷四十三《王戎传》，第1232页。
⑤ 《南史》卷三十七《沈攸之传》，第968页。
⑥ 《宋书》卷六十八《彭城王刘义康传》，第1796页。
⑦ 《隋书》卷三十三《经籍二》，第957页。

《史记》、《汉书》的注释。”①日本内藤湖南也有同样认识,他说:“最初,是对《史记》、《汉书》作音义,像经书那样,《史记》、《汉书》成为了一家专门的学问,由于不以口授则难以读懂,所以有了作音义的必要。”②这些分析不仅揭示了作为专家之学的《史记》学与《汉书》学的出现过程,也指出其结果与表现形式之一即是对《史记》与《汉书》的注解。逯耀东的论述,实际上是对刘知幾关于这一问题阐述的细说,刘知幾早在《史通·古今正史》中论述《汉书》对后世的影响时就说过:“始自汉末,迄乎陈世,为其注解者凡二十五家,至于专门受业,遂与《五经》相亚。”③由此,如果我们考察三至六世纪《史记》与《汉书》的注释之书,即可相对清楚地了解这一时期《史记》学与《汉书》学的大致面貌。

《隋志》史部正史类收录有唐以前对《史记》进行注解和研究的共有 4 家,对《汉书》进行注解和研究的共有 18 家。这个数字很清晰地说明,汉隋间《汉书》学远比《史记》学要发达,这也与此际断代史撰述盛于通史撰述史实相吻合。只是需要指出的是,《史记》学与《汉书》学在魏晋南北朝各个阶段的发展并不与上述结论简单对应。两晋时期为《汉书》作注的要多于为《史记》作注的,刘宋时期《史记》学比《汉书》学相对兴盛,而齐梁以后《汉书》学则持续胜过《史记》学,试以梁朝《汉书》学为例作更进一步分析。

萧梁是南朝史学发展的第二个高峰阶段,此时,《史记》学也有新成就,邹诞生作《史记音》3 卷,梁武帝《通史》秉承了《史记》纵通之义,但是萧梁时期《汉书》学成就更为突出。《隋志》明确注明为梁人所撰《汉书》注释之作有:刘显《汉书音》2 卷、韦稜《汉书续训》3 卷、萧绎《汉书注》115 卷,另有未明注而实际也属梁时所成的刘孝标《汉书注》140 卷。萧齐有陆澄《汉书注》1 卷与《汉书注》102 卷,两书成于一手,而萧梁 4 部出于 4 人之手,反映出萧梁时期《汉书》学比齐普及性要强。《隋志》著录作者时代可考注解《汉书》的尚有:

---

① 逯耀东:《魏晋史学的思想与社会基础·导言》,第 11—12 页。

② 内藤湖南:《中国史学史》,上海古籍出版社 2008 年版,第 124 页。

③ 刘知幾撰,浦起龙释:《史通通释》卷十二《古今正史》,第 314 页。

孙吴韦昭撰《汉书音义》7卷，曹魏孟康《汉书音》9卷，西晋晋灼撰《汉书集注》13卷、刘宝撰《汉书驳议》2卷。《隋志》未录东晋《汉书》注解之作，姚振宗考有东晋蔡谟《汉书集解》一部计115卷。蔡谟《汉书集解》，颜师古还颇为推重。综合各期为《汉书》作注的人数、部数及卷数来看，萧梁无疑是三世纪以降《汉书》学发展高峰时代。萧梁时期，《汉书》学的研究不仅延续以"音""音义""集解"等为标志的传统儒宗训解的模式，也有可能吸纳了宋齐以来史注发展的新模式。刘孝标是萧梁时期史注名家，他的《汉书注》部帙较大，达140卷，在江左以来诸家《汉书》史注中卷数居最，惜已亡佚，但他的《世说新语注》传世至今，足以见其史注风格与治史旨趣，而《世说新语注》很大程度上继承了裴松之史注成就与风格。萧梁注解《汉书》诸位专家中，刘显与韦稜还号称当时《汉书》学名家①，刘显甚至被誉为"汉圣"。

萧梁《汉书》注解出现众多结晶之作，与有梁《汉书》学流行的社会土壤也有关系。《梁书·文学传》载："（臧）严于学多所谙记，尤精《汉书》，讽诵略皆上口。"②萧梁时期还有过一次对《汉书》进行校勘的学术活动，并且校勘活动还有一定的规模。李云光《补梁书艺文志》收录有《汉书真本校异》，不详卷数，撰者为刘之遴③。刘之遴以博学知名，与史学名家裴子野往来交好，为裴子野古文集团的中坚。刘之遴史学素养深厚，曾衔命就《齐春秋》诘问吴均，致其"支离无对"。刘之遴撰《汉书真本校异》事可见于《南史》刘之遴本传，其语云：

> 时鄱阳嗣王范得班固所撰《汉书》真本献东宫，皇太子令之遴与张缵、到溉、陆襄等参校异同，之遴录其异状数十事，其大略云："案古本《汉书》称永平十六年五月二十一日己酉，郎班固上，而今本无

① 《隋书》卷三十三《经籍二》史部正史小序中言："梁时，明《汉书》有刘显、韦稜……并为名家。"

② 《梁书》卷五十《臧严传》，第719页。

③ 李云光：《补梁书艺文志》，《台湾省立师范大学国学研究所集刊（创刊号）》，1957年。

上书年月日子。又案古本《叙传》号为中篇，今本称为《叙传》，又今本《叙传》载班彪事行，而古本云‘彪自有传’。又今本《纪》及《表》《志》《列传》不相合为次，而古本相合为次，总成三十八卷。又今本《外戚》在《西域》后，古本《外戚》次《帝纪》下。又今本《高五子》、《文三王》、《景十三王》、《孝武六子》、《宣元六王》杂在诸传帙中，古本《诸王》悉次《外戚》下，在《陈项传》上。又今本《韩彭英卢吴》述云：‘信惟饿隶，布实黥徒，越亦狗盗，芮尹江湖。云起龙骧，化为侯王。’古本述云：‘淮阴毅毅，仗剑周章，邦之杰子，实惟彭、英。化为侯王，云起龙骧。’又古本第三十七卷解音释义，以助雅诂；而今本无此卷也。”①

刘之遴校书缘起于所谓的《汉书》旧本南传，《梁书》卷二十六《萧琛传》云：“（天监）九年，出为宁远将军、平西长史、江夏太守。始琛在宣城，有北僧南渡，惟赍一葫芦，中有《汉书·序传》。僧曰：‘三辅旧老相传，以为班固真本。’琛固求得之，其书多有异今者，而纸墨亦古，文字多如龙举之例，非隶非篆。琛甚秘之。及是行也，以书饷鄱阳王范，范乃献于东宫。”②萧琛字彦瑜，出自侨姓士族兰陵萧氏“皇舅房”一支，祖萧僧珍，仕至廷尉卿，父萧惠训，仕至太中大夫。萧琛少好书籍，长而不废，有《汉书文府》《齐梁拾遗》等文集。萧琛献书，始有太子令刘之遴校书事。从上载详录相异八条来看，刘之遴校勘以新旧《汉书》编次为主，兼及史事、词语、音义与观点。清纪昀考证萧琛“真本”系伪书的结论也是依据刘之遴的校异加以搜隐抉微而得。这次校书时在天监九年（510），参加者都是当时学界名流，是萧梁一次有影响的学术活动，也是当时《汉书》学的重要学术成就之一。

上面以南朝萧梁为支点，对当时《汉书》学进行了较为细致的考察，并约略涉及的江左以来《汉书》学发展历程。陈朝时期《汉书》学仍得到继续发展。

① 《南史》卷五十《刘之遴传》，第1251页。

② 《梁书》卷二十六《萧琛传》，第397页。

前揭《隋志》著录姚察撰《汉书训纂》30卷、《汉书集解》1卷与《定汉书疑》2卷三部,可视为陈时《汉书》学最高成就。从书名来看,前两部当是以传统注经方式来注史,《定汉书疑》的治史方法则可能颇有不同,梁启超曾在《中国历史研究法》论及道:"考证者,所以审定史料之是否正确,实为史家求征信之要具。《隋志》有刘宝之《汉书驳议》,姚察之《定汉书疑》,盖此类书之最古者。"①后文将提及姚察报聘北周时为刘臻剖析《汉书》事,姚振宗推测《定汉书疑》2卷即是刘臻所访十余条。② 然则姚察《定汉书疑》运用的正是考订史事的方法。所以郑鹤声也说:"考证者,亦史家求信之具,而刘宝、姚察实其首创。"③对姚察治《汉书》中运用考史之法在史学史上地位的充分肯定。周一良考察魏晋南北朝时期史书撰述时曾说过这一时期:"勉强与史学研究相接近的学术活动,只有为史书作注和极初步的史事考订。"④他也特别提及姚察治《汉书》时对这两种方法的运用,在他看来,姚察治《汉书》已与今天的史学研究相接近了。姚察《汉书》学成就,在史学史上有着独特的地位。此外,陈朝《汉书》在社会上广为流行,也同样表现出了《汉书》学的繁荣。陈朝士族有偏好《汉书》者如前揭之陆从典,"博涉群书,于班史尤所属意"⑤。陈人还有运用《汉书》历史知识的史事,《陈书》卷十九《虞荔传》附《虞寄传》载:

> 及宝应结婚留异,潜有逆谋,又尝令左右诵《汉书》,卧而听之,至蒯通说韩信曰:"相君之背,贵不可言。"宝应蹶然起曰:"可谓智士。"寄正色曰:"覆郦骄韩,未足称智;岂若班彪《王命》,识所归乎?"⑥

虞寄与陈宝应对话,均是取资于《汉书》,是一幕鲜活生动的历史教育,也

---

① 梁启超:《中国历史研究法》,《梁启超全集》,北京出版社1999年版,第4099页。
② 姚振宗:《隋书经籍志考证》,《二十五史补编》,第5256页。
③ 郑鹤声:《汉隋间之史学》,《学衡(34)》1924年第10期。
④ 周一良:《魏晋南北朝史学著作的几个问题》,《魏晋南北朝史论集续编》,第89页。
⑤ 《陈书》卷三十《陆琼传附陆从典传》,第398页。
⑥ 《陈书》卷十九《虞荔传附虞寄传》第259页。

是《汉书》学深入社会的现实反映。

和江左的发达相比，北方《汉书》学则一度要清淡得多，诚如吉川忠夫所言："从五胡十六国到北朝时代，华北的《汉书》研究，没有经历如同在江南那样的盛况就结束了。所以最终是连一篇《汉书》注都没有被撰写出来。"①这一局面在南方一些《汉书》名家至北方以后有所改观。《北史》卷八十二载：

> 萧该，兰陵人。梁鄱阳王恢之孙，少封攸侯。荆州平，与何妥同至长安。性笃学，《诗》、《书》、《春秋》、《礼记》并通大义，尤精《汉书》，甚为贵游所礼。……该后撰《汉书》及《文选音义》，咸为当时所贵。②

萧该即为前揭得古本《汉书》的鄱阳王萧范之侄，所撰《文选音义》使其成为古代第一位《文选》学家③，在文学史上有其地位。《隋志》录有其史学撰述《汉书音义》12 卷与《范汉音》3 卷。萧该于梁末承圣三年(555)江陵沦陷时流寓北方，此后，他也将南方发达的《汉书》学带到了北方，促进了北方《汉书》学的发展。大约与萧该同时北上的沛国刘臻，是梁《汉书》名家刘显之子，先后为北周宇文护和隋高颎之幕僚，复为杨勇太子学士，《隋书》载其："精于《两汉书》，时人称为'汉圣'。开皇十八年卒，年七十二，有集十卷行于世。"④刘臻在北方生活了 30 多年，为北方《汉书》学带来活力。《北史》卷八十二还载："包恺字和乐，东海人。其兄愉，明《五经》，恺悉传其业。及从王仲通受《史记》《汉书》，尤称精究。大业中，为国子助教。于时《汉书》学者以萧、包二人为宗匠。聚徒教授者数千人。卒，门人起坟立碣焉。"⑤包恺不仅为精通《汉书》之宗匠，撰有《汉书音》12 卷，其聚徒教授，又进一步扩大《汉书》的传播。

---

① 吉川忠夫：《六朝精神史研究》，江苏人民出版社 2012 年版，第 267 页。

② 《北史》卷八十二《萧该传》，第 2759 页。据《隋志》所录，萧该有《汉书音义》十二卷，见《隋书》卷三十三《经籍志二》，第 954 页。

③ 王书才：《萧该生平及其〈文选〉研究考述》，《安康师专学报》2005 年第 2 期。

④ 《隋书》卷七十六《刘臻传》，第 1731—1732 页。

⑤ 《北史》卷八十二《包恺传》，第 2759—2760 页。

正是在南北士族共同推动下，六世纪末七世纪初，北方《汉书》学也渐渐发展起来，遂致隋唐之时《汉书》学成为“显学”①。

以上简单梳理了魏晋以来至隋初时期南北《汉书》学发展的大体历程，既见其“师法相传”之情形，又见其“并有注释”之概貌。至此，需要特别指出的是，在《汉书》学发展演进中，士族一直扮演着领军之职，东晋南朝是中古士族最为兴盛时期，这一时期的济阳蔡谟、吴郡陆澄、平原刘孝标、南阳刘之遴、沛国刘显、京兆韦稜、兰陵萧绎、沛国刘臻、兰陵萧该与吴兴姚察，均属文化士族名流，他们前后相继，共同推动了这一时期《汉书》学的传播与发展。

如果说诸如《史记》《汉书》形成专门之学是士族将历史教育推向学术纵深，那么士族将史学作为家学世代相袭，则是将历史教育推向社会深层。

家学属于私学的一种形式，包括家庭教育、家族教育和宗族教育。家学对中古士族有着特殊意义，陈寅恪曾说：“夫士族之特点既在其门风之优美，不同于凡庶，而优美之门风实基于学业之因袭。故士大夫家世相传之学业乃与当时之政治社会地位有极重要之影响。”②这一论述指出了家学是支撑门阀士族政治地位和社会地位的重要支柱。对于士族注重的家学，钱穆有较为具体的说明，他说：“当时门第传统共同理想，所希望于门第中人，上自贤父兄，下至佳子弟，不外两大要目：一则希望其能具孝友之内行，一则希望其能经籍文史学业之修养。此两种希望，并合成为当时共同之家教。共一项之表现，则成为家风。后一项之表现，则成为家学。”③士族家学内涵较为丰富，史学则为门阀士族家教中的重要内容。刘殷是汉光禄大夫刘陵之后，为西晋前赵间名士，史称其“弱冠，博通经史，综核群言，文章诗赋靡不该览”，又称其“有七子，五子各授一经。一子授《太史公》，一子授《汉书》，一门之内，七业俱兴，北州之

---

①　赵翼著，王树民校证：《廿二史札记校证》卷二十《唐初三礼汉书文选之学》，中华书局2013年版，第466页。

②　陈寅恪：《唐代政治史述论稿》，上海古籍出版社1997年版，第71页。

③　钱穆：《略论魏晋南北朝学术文化与当时门第之关系》，《中国学术思想史论丛》（三），三联书店2009年版，第178—179页。

学,殷门为盛"①。刘殷知识丰富,但家教唯以经学与史学为重。刘宋时东海何承天,"五岁失父,母徐氏,广之姊也,聪明博学,故承天幼渐训义,儒史百家,莫不该览。"②何承天舅父东莞徐广,具有史学修养,东晋时做过著作佐郎,义熙年间撰成《晋纪》一书。后来何承天又为刘宋著作佐郎,参撰刘宋国史,主元嘉十六年间的"史学"馆。东莞徐氏和东海何氏两族家学中都贯穿有历史教育,历史教育后来都结有硕果。士族家教理念往往浓缩在家戒家训之中,时人对历史教育的重视,对一些可视为史学教材的认识,在家戒和家训中随处可见。这一时期家戒家训遍布南北,数量众多③,颜之推《颜氏家训》与萧绎《金楼子·戒子篇》是其中相对系统成熟之作,以下对其试作分析,以明家教中历史教育之情形。

颜之推的《颜氏家训》是南北朝时期最为系统的家教专著,在家庭教育发展史上有重要的影响。《颜氏家训》"勉学篇"专谈学习问题。颜之推在其开篇就提到历史教育,他说:

> 自古明王圣帝,犹须勤学,况凡庶乎!此事偏于经史,吾亦不能郑重,聊举近世切要,以启寤汝下子。④

颜之推特别强调"勤学"须偏重"经史",他担心子孙会像俗儒那样唯知经而不读史,故又举例说:

> 俗间儒士,不涉群书,经纬之外,义疏而已。……魏收之在议曹,与诸博士议宗庙事,引据《汉书》,博士笑曰:"未闻《汉书》得证经术。"收便忿怒,都不复言,取《韦玄成传》,掷之而起。博士一夜共披

① 《晋书》卷八十八《刘殷传》,第2288、2289页。

② 《宋书》卷六十四《何承天传》,第1701页。

③ 李必友经过整理,认为至少80余篇,见氏撰:《魏晋南北朝家族教育的特点》,《安徽师范大学学报》1999年第5期;陈妍又扩大搜寻,认为有130多篇,见氏撰:《魏晋南北朝家教文学研究》,南京师范大学,2013年。

④ 王利器:《颜氏家训集解》,中华书局1993年版,第143页。

寻之，达明，乃来谢曰：“不谓玄成如此学也。”①

颜之推以魏收以史证经的史实来说明史学的重要性，具体而生动，说服力强。琅邪临沂颜氏自颜含南渡以来，家学深厚，但于史学领域未见有突出成就。颜之推父颜协曾撰有《晋仙传》5篇，遇火湮灭，未能传世。颜之推本人撰《还冤志》《集灵记》，为志怪小说，亦文亦史。而经颜之推系统推行家教后，其子孙辈在史学上大放异彩。颜之推子颜游秦“撰《汉书决疑》十二卷，为学者所称”，孙辈颜师古更成为唐初出色的史学家，史称：“时承乾在东宫，命师古注班固《汉书》，解释详明，深为学者所重。承乾表上之，太宗令编之秘阁，赐师古物二百段、良马一匹。”②颜师古《汉书注》，赵翼有很高的评价，认为“至今奉为准的者也”③。《旧唐书》本传说颜师古“少传家业，博览群书”④，颜游秦叔侄所取得的史学成就，与颜之推推行重史的家庭教育分不开。

萧绎《戒子篇》不比《颜氏家训》系统，但亦是当时家教名篇。萧绎父梁武帝萧衍本身也学识渊博、文史兼备。萧绎嗜学如命，并擅文史。他在《戒子篇》中说道：

> 凡读书必以《五经》为本，所谓非圣人之书勿读。……正史既见得失成败，此经国之所急。《五经》之外，宜正史为先。谱牒所以别贵贱，明是非，尤宜留意。或复中表亲疏，或复通塞升隆，百世衣冠，不可不悉。⑤

正史和谱牒，都属史学撰述，五经之外，萧绎强调必读之书即这两种，反映了兰陵萧氏家庭教育中对史学的特殊重视。萧绎本人是位出色史学家，除前揭《汉书注》外，还撰有杂传类《孝德传》30卷、《忠臣传》30卷、《丹阳尹传》

---

① 王利器：《颜氏家训集解》，第183—184页。
② 《旧唐书》卷七十三《颜师古传》，第2595页。
③ 赵翼著，王树民校证：《廿二史札记校证》卷二十《唐初三礼汉书文选之学》，第466页。
④ 《旧唐书》卷七十三《颜师古传》，第2594页。
⑤ 萧绎撰，许逸民校笺：《金楼子校笺》卷二《戒子篇》，中华书局2011年版，第499页。

10 卷、《怀旧志》9 卷、《全德志》1 卷、《同姓名录》1 卷及地理书类《荆南地记》1 卷和《贡职图》。梁元帝历史教育在其子萧方等身上获得了成功。史称："方等注范晔《后汉书》，未就。所撰《三十国春秋》及《静住子》，行于世。"①萧方等既注史又撰史，传承萧绎家学家风。兰陵萧氏初非侨姓高门，陈寅恪论之曰："二萧之家世，虽较胜于宋陈帝室，然本为将家（详见南齐书壹高祖纪上所述皇考承之及南史陆梁本纪上所纪皇考顺之事迹），亦非文化显族，自可以善战之社会阶级视之。"②但南渡后兰陵萧氏因缘时会，渐渐弃武从文，先后崛起"皇舅房"和"齐梁房"两支③。"齐梁房"指出自齐梁皇室的萧氏，萧绎与萧方等即是也。除梁皇室家族内部文史风气浓厚外，源自齐皇室萧氏族内也史风昌盛，如萧子显撰《南齐书》和《后汉书》，子显弟萧子云撰《晋书》《东宫新记》，子显长兄萧子恪"常谓所亲曰：'文史之事，诸弟备之矣'"。④"皇舅房"是指刘宋皇舅萧源之一支，前文提及"少有风气，涉猎文史"的萧惠开，为萧源之孙，萧惠开父萧思话"好书史"，宋文帝时曾奉敕撰《平定汉中纪事本末》；萧思话孙辈萧介，"少交游，惟与族兄琛、从兄眎素及洽、从弟淑等文酒赏会，时人以比谢氏乌衣之游"，萧介亦"博涉经史"，出任过史职；其族兄萧琛，即前揭得古本《汉书》的萧琛，王永平赞其为萧氏"皇舅房"经史文化的代表⑤。兰陵萧氏两房家学中，历史教育都占有相当分量，数代间都有史学作品问世，重视历史教育成为家风。

类似琅邪颜氏与兰陵萧氏，以史学为家学门阀士族南北均不乏见，如北方河崔氏先后有崔浩撰《汉书音义》《汉纪音义》《晋后书》《女仪》、主持修著《国

---

① 《梁书》卷四十四《萧方等传》，第 620 页。

② 陈寅恪：《魏书司马叡传江东民族条释证及推论》，《金明馆丛稿初编》，三联书店 2015 年版，第 107 页。

③ 王永平：《兰陵萧氏早期之世系及其门第之兴起考论》，《东晋南朝家族文化史论丛》，广陵书社 2010 年版，第 369 页。

④ 《梁书》卷三十五《萧子恪传》，第 509 页。

⑤ 王永平：《兰陵萧氏"皇舅房"之兴起及其门风与家学》，《东晋南朝家族文化史论丛》，第 392 页。

书》,崔光著《孝文帝起居注》、修《国记》,崔逞著《燕记》,崔鸿著《科录》《崔氏世传》《十六国春秋》和《纂录》。南方有侨姓河东裴松之注《三国志》,子裴骃集解《史记》,裴骃孙裴子野撰《宋略》《齐梁春秋》等,《三国志注》《史记集解》《宋略》均是南朝史学名篇,在史学史上都有重要地位。又如平阳襄陵贾弼之东晋时撰《十八州士族谱》百帙,其子贾匪之、孙贾渊世传其业,并称名家,贾渊又撰《见客谱》《氏族要状》《人名书》,并行于世,贾渊又传其子贾执,"执更作《姓氏英贤》一百篇,又著《百家谱》,广两王所记。执传其孙冠,冠撰《梁国亲皇太子序亲簿》四篇"①,谱学成为平阳贾氏特色家学,七世之中五世有大成,这在中古士族中甚是罕见。又如高阳新城许懋撰《述行记》4卷,子许亨撰《齐书》并志50卷、《梁书》58卷,孙许善心继承父业成《梁书》70卷、《符瑞记》与《灵异记》各10卷、《方物志》20卷,又效阮孝绪《七录》更制《七林》。江左吴姓也有吴郡陆云公撰《嘉瑞记》,子陆琼续撰《嘉瑞记》,"勒成一家之言。"②陆琼子陆从典又撰《续司马迁史记》。又如吴兴武康姚僧垣撰《行记》3卷,子姚察除前揭《汉书》注解系列著作外,另有《说林》,又撰《梁书》《陈书》,未成而卒,子姚思廉又续成之。这些士族世家史学传承均是三代以上,至于其他父子两代相传,所撰又非正史之作的南北士族,已是无暇详举。不能说当时庶寒家族中就没有史学传家者,但如上揭清河崔氏、河东裴氏、平阳贾氏、高阳许氏、吴郡陆氏、吴兴姚氏等家族这般鲜明又有影响者,并不多见。要之,从总体上来看,在家学中推进历史教育,广度和深度上胜出又成绩显著者,盖属三至六世纪的士族群体为多。

第三节　士族与三至六世纪史学撰述

建安五年,即公元200年,三世纪伊始,颍川士族荀悦撰成《汉纪》。这是

① 《新唐书》卷一百九十九《柳冲传》,第5680页。

② 《陈书》卷三十《陆琼传》,第397页。

继《史记》《汉书》之后又一部令时人瞩目的创新史著。《汉纪》“叙致既明，论议深博、极为治之体，尽君臣之义”①，虽只是抄撰《汉书》而成，“却第一次展示，编年体同样可以用来叙述一代王朝史，同样可以表现中世纪王朝的周期性矛盾运动。”②有鉴于此，稍后很长一段时期内，正史撰著出现编年体与纪传体争美并进之势，便如刘知幾所说“班荀二体，角力争先，欲废其一，固亦难矣”③。《汉纪》给中古史学发展带来新活力，也预示三世纪以后的史学将会迎来新纪元。自此以降直至陆从典于隋开皇二十年（600）稍前续写《史记》④，四百年间，史学呈现出前所未有的多途发展面貌，“其具体表现是史风大盛，史家辈出，史书数量剧增而种类繁多”，而“这是秦汉时期的史学所不能比拟的”⑤。学者或有将这一时期称为“史学极盛的时代”⑥。而从时间上看，这一时期恰也是中古士族最为兴盛的时期。

一、史学撰述的多途发展

魏晋南北朝时期史书撰述数量与规模，一直为学界注重。白寿彝先生曾以姚振宗《隋书·经籍志考证》等为据，说：“所著录四部书，存亡合计四千七百五十七种，四万九千四百六十七卷，而史部书存亡合计八百六十七种，一万六千五百五十八卷，约占四部书总数的十一分之二，卷数三分之一强。这些书，除极少数量外，都是魏晋南北朝时期的作品。”⑦瞿林东也有进一步整理，说《隋志》所录史学撰述 13 种史书，“总共 817 部，13264 卷；通计亡书，合 874 部，16558 卷。这些书，除极少数是东汉、隋朝的史家所撰外，绝大部分产生于

① 《旧唐书》卷六十二《李大亮传》，第 2388 页。

② 朱维铮：《中国史学史讲义稿》，复旦大学出版社 2015 年版，第 132 页。

③ 刘知幾撰，浦起龙释：《史通通释》卷二《二体》，第 26 页。

④ 详见杨翼骧编著：《增订中国史学史资料编年（先秦至隋唐五代卷）》，商务印书馆 2013 年版，第 204 页。

⑤ 瞿林东：《中国史学史纲》，第 223 页。

⑥ 杜维运：《中国史学史》，商务印书馆 2010 年版，第 291 页。

⑦ 白寿彝：《中国史学史（第一册）》，第 56—57 页。

魏晋南北朝时期。”①也有学者不满足于宏观笼统表述，尝试从史学各种类出发或单以皇朝国史为中心进行梳理②，使这一时期史学撰述的历史认识具体化。但是，他们依然未能反映魏晋以来近四百年间史学撰述阶段性发展的轨迹。

初次弥补上述遗憾的是郑鹤声的《汉隋间之史学》，此文虽出自20世纪30年代史学史学科初起之时，但郑先生以“详瞻之统计”而自励，用心甚细而用力甚专，对汉至隋间各时期史家、史部、史卷进行整理，其间又疑者存疑，如撰《逸民传》的张显，因不详魏、蜀、吴何国人而附于三国后。一些颇具启发性的论断，如认为若三国、两晋、宋、齐、梁、陈、北齐、隋等史学，“均有研究之价值”③，也正是建立其爬梳基础之上。故虽不无瑕疵④，大体上仍能反映各朝代史学发展基本面貌，今天看来仍有参考价值。现据其统计稍加整理列表如下：

三国两晋十六国南北朝史家史著统计表

朝　代	史　家	部　数	卷　数
三　国	54	86	748
两　晋	165	302	2343
十六国	21	30	266

① 瞿林东：《中国史学史纲》，第224—225页。

② 参见金毓黻：《中国史学史》第四章“魏晋南北朝以迄唐初私家修史之始末”，第58—88页；邱敏：《六朝史学》第三章“六朝的史书（上）”、第四章“六朝的史书（下）”，第57—257页；郝润华：《六朝史籍与史学》第一章“六朝史籍概述”中“丰富多样的六朝史籍”专题，中华书局2005年版，第27—51页；等等。

③ 郑鹤声：《汉隋间之史学》，《学衡（34）》1924年第10期。

④ 其间亦有考核未精者，如撰《益部耆旧杂传》的陈术是蜀汉人，又如《汝南先贤传》有5卷，作者周斐是魏人，所见均未考知。又如魏高道让所撰为《凉书》而非《梁书》，又有脱漏者如未录梁释僧佑所著《高僧传》等，皆为其不足。

续表

<table>
<tr><th colspan="2">朝　代</th><th colspan="2">史　家</th><th colspan="2">部　数</th><th colspan="2">卷　数</th></tr>
<tr><td rowspan="4">南朝</td><td>宋</td><td>46</td><td rowspan="4">合计 135</td><td>89</td><td rowspan="4">合计 237</td><td>1367</td><td rowspan="4">合计 6269</td></tr>
<tr><td>齐</td><td>15</td><td>25</td><td>612</td></tr>
<tr><td>梁</td><td>56</td><td>97</td><td>3712</td></tr>
<tr><td>陈</td><td>18</td><td>26</td><td>578</td></tr>
<tr><td rowspan="3">北朝</td><td>北魏</td><td>15</td><td rowspan="3">合计 39</td><td>23</td><td rowspan="3">合计 65</td><td>268</td><td rowspan="3">合计 1006</td></tr>
<tr><td>北齐</td><td>19</td><td>34</td><td>687</td></tr>
<tr><td>北周</td><td>5</td><td>8</td><td>51</td></tr>
</table>

注:郑鹤声对十六国的统计以可考情况比较清晰的前赵、前燕、后燕、南燕、成汉、前凉、后凉、前秦等政权为例。

由上表可见,三国两晋十六国南北朝史学发展的阶段性和区域性差异非常明显。首先,就阶段性差异而言,两晋和南朝时期,史家分别有 165 人和 135 人,位列第一和第二;史学撰述分别为 302 部 2343 卷和 237 部 6269 卷,论部数,两个时期分居第一和第二,论卷数则分居第二、第一。综合来看,史学最高浪潮当是在两晋。南朝时期各皇朝间,如果不考虑政权存在时间长短,宋和梁史家、史学撰述部数和卷数远胜于齐、陈,则史学发展波浪形特征又尤为明显。可以说,自三国西晋,再到东晋南朝,史学发展呈由低走高的上升趋势。而北方自十六国到北朝,史学发展情况亦是如此。其次,就区域性差异而言,东晋十六国以后,南方史学繁荣程度明显超过北方,这和我们前面分析《汉书》学南北差异保持一致。这种区域性差异在三国时期也存在,从郑先生考察来看,曹魏史学为最,孙吴史学次之,并均皆远胜于蜀汉史学。三国以来史学发展阶段性和区域性差异,给我们理解士族与史学的关系也提供了思想线索。

史书种类繁多也是学界对魏晋南北朝史学关注焦点所在。史学撰述门类多样化,是史学进一步走向成熟的结果,也是史学内涵在社会文化领域拓展与蔓延的结果。这一时期,较早对史学种类进行初步总结的是阮孝绪《七录》,

有国史、注历、旧事、职官、仪典、法制、伪史、杂传、鬼神、土地、谱状、簿录，共计12门类。唐修《隋书·经籍志》作进一步整合，将此前史学撰述重新分为13类，分别是正史、古史、杂史、霸史、起居注、旧事、职官、仪注、刑法、杂传、地理、谱系、簿录，奠定后世史学撰述分类的基本格局。《隋书·经籍志》是对前期史学的一次大总结，成为史学史上里程碑式的目录著作。但是，未能明确反映此前史学发展阶段性情况，是《隋书·经籍志》的一个缺憾。有清以后，学者相继，不断对缺失艺文志或经籍志的魏晋南北朝诸史进行续补，据《二十五史补编》，补续三国艺文的有侯康、姚振宗两家，补两晋艺文的有丁国钧、文廷式、秦荣光、吴士鉴、黄逢元五家，补刘宋艺文的有聂崇岐，补萧齐艺文的有陈述。另据《书目答问补正》，侯康还“补宋、齐、梁、陈、魏、北齐、周各书艺文志各一卷”，又“武进汤洽补梁书、陈书艺文志各一卷”，然皆“未见传本”[①]，好在后来梁、陈、魏、北齐、北周各书艺文志又分别由台湾李云光、杨寿彭、赖炎元、蒙传铭、王忠林诸学者补齐[②]。现综合各补志，对魏晋南北朝各时期史学撰述种类及部数整理列表如下（见下页）：

表中可见，列有13类史学撰述的仅三国、两晋和萧梁时期。姚振宗《三国艺文志》虽也有十三类，但其中史抄和史评《隋志》并未独立分类，而只是将相关撰述归入正史中。这两类后世因为撰述稍稍增多，而为学者独立归类，三国时期并未形成足以独立之规模，是以此后两晋南北朝等补志中也并未见有它们的独立分类。众所周知，《隋书·经籍志》史部分立十三类，是“依内容的特点、史学的性质、体裁特征来确定的”，“这样的分类思想是有合理的因素”[③]。因此，其分类意义也十分鲜明，既奠定了后世目录学史部分类的基本

① 范希曾：《书目答问补正》，江苏古籍出版社2000年版，第83页。

② 详见李云光《补梁书艺文志》、杨寿彭《补陈书艺文志》、赖炎元《补魏书艺文志》、蒙传铭《补北齐书艺文志》、王忠林《补周书艺文志》，并刊于《台湾省立师范大学国文研究所集刊（创刊号）》，1957年。

③ 吴怀祺：《〈隋书经籍志〉的史学观》，《史学史研究》1995年第1期。

格局,又特别“显示了中国史学在魏晋时代有卓越的成就与发展”①。就诸家补志所见,与《隋志》史部种类尽合的仅有两晋和萧梁时期。也就是说,从《隋志》来看,魏晋南北朝史学种类格局的形成,正是在两晋时期。② 这个结论,与前文得出四百年间史学最高峰在两晋的结论相一致。

三国两晋南北朝史学撰述门类及总数统计表

三国		晋		宋		南齐		梁		陈		北魏		北齐		北周	
门类	部数	门类	部数	门类	部数	门类	部数	门类	部数	门类	部数	门类	部数	门类	部数	门类	部数
正史	23	正史	33	正史	16	正史	6	正史	23	正史	16	正史	8	正史	4	正史	3
编年	3	编年	16	古史	7	编年	2	古史	8	别史	3			古史	2	古史	3
杂史	9	杂史	49	杂史	4	杂史	3	杂史	16	杂史	1	杂史	6	杂史	3	杂史	2
史钞	6	霸史	36	霸史	2			霸史	1			霸史	9	霸史	1		
史评	3	起居注	30	起居注	12	起居注	7	起居注	3	起居注	5	起居注	7	起居注	3	起居注	4
故事	11	旧事	24	旧事	3			旧事	3					旧事	2	旧事	1
职官	15	职官	31	职官	2			职官	8			职官	4			职官	2
仪制	15	仪制	40	仪注	12	仪注	13	仪注	30	仪注	19	仪注	12	仪注	8	仪注	5
刑法	8	刑法	14			刑法	3	刑法	7	刑法	3	刑法	6	刑法	6	刑法	5
杂传记	54	杂传	236	杂传	22	杂传	8	杂传	49	杂传	6	杂传	10	杂传	5	杂传	4
地理	28	地理	67	地志	28	地理	14	地理	22	地记	8	地记	8	地记	3	地理	6
谱系	4	谱系	11	谱系	2	谱牒	8	谱系	7	谱系	2	谱系	6	谱系	5	谱系	4
簿录	5	簿录	15	簿录	4	目录	3	簿录	9	簿录	4	簿录	2				

注:1. 三国艺文以姚振宗《三国艺文志》为准,两晋艺文以丁国钧《补晋书艺文志》为准。
2. 李云光《补梁书艺文志》收录涵括梁而又非梁时所撰的史学撰述,表中选录皆为其中注明梁时所作之撰述。

仔细检寻表中各种史学撰述部数分布,我们会发现,一些传统观点或学界新看法,值得去重新思考。一、刘知幾所说的“班荀二体,角力争先”可能存在,但竞争程度可能并没有那么夸张。三至六世纪,国史撰修虽断续不一,但

① 逯耀东:《〈隋书·经籍志·史部〉及其〈杂传类〉的分析》,《魏晋史学的思想与社会基础》,第 60 页。

② 笔者曾经探讨,以为魏晋南北朝史学门类格局最终确立是在东晋时期。详见拙著:《东晋南朝史学与社会》,黄山书社 2016 年版,第 30—36 页。

基本上都沿袭东汉修《东观汉记》旧例，用纪传体形式，官方对纪传体如此重视，实际上从制度层面上保证了纪传体的优势地位。北魏国史体例有　个变化过程，从表中来看，就编年体而言，赖炎元《补魏书艺文志》未单列编年或古史，实际上北魏早期国史撰修一直依照《春秋》之体，采用编年，直到太和十一年，方“诏秘书丞李彪、著作郎崔光改析《国记》，依纪传之体”①。崔光主修《国书》30 卷，蒙传铭归为正史，置于“正史”类之首了②。从《隋书·经籍志》来看，北魏境内编年体成书之作唐时不存也是史实。通观各时期编年之作，虽可谓不绝如缕，但实难与纪传体撰述相颉颃。二、杂传、地理书和谱系撰述发展略有起伏，但延续性强。杂传数量数两晋时最为醒目，这是因为两晋本身持续时间最长，且《补晋书艺文志》实际上将十六国史学撰述也涵盖在内，其次是三国、萧梁与刘宋时期；地理书和谱系撰述，数量也不一，前者部数略胜，但如果统计再扩大到卷数，则后者远胜。又，谱系撰述部数以晋时最多，其次是萧齐，再次是梁，这与这一时期谱学名家形成实情也相吻合，这一时期，谱学以贾氏和二王最为知名，平阳贾氏谱学兴起于东晋，二王指琅邪王俭和东海王僧孺，琅邪王氏谱学成于萧齐，东海王氏起于萧梁。有学者认为两晋南朝杂传和谱系撰述交相兴替，笔者曾撰文专论之③，就上表来看，东晋南朝谱学和杂传持续发展，南朝杂传撰述并不弱于谱系撰述这一观点仍然成立。学界或以为北朝谱学盛于南朝④，甚至说“最能说明这一点的是魏收写《魏书》的很多材料来源于谱牒”⑤。从上表所列来看，南朝累计谱牒 19 种，北朝累计谱牒 16 种。如果不能说南朝谱学盛于北朝，最起码也是与北

---

① 《魏书》卷七《高祖纪》，第 163 页。

② 赖炎元：《补魏书艺文志》，《台湾省立师范大学国文研究所创刊号》，1957 年，第 161 页。

③ 参见拙文：《门阀士族与东晋南朝杂传和谱系撰述的发展》，《史学史研究》2014 年第 1 期。

④ 陈直在《南北朝谱牒形式的发现和索隐》（《西北大学学报》1980 年第 3 期）中提出“北朝重于南朝”的观点，高贤栋《北朝宗族谱牒述论》（《北方论丛》2007 年第 5 期）重申了这一观点。

⑤ 高贤栋：《北朝宗族谱牒述论》，《北方论丛》2007 年第 5 期。

朝大体相当。更不用说魏收《魏书》大量取材谱牒的真相,可能未必是显示北方谱学之繁荣。恰恰相反,魏收自言《魏书》编纂,“往因中原丧乱,人士谱牒,遗逸略尽,是以具书其支流”①,魏收“具书其支流”的书法,颇为后世所诟病,而其苦衷正在于前此北方谱牒衰落惨重。这一时期,杂传、地理书和谱系撰述的共同点是,各朝代均是相继延续存在。而这恰是魏晋南北朝时代特征在史学上的反映。三、杂史和起居注、仪注撰述具有表征意义。杂史多属私修,内容庞杂、涉及面广,不像其他一些种类相对单纯,撰述数量但也只在两晋和萧梁稍多,其他朝代相继存在而已。起居注和仪注多是官修,反映出起居注修撰制度延续和历代官方对仪礼的重视。其他数据分析,也可看出史学撰述以两晋南朝为盛,南朝内部又以宋和梁为多,呈波浪式发展,南朝各类史学撰述,整体上也大大胜于北朝。这些与前表所得保持一致。

上述所列两表及附论,分别从史家史书数量和史学种类出发,对三国两晋南北朝期间史学撰述概貌进行了梳理。所得结论是一致的,即:通观三至六世纪四百年间,两晋和南朝史学尤为繁荣,在时间和空间上,相较于其他朝代和地区呈现出较为明显的优势。再深入一点,南朝又以刘宋和萧梁时期史学发展比较突出,呈现波浪式发展轨迹,十六国北朝整体呈上升趋势,而以北齐史学为高点。总之,诚如瞿林东先生所论,史书数量剧增反映的是魏晋南北朝史家撰述的热情,而史书种类繁多则表明当时史家关于史学内容认识的进一步开阔,二者集中体现了史学的多途发展面貌②。

二、士族与史学撰述多途发展局面的形成

有学者总结,作为一个社会阶层的士族,“发轫于两汉,蕴积于魏晋,勃兴

---

① 《北齐书》卷三十七《魏收传》,第489页。

② 瞿林东:《中国史学史纲》,第225页。

于六朝，消融于唐宋之际。”①士族最为活跃时期是在魏晋南北朝，这已是学界共识，蒙思明甚至认为“魏晋南北朝四百年的历史实即一部世族兴衰史”②。而在这个历史进程中，具体士族兴衰无定与升降不休，甚至同一士族不同房支分化差异，以及士族群体地区发展不平衡性，也是随处随时可见的。三国时期，曹魏立九品官人法，孙吴推行复客制，受制度性激励，曹魏和孙吴士族发展要比蜀汉充分。西晋时期一度出现“上品无寒门，下品无势族”③，但随着西晋乱亡，士族分化加剧，一方面，“士族高门，尤其是其出仕朝中的主要房支，遭受到十分沉重的打击，在政治上的代表人物损失殆尽。”另一方面，“原居住在北方的士族，在刘、石政权的打击之下，大量迁出。”④迁出的士族大部分是流向南方江左政权，一部分西奔至凉州张寔政权，另一部分东北投奔并州刘琨、鲜卑慕容氏和段氏政权。这样，江左士族达到鼎盛之时，北方士族却急剧衰落。十六国以后，直至北魏孝文帝汉化改革，北方士族才明显有起色，不仅汉士族有所恢复，还新兴一大批胡人士族，只是士族整体发育程度显然不比南方。南北朝后期，南北士族势力均有所削弱，南方的侯景之乱，北方的河阴之变，都使士族受到严重摧残。

综观魏晋南北朝士族之发展，大体可知，两晋和南朝的士族最为兴盛，而魏和吴的士族发展胜过蜀汉，东晋南朝士族又强过十六国北朝。结合前文我们对这一时期史学发展的阶段性和地区性差异分析，不难看出，三至六世纪士族发展路线与史学发展轨迹几乎完全重合，即士族活跃的时段和地区，史学也相对繁荣兴盛。遽尔由此得出士族推动史学撰述的发展，未免稍显牵强，但史学之繁荣，必然与士族有着深刻的内在联系，无须怀疑。如果我们进一步梳理各时期史学撰述主要群体情况，则这一结论就更为清晰。当时史家出身

① 范兆飞：《中古太原士族群体研究》，中华书局 2014 年版，第 1 页。

② 蒙思明：《魏晋南北朝的社会》，上海人民出版社 2007 年版，第 3 页。

③ 《晋书》卷四十五《刘毅传》，第 1274 页。

④ 刘驰：《六朝士族探析》，中央广播电视大学出版社 2000 年版，第 48 页。

多样，或为士族，或为庶族，或为僧道之人，但出于士族者占绝对多数。郑鹤声对三国两晋南北朝史家进行过整理①，其中兼有庶寒、僧道与士族群体，反映出当时史家群体身份的基本情况。他的梳理统计，对考察士族子弟在当时史家群体中详情及所占的比例具有表征之作用，颇可参考。今依郑鹤声所录为据，考之于诸史②，以见当时史家出自士族群体的大致状况。

郑鹤声先生整理三国时期史家共为 54 人，实仅 53 人，具体到各政权有曹魏史家 28 人、孙吴史家 18 人、蜀史家 3 人，不明国别 4 人。其中郡望可考者，列为士族的除魏文帝、明帝和曹植外，还有河东安邑卫凯、南阳宛县何晏、陈留尉氏阮籍、颍川颍阴荀攸、谯国铚县嵇康、清河张揖、荥阳开封郑默、南阳邓展，吴郡云阳韦昭、会稽山阴谢承③、沛郡竹邑薛莹、太原晋阳王沈、吴郡吴县张温、吴郡吴县陆凯及其弟陆胤④、会稽山阴虞翻、会稽山阴朱育、琅邪阳都诸葛亮等 21 人，又可具体分为曹魏士族 11 人、孙吴士族 9 人、蜀汉士族 1 人。郑先生所列两晋 165 位史家（一人两出，实为 164 人），其中有释智猛等 13 位僧侣史学家，另有陈氏、韦氏和孙夫人 3 位有姓无名，可考确为士族的有颍川颍阴荀顗、荀勖，巴西安汉郡陈寿、平阳襄陵贾充、太原晋阳王浑、京兆杜陵杜预、范阳方城张华、会稽山阴谢沈、安定朝那皇甫谧、陈郡阳夏袁宏⑤、丹阳句容葛洪、吴郡吴人顾荣、会稽山阴贺循、会稽山阴孔愉、南阳顺阳范汪、高平金乡郗超、济阳考城蔡谟、北地泥阳傅畅、义兴阳羡周处、吴郡吴人顾夷、吴郡吴人陆

---

① 郑鹤声：《汉隋间之史学》，《学衡（33）》1924 年第 9 期。

② 所考以正史为据，本文因考察目的在于厘清史家群体中士族情况，故对史家中庶族群体、僧道群体或郡望不明者一般不作特别说明。

③ 谢承字伟平，吴大帝夫人谢夫人之弟，博学洽闻，尤熟悉东汉史事及本郡掌故，撰《后汉书》143 卷及《会稽先贤传》，孙权时曾任武陵太守。郑先生记为谢沈，署武陵太守。

④ 陆胤撰《广州先贤志》，陆胤曾担任过安南将军、交州刺史，平定交趾郡和九真郡的叛乱。陈寿称其"身絜事济，著称南土，可谓良牧矣。"郑鹤声误记为陆允，且不详其国别。

⑤ 郑鹤声先记袁宏署官东阳太守，撰《后汉记》《竹林名士传》《罗浮山记》。又记袁敬仲署东阳太守撰《正始名臣传》3 卷。章宗源《隋书经籍志考证》"《正始名士传》三卷袁敬仲撰"条下考证："宏字彦伯。《隋志》作敬仲，盖误以袁宏为卫宏。"《二十五史补编》，中华书局 1955 年版，第 5028 页。袁敬仲即袁宏。

机、北地泥阳傅玄、沛国谯人夏侯湛、平原高唐华峤、河东闻喜郭璞、河南中牟潘岳、太原王延秀、范阳遒人祖台之、河内温人司马无忌、太原中都孙绰、谯国铚人戴逵、河内温人司马彪、陈郡阳夏袁崧、沛国谯人曹嘉之、吴郡吴人张勃①、庐江潜人何琦、会稽余姚虞预、范阳涿人卢琳、弘农华阴杨佺期、济阳考城江逌、沛国萧人刘损、颍川新野庾铣、北地灵袛傅瑗、太原中都孙盛、颍川颍阴荀绰、济阳考城江敞、沛国谯人曹毗、范阳涿人卢溥、平昌安丘伏滔、陈郡阳夏谢玄、河东闻喜裴頠、吴郡吴人顾恺之、颍川鄢陵庾仲雍②、济阳考城江祚、丹阳秣陵纪友、会稽山阴虞禹、平原高唐华畅、平阳襄陵贾弼、平昌安丘伏琛、范阳涿人卢绰、汝南南顿应思远、吴兴张玄之③、会稽山阴孔晁、范阳涿人卢湛、河东闻喜裴宪、陈郡阳夏何邵等 66 人。

刘宋可考史家有 45 人④，其中郡望可考且确属士族者有东莞姑幕徐广、东海郯人何承天、河东闻喜裴松之、南阳顺阳范晔、陈郡阳夏谢灵运、河东闻喜裴骃、琅邪江都颜延年、会稽山阴孔稚珪、琅邪临沂王韶之、颍川颍阴荀伯之、彭城吕人刘谦之、河东闻喜裴景仁、吴兴武康沈怀文、南阳顺阳范晏、高平金乡檀道鸾、济阳考城蔡超、吴郡吴人张镜、琅邪临沂王弘、彭城刘道会、彭城刘彧、彭城刘义庆、荥阳开封郑缉之、北地灵袛傅亮、彭城刘敬叔、陈郡阳夏袁淑等 25 人；萧齐有名可考史家有 15 人，其中郡望可考且确属士族者有东莞莒人

---

① 刘节引《史记・伍子胥传》司马贞索隐所云："勃，吴鸿胪张俨之子。"则张勃出吴郡吴人张氏。见《中国史学史稿》，第 84 页。但邱敏认为《晋书》与《三国志》裴注均未言及于此，有所存疑。见《六朝史学》，第 69 页。

② 参见张帆帆：《庾仲雍生平补证及其地记数种考论与辑补》，《中国地方志》2018 年第 2 期。

③ 檀道鸾《续晋阳秋》："张玄之，字祖希，吴郡太守澄之孙也。少以学显，历吏部尚收，出为冠军将军、吴兴太守。与会稽内史谢玄同时之郡，论者以为南北之玄。玄之名亚谢玄，时人称南北二玄，卒于郡。"见汤球辑：《众家编年体晋史》，第 273 页。《世说新语・言语》第 51 条又言："张玄之、顾敷是顾和中外孙，皆少而聪惠；和并知之，而常谓顾胜。亲重偏至，张颇不恹。"见杨勇校笺：《世说新语校笺》，第 97 页。张玄之出生于徐州吴兴。两晋南朝盛行士族身份内婚制，张玄之既为顾和外孙，门第当与吴郡吴人顾氏相当。

④ 郑鹤声统计为 46 人，实为 45 人。郑鹤声在统计时将琅邪王韶之撰《晋纪》《南康纪》《神境记》和所撰《孝子传赞》分作两次统计，是以误将一人作为两人加以统计。

臧荣绪、济阳考城江淹、琅邪临沂王俭、吴郡吴人陆澄、琅邪临沂王僧虔、琅邪临沂王智深、范阳遒人祖冲之、琅邪临沂王逡之、琅邪临沂王珪之、清河东武城崔慰祖、南阳涅阳宗测11人；梁朝可考史家有56人，其中考属士族有兰陵萧衍、萧绎、萧子显、萧子云、河东闻喜裴子野、陈留尉氏阮孝绪、沛国相人刘显、谯国谯人夏侯咏、吴兴武康沈约、兰陵萧该、京兆杜陵韦稜、京兆杜陵韦阐、平原高唐刘昭、兰陵萧万、兰陵萧昭、陈郡阳夏谢朏、范阳方城张缅、陈郡阳夏谢绰、东海郯人徐勉、平原平原刘峻、陈郡项人周兴嗣、会稽山阴虞通之、东莞莒人刘勰①、东莞莒人臧严、会稽山阴贺玚、平原鬲人明山宾、河内温人司马褧、吴兴乌程丘仲孚、庐江潜人何胤、汝南安成周舍、济阳考城蔡法度、南阳涅阳刘之遴、颍川长社钟岏、东海郯人王僧孺、平阳襄陵贾执、北地灵祇傅昭、陈郡长平殷钧37人；陈朝可考史家有18人，其中属士族的有吴兴武康姚察、高阳新城许亨、吴郡吴人陆琼、吴郡吴人顾野王、北地灵祇傅縡、庐江潜人何之元、扶风郿人马枢、南阳顺阳范泉、济阳考城江德藻、沛国相人刘师知、南阳涅阳刘仲威11人。

十六国北朝史家整体数量远不比两晋南朝，其中十六国时期21人，北魏与北齐、北周共计39人。十六国时期这21位史家分别是公师彧、和苞、田融、杜辅全、董统、申秀、范亨、王景晖、张铃、张谘、盖泓、明芨、常璩、索绥、刘庆、索晖、刘昞、赵整、王子年、释僧叡、段龟龙，限于史料所限，这21位史家郡望难以全知。除王子年为方士、释僧叡为方外之人外，其他史家都是各政权官僚。又，其中常璩为成汉地方豪族，段龟龙属鲜卑族，余众则多属凉州地区和鲜卑慕容氏诸政权境内的汉族人士，他们有可能正是前揭永嘉前后流亡而至的中原士族，然其实情无从详知。北魏15位史家中有士族清河崔鸿、彭城刘芳、清

① 关于刘勰的出身，学界未有一致见解，王元化《文心雕龙创作论》（上海古籍出版社1979年版）以为出自是贫寒庶族，牟世金、曹道衡也同意此说；王利器的《文心雕龙校证》（上海古籍出版社1980年版）则认为刘勰实出自士族，范文澜和杨明照也同意此观点。蒋世杰《刘勰出身士族衰门说考释》（《云南教育学院学报》1999年第4期）和陈祥谦《刘勰出身于衰落的门阀士族之证辩》（《湖南工业大学学报》2007年第1期）实际上继续申论了后一观点。本文同意后说。

河崔浩、太原祁县温子升①、北平杨(阳)衒之、沛国沛人刘璠、渔阳雍奴高闾、渤海蓨人高道让、代郡元晖业等 9 人,北齐 19 位史家有士族钜鹿下曲阳魏收和魏彦深、博陵曲阳杜台卿、右北平阳休之、博陵安平崔子发、彭城刘澄之、琅邪江都颜之推、范阳涿人卢潜和卢宗道、南阳宛人赵彦深、陇西狄道李遵、广平宋世良和宋孝王、范阳遒人祖孝征、代郡陆元规等 15 人,北周 5 位史家中士族有吴兴武康姚最、兰陵萧世怡、会稽钟离岫 3 人。

三国两晋、南朝及十六国北朝史家群体初步梳理可见,各时期史家群体士族占比大致是:三国时期为 39. 6%、两晋时为 40. 2%②、南朝宋为 55. 6%、萧齐为 73. 3%、萧梁时为 66. 1%、陈朝为 61. 1%、北魏时为 60%、北齐时为 78. 9%、北周时为 60%。从南北对比来看,虽未对东西晋士族复行甄别,但相较十六国,东晋士族史家无疑应该是多于北方的。而南朝时期士族群体绝对数量远胜北方,群体占比则与北方差距不大。这恰与前面我们对十六国北朝与东晋南朝的史学比较情况完全一致。进而言之,南朝史家整体数量比北方多,士族史家数量也比北方为多,故南方史学比北方史学为盛。再看各时期士族参与史学撰述情况,汉魏以来,随着士族的发展,士族史家在史学撰述群体中所占比重递增趋势明显。其中峰值在北齐,其次为萧齐、萧梁、陈和北魏、刘宋。东晋十六国以后,士族参与史学撰述比重整体过半,萧齐与北齐时所占比重甚至超过七成,萧梁、陈、北魏与北周也在六成以上或六成,士族已经成为当时史学撰述群体的绝对主力。

考察士族与史学撰述情况,不能只关注数量关系,还须注意到史学撰述质

① 魏收称:"温子升,字鹏举,自云太原人也,晋大将军峤之后也。世居江左。祖恭之,刘义隆彭城王刘义康户曹,避难归国,家于济阴冤句,因为其郡县人焉。"《魏书》卷八十五《温子升传》,第 1874 页。魏收虽据实记录温子升在北为济阴冤句人,但未对温子升自云太原祁县郡望进行否定。

② 两晋士族史家占比虽表面与三国持平,同居末位,但与三国时期士族参与史学撰述程度不可等齐视之。两晋史家基数过于庞大,其间不可考者众多,一些史家郡望不名,一些史家郡望有待商榷,一些史家是否属晋人存疑。现可考两晋士族史家 66 人共涉及 49 家门阀士族,几乎遍及史籍可见当时中原与江左之门阀士族,说明门阀士族参与史学撰述的广度是惊人的。

量问题。史家之优劣与史学撰述质量成正比,对史学的影响也是如此。一流史家的史学成就一般较大,对史学的发展方向具有一定程度上的引领作用,因而在史学领域所产生的影响一般也较大,更值得予以关注。也因此,历来研究者对魏晋南北朝时期如云史家关注度也大相径庭。亦即,就本节所论主题来说,一流史家群体中,如果士族史家越多,那么相较庶寒和僧道史家群体,士族对史学的贡献也就愈大。沿着这一思路,我们考察一流史家身份就具有典型意义。

刘知幾曾对魏晋南北朝史官予以评品,为他肯定"史官之尤美,著作之妙选"的16人之中①,除苏宝生、刘陟与谢昊郡望难考,陈郡王隐与南琅邪徐爰有一定争议外,干宝祖父为都亭侯、父为丹阳丞,干宝本人赐爵关内侯,实非庶族寒士,而平原高唐华峤、巴西安汉陈寿、吴郡吴人陆机、太原中都孙盛、会稽山阴虞预、吴兴武康沈约、河东闻喜裴子野、吴郡吴人顾野王、高阳新城许善心等人则皆为南北名流士族。金毓黻也曾讨论魏晋南北朝史家之等第,他说:"陈寿、范晔、沈约、李延寿,是为上选,司马彪、华峤、袁宏、习凿齿、干宝、臧荣绪、崔鸿、裴子野、王劭,抑其次也。其余诸家半归散佚,就其存者论之,非上述诸家之比矣。"②其中习凿齿与干宝仿佛,家世豪族,亦非寒门庶族可比拟。李延寿生于六世纪70年代,卒于七世纪20年代末,出自陇西狄道李氏。其他诸人分别出自巴西安汉陈氏、南阳顺阳范氏、吴兴武康沈氏、河内温人司马氏、平原高唐华氏、陈郡阳夏袁氏、东莞莒人臧氏、清河武城崔氏、河东闻喜裴氏、太原晋阳王氏等门阀士族。也就是说,整体来看,魏晋南北朝名流史家群体中,士族又居绝大多数。

综上所述,我们分别从数量和质量两个方面分析了士族与三至六世纪史学撰述的大体关系,一方面,我们可以看到士族积极参与了当时的史学撰述,在史家群体中所占比重越来越大,至南北朝时期成为南北史学撰述的绝对主力。

① 刘知幾撰,浦起龙释:《史通通释》卷十一《史官建置》,第288页。
② 金毓黻:《中国史学史》,第96页。

另一方面，这一时期名流史家中，士族群体也居绝对多数。士族对魏晋南北朝史学撰述多途发展局面形成所起的作用绝不可低估。

小 结

史官制度，既是古代史学发展的重要组成部分，也是古代官制建设的重要内容，具有史学史和制度史的双重意义。三至六世纪的史官制度经历两次由分散到聚合的演变。第一次是三国到西晋，第二次是十六国到北朝。3世纪20年代魏、蜀、吴先后建国践祚，开展各自官制建设。三国的史官制度有明显的差异，曹魏创设了著作官制度，蜀汉沿袭东汉，孙吴立左、右国史。相较而言，曹魏史官制度明显比吴、蜀成熟。三国统一后，史官制度合于一，西晋一仍曹魏，并建置著作局。此后，东晋南朝相继沿袭，南朝后期又增设撰史学士，推进著作官制度的发展。西晋灭亡后，北方政权林立，史官制度各有异同，复分为复汉型、诸侯国型和魏晋型，北魏统一中原后，又再次聚合于魏晋著作官制。此后，东、西魏与北齐、北周相沿，并建立史馆官署，进一步发展史官制度。北周朝廷推行周官模式，史官名称略有变化，但实是著作官制的翻版。虽然政权依旧南北分立，但南北朝史官制度已趋于合一了。

三至六世纪的历史教育，以两汉史学成就为基础，有着明显的发展。曹丕、刘备和孙权都有较强的历史意识，在君王好尚方面为历史教育推广提供了范例。两汉史学的辉煌成就及三世纪以来史学独立趋势的增强，使史学在教育体系中的地位发生变化，南朝时期出现"史学馆"和"史科"，说明在官方教育体系中，开始出现历史教育专门化趋势。但由于这一时期官学整体不力，所以推行历史教育的中坚还是在私学和家学之中。史籍见载宋齐之际臧荣绪授受史学，私学中也呈现历史教育专门化迹象。六世纪末的北方，史籍见有包恺先师从王仲通受《史记》《汉书》，复又授徒办学，传授《史记》《汉书》。以包恺为中介，《史记》《汉书》专门教育数代传承，这既是三世纪以来历史教育发展的结果,也必将对后来隋唐历史教育发展产生积极影响。

多途发展是三至六世纪史学的整体特征。三至六世纪史学撰述的数量和规模都发展惊人,阶段性差异和地区性差异也比较明显。四百年间,史学发展高峰在两晋,这一时期史学发展门类格局基本定型。南朝萧梁和北朝北齐又是后期史学发展的鼎盛时期。史学发展区域性差异在三国时期即已出现,其间,曹魏史学胜于孙吴,孙吴又胜于蜀汉。西晋灭亡后,十六国史学不敌东晋,北朝史学不比南朝,整体上南方史学又胜过北方史学。就种类而言,杂传、谱牒、地理书等撰述蔚然成风,具有浓烈的时代气息,但史学主流还是以记录皇朝为中心的正史。正史发展中一度出现编年与纪传分流并进,不过,整体上还是纪传体占据上风。纪传与编年争胜,带来的是历史编纂的优化与完善,促进了三世纪以来史学的进一步发展。

学界对三至六世纪史学繁荣原因分析高度关注,自 20 世纪 70 年代末以来,不断有成果问世,仅专题论文所见就为数不少①,前辈时贤专著中立论更不用说,这些成果视域不断扩张,观点相互补充,几无遗漏。在笔者看来,一个时代史学发展,制度是保障,历史教育是基础,史学撰述是标志和关键。不论史学外部环境如何变化,这三个方面都不可或缺,而这三者最终又都要落实到建设主体上来。史学与史官制度、历史教育相互积极影响,一般又需通过史家、史官、历史教育参与者等史学主体来激发、实施和完成。当史官建设主体、历史教育主体与史学撰述主体合流时,史学就会进入相对快速发

① 参见黎子耀:《史学在魏晋南北朝时期的新地位》,《杭州大学学报》1979 第 3 期;朱仲玉:《魏晋南北朝时期史籍散论》,《史学史资料》1979 第 1 期;王俊杰:《魏晋南北朝时期的史学》,《史学史资料》1980 年第 2 期;顾奎相:《魏晋南北朝史学繁荣探源》,《社会科学辑刊》1985 年第 2 期;高国抗:《魏晋南北朝时期史学的巨大发展》,《暨南学报》1984 年第 3 期;蒋家骅:《论魏晋南北朝史学兴盛及其原因》,《云南民族学院学报》1989 年第 2 期;高敏:《试论魏晋南北朝时期史学的兴盛及其特征和原因》,《史学史研究》1993 年第 3 期;石荣伦:《魏晋南北朝史学的特点及其成因》,《江海学刊》1994 年第 1 期;李颖科:《魏晋南北朝史学发达原因新探》,《人文杂志》1994 年第 4 期;雷震:《魏晋南北朝史学发展的原因》,《渭南师范学院学报》2006 年第 1 期。

展时期。就本章所见，三至六世纪史官制度的建设、历史教育实施和推进，以及史学作品创作，其行为主体都是以士族为主。士族广泛参与到了当时的史官制度建设、历史教育推进和史学撰述之中，成为这一时期史学发展的最强大的动力。

第二章　士族的史学和史学思想成就

由图画到文字到文书档案再到史书编纂，由历史意识萌芽到史学观念再到系统史学思想，是先秦史学由暗渐明的两条发展路线。由是，史学撰述成就和史学思想成就，成为凝聚时代史学的两个内核，也成为把握时代史学的两个关键。三至六世纪的史学撰述和史学思想，上承两汉余绪，下启隋唐先声，在中古史学中有着独特地位。其时，史学撰述多途发展，史学思想分合迸流，汇聚成一波又一波史学浪潮，催生了史学长期持续繁荣。作为这一时期史学建设主要群体，士族史家取得了杰出成就。无论是在史学撰述方面，还是在史学思想方面，士族史家都站在了时代史学的最高峰，留下了丰富的史学遗产。

第一节　士族史学撰述与史学独立

史家史学认识和知识结构决定其史学撰述的边界。撰史者应该如何认识史学功能，应当持有什么样的撰史旨趣，具备什么样的史学修养，既是史学理论范畴的问题，也是影响甚或左右史学撰述的实践性问题。历史地来看，这些问题都有一个认识发展和深入的过程，不同时代呈现着不同的史学面貌。《隋书》卷三十三《经籍二》叙及三世纪以降史学面貌，语云：

夫史官者，必求博闻强识，疏通知远之士，使居其位，百官众职，咸所贰焉。是故前言往行，无不识也；天文地理，无不察也；人事之纪，无不达也。内掌八柄，以诏王治，外执六典，以逆官政。书美以彰善，记恶以垂戒，范围神化，昭明令德，穷圣人之至赜，详一代之亹亹。自史官废绝久矣，汉氏颇循其旧，班、马因之。魏、晋已来，其道逾替。南、董之位，以禄贵游，政、骏之司，罕因才授。故梁世谚曰："上车不落则著作，体中何如则秘书。"于是尸素之俦，盱衡延阁之上，立言之士，挥翰蓬茨之下。一代之记，至数十家，传说不同，闻见舛驳，理失中庸，辞乖体要。致令允恭之德，有阙于典坟，忠肃之才，不传于简策。斯所以为蔽也。班固以《史记》附《春秋》。今开其事类，凡十三种，别为史部。①

魏晋以降，史官是否全是尸位素餐、难尽职守，也许有待商榷②，但"立言之士，挥翰蓬茨之下"与"一代之记，至数十家"乃是不争史实。唐史臣以为"博闻强识，疏通知远"是史官基本修养，具体而微，即"前言往行，无不识也；天文地理，无不察也；人事之纪，无不达也"。"前言往行""天文地理"与"人事之纪"，皆属史学之内容，凡以这些方面为撰述内容，皆属史部之范围。诚然，魏晋以来，不少史学撰述存在"闻见舛驳，理失中庸，辞乖体要"之蔽，但一般史家对史学内容的认识确实进步了。因史学内容认识更进，所以史学撰述范围扩大。因史学撰述范围扩大，所以史学门类繁多了。所谓"今开其事类，凡十三种，别为史部"，即是也。也因此，魏晋南北朝时期，史学不仅呈现出多途发展之特色③，也在不断彰显学科独立的发展趋势。而推动史学发展这一历史进程中，士族则是发挥了中坚作用。

---

① 《隋书》卷三十三《经籍二》，第992—993页。

② 参见牛润珍：《释"上车不落则著作"》，《史学史研究》2001年第3期。

③ 瞿林东先生曾指出，"这个时期史学的多途发展，集中表现出史学家对史学内容认识的开阔和撰述的热忱。"见《中国史学史纲》，第225页。

一、士族的史学撰述成就

相比《隋志》,刘知幾《史通》对唐前史学总结理论品性更为凝练深厚。浦起龙概括《史通》要点说:"《史通》开章提出四个字立柱棒,曰'六家',曰'二体'。此四字刘氏创发之,千古史局不能越。"又说:"六家中,二体更是主脑。"①《史通》从历史编纂入手,将三世纪以来诸多史学撰述和纷繁史学门类,分流为以皇朝为中心的纪传和编年为主之"正史",以及"与正史参行""杂述"②之支流。内藤湖南高度评价《史通》这一认识,认为刘知幾"是将记录的发展作为一个历史过程给予考虑的",而"这种考虑在《隋志》中是没有的"③。《史通》对魏晋史学发展整体格局的把握,已成当今学界共识。邱敏比较两汉与六朝史学撰述,便说两汉时期"史学作为一个学科门类,虽然已经构建最基本的框架,但远未形成完备的体系",又说六朝以来"史书门类逐渐齐备,中国历史编纂学的体系大体形成",并强调"这里需要补充的是,六朝史书更形成'纪传、编年为主干,多种门类相配合的格局。'"④正史撰修自两汉以来即为史学之主流,其成就也一向被视为时代史学高下的风标。遗憾的是,自《东观汉记》修撰以来,原委虽殊,但结局相近,历朝官方少有撰成规模品质均为世人所信服的正史。官修不力,给士族私修提供了空间和动力,"一代之记,至数十家",便由此而成。诸多正史撰述,"大别言之,可分五类:其一为后汉史,其二为三国史,其三为晋史,其四为十六国史,其五为南北朝史。"⑤这些撰述,学界整理已是相当细致⑥,颇便参阅。其中可考大体出自士族史家之手的有:

① 浦起龙:《史通通释举要》,载刘知幾撰,浦起龙通释:《史通通释》,第1页。

② 浦起龙解释"杂述",是"谓史流之杂著。"见刘知幾撰,浦起龙释:《史通通释》卷十《杂述》,第253页。

③ 内藤湖南:《中国史学史》,第123页。

④ 邱敏:《六朝史学》,第371页。

⑤ 金毓黻:《中国史学史》,第58页。

⑥ 参见金毓黻《中国史学史》、瞿林东《中国史学史纲》、邱敏《六朝史学》、郝润华《六朝史籍与史学》、李小树《秦汉魏晋南北朝史学史稿》等史学著作。

会稽山阴谢承《后汉书》130卷、沛国竹邑薛莹《后汉记》100卷、河内温人司马彪《续汉书》83卷、平原高唐华峤《汉后书》97卷、会稽山阴谢沈《后汉书》122卷、陈郡阳夏袁山松《后汉书》100卷、彭城刘义庆《后汉书》58卷、南阳顺阳范晔《后汉书》97卷、兰陵萧子显《后汉书》100卷；吴郡云阳韦昭《吴书》55卷、太原中都孙盛《魏氏春秋》20卷、鲁国孔衍《汉魏春秋》9卷、吴郡吴人张勃《吴录》30卷，另有太原晋阳王沈与颍川颍阴荀顗、陈留尉氏阮籍共撰《魏书》44卷；会稽余姚虞预《晋书》44卷、会稽山阴谢沈《晋书》30卷、陈郡阳夏谢灵运《晋书》36卷、东莞莒人臧荣绪《晋书》110卷、兰陵萧子云《晋书》102卷、兰陵萧子显《晋史草》30卷、吴兴武康沈约《晋书》111卷、颍川庾铣《东晋新书》7卷、吴郡吴人陆机《晋纪》4卷、沛国谯人曹嘉之《晋纪》10卷、太原中都孙盛《晋阳秋》32卷、彭城吕人刘谦之《晋纪》23卷、琅邪临沂王韶之《晋纪》10卷、东莞姑幕徐广《晋纪》45卷、高平金乡檀道鸾《续晋阳秋》20卷，另有不知卷数的高平金乡郗绍《晋中兴书》和陈郡袁炳《晋书》；渤海蓨人封懿《燕书》、河东裴景仁《秦记》11卷、渤海蓨人高道让《凉书》10卷、清河崔鸿《十六国春秋》100卷、兰陵萧方等《三十国春秋》21卷、赵郡柏人李概《战国春秋》20卷；太原中都孙严《宋书》65卷[1]、吴兴武康沈约《宋书》100卷、河东闻喜裴子野《宋略》20卷、太原王琰《宋春秋》30卷，琅邪王智深《宋纪》30卷，另有卷数不详的东莞莒人刘祥《宋书》；兰陵萧子显《齐书》60卷、吴兴武康沈约《齐纪》20卷、济阳考城江淹《齐史》13卷、兰陵萧方等《齐典》10卷、南阳新城许亨《齐书》50卷；兰陵萧欣《梁史》100卷、高阳新城许亨《梁史》53卷、兰陵萧韶《梁太清纪》10卷、陈郡阳夏谢贞《梁书》100卷、沛国沛人刘璠《梁典》30卷、庐江潜人何之元《梁典》30卷、吴兴武康姚察《梁书帝纪》7卷、吴兴武康姚最《梁后

① 刘节考孙严曰：“《史通》称孙冲之，其是孙盛之曾孙。高似孙《史略》引作孙岩，似误。”《中国史学史稿》，第90页。姚振宗也作如是推测，云：“《史通》于列朝修史诸人，备汇其全。此云史佐孙冲之表求为一家之书，似即孙严《宋书》，冲之其字欤？”见《隋书经籍志考证》，《二十五史补编》第四册，第5250页。诸家之说，邱敏未曾否决，但有存疑。见《六朝史学》，第90页。

略》10卷；吴郡吴人陆琼《陈书》42卷、吴郡吴人顾野王《陈书》3卷、北地灵祇傅縡《陈书》3卷；清河东武城崔浩《国书》30卷、钜鹿下曲阳魏收《魏书》130卷、钜鹿下曲阳魏澹《后魏书》100卷；博陵安平崔子发《齐纪》30卷、太原晋阳王劭《齐书》100卷和《齐志》10卷、吴兴武康姚最《北齐纪》20卷。

上列士族所撰东汉史9种、三国史5种、晋史17种、十六国史6种、南朝史22种、北朝史7种，共计65种。瞿林东先生在《中国史学史纲》列出这一时期正史撰述分别为东汉史撰述13种、三国史撰述14种、晋史撰述23种、十六国史撰述29种、南朝史撰述22种、北朝史撰述3种①。比较起来，三国史特别是十六国史撰述，出自士族之手的比例较低，这主要还是因为一是十六国史书撰述中诸多作者郡望难以稽考，二是因为十六国时期北方士族相对沉寂。其他正史撰述，出自士族之手明显居多，南北朝史书撰述甚至几乎都是出自士族之手。学界一向以为南朝以降士族开始走向衰落②，但就史学而言，士族的这种衰落可能是相对的、有限的，诚如苏绍兴所言，南朝史籍“泰半为士族所作”③。士族以其杰出的史学撰述成就，推动着两晋南朝甚至整个三至六世纪的史学发展。

前文曾论及汉魏以来士族意识自觉表现于历史教育上，这种史学自觉不可能孤立地停留历史教育领域，而不向史学撰述层面延伸。无法想象，史家如果没有这种自觉，没有品质追求，会出现“一代之记，至数十家”的盛况。兹以东汉史撰述为例略加说明，以见士族史学撰述成就之成因。

可资了解东汉历史的第一部史作，无疑当属《东观汉记》。《东观汉记》优劣并存，对三世纪以降史学发展起着双重作用。一方面，“《东观汉记》是我国第一部官修纪传体史书。它开创了后世官修国史之例，从而形成了历代官修

---

① 瞿林东先生《中国史学史纲》所举北朝史撰述仅含崔浩《国书》30卷、魏收《魏书》130卷和崔子发《齐纪》30卷，见氏著《中国史学史纲》，第233页。

② 钱穆：《国史大纲》，商务印书馆1991年版，第273—274页。

③ 苏绍兴：《两晋南朝的士族》，联经出版事业公司1987年版，第14页。

本朝史的良好传统，为及时有效保存历史材料，提供丰富的历史知识作出了制度上的保证。”①《东观汉记》的流传与其撰写几乎同步而行，“从三国开始，《东观汉记》传布渐广，人们把它与《史记》、《汉书》并称‘三史’。不但文人学者诵习此书，就是政治、军事领域的上层人物也阅读此书，从中吸取经验教训。”②另一方面，随着《东观汉记》广泛传播，其残缺不全、成于众手而致水平参差不齐等弊病也愈为突出，对士族重写东汉史的激发也就愈发强烈。《晋书·华峤传》载：

初，峤以《汉纪》烦秽，慨然有改作之意。会为台郎，典官制事，由是得遍观秘籍，遂就其绪。起于光武，终于孝献，一百九十五年，为帝纪十二卷、皇后纪二卷、十典十卷、传七十卷及三谱、序传、目录，凡九十七卷。峤以皇后配天作合，前史作外戚传以继末编，非其义也，故易为皇后纪，以次帝纪。又改志为典，以有《尧典》故也。而改名《汉后书》奏之，诏朝臣会议。时中书监荀勖、令和峤、太常张华、侍中王济咸以峤文质事核，有迁、固之规，实录之风，藏之秘府。后太尉汝南王亮、司空卫瓘为东宫傅，列上通讲，事遂施行。③

华峤字叔骏，平原高唐人。华峤出身世代官宦之家，祖父华歆为汉魏之际名士，历任汉侍中、尚书令，魏王国御史大夫、相国，曹魏司徒、太尉，于曹魏时门第已成。华峤起家为司马昭大将军掾属，西晋时历仕太子中庶子、散骑常侍、侍中、尚书。从《汉后书》体例来看，有诸多值得关注之处，如立皇后纪、易志为典、立三谱，均为创新所在，具“成一家之言”的品格和追求。刘知幾素来“多讥往哲，喜述前非”，但对《汉后书》也有很高评价，论之云：“自斯已往，作者相继，为编年者四族，创纪传者五家，推其所长，华氏居最。”④华峤本人所作

① 许殿才：《中国史学史(秦汉时期)》，上海人民出版社2006年版，第321页。
② 吴树平：《秦汉文献研究》，齐鲁书社1988年版，第213页。
③ 《晋书》卷四十四《华峤传》，第1264页。
④ 刘知幾撰，浦起龙释：《史通通释》卷十二《古今正史》，第318页。

的《汉后书》还是未完稿，其中十典乃由子华畅续成，而刘知幾所见的《汉后书》仅是原本的三分之一而已①。仅凭《汉后书》残本，刘知幾就有如此好评，足见华峤之书质量之优。实际上，看过《汉后书》初稿的颍川颍阴荀勖、汝南西平和峤、范阳方城张华、太原晋阳王济乃至河内温人司马亮、河东安邑卫瓘等门阀士族均有赞誉，甚至将华峤比拟为司马迁和班固。本传载华峤"博闻多识，属书典实，有良史之志"②，而华峤选择东汉史作为实现"良史之志"的着力点，正在于《东观汉记》繁冗芜杂。

华峤不是唯一对已广为流布《东观汉记》不满的士族。《汉后书》成书于晋惠帝元康初③，而在10余年前，西晋宗室河内司马彪就已着手撰述新东汉史④。司马彪《续汉书》撰述缘起，与华峤撰述《汉后书》初衷如出一辙。史载：

> 司马彪字绍统，高阳王睦之长子也。出后宣帝弟敏。少笃学不倦，然好色薄行，为睦所责，故不得为嗣，虽名出继，实废之也。彪由此不交人事，而专精学习，故得博览群籍，终其缀集之务。初拜骑都尉。泰始中，为秘书郎，转丞。注《庄子》，作《九州春秋》。以为"先王立史官以书时事，载善恶以为沮劝，撮教世之要也。是以《春秋》不修，则仲尼理之；《关雎》既乱，则师挚修之。前哲岂好烦哉？盖不得已故也。汉氏中兴，迄于建安，忠臣义士亦以昭著，而时无良史，记述烦杂，谯周虽已删除，然犹未尽，安顺以下，亡缺者多"。彪乃讨论

① 刘知幾言华峤《汉后书》"而遭晋室东徙，三惟一存"，见刘知幾撰，浦起龙释：《史通通释》卷十二《古今正史》，第318页。

② 《晋书》卷四十四《华峤传》，第1264页。

③ 《晋书》此处记载比较混乱。既言《汉后书》书成奏上，中书令荀勖曾参与会议讨论，按《晋书·荀勖传》记荀勖"太康十年卒，诏赠司徒……谥曰成"（见《晋书》卷三十九《荀勖传》，第1156页），则书成必在太康十年（289）之前。而本传又将华峤撰《汉后书》记在其元康初迁尚书，复转秘书监，加散骑常侍、班同中书之后，并言华峤因台郎职便，得以遍观秘籍而成书。则其成书，必在元康元年（291）之后。

④ 杨翼骧将司马彪开始著作《续汉书》时间定在晋武帝泰始十年（274）前后。见氏著，乔治忠、朱洪斌订补：《增订中国史学史资料编年》（先秦至隋唐五代卷），商务印书馆2013年版，第95页。

> 众书，缀其所闻，起于世祖，终于孝献，编年二百，录世十二，通综上下，旁贯庶事，为纪、志、传凡八十篇，号曰《续汉书》。①

司马彪之时，东汉史除流行较广的《东观汉记》外，还有孙吴谢承的《后汉书》和薛莹《后汉记》，但总的来说，在司马彪看来“烦杂”和“亡缺”是通病，遂立志著述。《续汉书》兼备纪、志、传，体例相对完整。《续汉书》史料采摘“在灵、献二帝时期用力尤勤，弥补了《东观》记事止于孝灵帝的遗憾”②，其八志也颇得刘知幾好评，认为“虽未能尽善，而大较多实”③，至今仍得传世。

南朝刘勰曾评价后汉诸史，其语云：“后汉纪传，必源东观。袁张所制，偏驳不伦；薛谢之作，疏谬少信。若司马彪之详实、华峤之准当，则其冠也。”④从会稽山阴谢承、沛国竹邑薛莹到河内温人司马彪再到平原高唐华峤，士族史家前后相继投身东汉史撰述，对于东汉史撰述追求越来越高，撰述质量也越来越优异。我们可以看出，士族史家高尚其志和强烈史学自觉，已是超越个体，形成为时代意识和群体意识，并不断推进着史学撰述的发展。

自荀悦《汉纪》揭开新世纪史学新篇章后，一时知名史家竞相涌现史坛，雷家骥曾论之说：“公元 3 世纪的史坛，谯周、皇甫谧、韦昭、华覈、薛莹、王沈等，在史学均有表现，但似不及晚他们一辈的陈寿、司马彪和华峤那么出色。他们的研究范围或为古代史，或为前代史（东汉），或为当代史（三国），或为地方史（地方人物志）。”⑤司马彪与华峤史学领域涉及很广，但特别值得肯定的当是他们东汉史的研究。不过，纵然司马彪、华峤东汉史撰述已经取得可喜成就，仍有不少士族认为还存在改进空间，将修撰东汉史作为事业继续推进。即便才有不逮仍勇于尝试者也不乏其人，如被刘勰批为“偏驳不伦”的陈郡阳夏

---

① 《晋书》卷八十二《司马彪传》，第 2141—2142 页。

② 谢琛：《司马彪〈续汉书〉研究》，安徽大学，2012 年。

③ 刘知幾撰，浦起龙释：《史通通释》卷三《书志》，第 61 页。

④ 刘勰所言“袁、张所制，偏驳不伦”，汪荣祖释曰：“晋袁山松撰《后汉书》，张莹撰《后汉南记》，俱佚。谓其偏颇，则无从而知矣。”见氏著：《史传通说》，中华书局 2003 年版，第 101 页。

⑤ 雷家骥：《中国古代史学观念史》，北京师范大学出版社 2018 年版，第 164 页。

袁山松和郡望不明的张莹。四世纪时期，东汉史撰述获得新成功的，当属陈郡阳夏袁宏。袁宏《后汉纪》30 卷传世至今，其自序也完整保留下来，见其撰述思想之源：

> 予尝读后汉书，烦秽杂乱，睡而不能竟也。聊以暇日，撰集为《后汉纪》。其所缀会《汉纪》、《谢承书》、《司马彪书》、《华峤书》、《谢沈书》、《汉山阳公记》、《汉灵献起居注》、《汉名臣奏》，旁及诸郡耆旧先贤传凡数百卷。前史阙略，多不次叙，错谬同异，谁使正之？经营八年，疲而不能定。颇有传者，始见张璠所撰书，其言汉末之事差详，故复探而益之。夫史传之兴，所以通古今而笃名教也。丘明之作，广大悉备。史迁剖判六家，建立十书，非徒记事而已。信足扶明义教，网罗治体；然未尽之。班固源流周赡，近乎通人之作；然因籍史迁无所甄明。荀悦才智经纶，足为嘉史，所述当世，大得治功已矣；然名教之本，帝王高义，韫而未叙。今因前代遗事，略举义教所归，庶以弘敷王道。前史之阙古者，方今不同其流，言异言行，趣舍各以类书。故观其名迹，想见其人，丘明所以斟酌抑扬，寄其高怀。末吏区区，注疏而已。其所称美止于事义，疏外之意殁而不传，其遗风余趣蔑如也。今之史书，或非古之人心，恐千载之外，所诬者多，所以怅怏踌躇，操笔悢然者也。①

袁宏在这里谈到历史编纂的问题，其思想容后详论。就历史编纂而言，袁宏认为所见东汉史“烦秽杂乱”与“前史阙略”仍然是个突出问题，并又提出“多不次叙”“错谬同异”等新问题。袁宏“在《后汉记》里表现了综铨史事的才能”，其“言行趣舍，各以类书”的撰集方法，“比荀悦的连类列举要有所发展”②。这些都是撰述成功之处，促进编年体撰述进一步完善。刘知幾说“为

---

① 袁宏撰，张烈点校：《后汉纪·序》，《两汉纪》，中华书局 2002 年版，第 1 页。

② 白寿彝：《陈寿和袁宏》，《中国史学史论集》，中华书局 1999 年版，第 168 页。

纪传者则规模班、马，创编年者则议拟荀、袁”①，将袁宏《后汉纪》与荀悦《汉纪》并称。但也许正因为袁宏整理东汉史事用的是编年体，所以他还无法为东汉史撰述画上休止符。袁宏卒后近六十年，南阳顺阳范晔又撰成纪传体《后汉书》。刘知幾语曰：

> 至宋宣城太守范晔，乃广集学徒，穷览旧籍，删烦补略，作《后汉书》，凡十纪、十志、八十列传，合为百篇。会晔以罪被收，其十志亦未成而死。……世言汉中兴史者，唯范、袁二家而已。②

东汉史的诸多撰述，在范晔看来，仍然是存在“烦”与“略”两个未解的难题。不过，据沈约说，范晔是“不得志，乃删众家《后汉书》为一家之作”③。诸家东汉史撰述“烦杂”本身是个问题，但范晔撰《后汉书》原动力，已并非纠缠在这些老问题上，而是提升到实现人生理想抱负层面。范晔在《狱中与甥侄书》中说道：

> 本未关史书，政恒觉其不可解耳。既造《后汉》，转得统绪，详观古今著述及评论，殆少可意者。班氏最有高名，既任情无例，不可甲乙辨。后赞于理近无所得，唯志可推耳。博赡不可及之，整理未必愧也。吾杂传论，皆有精意深旨，既有裁味，故约其词句。至于《循吏》以下及《六夷》诸序论，笔势纵放，实天下之奇作。其中合者，往往不减《过秦》篇。尝共比方班氏所作，非但不愧之而已。欲遍作诸志，前汉所有者悉令备。虽事不必多，且使见文得尽。又欲因事就卷内发论，以正一代得失，意复未果。赞自是吾文之杰思，殆无一字空设，奇变不穷，同合异体，乃自不知所以称之。此书行，故应有赏音者。纪、传例为举其大略耳，诸细意甚多。自古体大而思精，未有此也。

① 刘知幾撰，浦起龙释：《史通通释》卷一《六家》，第15页。

② 刘知幾撰，浦起龙释：《史通通释》卷十二《古今正史》，第318页。

③ 《宋书》卷六十九《范晔传》，第1820页。

恐世人不能尽之，多贵古贱今，所以称情狂言耳。①

范晔这番自叙，特别是“此书行，故应有赏音者”“恐世人不能尽之，多贵古贱今，所以称情狂言耳”之表白，恰与前文所揭“不得志”相印证，显现其《后汉书》之撰，在范晔心目中已远非简单史学撰述而已，而是寄托人生的一种方式。其情志，与袁宏“怅快踌躇，操笔恨然”相近。范文澜揭示东晋南朝史学鼎盛之由时说：“史学既是士人事业的一种，私家得撰写史书（包括撰写当代史），又还没有官修的限制，因之东晋南朝史学甚盛。”②范文澜将史学撰述提升到东晋南朝士族“事业”高度来评述，可谓为袁宏与范晔知己之言，其实也是诸多士族思想写照。因此，我们看到，在范晔同时代，刘义庆也在着手编撰新《后汉书》并成书 58 卷。范晔的《后汉书》本已获得很大成功，问世不久，即为世人所承认，至梁时平原高唐刘昭还集《后汉》同异以注范晔之书，促进范书进一步广泛传播。但与此同时，兰陵萧子显仍在撰述《后汉书》并成书 100 卷。只是萧书显然未比范书得到更多认可，六世纪末，兰陵萧该复撰《范汉音》3 卷，将范书影响扩大到北方。

有关东汉史撰述的史学潮流，自三世纪至六世纪奔流不息。四百年来，不时有士族或庶族史家投身到这一撰述浪潮中来，但总的来说，士族成就处于高端。期间得到时人认可较多的，如司马彪、华峤；或经受历史检验得以传世的，如袁宏、范晔，均是出自士族阶层。实际上，这一现象还并非局限于《后汉书》一系，其他正史撰述中，质量上乘者也以出于士族之手者居多，举其大荦，如颍川颍阴荀悦《汉纪》、东莞莒人臧荣绪《晋书》、吴兴武康沈约撰《宋书》、兰陵萧子显撰《南齐书》，吴兴武康姚察、姚思廉父子的《梁书》与《陈书》、巨鹿下曲阳魏收与魏澹的《后魏书》，河东闻喜裴松之《三国志注》、裴子野《宋略》，庐江潜人何之元《梁典》、清河崔鸿《十六国春秋》，等等。

---

① 《宋书》卷六十九《范晔传》，第 1830—1831 页。

② 范文澜等：《中国通史》（第二册），人民出版社 2004 年版，第 532 页。

正史撰述号为正史，是史学主流，也堪称史学发展之支柱。三世纪以来，虽然史学撰述范围不断拓展，类别增多，但不管枝蔓如何，实多由正史分流而成。内藤湖南的分析颇有助于我们理解这一认识，他说，随着汉魏以来社会变迁和史学发展，“至六朝末年，即便是有司马迁那种天才出世的话，面对如此复杂的记录，也很难再像《史记》归纳汉初记录那样形成统一的记述，并由此建立一家之言了。”也因此，“以后的历史仅仅靠正史予以理解已经很困难了，使人感到在正史之外还需要有更多种记录形式。”内藤先生进而言之，“此时‘志’一类的记录多了起来，例如《隋志》的‘职官’、‘刑法’、‘仪注’都是作为正史《志》的分野而发展的”，“不仅于此，由于正史的《志》中有不够完备之处，这类记录另外发展了起来”，在他看来，这样便有了地理书、杂传、谱系等撰述的长足发展。① 综观正史以外的各史学领域，《隋志》称杂传乃“盖亦史官之末事”②，而晋时一度立制“著作郎始到职，必撰名臣传一人”③，是则杂传为著作机构诸多士族练手之用。杂传乃至谱牒、地理书等，正是门阀士族兴趣所在，其撰述群体也无不以士族为主流，撰述质量也多以出于士族之手者为上乘；诸如起居注、旧事、职官、仪注、刑法与簿录，多是出自朝官之手，魏晋南北朝各政权都设官掌起居之职，萧齐明帝年间、北齐武成帝和北周太祖都组织过刑律审定，梁武帝时期曾组织朝官对五礼进行大规模的修订，同时也组织谱局对谱牒进行整理，等等，这些都说明了官方在这些史学撰述中发挥过重要的组织作用，其参与者均为朝廷文官，而魏晋以后朝官文职群体构成，毛汉光曾有细致的统计与整理，认为“一般而论，各种主要官吏士族均占绝对多数”④，这一结论，与前文已揭魏晋以来的史官群体构成相一致，也就是说，凡起居注、旧事、职官、仪注、刑法与簿录等，其撰述也多是由士族来参与、完成，其中社会

① 内藤湖南：《中国史学史》，第 123 页。

② 《隋书》卷三十三《经籍二》，第 982 页。

③ 《晋书》卷二十三《职官志》，第 735 页。

④ 毛汉光：《两晋南北朝主要文官士族成分的统计分析与比较》，《中国中古社会史论》，上海书店出版社 2002 年版，第 186 页。

上有影响、史学上有地位的，也多属士族之撰述成就。

至此，我们可作个小结，上文着重以正史为中心，既从宏观上整体梳理了三世纪以来士族撰述大体数量情况，又以东汉史撰述为例从微观角度分析了士族的史学情志和撰述质量，进而又将分析拓展到整个史学撰述领域，勾勒并解析士族群体史学成就、原因与影响。总之，三至六世纪四百年间，史学撰述发展的各个层面，如撰述数量、撰述种类、撰述质量等等，无不有着士族群体的积极影响。士族以饱满的热情、开阔的视野和崇高的追求，积极投身于史学撰述，他们创作了大量的史学作品，拓展了史学撰述门类，并以优质撰述作品站在时代史学的高峰。

二、士族与史学独立之路

如学者所言，“魏晋时代史学最重要的现象，即是这个时代的史学脱离经学而独立。”①三世纪以来史学撰述的繁荣发展，影响是多方面的。史学撰述数量的增加，史学门类多样化，史学内容认识的开阔，只是其中一个方面，表现的是史学在学术文化领域的横向扩展。这一横向扩展，自是给史学认识的纵向深入带来新要求，提出新思考。史学撰述浪潮此起彼伏，史学新作不断澎湃而出，以及历代史家的史学追求，持续激发士人对史学特性进行探索，推动史学独立品性认识的深化。这一互相作用，便如朱维铮所论，“史学著作在数量上夺得优势，用具体的史实、优美的文字，战胜了抽象、沉闷的经学说教，都使中世纪统治者不得不承认它是一门独立学问，而且是对中世纪统治非常有用的学问。”②当然，史学走向独立有一个较为漫长而曲折的过程。这个过程，从时间上来说，自三世纪初开始，一直持续到六世纪，期间除朱维铮所说官方参与外，还包括历代学者的不断跟进、探索、思考与推进。

---

① 逯耀东：《魏晋史学的双层发展》，《魏晋史学及其他》，台湾东大图书股份有限公司 1998 年版，第 15 页。

② 朱维铮：《中国史学史讲义稿》，第 191 页。

史学独立是中古史学研究的一个重要课题,80 年代以来学界对之有持续关注[①],其中用力较深的当算台湾逯耀东和大陆胡宝国。大体来说,两位先生都从经史分途和文史分途两个角度来审视这一时期的史学独立。前者以为,"经史分途从汉魏之际开始,由单纯的纪录之史,转变为具有后世历史概念之史,其间经历了魏晋时期的经史并称,东晋以后的文史合流,史学渐渐从经学羽翼之下浮现。"[②]后者以为,魏晋时期,"史学逐渐摆脱了经学的束缚而获得独立",又进一步推论,"是文学的进一步独立迫使史学不得不随之独立。"[③]这些观点,将史学置于整个社会学术文化之下考察其独立化进程,对于突破单纯从史学本位来理解史学的独立,显然极具启发意义。史学独立的起点,在于三世纪初"三史"广为流传,此后不断广涉历史教育、史学撰述、史学评论、经籍整理等多个领域,在史学发展和史学反思相互作用的过程中前行。期间,又包括有几个标志性事件和里程碑的阶段。

社会变迁既是学术变迁的前奏,也是学术变迁的原动力之一。东汉政权的崩溃,学术史上的积极意义在于,一是儒学从独尊宝座跌落,为其他学术发展开拓了空间;二是京师学术中心地位崩塌,众多饱学之士流移四方,使地方学术文化相继兴起成为可能。进入三世纪以后,割据局面渐趋定型,长期相互争战与稳定政局的挑战,都需要统治者汲取历史智慧,特别是从近代两汉发展

---

① 参见仓修良、魏得良:《中国古代史学史简编》,黑龙江人民出版社 1983 年版,第 114—115 页;高国抗:《中国古代史学史概要》,广东高等教育出版社 1985 年版,第 120 页;施丁:《中国史学简史》,中州古籍出版社 1987 年版,第 89—90 页;周一良:《魏晋南北朝史学的几个特点》,《魏晋南北朝史论集续编》,北京大学出版社 1991 年版,第 67—71 页;瞿林东:《中国史学散论》,湖南教育出版社 1992 年版,第 171 页;宋衍申:《中国史学史纲要》,东北师范大学出版社 1996 年版,第 63 页;逯耀东:《史学评论的萌芽》,《魏晋史学及其他》,台湾东大图书公司 1998 年版,第 65—84 页。逯先生的相关论述又见于由中华书局 2006 年出版的氏著《魏晋史学的思想与社会基础》的第 178—194 页;胡宝国:《汉唐间史学的发展》,商务印书馆 2003 年版,第 30—72 页;邱敏:《六朝史学》,第 374—375 页;郝润华:《六朝史籍与史学》,第 273—277 页;谢保成:《中国史学史》,商务印书馆 2006 年版,第 382—393 页;李小树:《秦汉魏晋南北朝史学史稿》,中国人民大学出版社 2007 年版,第 98 页;朱维铮:《中国史学史讲义稿》,第 188—191 页;等等。

② 逯耀东:《魏晋史学的思想与社会基础》,第 12—13 页。

③ 胡宝国:《汉唐间史学的发展》,第 30、71 页。

中获得教训与启示，曹丕毕览《史》《汉》，孙权重视“三史”，刘备遗令刘禅“可读《汉书》”①，皆为例证。外部环境的变化推动史学发展进入新阶段，如前所述，三世纪之初，不仅化繁为简的《汉纪》得以问世，《史记》《汉书》《东观汉记》流布受众面及受到重视程度都在增加。比较起来，曹魏对学术重视程度和学术水平在三国中居最。曹魏不仅率先推动史官制度创新建设，而且也最为重视对散佚经籍进行整理，为含史学在内的学术文化发展提供新保证。《三国志·魏书》卷二《文帝纪》云：

初，帝好文学，以著述为务，自所勒成垂百篇。又使诸儒撰集经传，随类相从，凡千余篇，号曰《皇览》。②

《隋志》称“魏氏代汉，采掇遗亡，藏在秘书中、外三阁”③，曹丕在代汉以后曾经广罗遗书，继而在此基础上开始组织编撰《皇览》。《皇览》采摘范围以“经传”为主，分类缀集，计40余部800余万字，视为古代类书鼻祖，是书唐代即已失传，清校勘学家冯孙翼辑有佚文一卷。曹丕重视经籍整理，为郑默进一步整理图书作了表率。史载：

默字思元。起家秘书郎，考核旧文，删省浮秽。中书令虞松谓曰：“而今而后，朱紫别矣。”④

《隋志》也记此事，言“魏秘书郎郑默，始制《中经》”⑤。但郑默《中经》内部结构史籍语焉不详，无从知晓。可以判断的是，这时候史学撰述新发展，独立新趋向，未足以影响到图书分类。是以姚名达推测其书，“未必于《七略》之外，另创新分类也。”⑥然从后来荀勖依之而成《中经新簿》来看，郑默于推进当时簿录撰述发展也是有功的。郑默字思元，出荥阳开封郑氏，其天祖郑众为

① 《三国志》卷三十二《先主传》注引《诸葛亮集》，第890页。
② 《三国志》卷二《文帝纪》，第88页。
③ 《隋书》卷三十二《经籍志序》，第906页。
④ 《晋书》卷四十四《郑默传》，第1251页。
⑤ 《隋书》卷三十二《经籍志序》，第906页。
⑥ 姚名达：《中国目录学史》，上海古籍出版社2002年版，第59页。

汉大司农，祖郑泰为扬州刺史，父郑袤为光禄大夫。魏晋之际，郑氏门户已成。

西晋建立者司马炎也重视史学建设，他受命之后曾对机构进行改革，裁撤秘书省，却保留了“秘书著作之局”；泰始六年（270），又命撰录晋朝建立以后的大事，时一统江南战略尚在初启，可见司马炎的史学意识也很强烈。随着社会统一和稳定，西晋学术也日益复兴，图书搜集也越来越多，咸宁五年（279）冬十月[①]，统一江南前夕，汲郡人不准盗掘魏襄王墓冢，出土竹简小篆古书十余万言，包括编年体通史《竹书纪年》，其中经传大异，冲击一些传统固有认识，极大震撼了当时史学界。荀勖参与了汲冢书的整理，而后成《中经新簿》。也即是说，汲冢书的出土，直接催生了《中经新簿》问世。《中经新簿》的问世，反过来又进一步强化时人对史学独立的认识。《晋书》荀勖本传载：

> 俄领秘书监，与中书令张华依刘向《别录》，整理记籍……及得汲郡冢中古文竹书，诏勖撰次之，以为《中经》，列在秘书。[②]

荀勖的《中经》即是《中经新簿》，其内部结构，《隋书》所载较详，语之云：

> 秘书监荀勖，又因《中经》，更著《新簿》，分为四部，总括群书。一曰甲部，纪六艺及小学等书；二曰乙部，有古诸子家、近世子家、兵书、兵家、术数；三曰丙部，有史记、旧事、皇览簿、杂事；四曰丁部，有诗赋、图赞、汲冢书，大凡四部合二万九千九百四十五卷。但录题及言，盛以缥囊，书用缃素。至于作者之意，无所论辩。[③]

《隋志》还载录“《晋中经》十四卷，荀勖撰”[④]。众所周知，刘向《别录》，“不过将各书之叙录另写一份，集为一书”[⑤]，其内部结构与《中经新簿》明确

---

① 汲冢书出土年代，《晋书》的《武帝纪》与《束皙传》所载不一，参与整理出土典籍的杜预《春秋左氏经传集解后序》又与《晋书》纪、传不同。《增订中国史学史资料编年》对此进行考订，详见此书第98页。

② 《晋书》卷三十九《荀勖传》，第1154页。

③ 《隋书》卷三十二《经籍志序》，第906页。

④ 《隋书》卷三十三《经籍二》，第991页。

⑤ 姚名达：《中国目录学史》，第38页。

的四部分类法相去甚远。综合上述两段材料，不难发现，荀勖对经籍整理有两个阶段：第一阶段，与张华一道模拟刘向，对各书叙录写抄；第二阶段，以郑默《中经》为基础，补充汲冢之书，并对所有经籍以四部法进行分类。《中经新簿》颇有创新意识，其草创四部之功向为后世首肯。荀勖将史记、旧事、皇览簿、杂事归为一类，有别于六艺及小学等，显示了荀勖对史学的独特性的新认识。尽管姚名达对荀勖何以将《皇览》与《史记》并列不解，但他还是肯定了"为特设一部以藏史书及类书"为其一大新特点①。《中经新簿》中史学独立品性初步彰显，也许并不是荀勖一己之见。汉魏以还，佛教在中土传播进一步推广，佛经数量增多，佛经重要性也越来越受时人重视，这一社会意识新变化也反映到《中经新簿》中来，《广弘明集》还载："《晋中经新簿》四部书一千八百八十五部，二万九百三十五卷。其中十六卷《佛经书簿》少二卷，不详所载多少。"②由此看来，《中经新簿》不是一般的图书整理，也是社会学术动向的晴雨表，直接反映着当时社会意识和社会学术的细微变化。从这个意义上来说，《中经新簿》正反映了晋人对史学独立品性的新认识，尽管这种认识还显得粗糙，还有更深入的空间。逯耀东赞许荀勖，说他："将史部书籍自《春秋类》摘出独立成为一部，这的确是中国目录学史发展过程中新的里程碑。"③荀勖出自颍川颍阴荀氏，字公曾。荀勖曾祖东汉司空荀爽兄弟八人，有"荀氏八龙"之说，祖荀棐为射声校尉，从祖荀彧为尚书令，从祖侍中荀悦即是《汉纪》作者，从父荀顗为太尉，颍川颍阴荀氏自汉至晋向为当时门阀望族。

荀勖《中经新簿》撰成同时及稍后，皇甫谧《高士》《逸士》《列女》诸杂传及《帝王世纪》、司马彪《续汉书》、杜预《春秋左氏经传集解》、陈寿《三国志》、华峤《汉后书》等一大批史学名著竞相问世，享誉京师，传布四方，西晋史坛名

---

① 姚名达：《中国目录学史》，第 59 页。

② 释道宣：《广弘明集》卷三引《古今书最》，《影印文渊阁四库全书》（第 1048 册），台湾商务印书馆 1983 年版，第 263 页。

③ 逯耀东：《〈隋书·经籍志·史部〉形成的历程》，《魏晋史学的思想与社会基础》，第 48 页。

家辈出，史学撰述各放异彩，一时史学之繁荣，堪比彼时盛行之玄学。这些无异都会有助于史学学术地位和社会地位的提高。《晋书·贾谧传》还记录晋史起元争议问题，语云：

(贾谧)丧未终，起为秘书监，掌国史。先是，朝廷议立《晋书》限断，中书监荀勖谓宜以魏正始起年，著作郎王瓒欲引嘉平已下朝臣尽入晋史，于时依违未有所决。惠帝立，更使议之。谧上议，请从泰始为断。于是事下三府，司徒王戎、司空张华、领军将军王衍、侍中乐广、黄门侍郎嵇绍、国子博士谢衡皆从谧议。骑都尉济北侯荀畯、侍中荀藩、黄门侍郎华混以为宜用正始开元。博士荀熙、刁协谓宜嘉平起年。谧重执奏戎、华之议，事遂施行。①

西晋国史限断讨论延续武帝、惠帝两朝，迄于惠帝元康八年(298)，断续10年有余②，在当时颇有影响。武帝年间省秘书而移著作局归于中书，所以自著作郎至中书监讨论《晋书》限断，尚可称为史官职责之内的事。惠帝时复置秘书省兼领著作局，掌国史，是以复议时贾谧有一定话语权。但从讨论情况来看，参与讨论不再局促于史职机构，而波及司徒、司空、太尉三府，朝廷高级行政长官及一般博士均广泛参与。晋史起元已不再是单纯的史学问题，而是上升到搅动高层的政治事件。③ 毫无疑问，这一事件进一步令时人深刻认识史

---

① 《晋书》卷四十《贾谧传》，第1173—1174页。

② 复议定起元泰始元年事，杨翼骧《增订中国史学史资料编年》编于晋惠帝永熙元年条下(见氏著第102页)，俞灏敏则认为断"在元康八年比较允当"(见氏撰《西晋议〈晋书〉限断考辨》，《安徽史学》1996年第2期)。柳春新定在元康八年下半年(见氏撰:《陆机〈晋纪〉与晋史的修撰起源》，《魏晋南北朝隋唐史资料》(第三十二辑)，上海古籍出版社2015年版)。近期李正君、汤莉复申此说(见氏撰《断限泰始:"晋书"的限断问题再讨论》，《唐都学刊》2017年第3期)。武帝朝初议晋史起元时间则难以细定。荀勖任中书监时间较长，柳春新考至荀勖此职确切最晚时间在太康四年(283)秋，但据万斯同《晋将相大臣年表》，自泰始元年(365)起居此职，直至太康八年(287)方迁尚书令。参与讨论的著作郎王瓒，史无专传，柳春新考其任著作郎必定在太康三年(282)以后，则第一次议断当在太康三年至太康八年期间。

③ 徐冲将此与皇帝权力起源联系起来加以考察颇具启发意义。见氏著:《中古时代的历史书写皇帝权力起源》，上海古籍出版社2017年版，第3—18页。

学“赞治”功能，同时也必然扩大史学的影响，有助于史学政治地位的提升和强化。

西晋太康以后的史学繁荣及史学与政治的互动，之于人们对史学认识和史学观念的影响，很快就得到进一步印证。《隋志》称：“惠、怀之乱，京华荡覆，渠阁文籍，靡有孑遗。东晋之初，渐更鸠聚。著作郎李充，以勖旧簿校之，其见存者，但有三千一十四卷。充遂总没众篇之名，但以甲乙为次。自尔因循，无所变革。”①《广弘明集》卷三载阮孝绪《七录序》也说：

> 晋领秘书监荀勖，因魏《中经》更著《新簿》。虽分为十有余卷，而总以四部别之。惠、怀之乱，其书略尽。江左草创，十不一存。后虽鸠集，淆乱以甚。及著作佐郎李充，始加删正，因荀勖旧簿四部之法，而换其乙丙之书，没略众篇之名，总以甲乙为次。自时厥后，世相祖述。②

李充整理经籍，与荀勖相比，有两个不同，一是“没略众篇之名”，二是“换其乙丙之书”。李充所撰《晋元帝书目》，有四部三百五帙，共三千一十四卷。从卷数来看，仅占《中经新簿》十分之一稍强。唐史臣说“惠、怀之乱，京华荡覆，渠阁文籍，靡有孑遗”，阮孝绪说“江左草创，十不一存”，都是事实。李充“没略众篇之名”，可能正与散佚严重、存书残缺有关。问题是即便是亡书如此之多，也并未影响李充接受荀勖四部分类法。更值得注意的是，原排在丙部史书，李充还提前至乙部，继荀勖将史部从《春秋》经下独立之后进一步提升史学的地位。这一更动，应该正是西晋以来史学多重发展的结果，反映了史学的重要性和独立性为官方进一步接受和认同。钱大昕高度评价李充这一图书分类改革，语曰：“晋荀勖撰《中经簿》，始分甲、乙、丙、丁四部，而子犹先史。至李充为著作郎，重分四部：五经为甲部，史记为乙部，诸子为丙部，诗赋为丁

---

① 《隋书》卷三十二《经籍志序》，第906页。

② 释道宣：《广弘明集》卷三引《七录序》，《影印文渊阁四库全书》（第1048册），第261页。

部，而经、史、子、集之次始定。”①尽管李充整理经籍有“小类既除，四部悬立”②差强人意之处，相较《新簿》所见，史学内涵显得愈发模糊，但从史学史角度来看，这似乎已无关紧要。因为此后“秘阁以为永制”③，南朝以降，官方秘书监所整理的目录诸作，都遵行李充的四部分类法，不仅继续认同史部独立，而且完全接受李充对史学地位的界定，恒将史部列在第二。

《晋书》对李充郡望介绍相对模糊，仅言：“李充字弘度，江夏人。父矩，江州刺史。”④《世说新语·言语》引《晋中兴书》说：“李充字弘度，江夏渑人也。祖秉，父矩，皆有美名。”⑤又《三国志》卷十八《李通传》载李通官至汝南太守，魏文帝践祚后，诏谥“刚侯”，以其子李基为奉义中郎将，基兄李绪为平虏中郎将。裴松之于其下注引王隐《晋书》说：“绪子秉，字玄胄，有俊才，为时所贵，官至秦州刺史。”又引同书曰：“秉子重，字茂曾。少知名，历位吏部郎、平阳太守。……重二弟，尚字茂仲，矩字茂约，永嘉中并典郡；矩至江州刺史。重子式，字景则，官至侍中。”⑥李式情况，《晋书》李充本传有印证，史载：“充从兄式以平隐著称，善楷隶。中兴初，仕至侍中。”⑦江夏李氏自汉魏之际李通、李基、李绪、李秉、李矩、李充、李式四代并为中枢或方镇重臣，断非一般士族所能比拟。石树芳还以李善家族为中心对江夏李氏进行梳理考索，可见江夏李氏自东汉直至唐代，一直为当时知名士族⑧。江夏李氏自李充起成为书法世家，除前揭其从兄“善录书”外，李充本人也“善楷书，妙参钟索，世咸重之”⑨，这

---

① 钱大昕：《补元史艺文志》，《二十五史补编》，第 8393 页。

② 姚名达：《中国目录学史》，第 60 页。

③ 《晋书》卷九十二《李充传》，第 2391 页。

④ 《晋书》卷九十二《李充传》，第 2389 页。

⑤ 刘义庆撰，杨勇校笺：《世说新语校笺》，第 121 页。

⑥ 《三国志》卷十八《李通传》，第 536 页。

⑦ 《晋书》卷九十二《李充传》，第 2391 页。

⑧ 石树芳：《江夏李氏考索——以李善家族检讨为中心》，《河南师范大学学报》2013 年第 1 期。

⑨ 《晋书》卷九十二《李充传》，第 2389 页。

都与李充母亲卫夫人出身书法世家有关。《法书要录》载:“卫夫人,名铄,字茂猗,廷尉展之女弟,恒之从女,汝阴太守李矩之妻也。隶书尤善规矩,钟公云:‘碎玉壶之冰,烂瑶台之月。婉然芳树,穆若清风。’右军少常师之。永和五年卒,年七十八。子克,为中书郎,亦工书。”①卫夫人曾祖为曹魏尚书卫凯、族祖卫瓘为西晋司空,父卫展为东晋廷尉,河东安邑卫氏为魏晋以来显赫士族。从门阀士族盛行身份内婚制来看,江夏李氏当与河东卫氏门第相当,彼时已跻身士族行列当确凿无疑。

图书分类上的独立,更多的是史学在学术上独立。魏晋以后,在图书分类之外,官方对史学独立倾向的认同,南北也还有一些令人瞩目的新表现,如后赵石勒“史学祭酒”、刘宋元嘉四学及宋齐总明观史科的设置,前文对此已有论述。毫无疑问,这些与经籍分类相呼应,进一步推动史学独立向纵深发展。但总的来说,其意义并不能高估。第一,因为无论是史学祭酒,还是史学馆抑或史科,存在时间都不长,这本身就说明官方对于史学学科独立并没有透彻、深入、坚定的认识。第二,这些新史职或史学机构,实施历史教育时,受众并不多,限制了其社会影响。这说明时人对史学独特品性的完整认识,还处在摸索阶段。作为一种学科,史学的独立还有一个艰难曲折的过程。

学术发展进程,应该是一个官方与民间互动的过程。官方在历史教育方面新尝试,值得人们认真审视,但其昙花一现般存在,恰恰说明官方本身对史学特性的认识摇摆、矛盾,还处在暧昧模糊之中,这反过来自然又会引发一般学者对史学独立的疑虑。即便是图书分类领域,民间和官方的错位、抵牾也是存在的。这种复杂性在琅邪王俭身上表现得尤为充分。

王俭出生刘宋元嘉末年,幼年便专心笃学,手不释卷,起家为秘书郎,后超迁秘书丞。众所周知,秘书省掌控天下经籍,郑默以秘书郎撰《中经》,荀勖以秘书监撰《中经新簿》。王俭为秘书丞后,也开始着手整理经籍。《文选》收任

① 张彦远:《法书要录》卷八引《书断》,《影印文渊阁四库全书》(第812册),第224页。

昉“王文宪集序”言王俭“元徽初,迁秘书丞。于是采公曾之《中经》,刊弘度之四部。依刘歆《七略》,更撰《七志》。”①《隋志》记载了王俭两部书的具体卷数,语云:

> 元徽元年,秘书丞王俭又造目录,大凡一万五千七百四卷。俭又别撰《七志》:一曰《经典志》,纪六艺、小学、史记、杂传;二曰《诸子志》,纪今古诸子;三曰《文翰志》,纪诗赋;四曰《军书志》,纪兵书;五曰《阴阳志》,纪阴阳图纬;六曰《术艺志》,纪方技;七曰《图谱志》,纪地域及图书。其道、佛附见,合九条。然亦不述作者之意,但于书名之下,每立一传,而又作九篇条例,编乎首卷之中。文义浅近,未为典则。②

从《隋志》来看,王俭两部目录大概可分别视为官修与私撰之作。其遵李充所遗“秘阁之永制”,成《宋元徽元年四部书目录》,当属官修,用四部分类法,其乙部为史著类。至于别撰之《七志》,当属职责之外,依个人旨趣,仿刘歆《七略》采用七分法③。《七志》仍七分法,本身不是问题。问题是,其对史部书籍的处理,将史记、杂传附于六艺之列,回归到刘歆、班固史部独立意识模糊的状态。从《宋元徽元年四部书目录》到《七志》,王俭摇摆于经史分离和史附于经两种意识之间。这种摇摆,也许并不是王俭所独有。说明的是,官方对于史学独立分类的看法,至宋齐之际还未得到知识界的普遍认可。

前文已揭,三世纪以来,史学数东晋南朝时期为盛。而南朝史学高峰又出现在梁朝。梁武帝践祚后,大力推行文治和优容士族的政策,一时学者蜂起,时人誉之“自江左篇章之盛,未有逾于当今者”④。先是秘书监任昉、殷钧造

---

① 萧统编,李善注:《文选》卷四十六《王文宪集序》,中华书局 1977 年版,第 654 页。

② 《隋书》卷三十二《经籍志序》,第 906—907 页。

③ 阮孝绪《七录序》认为《七志》参考的是刘向《别录》而非刘歆《七略》,其语云:“俭又依《别录》之体,撰为《七志》,其中朝遗书收集稍广,然所亡者犹太增焉。”参见《广弘明集》卷三《七录序》,《影印文渊阁四库全书》(第 1048 册),第 261 页。

④ 释道宣:《广弘明集》卷三《七录序》,《影印文渊阁四库全书》(第 1048 册),第 261 页。

《梁天监六年四部书目录》,后又相继成彭城刘遵所撰《东宫四部目录》、平原刘孝标所撰《文德殿四部目录》。这些都属官修目录,沿袭李充四部分类法,将史学撰述独立成部,并排于乙序。受此风推动,普通年间,阮孝绪私撰而成《七录》。其书已亡,今《广弘明集》完整保留了阮孝绪的《七录序》,序中言:

> 孝绪少爱坟籍,长而弗倦。卧病闲居,傍无尘杂。晨光才启,缃囊已散,宵漏既分。绿帙方掩,犹不能穷究流略,探尽秘奥。每披录内省,多有缺然。其遗文隐记,颇好搜集。凡自宋齐已来,王公搢绅之馆,苟能蓄聚坟籍,必思致其名簿。凡在所遇,若见若闻,校之官目,多所遗漏。遂总集众家,更为新录。其方内经史,至于术伎,合为五录,谓之内篇;方外佛道,各为一录,谓之外篇。凡为录有七,故名《七录》。
>
> ……今所撰《七录》,斟酌王、刘,王以六艺之称,不足标榜经目,改为经典,今则从之,故序《经典录》为《内篇》第一。刘、王并以众史合于《春秋》。刘氏之世,史书甚寡,附见《春秋》,诚得其例。今众家记传,倍于经典,犹从此志,实为繁芜。且《七略·诗赋》,不从《六艺》诗部,盖由其书既多,所以别为一略。今依拟斯例,分出众史。序《记传录》为内篇第二。诸子之称,刘、王并同,又刘有兵书略。王以兵字浅薄,军言深广,故改兵为军。窃谓古有兵革、兵戎、治兵、用兵之言,斯则武事之总名也,所以还改军从兵。兵书既少,不足别录。今附于子末,总以子兵为称,故序《子兵录》为内篇第三。王以诗赋之名,不兼余制,故改为文翰。窃以顷世文词,总谓之集,变翰为集,于名尤显。故序《文集录》为内篇第四。王以数术之称,有繁杂之嫌,故改为阴阳。方伎之言,事无典据,又改为艺术,窃以阴阳偏有所系,不如数术之该通,术艺则滥六艺与数术,不逮方伎之要显,故还依刘氏,名守本名。但房中神仙,既入仙道,医经经方,不足别创,故合

术伎之称，以名一录，为内篇第五。王氏图谱一志，刘略所无，刘数术中虽有历谱，而与今谱有异。窃以图画之篇，宜从所图为部，故随其名题，各附本录。谱既注记之类，宜与史体相参，故载于记传之末。自斯已上，皆内篇也。释氏之教，实被中土，讲说讽味，方轨孔籍，王氏虽载于篇，而不在志限，即理求事，未是所安。故序《佛法录》为外篇第一。仙道之书，由来尚矣，刘氏神仙，陈于方伎之末，王氏道经，书于《七志》之外。今合序《仙道录》为外篇第二。王则先道而后佛，今则先佛而后道，盖所宗有不同，亦由其教有浅深也。凡内外两篇，合为《七录》。天下之遗书秘记，庶几穷于是矣。①

阮孝绪《七录》处处以《七志》对照，显示其与王俭在图书分类相比所有个人的独到之处。王俭单立《图谱志》，阮孝绪则对图谱有了新认识，认为“谱既注记之类，宜与史体相参”。需要特别指出的是，王俭本人还是当时谱学名家，然而，他对谱牒撰述的性质，显然达不到唐代史臣的高度。这种对比，更为彰显阮孝绪对史学内涵的见解。或者说，阮孝绪时代，经梁武帝着谱局对天下谱牒进行整理，促进了时人对谱牒史学属性的认识，并由阮孝绪《七录》反映出来。阮孝绪解释特立《记传录》原因“盖由其书既多”，已是“倍书经典”。逯耀东对阮孝绪这种说法不以为然②，但作为历史当事人的自我陈述与剖析，显然不容忽视。没有魏晋以来史学迅猛发展，没有史学撰述成倍的增长，这样的总结分类恐怕还不是阮孝绪时代能作出的。细察阮孝绪“记传录”下分类，其史学观念是以魏晋以降纷纭而生各类众多史学撰述为支撑，更是毋庸置疑。我们可以毫不夸张地说，阮孝绪的史部独立和史部分类，正是三世纪以来史学发展历史的、逻辑的结果。诚如姚名达评论《七录》所言，“是诚《七略》所瞠乎

① 释道宣：《广弘明集》卷三《七录序》，《影印文渊阁四库全书》（第1048册），第261—263页。

② 参见逯耀东：《〈隋书·经籍志·史部〉形成的历程》，《魏晋史学的思想与社会基础》，第23—25页。

其后,望尘莫及者。抑亦时代潮流使然,无所用其抑扬也。”①《广弘明集》引《古今书最》详细了载录了“记传录”下 12 分部及各部书种、帙、卷数,其分部依次为国史部、注历部、旧事部、职官部、仪典部、伪史部、杂传部、鬼神部、土地部、谱状部、传录部。这些分部,就名目而言,便是对三国两晋南北朝以来时代形势和史学潮流的实录。比如说伪史部,比如鬼神部,它们的设立,正是对十六国分裂及其各政权历史撰述、对道教兴起后盛行鬼神观念及其撰述的实录。《隋志》对《七录》颇有刺讥,说其“割析辞义,浅薄不经”,但也充分肯定它“分部题目,颇有次序”②。《隋志》在史部分类上直接借鉴《七录》,这已是学界普遍共识。“阮孝绪的《七录》不仅是通向四部的桥梁,更重要的是分别经史,将史部标出独立成部。”③阮孝绪已没有像王俭那样在经史分离和史附于经之间徘徊。阮孝绪事迹载于《梁书·处士传》中,阮孝绪屡屡被征,以世路多艰,终不出,未曾涉足仕途。他的这一身份,说明官方将史部独立的图书分类意识,将走完最后一步而成功植入民间。

当然,我们不能说阮孝绪最终完成了史学的独立。从三至六世纪时代来看,实际上,在某种意义上来说,这几乎是不可能的事。一向被奉为史学圭臬的《史记》《汉书》,作者阐释撰史旨趣都定位在绍续《春秋》事业上。封建史学从来也不可能与经学脱离关系。稍早于阮孝绪撰《七录》,东莞莒人刘勰撰《文心雕龙》,不仅对一切文章提出“徵圣”“宗经”的要求,还在《史传》专篇中明确提出史学撰述当“立义选言,宜依经以树则;劝戒与夺,必附圣以居宗”④。经史分离不是三至六世纪一个时代的命题,经史关系至晚清之际依然众说纷

① 姚名达:《中国目录学史》,第 65 页。

② 《隋书》卷三十二《经籍志序》,第 907 页。

③ 逯耀东:《〈隋书·经籍志·史部〉形成的历程》,《魏晋史学的思想与社会基础》,第 49 页。

④ 刘勰撰,詹锳义证:《文心雕龙义证》,上海古籍出版社 1989 年版,第 604 页。詹锳引金毓黻《文心雕龙史传篇疏证》云:“刘勰论文,以《徵圣》《宗经》居首。撰史之旨,亦不外是。本篇谓‘宗经矩圣之典’,为公理所辨究之一事,当为刘勰论史所本。”(见《文心雕龙义证》,第 605 页)所言极是。

纭。邱敏对此提出的思考值得继续深入，他说：“论者皆强调，魏晋以来史学发展逐渐摆脱经学的附庸地位，成为独立的学术门类。但是‘史学独立’这一现象所反映的本质是什么？值得深入讨论。”“史学之独立，并不意味着史学从此远离经学进而求得独自发展。”①明乎此，我们才能准确地认识这里所讨论的史学独立之路。不仅经史关系如此，其实文史关系也是如此。一方面，我们需注意到文史有别至少在有梁时期就成为一种明显的自觉意识，学者往往注意到萧统编集《文选》论及文史之别：“至于记事之史，系年之书，所以褒贬是非，纪别异同，方之篇翰，亦已不同。”②似乎“‘文’终于排斥了‘史’”③。但另一方面，观乎《文选》所收“史论”，实自两汉即为史学重要组成；而其中所收录碑文、行状撰述，时人也有视为史学范围的。当时士人多是文史兼备，不少史家同时也是文学家，不少文学家也涉足于史学撰述，他们的知识结构和兴趣爱好，都无法也没有将文史断然分离，恰如会稽山阴孔稚珪《北山移文》所言“既文，既博，亦玄，亦史”④。至六世纪末期，姚察仍强调“近世取人，多由文史”⑤。一言以蔽之，无论是经史分离，还是文史分离，对于这一时期史学独立来说，都是富有意义的，但这种意义绝不可夸大，史学独立必将是一个曲折漫长的过程。

阮孝绪出自陈留尉氏阮氏，《梁书》本传记：“阮孝绪字士宗，陈留尉氏人也。父彦之，宋太尉从事中郎。孝绪七岁，出后从伯胤之。胤之母周氏卒，有遗财百余万，应归孝绪，孝绪一无所纳，尽以归胤之姊琅邪王晏之母，闻者咸叹异之。”⑥王晏出自琅邪临沂王氏，为晋荆州刺史王廙之后，活跃于刘宋，为当时士族甲流。阮孝绪生父官职虽不显赫，但王晏为阮孝绪外兄，从当时士族盛

① 邱敏：《六朝史学》，第 374 页。
② 萧统：《文选序》，《文选》，第 2 页。
③ 胡宝国：《文史之学》，《汉唐间史学的发展》，第 68 页。
④ 严可均辑：《全齐文》，《全上古三代秦汉三国六朝文》，中华书局 1958 年版，第 2900 页。
⑤ 《梁书》卷十四《江淹任昉传》后论，第 258 页。
⑥ 《梁书》卷五十一《阮孝绪传》，第 739 页。

行严格身份内婚制来看，阮氏门第即使不能堪与王晏门第比肩，也应大体相当。王伊同《五朝门第·高门权门世系婚姻表》附表三八“陈留尉氏阮氏表”，将阮孝绪收录其中。

三至六世纪的史学走过一段起伏漫长的独立之路，其间包含了一代又一代士族史家的不懈探索、努力与推动。在魏晋以来史学撰述浪潮不断兴起、史学新成果不断问世的直接推动下，从曹魏荥阳郑默，到两晋颍川荀勖、江夏李充，再到南朝琅邪王俭和陈留阮孝绪，士族前赴后继，所作努力由溪流而汇聚成江河，最终完成史部分类独立的探索。他们的成果为唐代史臣所继承并在此后得到发扬光大，同时，他们的探索也反过来促进时人对史学内涵的进一步认识，推动了史学独立向更深处迈进。尽管今天看来，他们推进的“史学独立”依然是有些模糊的。

第二节 士族史学思想成就

史识决定史学的高度。三世纪以来，如果说儒学式微打开了时代学术发展新空间，那么，玄学兴起，便开阔了时人思想新境界，特别是其思辨色彩强烈的思维方式，释放了时人思想张力。探索、反思、总结，是时代学术思想领域的共生现象。三至六世纪，士人不仅品评人物，也品评书法、绘画、诗赋、文章，乃至史学，等等。士族史家是当时史学撰述的主要群体，他们对史学的评论，或成篇章，或只有只言片语，却能不断闪现出史学思想①的火花，推动史学理论

① 学界对史学思想的内涵有不同的解读，一种观念认为，“其基本范畴和主要问题是：史家的史德、史才、史学、史识，直书与曲笔，史之为用，史之为美，史学与经世，史学批评的理论与方法等。史学理论是关于史学本身的性质及其与社会的关系，史家之修养与批评的理论。它同史家对客观历史的认识即历史思想有密切的联系，也有明显的区别。”（瞿林东：《中国史学史纲》，第71页）另一种观念认为，“史学思想内容很丰富，要研究的东西很多，归结起来，有两个部分，一是史家（包括思想家）对客观历史的认识，二是关于史学工作方面的认识。”（吴怀祺：《宋代史学思想史》，黄山书社1992年版，第23页）为方便论述，本文采用第二种说法。

的发展，将三至六世纪史学推向新高度。

一、从荀悦到袁宏的历史编纂思想

司马迁旨趣高远，意欲“究天人之际，通古今之变，成一家之言”。《史记》虽然语言简洁，却意蕴丰富，遍及史事整理、历史认识与历史表述等方面，其垂范作用渗透在史学的各个领域。司马迁创造纪传体例，用本纪、世家、列传、表和志等五体，表述了数千年的丰富的历史内容，这种历史编纂新方式，是司马迁对中国史学的杰出贡献，彰显了他“成一家之言”的史学追求。司马迁撰述旨趣及其实现方式，为后世提供了范例。

三世纪首位展示史学理论诉求当是颍川士族荀悦。荀悦所撰《汉纪》，历时5年，成书30卷，是古代第一部断代编年体正史。荀悦在《汉纪序》谈到他对史学性质的认识：

> 昔晋之《乘》，楚之《梼杌》，鲁之《春秋》，虞、夏、商、周之《书》。其揆一也。皆古之令典，立之则成其法，弃之则坠于地，瞻之则存，忽焉则废，故君子重之，《汉书纪》其义同矣。凡《汉纪》有法式焉，有监戒焉；有废乱焉，有持平焉；有兵略焉，有政化焉；有休祥焉，有灾异焉；有华夏之事焉，有四夷之事焉；有常道焉，有权变焉；有策谋焉，有诡说焉；有术艺焉，有文章焉。斯皆明主贤臣，命世立业，群后之盛勋，髦俊之遗事。是故质之事实而不诬，通之万方而不泥。可以兴，可以治；可以动，可以静；可以言，可以行。惩恶而劝善，奖成而惧败。兹亦有国之常训，典籍之渊林。虽云撰之者陋浅，而本末存焉尔，故君子可观之矣。①

荀悦在这里谈到三层意思：一是其对史学性质的认识；二是《汉纪》的内容；三是史学的社会功用。《乘》《梼杌》《春秋》《尚书》皆是史书，这些史书性

---

① 荀悦撰，张烈点校：《汉纪序》，《两汉纪》，第2页。

质“其揆一也”,都是“古之令典”。这种史学定性,许殿才先生予以高度评价,认为前此史家类似表述不是没有,但“作出如此明确表述,这恐怕是第一次”,“这个定位,明确了史学工作的根本发展方向,也为史学发展开辟了广阔空间。”①由这样的史学定性出发,荀悦明确提出史学功用也必须落在经国安邦上,即他说的“可以兴,可以治:可以动,可以静;可以言,可以行。惩恶而劝善,奖成而惧败”,史学的社会功用得以与史学性质保持吻合。《汉纪》就是将这种史学性质与史学功用融成一体的史学撰述。荀悦以辩证思维,将《汉纪》三十卷约18万字,高度抽象为16个方面。这个概括,学界也有赞许,认为这“证明史家对社会历史现象的认识达到一个新的高度,也证明了史学批评已有了空前的抽象概括能力,已有了初步条理化的意识”。② 这16个方面也是荀悦剪裁史事的标准,其内容丰富,会通东汉史事,为汉献帝提供了治政所需各方面的知识。诚如唐太宗所论,“此书叙致既明,论议深博,极为治之体,尽君臣之义。”《汉纪》整理的史事,成为实现荀悦所言史学性质和史学功用相沟通的桥梁。

从史学性质和功能出发,荀悦又较为系统地提出他的历史编纂原则和编纂方法,他说:

> 昔在上圣,唯建皇极,经纬天地,观象立法,乃作书契,以通宇宙,扬于王庭,厥用大焉。先王以光演大业,肆于时夏,亦惟翼翼,以监厥后,永世作典。夫立典有五志焉:一曰达道义,二曰彰法式,三曰通古今,四曰著功勋,五曰表贤能。于是天人之际、事物之宜,粲然显著,罔不(能)备矣。世济其轨,不陨其业,损益盈虚,与时消息,虽臧否不同,其揆一也。是以圣上穆然,惟文之恤,瞻前顾后,是绍是(维)[继]。臣悦职监秘书,摄官承乏,祗奉明诏,窃惟其宜。谨约撰旧书,通而叙之,总为帝纪,列其年月,比其时事,撮要举凡,存其大体,

① 许殿才:《中国史学史(秦汉时期)》,第282页。

② 赵俊:《〈史通〉理论体系研究》,辽宁大学出版社1990年版,第33页。

旨少所缺，务从省约，以副本书，以为要纪。未克厥中，亦各其志；如其得失，以俟君子焉。①

重申史学“厥用大焉”后，荀悦集中阐述了他的历史编纂思想，即“立典有五志”，史书材料的采摘、组织与史论的阐发，都必须围绕这五个方面来进行。“达道义”是史学撰述的主旨和灵魂，这个“道义”在当时来说，就是封建伦理纲常；“彰法式”，即史书须注重社会规范与制度的撰述，以此彰显国家治理的范式；“通古今”就是史家要有揭示治乱兴衰的追求和视野，史学撰述以此为着力点，方能有效发挥史学鉴戒功用；“著功勋”与“表贤能”，是史学撰述记载有积极贡献的历史活动和历史人物，这是史学“劝善”“奖成”的重要途径，是配合治政实践中行教化、敦风俗的有效手段。这五个方面，围绕“天人之际、事物之宜，粲然显著，罔不备矣”撰述目标，构成一个有机整体。荀悦《汉纪》取材谨严，他的史论也有较强理论色彩，比较成功地遵循和实现了他的历史编纂原则。从史学性质、史学功能到编纂原则，荀悦反复强调史学撰述必须和经国安邦相联系，史学必须服务于国家政治，这些都比以往史家说得要清晰、全面、透彻。无怪乎有学者认为，“首次明确将史学和封建政治系统联系起来的要算汉末史家荀悦。”②荀悦历史编纂方法主要有二：一、“通而叙之，总为帝纪”“撮要举凡，存其大体”。《汉纪》全书 30 卷，有 11 帝纪，另有高后纪 1 卷，这是沿用《汉书》十二本纪，通过“撮要举凡”，在帝纪之下根据前述 16 个标准来整理记事，做到纲举目张。二、“列其年月，比其时事”。“列其年月”说明了《汉纪》编纂体例是编年模式，但《汉纪》的编年方式又与此前编年体不同。前此，《春秋》过于简略，《左传》又失在庞杂，许多时间不明史事难以安排。荀悦用“比其时事”来解放了《春秋》《左传》受到限制的表现力，他的“比其时事”“不只是要按年月把史事通通地安排起来，还包容有类比的方法。《汉纪》有时因记一个人而连类记载跟这人有关的事和同类的人，有时因记一

① 荀悦撰，张烈点校：《汉纪 · 高祖皇帝纪序》，《两汉纪》，第 1 页。

② 赵俊：《〈史通〉理论体系研究》，第 26 页。

件事而连类记载这人的其他的事。这样的做法,就大大地减少了编年体以年月局限记载范围的困难了。”①荀悦这种整理史事方法被称为“类叙法”,“使编年体史书发展到比较成熟的阶段”②,编年体也至此方获得和纪传体争雄对峙的地位。③ 荀悦的历史编纂思想丰富宏阔,以历史编纂为中心,涉及史学性质、史学功能、采摘标准、历史编纂原则及史学方法,构成一个相对完整的体系。《汉纪》的成功,又以实践证明了荀悦历史编纂思想,为三世纪以降史学撰述浪潮提供了必要的理论支撑,直至唐刘知幾撰《史通·书事篇》仍以荀悦“立典五志”为理论出发点④。荀悦字仲豫,建安三年(198)受诏抄撰《汉书》,建安五年(200)成《汉纪》,建安十四年(209)卒。荀悦出自颍川名门士族颍阴荀氏,为荀卿十三世孙,祖荀淑为桓帝间名士,父荀俭为“荀氏八龙”之首,荀悦官至秘书监、侍中。

西晋经过短暂统一后,至四世纪初复又陷入板荡之中,幸运的是,太康以来的史学繁荣势头并未衰竭,与十六国形成强烈对比的是,江左东晋又迎来史学新潮头。荀悦的历史编纂思想也得到东晋诸多史家的积极呼应。新蔡干宝,字令升,出自官宦之家,祖干统,官至孙吴奋武将军、受封都亭侯,其父干莹官至孙吴丹阳县丞。司马睿称帝后,干宝受王导推荐,为东晋首任佐著作郎,负责国史撰修。后来干宝著成《晋纪》二十卷,“其书简略,直而能婉,咸称良史。”⑤刘知幾提到干宝对荀悦“立典五志”的继承和发扬,他说:“干宝之释五志也,‘体国经野之言,则书之;用兵征伐之权,则书之;忠臣、烈士、孝子、贞妇之节,则书之;文诰专对之辞,则书之;才力技艺殊异,则书之。’”干宝“五志”

① 白寿彝:《谈史学遗产》,《中国史学史论集》,第450页。

② 瞿林东:《中国史学史纲》,第217页。

③ 白寿彝说:“编年体到了《汉纪》,活动的领域是大大地开拓了,它的功能也大大地增强了。编年体至此才算真正的成熟,而和纪传体争得了对峙的地位。”见氏著:《中国历史体裁的演变》,《中国史学史论集》,第428页。

④ 刘知幾撰,浦起龙释:《史通通释》卷八《书事》,第212页。

⑤ 《晋书》卷八十二《干宝传》,第2150页。

新论与荀悦略有不同，故刘知幾自注说："干宝释语，不必与五志分贴。"[①]但是，干宝新"五志"非是对荀悦的否定，而只是将荀悦历史编纂思想稍稍推进一步。干宝对于历史编纂之贡献，在于他推动了四世纪东晋的"史例中兴"。史学编纂的"发凡起例"，源于《春秋》《左传》，刘勰总结说："按《春秋》经传，举例发凡；自《史》《汉》以下，莫有准的。至邓粲《晋纪》，始立条例，又摆落汉魏，宪章殷周，虽湘川曲学，亦有心典谟。及安国立例，乃邓氏之规焉。"[②]《晋书·邓粲传》说"粲以父骞有忠信言而世无知者，乃著《元明纪》十篇。[③]"邓粲撰史必是晋明帝以后事，而《晋书》干宝本传言著《晋纪》事在为王导司徒右长史，王导为司徒始于明帝太宁元年（323），则干宝著述当早于邓粲。[④] 是以刘知幾所说不同于刘勰，他说的是："昔夫子修经，始发凡例；左氏立传，显其区域。科条一辨，彪炳可观。降及战国，迄乎有晋，年逾五百，史不乏才，虽其体屡变，而斯文终绝。唯令升先觉，远述丘明，重立凡例，勒成《晋纪》。邓、孙已下，遂蹑其踪。史例中兴，于斯为盛。"[⑤]干宝凡例详情今已难知，或有从其新"五志"推测，言"只有干宝《晋纪》凡例称得上'盖记言之所网罗，书事之所总括'，真正为编年体史书确立凡例的基本内容。这是自先秦以来编年史体发展过程中的大事，对于完善该史体的编纂具有重要意义。"[⑥]稍晚的太原中都士族孙盛也有史例意识，乔治忠抉隐发微，认为"孙盛在编年史纂修的整体规划、史料考异上取得开创性成就，并且较全面采用了有助于编年史发展的具体修史方法"[⑦]。东晋以后，史家史例意识还有发展，范晔《后汉书》、魏收《魏

① 刘知幾撰，浦起龙释：《史通通释》卷八《书事》，第212—213页。

② 刘勰撰，詹锳义证：《文心雕龙义证》，第598页。

③ 《晋书》卷八十二《邓粲传》，第2151页。

④ 李颖科在《干宝在历史编纂学上的贡献》一文中，据《建康实录》以为干宝始作《晋纪》早于邓粲《晋纪》，肯定了刘知幾的说法。邱敏也以为刘知幾的说法更准确一些，见氏撰：《六朝史学》，第116—117页。

⑤ 刘知幾撰，浦起龙释：《史通通释》卷四《序例》，第81页。

⑥ 邱敏：《六朝史学》，南京出版社2003年版，第111页。

⑦ 乔治忠：《孙盛史学发微》，《史学史研究》1995年第4期。

书》及博陵安平李百药《北齐书》皆有序例，惜皆不传。

大约在干宝提出新“五志”稍后，常璩也提出类似的编纂主张。常璩字道将，蜀郡江原人，成汉灭亡后随桓温入东晋，但受到士族歧视，愤而专注撰史，成《华阳国志》12 卷。《华阳国志》编纂自成体系，聚地方史撰述和民族史撰述于一身，刘知幾誉其“传诸不朽，风美来裔”①。常璩仿司马迁、班固作《序志》以明撰述旨趣，其中语云：“夫书契有五善：达道义，章法戒，通古今，表功勋，而后旌贤能。”②常璩“五善”说与荀悦“五志”之间的关系，任乃强评论说：“书契五善，说出荀悦《汉纪》”，“常氏取其说而易其字。惟‘法式’与‘法戒’，文义出入颇大。法式，贤者之懿行、善规。法戒，善恶对比所取鉴。通上下文衡之，《常志》为长。”③从干宝到常璩，都试图突破荀悦的历史编纂思想。不过，他们的成就并不大，诚如许殿才先生所论，“仔细分析起来这些发挥与扩展其实只是局部的细化或角度的变化，从根本上说还没有超过荀悦之论的理论高度和涵盖宽度。”④这里，我们可以再一次领略到荀悦的历史编纂思想成就，及其对后来庶族史家的影响。“通比其事，例系年月”与“辞约事丰”，是荀悦对编年体撰述的成功改造，但也不是说荀悦历史编纂就没有改进发展空间，顾炎武曾病其“叙事处索然无复意味，间或首尾不备”⑤。四世纪中叶，将荀悦历史编纂思想向前推进的是另一位士族史家袁宏。

袁宏是个多产作家，有《集》二十卷，严可均《全晋文》与逯钦立《先秦汉魏晋南北朝诗》共辑录其赋、疏、表、序、赞、碑、铭与诗等 20 余篇，袁宏史学建树最为突出，撰有《三国名臣颂》与《正始名士传》《竹林名士传》《中朝名士传》

① 刘知幾撰，浦起龙释：《史通通释》卷十《杂述》，第 256 页。

② 常璩著，任乃强校注：《华阳国志校补图注》卷十二《序志》，上海古籍出版社 1987 年版，第 723 页。

③ 常璩著，任乃强校注：《华阳国志校补图注》卷十二《序志》，第 726—727 页。

④ 许殿才：《秦汉史学研究》，北京师范大学出版社 2012 年版，第 145 页。

⑤ 顾炎武著，黄汝成集释：《日知录集释》卷二十六“荀悦汉纪”条，上海古籍出版社 2006 年版，第 1440 页。

等系列杂传，咏古诗两首，但他最重要的史学成就是《后汉纪》。袁宏和荀悦一样，史学兴趣在编年体上，他的《后汉纪》也是编年体撰述。袁宏《后汉纪》也有一篇序，前文已予以引录。袁宏在序文中比较清晰地阐明了他的编纂旨趣和编纂方法。他的编纂旨趣沿袭了荀悦将史学与治政联系起来的理路，同时又增添新的时代特色。他提出撰史旨趣是“夫史传之兴，所以通古今而笃名教也”，他倡导的编纂方法是“言行趣舍，各以类书”。

袁宏的撰史旨趣是富于创新意识的，显然不在于“通古今”而在于“笃名教”的提出。名教一说，最早见于《管子·山至数》，其语云“昔者周人有天下，诸侯宾服，名教通於天下”①。众所周知，魏晋玄学兴起后，玄学家将“名教”与“自然”作为一对范畴，先后提出“名教出于自然”“越名教而任自然”和“名教即自然”等命题。袁宏是一位玄儒双修的史学家，他生存的东晋时期，名教和自然间的矛盾早已调和。袁宏顺应了时代思潮，并将其引入史学，作为其撰史旨趣的注脚。他解释名教内涵，言“夫君臣父子，名教之本也”②。袁宏以“名教”为标的，对司马迁、班固和荀悦进行了批判。针对荀悦，他说道：“荀悦才智经纶，足为嘉史，所述当世，大得治功已矣；然名教之本，帝王高义，韫而未叙。”为补荀悦等前史的不足，同时也为了实行超越，袁宏“今因前代遗事，略举义教所归，庶以弘敷王道”而撰述《后汉纪》。《后汉纪》也有大量的史论，周天游整理全书共有论赞 55 条，占全书篇幅 1/12。③ 这些史论几乎都是围绕“笃名教”而展开。尽管刘知幾批判袁宏论赞“务饰玄言”④，但实际上他是接受了袁宏以“笃名教”为撰史旨趣的主张，他在《史通·曲笔》中明确提到“史氏有事涉君亲，必言多隐讳，虽直道不足，而名教存焉”⑤，刘知幾《史通》理论

① 黎翔凤撰：《管子校注》，中华书局 2004 年版，第 1326 页。

② 袁宏撰，张烈点校：《后汉纪》卷二十六《考献皇帝纪》，《两汉纪》，第 509 页。

③ 袁宏撰，周天游校注：《后汉纪校注》前言，天津古籍出版社 1987 年版，第 8 页。

④ 刘知幾撰，浦起龙释：《史通通释》卷九《论赞》，第 76 页。

⑤ 刘知幾撰，浦起龙释：《史通通释》卷七《曲笔》，第 182—183 页。

体系也是以“求鉴”为起点，以“求实录”和“扬名教”为两大主干而展开的①。袁宏将荀悦的“道义”用时人熟知的“名教”概念进一步具体化、清晰化，从而将荀悦的史学资治鉴戒功用思想向前推进了一步。

袁宏的编纂方法也有创新，他将荀悦“通比其事，例系日月”发展为“言行趣舍，各以类书”。这一方法的典型优点是，可以吸收纪传体记人为中心的长处，扩大了记载范围，容纳更多人物言行。这在一定程度上恰是弥补了编年体“丘山是弃”之短，“在历史编纂方法论上是有意义的”。② 袁宏的史学实践，也比较成功地贯彻了他的编纂新思想，取得了较好的效果。清四库馆臣审视《后汉纪》，反复强调袁宏历史编纂，说：“其体例虽仿荀悦书，而悦书因班固旧文剪裁联络。此书则抉择去取，出自鉴裁，抑又难于悦矣。”③又说其：“体例全仿荀悦书，其取材则以张璠《汉纪》为主，而以谢承以下益之。今以《三国志注》《后汉书注》所引璠书互校其异同，详略之处，皆以此书为长。知其剪裁点窜，具有史才，非苟作者矣。”④袁宏字彦伯，小字虎，先后入幕于陈郡阳夏谢尚和谯国龙亢桓温幕府，后出任东阳太守，卒于东阳任所。袁宏出自陈郡阳夏袁氏，阳夏袁氏一度出四代五公，盛于东汉，汉魏之际也是世有名位，袁宏七世祖袁滂汉灵帝时官至司徒，六世祖袁涣官至郎中令，祖袁猷官至侍中。唐《元和姓纂》云：“袁氏自后汉、魏、晋至梁、陈，正传世二十八人，三公、令仆一十七人。”⑤中古时期陈郡阳夏袁氏恒为士族名门。

袁宏以后，未见再有较系统地提出历史编纂理论思想。袁宏生存时代，正是纪传与编年二体双峰对峙、二水并流最为典型时期。纪传与编年二体发展

---

① 赵俊：《〈史通〉理论体系研究》，第 105 页。

② 瞿林东：《中国古代史学批评纵横》，中华书局 1994 年版，第 10 页。

③ 纪昀总纂：《四库全书总目提要》，河北人民出版社 2000 年版，第 1290 页。

④ 永瑢等：《四库全书简明目录》卷五《史部二·编年类》，上海古籍出版社 1985 年版，第 191 页。

⑤ 林宝撰，岑仲勉校记：《元和姓纂》卷四，中华书局 1994 年版，第 439 页。

规模与路径并不一样，三世纪以降纪传体正史体例及内容也有些变化①，萧齐初国史条例讨论可为一证，《南齐书》卷五十二《檀超传》载：

> 建元二年，初置史官，以超与骠骑记室江淹掌史职。上表立条例，开元纪号，不取宋年。封爵各详本传，无假年表。立十志：《律历》、《礼乐》、《天文》、《五行》、《郊祀》、《刑法》、《艺文》依班固，《朝会》、《舆服》依蔡邕、司马彪，《州郡》依徐爰。《百官》依范晔，合《州郡》。班固五星载《天文》，日蚀载《五行》；改日蚀入《天文志》。以建元为始。帝女体自皇宗，立传以备甥舅之重。又立《处士》、《列女传》。诏内外详议。左仆射王俭议："金粟之重，八政所先，食货通则国富民实，宜加编录，以崇务本。《朝会志》前史不书，蔡邕称先师胡广说《汉旧仪》，此乃伯喈一家之意，曲碎小仪，无烦录。宜立《食货》，省《朝会》。《洪范》九畴，一曰五行。五行之本，先乎水火之精，是为日月五行之宗也。今宜宪章前轨，无所改革。又立《帝女传》，亦非浅识所安。若有高德异行，自当载在《列女》，若止于常美，则仍旧不书。"诏："日月灾隶《天文》，余如俭议。"②

这次国史条例讨论，是南朝史学史上一次较重要的史学现象，涉及的断限、封爵、年表等问题一带而过，争议主要在个别传与志上。胡宝国注意到南北朝时北方修史重食货而南方无之③，实际上这一卓识在王俭处也是有的，且其建议被采纳，说明南齐君臣在这一点上也有共识。檀超史书未毕功，《梁书》称江淹有"《齐史》十志，并行于世"④，但实际上也是"犹不备也"⑤。此次

---

① 参见内藤湖南：《中国史学史》，第118—121页。

② 《南齐书》卷五十二《檀超传》，第891—892页。

③ 胡宝国：《南北史学异同》，《汉唐间的史学发展》，第187—193页。胡宝国还提到南方史学也重视《刑法志》，据所引材料，萧齐国史原是有《刑法志》的，而实际萧齐武帝还是比较重视刑法建设的，也组织过官方修撰活动，只是这些未能在后来《南齐书》中体现出来。参见拙著：《东晋南朝史学与社会》，黄山书社2016年版，第61—62页。

④ 《梁书》卷十四《江淹传》，第251页。

⑤ 《南齐书》卷五十二《檀超传》，第892页。

讨论虽然热烈，但成效似并不大。进而言之，纪传体例由司马迁初创于前、班固完善于后，其规模至魏晋以后，难以有质的超越。纪传体的成熟致使其在历史编纂中相对编年体优势明显，尤其是在官修国史领域。北魏前期国史采用编年体，至五世纪末叶弃编年而用纪传，北魏士族参与了这一转变的推动。《魏书·高祐传》载高祐上书孝文帝云："史官之体，文质不同；立书之旨，随时有异。至若左氏，属词比事，两致并书，可谓存史意，而非全史体。逮司马迁、班固，皆博识大才，论叙今古，曲有条章，虽周达未兼，斯实前史之可言者也。至于后汉、魏、晋咸以放焉。惟圣朝创制上古，开基《长发》，自始均以后，至于成帝，其间世数久远，是以史弗能传。臣等疏陋，忝当史职，披览《国记》，窃有志焉。愚谓自王业始基，庶事草创，皇始以降，光宅中土，宜依迁固大体，令事类相从，纪传区别，表志殊贯，如此修缀，事可备尽。"①此后，孝文帝诏秘书丞李彪与著作郎崔光分纪传异科。高祐，字子集，小名次奴，望出勃海蓨县。高祐为当时司空高允从祖弟。祖高展，慕容宝黄门郎，北魏三都大官。父高谠，历游击将军、中书侍郎、给事中、冀青二州中正、散骑常侍、平东将军、蓨县侯。兄高祚，袭爵，东青州刺史。勃海蓨县高氏为北朝高门士族。

南北朝后期，在史学实践上推动编年体历史编纂有所发展的是庐江灊人何之元。何之元《梁典》，共 30 卷，撰成于六世纪末，为南北朝编年体殿军之作，治中古史学和中古文学者皆是多有关注，一些学者还有专题研究②。何之元《梁典》原书已亡佚，其序与总论得以传世。何之元在序中说道："又编年而举其岁次者，盖取分明而易寻也。若夫猃狁孔炽，鲠我中原，始自一君，终为二主，事有相涉，言成混漫。今以未分之前为北魏，既分之后高氏所辅为东魏，宇

① 《魏书》卷五十七《高祐传》，第 1260 页。

② 陈光崇：《刘璠、何之元各撰〈梁典〉》，载氏著：《中国史学史论丛》，辽宁人民出版社 1984 年版，第 333—335 页；王仲：《何之元和〈梁典〉》，《安徽史学》1992 年第 2 期；邱敏：《六朝史学》，南京出版社 2003 年版，第 143—145 页；唐燮军：《何之元〈梁典〉述论》，《古籍整理研究学刊》2007 年第 3 期。

文所挟为西魏,所以相分别也。重以盖彰殊体,繁省异文,其间损益,颇有凡例。"①可见何之元的凡例意识是比较强烈的。何之元序中还提及他的书法,他说:"夫事有始终,人有业行,本末之间,颇宜诠叙。"②可见他还着意引入本末意识,强化叙事完整性,力求弥补编年体这方面固有缺陷。何之元在序中阐明《梁典》编纂结构,即立六"意"分纪武帝、世祖、敬帝与后嗣主,其中又以追述、太平、叙乱三"意"纪梁武帝。这在历史编纂上的特色就是"将时间序列和阶段性意识融合"③,丰富了编年体体例的内涵。其叙事效果也如尹达所说,"进一步加强了史书的政治内容和对历史过程演变的描叙。"④学界说何之元"则荀氏编年之作,斯又独树异帜者焉"⑤,诚非溢美虚言。庐江灊人何氏发迹于曹魏,何充、何尚之、何敬容一支世为江左士族高门,何之元为何敬容疏宗,但门第亦在"二品士流"之列⑥。

二、士族的史论与史评

史论与史评,是集中阐发史家史学思想的重要手段。史论与史评都渊源有自,孔子修《春秋》尚以"属辞比事"方式阐发"微言大义",而自《左传》至《史记》《汉书》以降,史家往往直抒胸臆,直接以论赞方式讨论历史事件和历史人物,此后便形成一种史学传统。史评则多以史家、史书与史法等史学本体为对象的史学批评,如孟子曾说,"世衰道微,邪说暴行有作,臣弑其君者有之,子弑其父者有之。孔子惧,作《春秋》。"⑦又说:"孔子成《春秋》而乱臣贼子惧。"⑧这是对《春秋》修撰缘起和社会功用进行批评。三世纪以后,伴随史

① 《陈书》卷三十四《何之元传》,中华书局1972年版,第467—468页。

② 《陈书》卷三十四《何之元传》,第467页。

③ 参见拙文:《何之元史学思想平议》,《史学史研究》2018年第1期。

④ 尹达:《中国史学发展史》,中州古籍出版社1985年版,第119页。

⑤ 蒙文通:《中国史学史》,上海人民出版社2006年版,第56页。

⑥ 参见拙文:《何之元仕宦考略》,《安徽史学》2018年第4期。

⑦ 朱熹:《〈孟子章句〉集注》,中国书店1985年版,第48页。

⑧ 朱熹:《〈孟子章句〉集注》,第49页。

学撰述蓬勃繁荣，史论和史评也有明显发展，先后出现由过去片段式发展成专章的势头，推动了史学思想的整体进步。

三至六世纪期间，政治家、思想家和史学家的史论都很多。① 从讨论涉及范围来看，议题也很广泛，相对来说，传统命题如兴衰成亡之迹仍是重点，历代政坛、学界乃至一般士人都有不少相关论述，其中具代表性专篇有沛国谯县曹冏《六代论》和吴郡吴人陆机《辩亡论》，曹冏为曹魏宗室，陆机为孙吴重臣之后，他们立论都有与众不同的深度，“对于推进人们关于这些问题的进一步思考和认识，还是有一定的作用的。”②一些时代命题，如评人物、论神灭、论夷夏等也相对集中。广平邯郸刘劭，是汉学向魏晋玄学过渡中间人物，他的《人物志》集前此人物品评理论之大成，极大影响后来史家和一般士人人物品评；佛教在魏晋以后广泛传播，改变了许多士人的知识结构和价值信仰，甚至引发思想对立，如袁宏宣扬佛教而范晔则反佛，梁武帝时期神灭之争达到高潮，沈约、萧子显史学撰述对这一时代现象都作出反映；三至六世纪北方少数民族持续内迁，夷夏之辨成为鲜明时代课题，魏晋之际义阳邓艾、西河郭钦、北地傅玄、陈留江统直至五世纪吴郡盐官顾欢竞相撰著立说，南北史家也在史学撰述就此相互攻讦。这些命题都推进了这一时期史论发展。三至六世纪以史论见长史家众多，以下着重对士族史家史论情况作一梳理，以见士族史论成就之梗概。

荀悦《汉纪》开三世纪史学之先声，其中史论也大有异彩。《汉纪》的史论有序、后序、篇后论赞和文中夹议等多种形式构成，形成一个史论系统。这些史论根据立论需要而进行，不拘一格，或长达千字，或数百，或二三十字，大都议论深透，逻辑缜密，具有很强的理论色彩。荀悦强调“立典有五志焉”，他的史论也是以此为指导，如他针对哀帝惑于宠嬖发论说：“是以明主唯大臣是

① 学界对魏晋南北朝史论研究较为丰富，举凡陈寿、葛洪、干宝、孙盛、袁宏、范晔、沈约、刘勰、萧子显、裴子野、魏收、何之元等史家均有专题研究，近期又有马艳辉对魏晋南北朝史论进行整体考察，其专著《魏晋南北朝史论研究》由人民出版社 2017 年出版，此书较为全面地审视了魏晋南北朝各史论议题，用功深厚，颇可参阅。

② 瞿林东：《中国史学史纲》，第 281 页。

任，惟正直是用，内宠便辟请求之事，无所听焉。有治事有损之而益，益之而损；物有善多不[可]居，恶而不可避。甘醴有鸩毒，药酒病。是以君子以道折中，不肆心则不纵体焉，惟义而后已。”①这段发论，以“达道义”为中心，面向治政，结合史事，蕴含经世鉴戒意识。针对两汉“天人关系”时代命题，荀悦也多次论及，论天人三势时，他说：“夫事物之性，有自然而成者，有待人事而成者，有失人事不成者，有虽加人事终身不可成者，是谓三势。凡此三势，物无不然。”②这番论述，理论思辨色彩浓厚，“能够启发人们探究历史发展变化的规律，也可以帮助人们增强在历史变化面前的自觉性。”③《汉纪》史论能启迪心智，随其流传，必然也会引得后来史家的仿效。

《汉纪》文中因事发论一般直接用“荀悦曰”。此后，随着史学风气日盛、撰述增多，史论空前发达，发论称谓也开始多样化。刘知幾梳理说：“谢承曰诠，陈寿曰评，王隐曰议，何法盛曰述，扬雄曰譔，刘昞曰奏，袁宏、裴子野自显姓名，皇甫谧、葛洪列其所号。史官所撰，通称史臣，其名万殊，其义一揆。”④史论是史家释疑辨惑、阐发意旨的重要手段，但往往各书立意和水平别有高下。面对参差不齐众家史论，刘知幾对三世纪以降所见进行总评，他说：“自兹（指荀悦史论）以降，流宕忘返，大抵皆华多于实，理少于文，鼓其雄辞，夸其俪事。必择其善者，则干宝、范晔、裴子野是其最也，沈约、臧荣绪、萧子显抑其次也，孙安国都无足采，习凿齿时有可观。若袁彦伯之务饰玄言，谢灵运之虚张高论，玉卮无当，曾何足云！王劭志在简直，言兼鄙野，苟得其理，遂忘其文。观过知仁，斯之谓矣。”⑤刘知幾检寻出来的11位史家，计有南阳顺阳范晔、河东闻喜裴子野、吴兴武康沈约、东莞莒人臧荣绪、太原中都孙盛、陈郡阳夏袁宏、陈郡阳夏谢灵运和太原晋阳王劭等9家出自士族门第。刘知幾的批评一

① 荀悦撰，张烈点校：《汉纪》卷二十八《孝哀皇帝纪上》，《两汉纪》，第493页。
② 荀悦撰，张烈点校：《汉纪》卷六《高后纪》，《两汉纪》，第85页。
③ 许殿才：《中国史学史（秦汉时期）》，第293页。
④ 刘知幾撰，浦起龙释：《史通通释》卷四《论赞》，第75页。
⑤ 刘知幾撰，浦起龙释：《史通通释》卷四《论赞》，第75页。

向比较苛刻，这里对诸家史论品评高下，贯彻他这一作风。从护惜古人的角度来说，此处诸家即使被他诟病，恐怕也比未进入刘知幾批评视野中其他史家要强，而这样的史家数量则更多。比较起来，袁宏、范晔、裴子野等士族史家的史论都自有特色，各具典型性。

袁宏儒玄兼修，既具有浓厚君臣意识，也具有较强的思辨能力。他《后汉纪》的史论，虽然被刘知幾批评为“务饰玄言”，但今天来看，却恰是其与众不同之处。“《后汉纪》之突出名教思想，正是袁宏主旨所在。”①袁宏的历史编纂服务于此，袁宏的史论也以此为出发点和归宿。《后汉纪》载录蔡邕论议宗庙以光武系汉元帝事后，发论说：

> 光武之系元帝，可谓正矣。夫君臣父子，名教之本也。然则名教之作，何为者也？盖准天地之性，求之自然之理，拟议以制其名，因循以弘其教，辩物成器，以通天下之务者也。是以高下莫尚于天地，故贵贱拟斯以辩物；尊卑莫大于父子，故君臣象兹以成器。天地，无穷之道；父子，不易之体。夫以无穷之天地，不易之父子，故尊卑永固而不逾，名教大定而不乱，置之六合，充塞宇宙，自今及古，其名不去者也。未有违夫天地之性而可以序定人伦，失乎自然之理而可以彰明治体者也。末学庸浅，不达名教之本，牵于事用以惑自然之性，见君臣同于父子，谓兄弟可以相传为体，谓友于齐于昭穆，违天地之本，灭自然之性，岂不哀哉！夫天地灵长，不能无否泰之变；父子自然，不能无夭绝之异。故父子相承，正顺之至也；兄弟相及，变异之极也。变则求之于正，异则本之于顺，故虽经百世而高卑之位常崇，涉变通而昭穆之序不乱。由斯而观，则君臣父子之道焉可忘哉！②

袁宏扣紧“通古今而笃名教”主旨，将君臣父子关系界定为名教基本内涵，从而使“名教”具体化、人格化。袁宏继承董仲舒“天人感应”思想，将天地

① 白寿彝主编：《中国史学史教本》，北京师范大学出版社2000年版，第120页。

② 袁宏撰，张烈点校：《后汉纪》卷二十六《孝献皇帝纪》，《两汉纪》，第509页。

自然现象和父子血缘关系统一起来，并延伸到君臣等级关系，继而又上升到“虽经百世而高卑之位常崇”，牢固树立君臣父子纲常这一统治基石。众所周知，提出“名教即自然”的是西晋玄学家郭象，郭象在注解《庄子·齐物论》时宣扬君臣、上下、手足、内外“乃天理自然”的观点。① 袁宏时代，郭象的调和名教与自然的观点久已盛行。是以，邱敏就此断定袁宏是继承魏晋玄学代表人物郭象观点。② 袁宏是四世纪中叶江左儒玄兼修的代表人物，他的史论思想同时彰显董仲舒和郭象的思想毫不奇怪。

“通古今”是袁宏历史编纂又一旨趣，东汉中兴史对于寄寓江左东晋政权有着特殊象征意义，因而其兴衰轨迹更是时人着意之处。这恰也是《后汉纪》史论重点，袁宏在《后汉纪》卷三评立君之道，于卷六论为政之道，于卷十三论礼，于卷二十二论风俗，都注意结合历史，从变化过程的角度来展开论述。比如，在卷三叙及光武称帝时，他强调“立君之道，有仁有义”“立君之道，唯德与义”，说道：

> 夫崇长推仁，自然之理也；好治恶乱，万物之心也。推仁则道足者宜君，恶乱则兼济者必王。故上古之世，民心纯朴，唯贤是授，揖让而治，此盖本乎天理，君以德建者也。夫爱敬忠信，出乎情性者也。故因其爱敬，则亲疏尊卑之义彰焉；因其忠信，而存本怀旧之节著焉。有尊有亲，则名器崇矣；有本有旧，则风教固矣。是以中古之世，继体相承，服膺名教，而仁心不二，此又因于物性，君以义立者也。然则立君之道，唯德与义，一民之心，莫大于斯。先王所以维持天下，同民之极，陈之千载不易之道。昔周秦之末，四海鼎沸，义心绝于姬氏，干戈加于嬴族，天下无君，六合无主，将求一时之杰，以成拨乱之功，必推百姓所与，以执万乘之柄。虽名如义帝，强若西楚，焉得拟议斯事乎？由是观之，则高祖之有天下，以德而建矣。逮于成、哀之间，国嗣三

① 参见刘文典：《庄子补正》，云南人民出版社1980年版，第48页。

② 邱敏：《六朝史学》，第270页。

绝，王莽乘权，窃有神器。然继体之政，未为失民，刘氏德泽，实系物心。故立其寝庙，百姓睹而怀旧；正其衣冠，父老见而垂泣。其感德存念如此之深也。如彼王郎、卢芳，臧获之俦耳，一假名号，百姓为之云集，而况刘氏之胄乎？于斯时也，君以义立。然则更始之起，乘义而动，号令禀乎一人，爵命班乎天下。及定咸阳而临四海，清旧宫而飨宗庙，成为君矣。世祖经略，受节而出，奉辞征伐，臣道足矣。然则三王作乱，勤王之师不至；长安犹存，建武之号已立，虽南面而有天下，以为道未尽也。①

"仁""义""德"都是儒家思想核心理念，也属袁宏"名教"思想体系的重要范畴。袁宏以事言理，运用"通古今"的考察方法，注意纵向把握历史发展大势，将历史分成上古、中古、周秦之末及成、哀之间等阶段，对各阶段时代特点及发展变化进行分析，在梳理历史发展总像中得出结论。袁宏也将这种历史意识带入玄学领域，先后撰正始、竹林、中朝系列玄学名士传，学者论之，"系统研究玄学兴起和发展的历史，深入考察不同玄学家的玄学思想"是袁宏对玄学的主要贡献②。《后汉纪》史论48条，要之，都以"通古今而笃名教"为主旨，但从上面分析来看，袁宏的史论处处也援玄入史，他的史论"具有明显玄学化倾向"③，这是他明显异乎其他史家之处。诚如胡宝国先生所揭：袁宏以后，"没有哪一个史家曾用玄学的观点解释过历史。"④袁宏卒于东晋孝武帝太元（376—396）初，其士族郡望前已有揭。

范晔《后汉书》长处很多，但据范晔认为，最值得自诩的是他的史论。前引他"狱中与甥侄书"中，时时以当时最为流行、奉为史学圭臬的《汉书》作参照，他说："详观古今著述及评论，殆少可意者。班氏最有高名，既任情无例，不可

① 袁宏撰，张烈点校：《后汉纪》卷三《光武皇帝纪》，《两汉纪》，第40页。

② 庞天佑：《中国史学思想通史（魏晋南北朝卷）》，黄山书社2003年版，第208页。

③ 汪高鑫：《中国经史关系史》，黄山书社2017年版，第163页。

④ 胡宝国：《汉唐间史学的发展》，第126页。

甲乙辨。后赞于理近无所得。”他针对史论立言，认为《汉书》也是“殆少可意者”，特别指出《汉书》“后赞于理近无所得”，此下，他反复申论《后汉书》史论，说“吾杂传论，皆有精意深旨，既有裁味，故约其词句。至于《循吏》以下及《六夷》诸序论，笔势纵放，实天下之奇作。其中合者，往往不减《过秦》篇”，又说“又欲因事就卷内发论，以正一代得失，意复未果。赞自是吾文之杰思，殆无一字空设，奇变不穷，同合异体，乃自不知所以称之。”虽有所夸张，但所言均非虚语，范晔的史论，尤其是历史评论，正“是《后汉书》的精华所在”①。范晔“任情不羁”，高尚其志，以“一家之作”为追求。《后汉书》史论约200余篇，对东汉时期治乱得失、对东汉学术发展、对人才观的分析，都敏锐深刻，多有过人之处。他所强调的党锢、循吏、酷吏、文苑、独行、逸民、列女及“六夷”等类传，写得确实“笔势纵放”，气势磅礴，如《宦者列传序》论宦官专权历史进程，说：

自明帝以后，迄乎延平，委用渐大，而其员稍增，中常侍至有十人，小黄门二十人，改以金珰右貂，兼领卿署之职。邓后以女主临政，而万机殷远，朝臣国议，无由参断帷幄，称制下令，不出房闱之间，不得不委用刑人，寄之国命。手握王爵，口含天宪，非复掖廷永巷之职，闺牖房闼之任也。其后孙程定立顺之功，曹腾参建桓之策，续以五侯合谋，梁冀受钺，迹因公正，恩固主心，故中外服从，上下屏气。或称伊、霍之勋，无谢于往载；或谓良、平之画，复兴于当今。虽时有忠公，而竟见排斥。举动回山海，呼吸变霜露。阿旨曲求，则光宠三族；直情忤意，则参夷五宗。汉之纲纪大乱矣。②

宦官专权关乎东汉兴衰存亡，范晔用语简洁典雅，叙议结合，将宦官渐至坐大的原因、过程、危害等一些关键要素都清楚地揭示出来，显示出范晔深邃的思想、敏锐的捕捉能力和高超的文字驾驭能力。周一良先生评之“这样的

① 瞿林东：《中国史学史纲》，第242页。

② 《后汉书》卷七十八《宦者列传序》，第2509—2510页。

认识确是颇为深刻,称得起'牖中窥日'的见解"①,也无怪乎瞿林东先生评价说范晔的史论"在史学上是不多见的"②。范晔对历史文学还有独到见解,他说:"文患其事尽于形,情急于藻,义牵其旨,韵移其意。虽时有能者,大较多不免此累,政可类工巧图缋,竟无得也。常谓情志所托,故当以意为主,以文传意。以意为主,则其旨必见;以文传意,则其词不流。"③范晔这番论文,特别是"以文传意,以意为主"观点的提出,在中古文论史上也有特殊地位。白寿彝先生认为范晔的史论和文论都是在强调"自得"之学。④ 从前引《宦者列传序》也可看出他"以文传意,以意为主"的艺术手法。也正因此,范晔史论在那个时代受到赞许。萧统编辑《文选》,立"史论"两卷,收录名家史论 13 篇,其中仅范晔《后汉书》史论就有 5 篇⑤,足见时人对范晔《后汉书》史论的认同。范晔将史家史论水平推至的新高度,南北朝后来诸多史家多有不及。士族史家沈约、萧子显和魏收所撰《宋书》《南齐书》和《魏书》,也像范晔《后汉书》一样,保存得比较完整,传世于今。这三部史书史论都比较丰富,时有精彩之处,体现了他们的历史洞察力,诸如民族政权对立、佛教传播和门第观念等时代特色在他们的史论中也都共同反映出来。不过,整体来说,三位史家的史论水平均无法企及范晔。白寿彝先生曾将他们三书和范晔《后汉书》进行比较,说:"三书中的论都接近范的作法,不同于陈寿,也不同于马、班。萧子显也于论外有赞。但沈约等所受到的这些影响都是形式上的。他们在历史观点上都是有神论者,在文学主张上都是形式主义者,他们在这两点上是顽固的反抗范晔的影响的。"⑥范晔字蔚宗,出南阳士族顺阳范氏,曾祖范汪官至安北将军、徐

① 周一良:《略论南朝北朝史学之异同》,《魏晋南北朝史论集续编》,北京大学出版社 1991 年版,第 101 页。

② 瞿林东:《中国史学史纲》,第 249 页。

③ 《宋书》卷六十九《范晔传》,第 1830 页。

④ 参见白寿彝:《范晔》,《中国史学史论集》,第 133—134 页。

⑤ 萧统编,李善注:《六臣注文选》卷四十九《史论上》、卷五十《史论下》《史述赞》,中华书局 2012 年版,第 935—944、949—951 页。

⑥ 白寿彝:《范晔》,《中国史学史论集》,第 150—151 页。

兖二州刺史，祖范宁为东晋大儒，官至豫章太守，父范泰官至侍中、左光禄大夫、国子祭酒。范晔因伯父范弘之无子，过继给伯父。范弘之，字长文，袭范汪武兴爵，因秉性亮直而不调，出为余杭令，卒官。范晔卒于元嘉二十二年（445）。

范晔之后，史论水平能与之比肩的是裴子野，刘知幾将他们史论并举为班、荀以后"善者之最"行列。裴子野史学撰述相当丰富，他曾抄合后汉事40卷，撰有《方国使图》《百官九品》《众僧传》《齐梁春秋》《续裴氏家传》《宋略》等史学著述，其中最知名的是编年体《宋略》①。《梁书》裴子野本传载："及齐永明末，沈约所撰《宋书》既行，子野更删撰为《宋略》二十卷。其叙事评论多善，约见而叹曰：'吾弗逮也。'"②《南史》也记载了《宋略》成书过程，值得寻味，其语云："初，子野曾祖松之，宋元嘉中受诏续修何承天宋史，未成而卒。子野常欲继成先业。及齐永明末，沈约所撰《宋书》称'松之已后无闻焉'。子野更撰为《宋略》二十卷，其叙事评论多善，而云'戮淮南太守沈璞，以其不从义师故也'。约惧，徒跣谢之，请两释焉。叹其述作曰：'吾弗逮也！'"③姚思廉和

---

① 自唐以来，《宋略》一向被视为编年体，学界也多认同。但近年来，有学者对《宋略》体例提出不同的看法，刘节先生以《宋略》乃削简沈约《宋书》而成且《通典》引其书所记典章制度，认为"是否编年，乃一疑问"（《中国史学史稿》，中州古籍出版社1982年版，第90页），唐燮军对此加以延伸，结合《通鉴考异》断《宋略》为纪传体（见氏著：《史家行迹与史书构造》，浙江大学出版社2014年版，第139页）。但所论仍有商榷之处：一，刘节先生所论停留在质疑阶段，并未定论，其实也是因证据不足；二，唐文认同《考异》撰述态度，却回避此前理论诉求更为严格的刘知幾。唐文注意刘知幾提及《宋略》为编年说滥觞于《隋志》，但未注意刘知幾在《史通·六家》于"《左传》"家语及："裴子野、吴均、何之元、王劭等，其所著书，或谓之春秋，或谓之纪，或谓之略，或谓之典，或谓之志。虽名各异，大抵皆依《左传》以为的准焉。"（刘知幾撰，浦起龙释：《史通通释》卷一《六家》，第11页）考虑刘知幾的理论素养及苛刻古人的态度，其说法更值得重视。尤其是刘知幾分立《春秋》《左传》两家之谨严，其细意正如浦起龙所说："《春秋》经以提纲，传以述事，事必系年，编年之法，由是兴焉。然编年之义，《史通》不以系经而系传者，事待传而显也。传有三家，《史通》唯取《左氏》，不及《公》、《穀》者，《公》、《穀》主释义，《左》主载事，《公》、《穀》非史法，《左》具史法也。故《左传》一家，为编年家法之祖也。自《左》而后，乐资、荀悦以及张、孙、干、徐、裴、吴、何、王，诸所述撰，皆其流也。"（同上）所言诚是，《隋志》作者与刘知幾都是亲见《宋略》原书之人，他们的说法不可轻易否定。

② 《梁书》卷三十《裴子野传》，第442—443页。

③ 《南史》卷三十三《裴子野传》，第866页。

李延寿都特别赞许《宋略》的史论成就。《梁书》所见沈约比不上《宋略》叙事与评论之说，显然不能简单视为沈约自谦之词。裴子野同时代史家兰陵萧琛，也评价《宋略》史论“可与《过秦》、《王命》分路扬镳”①，将其与贾谊、班彪相比拟。

《宋略》原书今已不传，其史论留存于《通典》《长短经》《建康实录》《文苑英华》及《资治通鉴》共计28条，义理化倾向均比较鲜明。② 和前述荀、袁、范诸书史论明显不同的是，《宋略》有对刘宋治乱兴衰和经验教训进行集中综论的“总论”。③ 总论的出现，应当是史论由短到长、由浅入深发展的历史逻辑结果。因此，一般来讲，“总论”篇幅应该不小，《宋略·总论》就近2500余言，保存在《建康实录》和《文苑英华》中。《宋略·总论》具有典型历史学家的视野，全文以变化的观点来分析历史现象，由刘裕发迹起，历数刘宋各帝兴衰轨迹及刘宋覆亡原因，点出人才与王朝兴衰的关系。在谈及刘宋文帝元嘉年间由盛转衰，说道：

> 重以含章巫蛊，始自三逆，合殿酷帝，史籍未闻，仲尼以为非一朝一夕之故，其所由来者渐矣，辨之不早辨也。元嘉之祸，其有以焉。④

裴子野在这里强调了元嘉之乱“非一朝一夕之故”，而是各方面历史积累的过程。在论及孝武帝及明帝错失复兴良机时，《宋略·总论》又结合周、汉历史进行分析，说道：“周自平王东迁，崎岖河洛，其后二十四世，而赧始亡之。汉自章和以降，颠覆阉竖，其后百有馀载，而献始禅之。何则？周汉灵长，如彼难拔，近代脆促，若此易崩，非天时，亦人事也。”⑤将周、汉国祚久长与刘宋短

---

① 《南史》卷三十三《裴子野传》，第866页。

② 唐燮军：《史家行迹与史书构造》，第140页。

③ 《宋略·总论》模拟干宝《晋纪·总论》而成，它们与后来何之元的《梁典·总论》相得益彰，这三篇“总论”主旨各有异趣，但都发挥了编年体的优势，是东晋南朝史家的新开创。周一良认为，它们“或许在某种程度上反映了南方玄学盛行后，史家思路开阔，视野放大，思辨能力提高，因而更有可能宏观地观察一代的发展变化。”（见氏著：《魏晋南北朝史论集续编》，第87页）

④ 严可均辑：《全梁文》，《全上古三代秦汉三国六朝文》，第3263页。

⑤ 严可均辑：《全梁文》，《全上古三代秦汉三国六朝文》，第3264页。

命而亡进行对比，将兴亡之由归结到“非天时，亦人事也”。这是具有深度的总结，和此前论述元嘉之治因宋文帝用人“或清令而审，或文敏而洽，皆博爱以礼士，明靡以流誉”而兴，在思想理路上是一致的，反映了裴子野“重知人善任”①的史论主旨。裴子野是梁代古体文学的旗手和巨擘，他的文章“当时或有诋诃者，及其末皆翕然重之”②。《雕虫论》是他批判当时丽靡文风名作，也是其倡导古体文的理论结晶，在中古文学批评史上有其地位。据林田慎之助考证，《雕虫论》与《宋略》有着内在联系，实是《宋略》史论的一部分。③ 司马光《资治通鉴》每于紧要处往往多自为论说，但对前人精妙史论也有采摘吸收，《资治通鉴》共引用裴子野史论 11 条，仅次于对班固史论的引用，足见裴子野史论成就非同一般。裴子野，字几原，望出河东闻喜。河东闻喜裴氏西晋时即为望族，时人有“以八裴方八王”④的说法，将裴子野八世祖裴康兄弟八人与琅邪王氏王衍等八人相比拟。裴子野曾祖史学家裴松之，官至太中大夫；祖父史学家裴骃，官至南中良外兵参军；父裴昭明，通直散骑常侍，先后守始安、广陵，皆有勤绩。裴子野与曾祖裴松之、祖裴骃合称为“史学三裴”。

《宋略》之后，也有纵论一代总论的史书是何之元《梁典》。《梁典·总论》也自有特色，引发学界专题论述⑤。何之元出身士族，却一生仕宦不显，何之元于普通元年前后入仕，先后入幕于梁临川王萧宏、丹阳尹袁昂、武陵王萧纪、王琳以及陈始兴王陈叔陵诸府，除一度居职县令或刺史外，长期周旋于权贵亲王幕府之中，最终只官及五品。何之元的人生历练和史学追求，熔铸成他对历史、对社会、对梁代政治独特的认识，以及他所怀抱的故梁情结，都集中浓

① 马艳辉：《晋、宋、梁三朝总论评析》，《河北学刊》2006 年第 2 期。

② 《梁书》卷三十《裴子野传》，第 443 页。

③ 林田慎之助：《裴子野〈雕虫论〉考证——关于〈雕虫论〉的写作年代及其复古文学论》，《古代文学理论研究丛刊》第 6 辑，第 239—240 页。

④ 刘义庆撰，杨勇校笺：《世说新语校笺》，第 449 页。

⑤ 参见周一良：《魏晋南北朝史学著作的几个问题》，《魏晋南北朝史论集续编》，第 87—88 页；马艳辉：《晋、宋、梁三朝总论评析》，《河北学刊》2006 年第 2 期；川胜义雄著，徐谷芃、李济仓译：《六朝贵族制社会研究》，上海古籍出版社 2007 年版，第 254—257 页。

缩在《梁典·总论》之中。何之元运用“以曩求今”①的历史比较方法，以开阔视野对梁武帝起事及至后梁残余势力消亡过程进行全景式审视，其间夹叙夹议，寓情于论，既体现了何之元思考的深度，又展示了他史论的高度。梁武帝起于困厄，践祚以后广开庠序，大兴教化，远安尔肃，自天监至于大同，“三四十年，斯为盛矣。自魏、晋以降，未或有焉。”②何之元对梁武帝逆取顺治予以肯定，赞之“由近及远，咸从风化，执经者连袂，负笈者排肩，济济多士，于斯为盛”③。接着，他说道：

至若御民之术，未为得也，敢以狂瞽，请究其说。夫根深者叶茂，源广者流长，故圣王欲其茂长，前为深广，是以择沃壤以置王畿，国都圜于六乡，封域号于千里。其外则布之以五等，列之以万国，分疆画野，立树党闾。境陇以怀其仁，桑梓以安其俗。诸侯守境土，以事于上，天子执赏罚，以临于下。有功则褒，无道则废，二伯弼于内朝，九牧佐于外政，间之以贤戚，参之以懿亲，弘仁义于区中，被礼乐于遐表，忠信之礼达，谦让之风行，尔乃觊觎之心绝。兵戈叠息，刑辟靡用，狱讼罔兴，然后龟龙游于池沼，鸾凤栖于苑囿。及其末世，虽主昏于上，民乱于下，犹晋郑有依，桓文是相，绝而更续，颠而必扶，数百年内，方至于灭。周道既没，斯风渐丧，洎于后代，其弊尤甚。罔恤民之不存，而忧士之不禄，莅民之长，守次更为，前人未安，后人便及，迎新送故，疲于道途，为君者甚多，为民者甚少。由是君臣之义薄，狡恶之萌兴，下上递憎，甚于仇敌。百城恣其暴夺，亿兆困其征求，损弃旧卿，奔亡他县，地荒邑散，私少官多。于是仓库既空，赋敛更重，天示谴祸，地出妖祥，饥疫互生，水旱交至，民不堪命，轰然土崩，数十年

① 严可均：《全陈文》，《全上古三代秦汉三国六朝文》，第3429页。

② 《梁书》卷三《武帝纪下》，第97页。

③ 严可均：《全陈文》，《全上古三代秦汉三国六朝文》，第3429页。

间，还为黎庶。①

何之元对颓废官场进行揭露，将批判矛头直指最高统治者梁武帝，痛斥其“罔恤民之不存，而忧士之不禄”。这个揭露，说明何之元已经廓清梁代社会种种迷雾，将批判上升到具有全局影响的国家根本政策层面，颇受学界肯定，王仲荦先生称许“这话是非常中肯的”②，朱绍侯也认为“这是切中要害的”③。需要指出的是，何之元对梁武帝的这一批判，体现了他史论深度的同时，也展示了他史论的高度，反映出他朴素的“民本思想”。他论及萧绎平侯景之乱，说：“黔首蒙拯溺之恩，苍生荷仁寿之惠，微管之力，民其戎乎？”他还提出了解决梁代社会问题总方案，说：“书曰：‘皇天无亲，惟德是辅。’自天所祐，归于有德。”④以周初盛行的“敬德保民”思想，作为治疗梁代社会弊政的良方。何之元“总论”蕴含的民本思想，贯穿在他整个撰述之中，他的《梁典·序》也时时闪烁了这一思想火花。他解释设“太平”意时，说“高祖生自布衣，长于弊俗，知风教之臧否，识民黎之情伪”；解释设“世祖”意，说其理由是：“不庭之民，流逸之士，征伐礼乐，归世祖不归太宗。”⑤应当说，民本思想并非何之元所特有，魏晋以来史学名家如陈寿、范晔、魏收这方面思想认识都相对突出⑥，但从个人思想形成来看，恐怕要算何之元体贴感悟最深、特质最为鲜明。在干宝、裴子野和何之元 3 篇《总论》之中，马艳辉认为“重恤民教民”才是何之元主旨异趣所在。⑦《梁典》之史论具有强烈民本意识，既有其理论深度也有其思想高度，我们不能不予以关注。何之元卒于隋开皇十三年（593），其士族身份已于前揭。

---

① 严可均：《全陈文》，《全上古三代秦汉三国六朝文》，第 3429 页。

② 王仲荦：《魏晋南北朝史》（上），上海人民出版社 1979 年版，第 443 页。

③ 朱绍侯等：《中国古代史》，福建人民出版社 2010 年版，第 347 页。

④ 严可均：《全陈文》，《全上古三代秦汉三国六朝文》，第 3429 页。

⑤ 所引并见：《陈书》卷三十四《何之元传》，第 467 页。

⑥ 参见庞天佑：《中国史学思想通史（魏晋南北朝卷）》，第 179—182、244—247、329—345 页。

⑦ 马艳辉：《晋、宋、梁三朝总论评析》，《河北学刊》2006 年第 2 期。

将评论由历史事件和历史人物等客体移至史家、史书等史学本体,便是史评。许多批判意识强烈的史家,都是兼行史论与史评。如前揭荀悦、袁宏、范晔,他们都提及撰史动因之一在于前人史书过于繁杂,这便属于史学批评。史评先秦即已有之,只是刘勰以前一直处于系统性相对较弱的状态。魏晋以前史学批评篇幅相对较长的是班彪的《略论》。《略论》越出一家一书批评的局限,在对《史记》史学思想和史书体例进行批评外,还对汉代以前的史学源流作了论述,成为"我国最早的史评专篇"①。三世纪以降,史家辈出,史学风气盛行,史学批评意识强化,史学批评逐渐成为一种比较广泛的史学活动,史学内外都有不少人参与到史评中来。如西晋时人南阳西鄂人张辅,乃东汉文学家、史学家张衡之后,历官山阳令、御史中丞、冯翊太守、秦州刺史,以惩治豪强、肃清朝风而著名,为当时良吏。张辅喜评历史人物,曾组对评论管仲与鲍叔、曹操与刘备、乐毅与诸葛亮以及班固与司马迁。前三组便属于史论,班固与司马迁属史家,其评论则属史评。张辅扬马抑班,说:"迁之著述,辞约而事举,叙三千年事唯五十万言;班固叙二百年事乃八十万言,烦省不同,不如迁一也。良史述事,善足以奖劝,恶足以监诫,人道之常。中流小事,亦无取焉,而班皆书之,不如二也。毁贬晁错,伤忠臣之道,不如三也。迁既造创,固又因循,难易益不同矣。又迁为苏秦、张仪、范雎、蔡泽作传,逞辞流离,亦足以明其大才。故述辩士则辞藻华靡,叙实录则隐核名检,此所以迁称良史也。"②这些评论涉及文辞繁简、史料采撰、史家褒贬、体例因革、叙事文质等问题,有中肯之处,在史学批评史上有一定的影响。但张辅的史评还是比较简短、零碎,这也是当时史学批评比较常见的情况。

三至六世纪时代因素也给史学批评提出了一些课题,比如西晋初年、萧齐初年都组织国史起元大讨论,使断限和史书条例等问题成为史学批评中倍加

① 柏明:《〈文心雕龙·史传〉意义之管见——兼论魏晋南北朝时期的史评》,《西北大学学报》1987年第4期。

② 《晋书》卷六十《张辅传》,第1640页。

引人注目的问题；后赵、北魏史学狱案就史家撰史态度和史书内容采摘等问题，给时人带来新的警示；甚至历史知识广泛传播，提升时人素养和智慧，也会激发关于史学功能的新思考。而作为学术的史学，其本身的发展，如史注如裴松之《三国志注》、史考如姚察《定汉书疑》的出现，也给史学批评带来新课题。史学内外各种因素相互交织，形成合力，推进了史学批评的新发展。像史论一样，由片语到断章至专篇、专书，论题由单一到整体、全面并走向系统化，是这一时期史学批评的发展趋势。魏晋时也出现了一些评论历史专书的撰述，如三国谯周的《古史考》、西晋刘宝《汉书驳议》、东晋何琦《论三国志》、王涛《三国志叙评》、徐众《三国志评》等，这些史评标志着史学批评开始向系统化发展，遗憾的是这些书都已亡佚。三至六世纪期间，对推进史学批评发展贡献较大的主要有干宝及士族北地泥阳傅玄、京兆杜陵杜预、南阳西鄂张辅、河东闻喜裴松之、东莞莒人刘勰等。其中，裴松之《三国志注》具有学术集成的特色，在注解同时也进行了大量的史学评论，两晋时期各种史学评论的形式和主题，在《三国志注》中几乎都能找到。同时，《三国志注》的史评还有新思想，学界赞之“虽然继承魏晋史学评论发展的遗绪，但却开拓了中国史学评论的新境界。”①不过，诸家中相对而言贡献最大、成就最高、站在时代史学批评最高峰的，还是当属刘勰。

刘勰的《文心雕龙》撰成五、六世纪之交，其中《史传》篇“是《史记·太史公自序》以后较早的评论史学的专篇”②。刘勰的《文心雕龙》，学界20世纪60年代以来，即以“显学”视之③，誉之为“我国文学批评史上第一部最全面、最系统性的理论巨著”④。《史传》篇也有这样的理论诉求，全文1700余字，可以分为载籍、记事记言、彰善瘅恶、《春秋》《左传》《战国策》、太史公、传记、班

① 逯耀东：《魏晋史学的思想与社会基础》，中华书局2006年版，第305页。
② 瞿林东：《中国古代史学批评纵横》，第7页。
③ 饶宗颐：《文心雕龙探原》，香港大学《文心雕龙研究专号》，1962年。
④ 蒋祖怡：《文心雕龙论丛》，上海古籍出版社1985年版，第1页。

固、后汉诸史、陈寿、晋代之书、百代千载、盛衰、石室鑫匮、铨评、总会、铨配、信史、记编、素心、直笔、贯通、史任等 24 个专题①,其核心以历史编纂、史家修养为主,大致涉及史学源流、史书体裁、史学功用、撰史原则、修史态度、史著得失、撰史方法和步骤等论题。刘勰对南朝以前中国史学发展及成果的精彩批评,前文相关论述已多有征引。下面着重在历史编纂和史家修养方面举一二例,以略见其史评之精妙。三世纪以降史书体例,由纪传与编年共争天下、平分秋色。刘勰对它们进行辩证批判,他说:

> 然纪传为式,编年缀事,文非泛论,按实而书。岁远则同异难密,事积则起讫易疏,斯固总会之为难也。或有同归一事,而数人分功,两记则失于复重,偏举则病于不周,此又铨配之未易也。故张衡摘史、班之舛滥,傅玄讥《后汉》之尤烦,皆此类也。②

前此,刘勰对有梁以前史学作品进行了批判,在诸多史学体裁中,他抽取了纪传与编年两大主流,显见他对历史编纂体裁的精当把握,并结合具体实际对纪传、编年两种体例各自缺点进行批判,启发史家再思考。刘勰在这里对史书体例的抽取及其批判,都给后来刘知幾以启示。我们可以看到,《史通·二体》从论题选取到分析思路,都沿袭了刘勰的开创之路。刘勰还就编纂原则提出了"宗经矩圣""文疑则阙",重申荀悦"录远详近"等观点。"素心"说是刘勰关于史家修养理论的核心,对此,他是这样说的:

> 至于记编同时,时同多诡。虽定、哀微辞,而世情利害。勋荣之家,虽庸夫而尽饰;迍败之士,虽令德而嗤埋。吹霜煦露,寒暑笔端,此又同时之枉,可为叹息者也!故述远则诬矫如彼,记近则回邪如此,析理居正,唯素心乎!③

世道人情往往会影响史家主体意识,导致其记史失实,即便是圣人孔子,

---

① 参见汪荣祖:《史传通说》,中华书局 2003 年版。

② 刘勰撰,詹锳义证:《文心雕龙义证》,第 604 页。

③ 刘勰撰,詹锳义证:《文心雕龙义证》,第 612 页。

也难免例外。是以“析理居正”难得而可贵。何谓析理？何为居正？詹锳引金毓黻之言举例说：“必如《史记》之实录无隐，博雅宏辨，乃得谓之析理。又如《汉书》之宗经矩圣，端绪丰赡。乃得谓之居正。”①刘勰“素心”说，学界有着高度重视，探讨研究者不少。② “素心”的提出，针对的是史家主体修养。李珍阐释说：“‘素心’在理论上的内涵，包括据‘理’与据‘事’直书两个层面的内容。”③也就说，“素心”一说，意味史家仅有伦理道德修养的自觉还不够，还需有贯彻落实的实践自觉，具有从理论到实践的双重内涵。刘勰“素心”说，既是史学本身的批评，也是他对身处时代的呼应。前此不远，清河崔祖思还批评当时史官说：“古者左史记言，右史记事。故君举必书，尽直笔而不污；上无妄动，知如丝之成纶。今者著作之官，起居而已；述事之徒，褒谀为体。世无董狐，书法必隐；时阙南史，直笔未闻。”④《史传》篇是一个思想体系，刘勰在篇中多次正面提出“直归南董”“信史”“苛滥不作”，赞扬司马迁“实录无隐”、司马彪“详实”、华峤“准当”，批判班固“违经失实”“袁、张所制，偏驳不伦；薛、谢之作，疏谬少信”⑤，这些都是刘勰“直书实录”思想的表现，这种史学批评意识，具有鲜明的时代意义，成为后来刘知幾《史通》核心观念之一。

《史传》篇还有许多可供赏析的史学理论认识，如关于史学“彰善瘅恶、树之风声”的社会功能，“晓其大纲，众理可贯”撰述步骤，“史之为任，乃弥纶一代，负海内之责，而赢是非之尤”史学使命等。刘勰这些史学理论探索，说明了三世纪以来史学理性总结意识和能力已达到一个新的高度，“预示了史学

① 刘勰撰，詹锳义证：《文心雕龙义证》，第615页。

② 参见范文澜：《文心雕龙注》，人民出版社1958年版；周振甫：《文心雕龙注释》，人民文学出版社1981年版；金毓黻：《文心雕龙疏证》，《中华文史论丛》，上海古籍出版社1979年版，第一辑；李珍：《“素心”与“史德”》，《史学理论研究》2000年第2期；白云：《中国古代史学批评史论纲》，人民出版社2010年版；等等。

③ 李珍：《“素心”与“史德”》，《史学理论研究》2000年第2期。

④ 《南齐书》卷二十八《崔祖思传》，第520页。

⑤ 刘勰撰，詹锳义证：《文心雕龙义证》，第559—620页。

工作即将进入一个更加自觉的历史时期”。① 刘勰史学批评思想成为后来刘知幾史学理论重要来源，吴怀祺先生说：“刘知幾对史学的批评和总结，基本上是刘勰史学总结的延长，只是内容更加丰赡，眼光更为开阔。”②刘勰的史学批评，在当时来讲，有着前所未有的全面性，其中许多见解“更是堪称前无古人”，“从而奠定了他在中国古代史学批评史上的特殊地位。”③刘勰的史学批评，无疑是三至六世纪史评领域的最高峰。

刘勰字彦和，出自东莞莒人刘氏，刘勰天祖刘爽官尚书都官郎，曾祖刘仲道官至余姚令，从祖刘秀之官至尚书仆射、刘钦之官至右军将军、刘粹之官至晋陵太守，父刘尚官至越骑都尉，从父刘景远官至前军将军，刘勰历任太末令、步兵校尉。刘勰所出东莞莒人刘氏，王伊同《五朝门第·高门权门世系婚姻表》附表十一予以收录。

小 结

对三至六世纪史学的总结，唐史臣所修《隋书》也有，但堪称理论指南的还是刘知幾的《史通》。《史通》在理论上胜过《隋志》，不在于其周全，而在于其精当。三至六世纪史学相当繁荣，各方面史学成就都比较突出。刘知幾提出“实录”与“名教”两个核心理念，从历史编纂入手，将诸多史学撰述抽绎为以皇朝史为中心的正史和由正史而派生的杂述，主流与支流泾渭分明，史学发展脉络清晰可见。因此观照三至六世纪史学成就，可收到提领振衣的效果。

史学撰述成果呈现，是史学发展的终极标志之一。三至六世纪史学撰述成果丰硕，遗憾的是传世者不多，特别是刘知幾所界定的“杂述”领域，一定程度上限制了对它们深入研究的空间。三世纪以降，官方史学着意当代国史撰

---

① 瞿林东：《中国史学史纲》，第 227 页。

② 吴怀祺：《中国史学思想史》，安徽人民出版社 1996 年版，第 193 页。

③ 白云：《中国古代史学批评史论纲》，第 211 页。

修，也有些成就，但比较起来，史家私修成就更为突出。私修兴趣自由，凡前史、当代史，凡编年、纪传，各有所传。这一时期正史撰述绝大多数出自士族之手。其中士族与修正史的活跃程度及兴趣所在，又有渐进的过程。三国史与十六国史，可考为出自士族之手的较少。两晋及南北朝史，则绝大多数出自士族群体。魏晋以后士族发展迅速，虽然北方士族于十六国时期一度衰落，但于5世纪末又快速复兴。皇朝史记一代兴衰，意义突出。士族本身具有文化基础，又有强烈的史学追求。二者结合遂催生出“一代之史，至数十家”的兴盛局面，这在东汉史撰述上表现尤为明显。而东汉史撰述，特别是有质量的东汉史撰述，都是出自士族史家之手。这是个标志，对于认识士族何以热衷史学撰述及其史学撰述成就，都具有很强的典型意义。士族兴盛与其史学兴趣几乎保持同步，两晋南北朝正史撰述因士族广泛参与，成果竞相涌现而出。凡质量上乘、撰述成就突出者，多为士族史家所创造。

史学思想理论成就体现时代史学发展的高度。两汉时期，纪传体已经达到相当成熟的程度，编年体则既无长足改进，又显得特别冷落。三至六世纪，不少士族史家投入历史编纂的新探索中，不仅大力促进编年体例完善，也适度对纪传体进行了改造，推进了这一时期历史编纂思想的整体发展。士族史家以饱满的热情和敏锐的意识，对历史人物和历史事件，对王朝兴衰、时代热点和社会问题展开思考，提出许多精辟、深刻、有益的理论认识，推进了史论的新发展。士族史家也将批评意识移入史学主体，创造出如《七录·序》《文心雕龙·史传篇》这样理论化程度较高、深刻影响后世史学理论认识的史学名篇。

比较起来，三至六世纪士族史学成就，远胜于当时庶寒和僧道等群体所见。士族以其杰出的史学撰述成就，不仅推动了史学独立的历史进程，也推进了中古史学正史悬诸令典和史学理论系统化的历史趋势。一言以蔽之，三至六世纪时期，士族以其杰出史学成就，站在时代史学的最高峰，引领了时代史学的发展，推进着时代史学前行。

第三章　史学撰述与士族主体意识

所谓主体意识，是指人们对自身的主体地位、主体能力和主体价值的一种自觉意识。余英时曾从“群体自觉”和“个体自觉”两个维度对汉晋之际士的内心世界进行解析，以为“若就士大夫对世族与寒门之自觉言之，则至迟在东汉末年，亦即二世纪中叶以后，确已逐渐形成”，并认为党锢前后士大夫自觉逐渐具体化、明朗化，如重名、重容貌与谈论、珍视自我生命与精神。① 作为地位相对尊高的社会群体，士族的主体意识也应当稍具一些特殊性。孙明君考察吴郡吴人陆机时，认为他的士族意识主要表现在家族情结、乡曲之思和功名意识等方面②。实际上，这些意识一般士人也应有之。士族意识本不应自外于社会意识和时代意识，只不过士族群体有些方面会比一般群体意识表现得更强烈些，比如门第高下、人物之优劣、声名不朽、意志自由，等等。一切历史撰述，都必然要与社会存在和社会意识相互作用。士族意识还具有相当的穿透力，士族史家又亲自参与史学撰述，必然将其主体价值意识渗透、寄寓于其中。而不同社会阶层和社会群体，对不同类型的史学撰述及其内容，其关注度也自然有所不同③。

---

① 余英时：《汉晋之际士之新自觉与新思潮》，《士与中国文化》，第 251—353 页。

② 孙明君：《陆机诗歌中的士族意识》，《北京大学学报》2005 年第 6 期。

③ 如胡宝国以孔融《汝颍优劣论》为据说明走下坡路的汝南士更关注先贤传，而上升的颍川士则热衷于家传。见氏著：《汉唐间史学的发展》，第 144—145 页；仇鹿鸣则以为“侨姓高门多重家传，地方士族则是郡书与家传并重”，见氏撰：《略论魏晋的杂传》，《史学史研究》2006 年第 1 期。这些实际上都说明，不同社会群体对史学撰述类别关注度是存在差异的，一般都特别关注最能体现自身利益和思想的撰述类型。

一些史学撰述，如杂传、谱牒、正史史传乃至人物评论等，更能直接蕴育和体现士族的主体意识。

第一节　士族与三至六世纪杂传撰述

一、三世纪以来杂传撰述的发展

《隋志》著录的杂传，逯耀东经过研究认为："不论在著作的数量，或对于杂传形成的概念方面，都显示出杂传是魏晋时代新兴而又非常流行的历史著作形式。"①这个结论有其合理性，但似乎也有尚待商榷之处。同样是《隋志》，其"杂传"小序对杂传源流言之甚详，语云：

> 古之史官，必广其所记，非独人君之举。《周官》："外史掌四方之志。"则诸侯史记，兼而有之。《春秋传》曰："虢仲、虢叔，王季之穆，勋在王室，藏于盟府。"臧纥之叛，季孙命太史召掌恶臣而盟之。《周官》，司寇凡大盟约，涖其盟书，登于天府。太史、内史、司会，六官皆受其贰而藏之。是则王者诛赏，具录其事，昭告神明，百官史臣，皆藏其书。故自公卿诸侯，至于群士，善恶之迹，毕集史职，而又闾胥之政，凡聚众庶，书其敬敏任恤者，族师每月书其孝悌睦婣有学者，党正岁书其德行道艺者，而入之于乡大夫。乡大夫三年大比，考其德行道艺，举其贤者能者，而献其书。王再拜受之，登于天府，内史贰之。是以穷居侧陋之士，言行必达，皆有史传。②

序中将杂传溯源至西周，当然，就实证而言这还是不够的。序中于此后又举出一些实例："又汉时，阮仓作《列仙图》，刘向典校经籍，始作《列仙》、《列

① 逯耀东：《〈隋书·经籍志·史部〉及其〈杂传类〉的分析》，《魏晋史学的思想与社会基础》，第70页。

② 《隋书》卷三十三《经籍志二》，第981页。

士》、《列女》之传，皆因其志尚，率尔而作，不在正史。后汉光武，始诏南阳，撰作风俗，故沛、三辅有耆旧节士之序，鲁、庐江有名德先贤之赞。郡国之书，由是而作。”又言：“鲁、沛、三辅，序赞并亡，后之作者，亦多零失。今取其见存，部而类之，谓之杂传。”①由此可见，至少是在两汉之际，杂传撰述即已出现，后来也是有一些继作问世的。若只是因为这些作品亡佚便否认其存在，断言杂传为魏晋时期新出的史学撰述形式，这种说法似乎有些勉强。另外，就杂传写作形式来说，也显然不可能与正史传记人物方式有太多的出入，何况逯先生自己也承认杂传实是正史发展所出的一个旁支。② 不过，从《隋志》著录唐初可见的杂传撰述来看，这些杂传撰述大部分出自魏晋南北朝史家之手。杂传在魏晋时代相当流行，这个结论是没有问题的。近年来学界对魏晋杂传的持续关注③，也是对此的充分肯定。

《隋书·经籍志》史部著录“杂传”类史书217部，1286卷，合亡书计219部1503卷。从部数来看，在史部十三类中居首，占收录史书的1/4强；从卷数来看，在史部十三类中排列第三，不足收录史书的1/10。据章宗源和姚振宗考证，《隋志》尚未著录的魏晋南北朝时杂传不在少数。又，逯耀东曾考证刘孝标所注《世说新语》，也发现其中所征引仅别传一项就有89种是《隋志》所未著录的④，沈家本则考证刘孝标共引魏晋时代杂传143种，而其中有91种不存于《隋志》⑤。时贤熊明用功更细，梳理出三国时期有杂传70余种、两晋

① 《隋书》卷三十三《经籍志二》，第982页。

② 逯耀东：《〈隋书·经籍志·史部〉及其〈杂传类〉的分析》，《魏晋史学的思想与社会基础》，第61页。

③ 如张承宗：《六朝道教杂传人物述要》，《苏州大学学报》1998年第1期；胡宝国：《杂传与人物品评》，《汉唐间史学的发展》；张新科：《〈三国志注〉所引杂传述略》，《陕西师范大学学报》2003年第5期；刘湘兰：《两晋史官制度与杂传的兴盛》，《史学史研究》2005年第2期；仇鹿鸣：《略论魏晋时期的杂传》，《史学史研究》2006年第1期；史卉：《魏晋南北朝杂传之儒家思想倾向》，《求索》2011年第1期；等等。

④ 逯耀东：《〈世说新语〉与魏晋史学》，《魏晋史学的思想与社会基础》，第123页。

⑤ 沈家本：《古书目四种》，《沈寄簃先生遗书》，归安沈氏刻本。

杂传在200种以上、南朝杂传36种、北朝杂传16种①。据此而言，仅就魏晋南北朝时期杂传而言，已远过于《隋书·经籍志》所见。

从熊明统计来看，北朝杂传实际只有16种，前文第一章也有对三国两晋南北朝各期杂传撰述的统计，见有北朝北魏杂传10种，北齐杂传5种，北周杂传4种，合为19种，与熊明统计出入不大。综合所见，北朝杂传流行程度，相对其他时期可谓最弱，讨论价值也相对较低。学界或以为杂传盛行主要是在魏晋之时，南朝以降则走向衰落，并言南朝代之而兴的是谱牒撰述。② 那么，在综合考察杂传撰述与门阀士族关系之前，进一步对南朝各时期杂传撰述发展情况进行梳理，显然是有必要的。南朝各断代王朝正史中未见的经籍志，今均已有学者整理补辑，弥补了古人之缺憾，也给南朝杂传撰述考察带来了极大的方便。仅就撰述部数而言，聂崇岐《补宋书艺文志》所见刘宋时期杂传撰述有22部，在刘宋史学各门类中部数居第二③；陈述《补南齐书艺文志》所见萧齐时期杂传撰述共有8部，在萧齐史学各门类中部数居第三④；李云光《补梁书艺文志》所见萧梁时期杂传撰述达49部，在萧梁史学各门类中部数居首⑤；杨寿彭《补陈书艺文志》中所见陈时杂传撰述有6部，在陈朝史学各门类中部数居第四⑥。由此看来，整体而言，杂传撰述在南朝史学撰述中仍然占有相当比重，杂传撰述并未显现衰落之态。邱敏对东晋、宋、齐、梁、陈的杂传撰述有

---

① 参见熊明：《汉魏六朝杂传研究》，中华书局2014年版，第138、201、294页。熊明在统计南北朝杂传时将南朝志怪10种和北朝志怪3种去除而未予计入。熊明的统计，与本文第一章第三节所作的统计颇有差民，这主要是因熊明所据为徐崇《补南北史艺文志》，与前表所据相异。又，熊明收录标准与诸家补志也有不同，相对谨严狭小，诸家所补艺文志大体本于《隋志》收录之标准。

② 胡宝国：《汉唐间的史学发展》，第132、156页；刘湘兰：《两晋史官制度与杂传的兴盛》，《史学史研究》2005年第2期；逯耀东：《魏晋别传的时代性格》，《魏晋史学的思想与社会基础》，第75页；仇鹿鸣：《略论魏晋的杂传》，《史学史研究》2006年第1期。

③ 参见聂崇岐：《补宋书艺文志》，《二十五史补编》，开明书局1936年版。

④ 参见陈述：《补南齐书艺文志》，《二十五史补编》，开明书局1936年版。

⑤ 参见李云光：《补梁书艺文志》，《台湾省立师大国文研究所集刊创刊号》，1957年。

⑥ 参见杨寿彭：《补陈书艺文志》，《台湾省立师大国文研究所集刊创刊号》，1957年。

较为细致的考察①,就其所录来看,南朝杂传撰述与东晋时期大体相当。如果将南朝各时期杂传与谱系撰述进行比较,更是值得寻味,自上述南朝各艺文补志来看,刘宋时期谱系撰述有 2 部,萧齐时有 8 部,萧梁时有 7 部,陈时有 2 部,除萧齐时谱系部数与杂传相当外,其他各时期谱系撰述均逊于杂传撰述,梁时杂传部数甚至达到谱系撰述的 7 倍。即便考虑诸家辑补时标准不尽一致以及阙误存在的可能,若说南朝时期谱系撰述代替杂传撰述而兴盛,似乎也是有进一步斟酌之必要。由上所述可见,我们是否可以认为,自东晋至南朝,杂传撰述实际上保持着持续繁荣之态势。

杂传之名,初见于《汉书·艺文志》"六艺略",班固于其下"孝经类"中著录《杂传》四篇,就其所列来看,此杂传为解释《孝经》的杂著,意义与《隋书·经籍志》不同。需要指出的是,"杂传"本非专指一种史学撰述部类。《隋志》史部"杂传"类中还载录有吴郡吴人陆澄《杂传》19 卷、乐安博昌任昉《杂传》36 卷、学士贺纵《杂传》40 卷以及佚名撰《杂传》11 卷 4 部史著。据前文所述,萧梁阮孝绪在《七录》中也设"杂传"为一史书部类,而陆澄生于刘宋,卒于齐郁林王隆昌元年(494),可见前此作为书名的杂传是另有其特定含义的。遗憾的是,《隋志》所著录 4 部《杂传》已不可详考,难以追寻其"杂传"的具体内涵。阮孝绪所指的"杂传"与《隋志》之"杂传"当都是多种形式史学撰述的统称。检寻《隋志》,杂传实包括郡书、高士传、高隐传、僧道传、止足传、孝子传、忠臣传、良吏传、名士传、家传、童子传、列女传、神仙传、祥瑞记等多种撰述类别。逯耀东将杂传如此纷繁类别分合为郡书、家史、类传、别传、佛道与志异六种,于集中分析杂传的性质颇有裨益。逯耀东的分类是以各类杂传撰述内容为基本依据,所以他认为"杂传"之"杂"当与《隋志·子部·杂家类》所谓"杂者兼儒墨之道,通众家之意"意义相近。这样,他就将杂传由具体撰述部类上升到思想层面进行解读,发现杂传最能表现出魏晋史学脱离儒学羁绊这

① 邱敏:《六朝史学》,第 161—165 页。

一特色①,从而为探讨杂传与士族门阀意识的关系搭建了桥梁。

二、杂传与士族主体意识的渗透

门阀士族与杂传关系密切,其主体意识在多方面多层次上都有充分表现。首先,门阀士族具有鲜明的主体自觉,积极参与杂传撰述。《隋志》史部杂传类著录人名且可考之史家并不很多,试以东晋南朝为例,其中可见为士族撰述之作的有彭城刘义庆的《徐州先贤传》《江左名士传》《宣验记》《幽明录》,清河东武城崔慰祖的《海岱志》,济阳考城江敞的《陈留志》,会稽山阴虞豫的《会稽典录》,太原中都孙绰的《至人高士传赞》《列仙传赞》,陈留尉氏阮孝绪的《高隐传》,会稽山阴虞孝敬的《高僧传》,汝南安成周弘让的《续高士传》,琅邪临沂王韶之的《孝子传赞》,荥阳开封郑缉之的《孝子传》,兰陵萧绎的《孝德传》《忠臣传》《丹阳尹传》《怀旧志》《全德志》《同姓名录》《研神记》,颍川长社钟岏的《良吏传》,南阳顺阳范晏的《阴德传》,吴郡陆澄的《杂传》,谯国曹毗的《曹氏家传》,南阳顺阳范汪的《范氏家传》,丹阳秣陵纪友的《纪氏家传》,济阳考城江祚的《江氏家传》,河东闻喜裴松之的《裴氏家传》,平原鬲人明粲的《明氏世录》,琅邪临沂王巾的《法师传》,河东闻喜裴子野的《众僧传》,会稽山阴虞通之的《妒记》,平原高唐刘昭的《幼童传》,会稽山阴孔稚珪的《陆先生传》,彭城刘敬叔的《异苑》,南阳涅阳刘之遴的《神录》,范阳遒人祖冲之的《述异记》,范阳遒人祖台之的《志怪》,北地灵州傅亮的《应验记》,太原晋阳王琰《冥祥记》,吴郡吴人陆琼的《嘉瑞记》,高阳新城许善心的《符瑞记》等。由士族撰述而《隋志》未著录的杂传,也应不在少数。《隋志》著录杂传撰述并不全面,但在反映当时士族参与杂传撰述、成为杂传撰述主要群体之一的这一基本情况上,还是可以参考的。士族史家广泛参与并撰述众多杂传之作,当然会在杂传撰述上烙上自身的印记。

---

① 逯耀东:《魏晋史学的思想与社会基础·导言》,第3页。

其次，杂传以士族为中心直接记录门阀士族的相关史迹。不少杂传，即便不能确定为出自士族之手，其记载的对象、反映的意趣，也是以士族为主体。如《隋志》题为王氏撰《尔朱家传》2 卷，王氏郡望不可详可，士庶难知，北秀容县尔朱氏则为北朝契胡高门士族。一般来说，杂传对门阀士族的专门记载有两种形式：一是为士族个别人员作传，二是为某个士族整个家族作传。《晋书·职官志》云："著作郎始到职，必撰名臣传一人。"刘湘兰认为这是从制度层面上保证了两晋时期杂传制度的兴盛①。但《隋志》杂传类专记一人之传仅见有《东方朔传》《毋丘俭传》与《管辂传》，难以看出两晋著作（佐）郎的撰述成果。章宗源钩隐抉沉，补辑了 184 家别传。这些别传除《陆机云别传》为兄弟合传，其他均是一人独传，如琅邪阳都诸葛亮、诸葛恪、诸葛恢，琅邪临沂王导、王敦、王献之、王胡之、王彪之，颍川鄢陵庾亮、庾翼，谯国龙亢桓彝、桓温、桓豁、桓冲、桓石秀，陈郡阳夏谢玄、谢鲲，太原晋阳王述、王恭、高平金乡郗鉴、郗超，范阳遒人祖逖、祖约，南阳顺阳范宣、范汪，吴郡吴人陆绩、陆玩、顾和等士族②，可谓不胜枚举。所见士族都是对三国两晋历史进程有着一定影响的名臣，疑诸人之别传多是当时著作制度影响下而产生的杂传撰述。另从章氏辑补别传来看，传主几乎都是南朝以前的贤士名臣，《宋书·百官志下》云："晋制：著作佐郎始到职，必撰名臣传一人。宋氏初，国朝始建，未有合撰者，此制遂替矣。"明白道出著作佐郎职责要求自两晋至南朝有着明显变化，这恰可与上述考察这一时期名臣传情况相参佐。

门阀士族全家或阖族为传的称为"家传"，《隋志》杂传类自《李氏家传》起至《何氏家传》止共收录了 25 部《家传》。胡宝国将杂见于这些《家传》中的《明氏家训》《明氏世录》《陆史》与《新旧传》等异名之作也归于家传。从《隋志》收录各《家传》撰者情况来看，除《周、齐王家传》为姚氏撰、《尔朱荣家传》为王氏撰两部例外，其他著录撰者均出自传主家族。刘知幾《史通·杂述》曾

① 参见刘湘兰：《两晋史官制度与杂传的兴盛》，《史学史研究》2005 年第 2 期。

② 参见章宗源：《〈隋书·经籍志〉考证》，《二十五史补编》，第 5029—5030 页。

说:"高门华胄,奕世载德,才子承家,思显父母。由是纪其先烈,贻厥后来。"①他称此类撰述为家史,可见家传正是家史,突出反映了士族自矜门阀之心态。除《隋志》所录29余种家传外,章宗源《〈隋书·经籍志〉考证》又补充了21种家传。综合《隋志》与章宗源的辑补,清河东武城崔氏、北秀容尔朱氏、琅邪临沂王氏、颍川鄢陵庾氏、谯国龙亢桓氏、陈郡阳夏谢氏、太原晋阳王氏、颍川颍阴荀氏、陈郡阳夏袁氏、陈郡长平殷氏、济阳考城江氏、河南阳翟褚氏、庐江潜人何氏、南阳顺阳范氏、太原中都孙氏、吴郡吴人陆氏、吴兴武康沈氏、吴郡吴人顾氏等南北士族均有家传撰述,显示出杂传撰述与南北门阀士族关系尤为紧密。另外汤球辑佚《晋诸公别传》中突破了别传以记个人的限制,也收录了《荀氏家传》《裴氏家传》《陶氏家传》《华峤谱叙》《庾氏谱》《温氏谱序》《袁氏谱》《袁氏世纪》《虞氏家记》《王氏世家》《嵇氏世家》等记家族群体的家传与家谱。综上来看,杂传中无论是写个人的别传还是以士族家族群体为单位的家传,多以士族为撰述对象,集中反映出杂传与门阀士族的独特关系。

再次,杂传还在思想上充分地展现出士族重名、尚人物、强调门第的意识形态和价值追求。中古时期大量涌现的地理书,也以载录人物风情为中心,同样能反映出重人物乡贤的思想特质,但远不如杂传相对集中典型。马端临在《文献通考》中曾解释"杂传"说:"杂传者,列传之属也,所纪者一人之事。然固有名为一人之事,而实关系一代一时之事者,又有参差互见者。"②逯耀东认为这个概念与《隋志》的杂传范畴相去甚远③。不可否认,马端临所说杂传与《隋志》确实有些不同,但在认识杂传传述人物这一本质上,是与《隋志》一致的。《隋志》所见杂传诸书,从郡书到佛道,甚至大部分志异撰述,也几乎都是以单个人物或群体人物为中心。钱穆对章宗源《〈隋书·经籍志〉考证》辑录

---

① 刘知幾撰,浦起龙释:《史通通释》卷十《杂述》,第254页。

② 马端临:《文献通考》卷一百九十五《经籍二十二》,中华书局1986年版,第1647页。

③ 逯耀东:《〈隋书·经籍志·史部〉及其〈杂传类〉的分析》,《魏晋史学的思想与社会基础》,第70页。

诸多别传曾给予评析:“然当时所谓一人专传之数量,已几与杂传一门之全部卷帙之总数相埒,此事尤堪关注。凡此皆见此时代人重视人物,实为此一时代之特殊精神所在。”①逯耀东认为其原因即在于个人意识的觉醒,并且认为杂传最能反映这一时代特质。② 钱穆与逯耀东都站在时代精神的高度来审视杂传撰述。作为这个时代文化的领军群体,士族的史学活动也同样充分地反映了这一时代重视人物的独特精神风貌。

显扬门阀郡望,是传统孝祖敬宗意识赓续,更是这种意识的发展和强化。高标郡里、自矜门阀,是士族阶层有别于其他社会群体突出之处。如刘知幾所说“且自世重高门,人轻寒族,竞以姓望所出,邑里相矜”③。士族这种主体意识,是许多杂传撰述的内在动力。谢灵运所言“家传以申世模”④,可谓士族自身告白。前引“高门华胄,奕世载德,才子承家,思显父母。则纪其先烈,贻厥后来”,正是刘知幾对这一现象的精辟总结。杂传中郡书、家传这类撰述,对此表现最为典型。刘孝标注《世说新语》曾引《荀氏家传》云:

> 隐祖昕,乐安太守。父岳,中书郎。隐与陆云在张华坐语,互相反覆,陆连受屈。隐辞皆美丽,张公称善。云世有此书,寻之未得。历太子舍人、廷尉平,早卒。⑤

荀昕与荀岳,并无特别事迹可书,即便是荀隐,此中所见除清谈见长外,也无所称道。这一类人在魏晋以前的史书中并不多见,而在魏晋杂传中则极为常见。从另一方面来说,荀昕与荀岳得以入史,显然是与荀隐有关。门阀观念是士族的核心价值理念之一,论者往往只注意到士族子弟因父祖门荫而得势

---

① 钱穆:《略论魏晋南北朝学术文化与当时门第之关系》,《中国学术思想史论丛》(三),台北东大图书公司 1981 年版,第 143 页。

② 逯耀东:《魏晋史学的时代特质》,《魏晋史学及其他》,台北东大图书公司 1999 年版,第 6 页。

③ 刘知幾撰,浦起龙释:《史通通释》卷五《邑里》,第 134 页。

④ 《宋书》卷六十七《谢灵运传》,第 1770 页。

⑤ 刘义庆撰,杨勇校笺:《世说新语校笺》,第 707—708 页。

留名，而对这种因子孙出色反使平庸之父祖得以留名入史现象则颇是疏忽，其实这在士族此起彼伏、升降不休的历史浪潮中是常见的。传中特别彰显荀隐父、祖，标其华胄。这种书写模式，是门阀观念渗透史传的典型表现，甚至连方外传记亦难摆脱，如《比丘尼传》所载：

德乐，本姓孙，毗陵人也。高祖毓，晋豫州刺史。乐生，而口有二牙。及长，常于闇室，不假灯烛，了了能见。①

传文单单提及高祖官宦，而从后续传文来看，其高祖与德乐尼并无关涉。这种特别标列门世华胄，意图与上引《荀氏家传》如出一辙。传文着意描绘形神，也是人物风尚意识在史传中的体现。前文有揭，自汉末以来，人物品评成为时代盛行的社会风气。这一风气流播，士族是起了推波助澜的作用的。杂传传述人物形式灵活，易于跟进这一时代脉搏。代郡赵至，字景真，《晋书》有传。赵至曾撰写实性自传，《太平御览·人事部》摘引及之，现移逯如下：

《赵至自叙》曰：嵇康谓至曰："卿头小锐，瞳子白黑分明，觇占停谛，有白起风。"

《赵至自叙》曰：至长七尽四寸，洁白黑发，明眉赤唇，髭鬓不多。②

《赵至自叙》今已不存，仅见上述残文两条，亦可略见作者情致。琅邪临沂王澄，字平子，出身世族，有盛名，举止放诞，《王澄别传》载：

澄风韵迈达，志气不群。从兄戎、兄夷甫，名冠当年。四海人士，一为澄所题目，则二兄不复措意，云"已经平子"。其见重如此。是以名闻益盛，天下知与不知，莫不倾注，澄后事迹不逮朝野失望。及旧游识见者，犹曰："当今名士也。"③

① 释宝唱著，王孺童校注：《比丘尼传校注》卷三《钱塘齐明寺超明尼传》，中华书局 2006 年版，第 157 页。

② 李昉等：《太平御览》卷三六六《人事部七》、卷三六八《人事部九》，中华书局 1960 年版，第 1687、1695 页。

③ 刘义庆撰，杨勇校笺：《世说新语校笺》，第 389 页。

西晋人物品题之风和名士影响，跃然其中。这类展示品题、清谈、通脱、放达等人物个体自觉，杂传中俯拾即是，如《裴楷别传》云：

陈留阮籍遭母丧，楷弱冠往吊，籍乃离丧位，神志晏然；至乃纵情啸咏，傍若无人。

楷不为改容，行止自若，遂便率情独哭，哭毕而退，戚容举动无异。①

又如《文士传》记嵇康云：

康性绝巧，能锻炼。家有盛柳树，乃激水以圜之，夏天甚清凉，恒居其下傲戏，乃身自锻。家虽贫，有人就锻者，康不受置；唯亲旧以鸡酒往，与共饮啖，清言而已。②

毋庸置疑，谯郡铚县戴逵《竹林七贤论》和袁宏"正始""竹林"及"中朝"等系列名士传更会集中展现这类情形。不仅如此，一些士族撰述杂传还自托情志，将主体意识毕注其中。如安定朝那皇甫谧，时人称之"书淫"，以著述为务，皇甫谧高尚其志，自诩"居田里之中亦可以乐尧舜之道，何必崇接世利，事官鞅掌，然后为名乎"③，既撰《高士传》，又复撰《逸士传》。上引谯国铚人嵇康也是如此，嵇康为"竹林七贤"精神领袖，曾作《养生论》，是为珍视生命、反映士人个人意识觉醒代表之作。嵇康思想上提倡"越名教而任自然"，曾说"吾每读尚子平、台孝威传，慨然慕之，想其为人"④，撰有《圣贤高士传赞》，兹摘录一则以明其意：

广成子在崆峒之上，黄帝问曰："吾欲取天地之精，以养万物，为之奈何？"广成子蹶然而起曰："至道之精，窈窈冥冥，无视无听，抱神以静，我守其一，以处其和，帮千二百岁而形未尝衰。得吾道者，上为

① 刘义庆撰，杨勇校笺：《世说新语校笺》，第660页。

② 刘义庆撰，杨勇校笺：《世说新语校笺》，第688页。

③ 《晋书》卷五十一《皇甫谧传》，第1409—1410页。

④ 严可均辑：《全三国文》，《全上古三代秦汉三国六朝文》，第1321页。

皇，下为王；失吾道者，上见光，而下为土。吾将去汝，入无穷之门，游无极之野，是日月参光，与天地为常。”①

嵇康借广成子之语以明志，表达他遗落世事、皈依自然的情志。这类人物在传中多有，如老子、庄子、襄城小童、巢父、许由、善卷，等等，都属嵇康“想见其人”之类，无怪乎学者称嵇康《圣贤高士传赞》“正是他生命理念的投射”。②杂传撰述多为私作，鲜受官方制约，将自我投射到撰述之中，是杂传撰述有别于正统史传的一个显著特色。正因如此，杂传甚至也有一些超现实倾向，将理想化自我或他人加以传述，并附上撰述主体价值、思想与情感，遂致其有文学化意味，接近于后世小说。

应当说，杂传的兴起，拓展原有史传人物范围，撰述对象得以深入更为广阔的社会。从司马迁的《史记》到班固的《汉书》，在入史人物上都有严格的遴选标准，致使许多历史人物难以在史册上留下印迹。个人意识的觉醒，则使昔日入史的严格标准开始松动。留名于史成为一般士人的普遍价值追求，有别于正史的杂传恰好给这些士人提供了载入史册的历史空间。这一时期，许多所谓的名士、高士实际上一生并无业绩可书，但亦得以被写入杂传。杂传的风行，对正史的撰述也产生了潜在的影响和有力的渗透，西晋陈寿作《三国志》已注意对传主家世的交代，南朝诸史之中类似于上述荀氏家传的书法在在有之更是明证。又如范晔《后汉书》中《文苑》《独行》《方术》《逸民》《列女》等列传，其取材特色也不完全是“范晔个人卓越的创见”，而实也与当时杂传撰述风行及其特色有关，③反映出当时门阀士族思想观念对正史撰述的影响。

① 欧阳询撰，汪绍楹校：《艺文类聚》卷三十六《人部二十》，上海古籍出版社1985年版，第637页。

② 熊明：《汉魏六朝杂传研究》，第168页。另见氏撰：《生命理论的投射：嵇康与〈圣贤高士传赞〉》，《古籍整理研究学刊》2004年第6期。

③ 逯耀东：《魏晋对历史人物评价标准的转变》，《魏晋史学的思想与社会基础》，第99页。

第二节　谱系撰述与士族门阀观念的彰显

一、三至六世纪的谱牒撰述

《隋志》谱系著录中，除《竹谱》《钱谱》《钱图》3 种属实物类图谱外，其他均与家族群体相关。所以《隋志》将此类撰述统称为“氏姓之书”。氏姓之书，或称谱书、谱牒。与杂传一样，谱系撰述实际上也是一种古老的史部撰述类型。①《隋书·经籍志》对谱系撰述渊源及流变也有整理，其序曰：

> 氏姓之书，其所由来远矣。书称：“别生分类。”传曰：“天子建德，因生以赐姓。”周家小史定系世，辨昭穆，则亦史之职也。秦兼天下，划除旧迹，公侯子孙，失其本系。汉初，得《世本》，叙黄帝已来祖世所出。而汉又有《帝王年谱》，后汉有《邓氏官谱》。晋世，挚虞作《族姓昭穆记》十卷，齐、梁之间，其书转广。后魏迁洛，有八氏十姓，咸出帝族。又有三十六族，则诸国之从魏者；九十二姓，世为部落大人者，并为河南洛阳人。其中国士人，则第其门阀，有四海大姓、郡姓、州姓、县姓。及周太祖入关，诸姓子孙有功者，并令为其宗长，仍撰谱录，纪其所承。又以关内诸州，为其本望。其《邓氏官谱》及《族姓昭穆记》，晋乱已亡。自余亦多遗失。今录其见存者，以为谱系篇。②

---

① 罗香林说“中国谱牒之学，肇始于周”（《中国族谱研究》，香港中国学社 1971 年版，第 17 页）；陈直以为“谱牒的起源，当开始于父系氏族形成以后。萌芽于商周，发展于秦汉”（陈直：《南北朝谱牒形式的发现和索隐》，《西北大学学报》1980 年第 3 期）；张泽咸也以为谱牒始于周代（张泽咸：《谱牒与门阀士族》，《中国史论集》，天津古籍出版社 1994 年版，第 12 页）。诸家之说依据均出自《史记》，并无根本不同。逯耀东则持不同意见，他认为“《隋书·经籍志·史部》十三类中，自正史、古史以下，都是魏晋时代所出现的新的史学著作形式”（见《魏晋史学的思想与社会基础》，第 51 页），对于谱系撰述来说，这显然是忽视《隋志》史部“谱系”首列《世本王侯大夫谱》、刘向撰《世本》及小序中“后汉有《邓氏官谱》”之语的意义。

② 《隋书》卷三十三《经籍二》，第 990 页。

《隋志》于“谱系”类共收录史著有41部,360卷,合亡书53部,1280卷。就部数而言,谱系撰述在《隋志》13类中排列第9;就卷数而言,在13类中排列第10,但据《隋志》史部所载,谱系撰述亡佚12部920卷,其存者卷数竟不及1/3,而亡佚卷数占《隋志》史部所有亡书卷数近1/3,亡佚情况十分惨重。据前文整理各家所补艺文志,各时期谱系撰述情况是:三国时4部、两晋时11部、刘宋时2部、萧齐时8部、梁时7部、陈时2部、北魏6部、北齐时5部、北周时4部,共计49部,大体与《隋志》通计亡书更接近一点。从上引《隋志》谱系小序来看,北朝自孝文帝迁都洛阳重建北方谱牒,及至北周又有更进,这些行为背后都是官方意志在驱动,但正如前文所揭,由魏收答杨愔言北方“人士谱牒遗逸略尽”来看,至少北齐始修《魏书》之时,北方谱牒整体形式仍不容乐观。

自上述统计所见,比较起来,谱系撰述最高峰在两晋。如果再就谱牒上升至谱学层面而言,则东晋南朝谱学整体又胜于十六国北朝。谱系原出于“周家小史定系世,辩昭穆”的需要,最初谱牒撰述多是帝王侯伯之家,发展相对缓慢。汉魏以降,世家大族开始兴起,百家谱系撰述规模日盛,逐渐形成专门之学即谱学。魏晋之际,少数民族入塞,经冲突与融合之后,对汉文化认同增强,逐渐接受了汉族门阀观念,积久而至便是北魏鲜卑拓跋氏也仿效南方构建门阀制度及门阀谱系,北齐、北周承其余波,反映在撰述上便是唐史臣收录在《隋志》存书的北朝皇家族谱,即佚名《魏孝文列姓族牒》《后魏皇帝宗族谱》及北魏景穆帝拓跋晃之孙元晖业所撰《后魏辨宗录》和《后齐宗谱》。但整体来说,北方谱牒撰述起步较晚,规模难与江左颉颃。综观三至六世纪,谱学成就最负盛名的,莫过于贾氏谱学和王氏谱学。

贾氏谱学兴起于东晋孝武帝年间。由平阳襄陵贾弼之创立。贾弼之,《晋书》无传,其事附见于《南齐书·贾渊传》,语云:

> 先是谱学未有名家,渊祖弼之广集百氏谱记,专心治业。晋太元中,朝廷给弼之令史书吏,撰定缮写,藏秘阁及左民曹。渊父及

渊三世传学，凡十八州士族谱，合百帙七百余卷，该究精悉，当世莫比。①

前此西晋有挚虞撰《族姓昭穆记》，却“以定品违法，为司徒所劾”②。和挚虞相比，贾弼之则要幸运得多，他的私撰谱牒行为不仅未受到官方压力，反而还得到孝武帝支持和资助，贾氏谱学遂由此而兴。贾弼之谱系之作，诸家晋书艺文补志中均有见录，丁国钧《补晋书艺文志》有贾弼《晋姓氏簿状》；文廷式《补晋书艺文志》有贾弼《十八州士族谱》712 卷，其自注云贾弼撰《姓氏簿状》712 卷；吴士鉴《补晋书经籍志》收录有贾弼《姓氏簿状》712 卷；黄逢元《补晋书艺文志》有贾弼之《百姓族谱》712 卷。诸家所据材料均出自《南齐书·贾渊传》，《梁书·王僧孺传》，《南史》中《贾希镜传》与《王僧孺传》，《新唐书·柳冲传》等正史，及唐宋人纂录之书如《通典》《元和姓纂》和《玉海》。从各书著录卷数来看，诸家所录虽然书名略有异同，但可能是同为一书。贾弼之谱系之作，“广集百氏谱记”③，不同于此前所常见的帝王谱、姓名谱、家族谱和地区谱，而实具有全国总谱的特征，突破了“家乘谱牒，一家之史”④的局限，这是东晋谱学在种类上的新发展，丰富了谱学的内涵。贾氏之作部帙之大，也属罕见，《隋志》见录谱系之书部帙最大者是《梁武帝总集境内十八州谱》，达690 卷，然尤逊于贾弼之书。贾氏自贾弼之后，子贾匪之传其学，贾匪之似无谱牒撰述，对贾氏谱学的发展未见有新的贡献。贾匪之又传于子贾渊，贾渊在宋世以谱学知识渊博而见遇，敕注《郭子》。后萧道成又嘉其世学，取为骠骑

① 《南齐书》卷五十二《贾渊传》，第 907 页。

② 《晋书》卷五十一《挚虞传》，第 1425 页。挚虞字仲洽，京兆长安人，出身于显宦之家，其父挚模曹魏官至太仆卿。挚虞少事皇甫谧，才学通博。晋武帝年间，“虞以汉末丧乱，谱传多亡失，虽其子孙不能言其先祖，撰《族姓昭穆》十卷，上疏进之，以为足以备物致用，广多闻之益。以定品违法，为司徒所劾，诏原之。”

③ 《南齐书》卷五十二《贾渊传》，第 907 页。

④ 章学诚：《文史通义·外篇四·州县请立志科议》。参见仓修良编注：《文史通义新编新注》，浙江古籍出版社 2005 年版，第 836 页。

参军，武陵王国郎中令，补余姚令，未行。齐永明初，“竟陵王子良使渊撰《见客谱》”①，《南齐书》本传还称贾渊“撰《氏族要状》及《人名书》，并行于世。”②《见客谱》卷数已不可考，《氏族要状》，章宗源考为15卷。贾渊子贾执，梁太府少傅，曾任南康嗣王府行参军知谱事，姚振宗考其“与王僧孺同事谱局，后至太府卿也”③。贾执又撰《百家谱》30卷、《姓氏英贤谱》100卷，据学者考证，“《姓氏英贤谱》是一部综合上古至梁代天监年间各姓氏源流、郡望及名人佚事的总谱”，“其所叙应颇有详细”④，学界也当予以应有的重视。

王氏谱学起于南朝。刘知幾《史通·书志》篇说：“江左有两王《百家谱》”⑤，浦起龙于其后释“两王谱”曰：“《隋志》谱系类：《百家集谱》十卷，王俭撰。《百家谱》三十卷，《百家谱集抄》十五卷，并王僧孺撰。”⑥是以，周一良据之确认，刘知幾所说的两王即是指齐之琅邪王俭、梁之东海王僧孺。⑦ 王俭字仲宝，琅邪临沂人，祖王昙首，官至右光禄；父王僧绰，官至金紫光禄大夫。王俭谱系之作，不载于《南齐书》本传，不过，《南齐书》本传给我们理解王俭修撰《百家谱》，以及刘知幾何以看重王俭《百家谱》提供了隐情。王俭卒于永明七年，年仅38岁，但自齐台建以来，王俭多次参掌选事，前后达十余年。⑧ 众所周知，南朝选官的重要依据之一即谱牒，谙熟谱牒是参掌选事的基本要求。萧齐时期还曾出现因不谙谱牒而未能居领选之职的事例，《南齐书·王晏传》载：“上欲以高宗代晏领选，手敕问之。晏启曰：‘鸾清干有余，然不谙百氏，恐

---

① 《南齐书》卷五十二《贾渊传》，第907页。

② 《南齐书》卷五十二《贾渊传》，第907页。

③ 姚振宗：《隋书经籍志考证》，《二十五史补编》，第3698页。

④ 张蓓蓓：《魏晋南北朝贾执谱学研究》，《图书馆理论与实践》2013年第10期。

⑤ 刘知幾撰，浦起龙释：《史通通释》卷三《书志》，第68页。

⑥ 刘知幾撰，浦起龙释：《史通通释》卷三《书志》，第72页。

⑦ 周一良：《魏晋南北朝史学发展的特点》，《魏晋南北朝史论集续编》，第80页。

⑧ 《南齐书》卷二十三《王俭传》云：“齐台建，迁右仆射，领吏部，时年二十八。”“明年，转左仆射，领选如故。”“永明元年，进号卫军将军，参掌选事。”“六年……俭启求解选，不许。”“七年……改领中书监，参掌选事。”

不可居此职。'上乃止。"①可见居选职者虽是清干有才,但仍须在谱学上有相当专精的水平。王俭素以文士风流名闻遐迩②,又行事稳健,这些都使王俭治学居官均有着相当的自律精神,他在第一次表请解选时即以"臣亦不谓文案之间都无微解,至于品裁臧否,特所未闲。虽存自勖,识不副意,兼窃而任,彼此俱壅"③为理由,可以想见王俭对精悉谱牒当是有着很高的自我要求。王俭用功于谱学的成就,在他临终前的一次上表中可以窥见,王俭在奏表中谈到自己参掌选事以后说:"至于品藻之任,尤惧其阻。夙宵罄竭,屡试无庸。岁月之久,近世罕比。"④如此看来,王俭撰《百家谱》当不会与史实相违,《隋志》录其《百家集谱》10 卷。同样,也由上可知,王俭谱学为刘知幾所重是有道理的,刘宋时期参掌选曹的刘湛也撰有《百家谱》,但"伤于寡略",而王俭《百家谱》则"得繁省之衷"⑤,两相比较,进而可知刘知幾不虚。

王僧孺字僧孺,东海郯人,魏卫将军肃八世孙。曾祖雅,晋左光禄大夫、仪同三司。祖准,宋司徒左长史。王僧孺学识渊博,善作骈体文,为世所重,梁初一度官至御史中丞,出为仁威南康王长史,为典签汤道愍所谗,免官,"久之,起为安西安成王参军,累迁镇右始兴王中记室,北中郎南康王谘议参军,入直西省,知撰谱事。"⑥《梁书》本传载其"集《十八州谱》七百一十卷,《百家谱集》十五卷,《东南谱集抄》十卷"。⑦ 唐初史臣所见王僧孺谱系撰述略有异同,《隋志》明确著录的有《百家谱》30 卷、《百家谱集抄》15 卷⑧,其中载录为亡书

① 《南齐书》卷四十二《王晏传》,第 742 页。

② 《南齐书》本传载王俭:"作解散髻,斜插帻簪,朝野慕之,相与放效。""手笔典裁,为当时所重。"

③ 《南齐书》卷二十三《王俭传》,第 435 页。

④ 《南齐书》卷二十三《王俭传》,第 437 页。

⑤ 杜佑:《通典》卷三《乡党》附"版籍",中华书局 1988 年版,第 61 页。

⑥ 《梁书》卷三十三《王僧孺传》,第 474 页。

⑦ 《梁书》卷三十三《王僧孺传》,第 474 页。

⑧ 《隋书》卷三十三《经籍志二》,第 989 页。

的《梁武帝总集境内十八州谱》690卷，当为王僧孺入直西省知撰谱事时所集①。王俭与王僧孺的谱系撰述，代表了南朝时期谱学的最高成就。《隋志》说谱系之书“齐梁之际，其书渐广”，说的应该是，基于官方着力和贾氏谱学推动双重影响下的两王谱学兴起所导致。

论者往往强调南朝谱学之盛，而忽视东晋的谱学成就，这恐怕与《隋志》有关。《隋志》谱系小序在介绍魏晋南北朝谱学时，仅特别注意到西晋时“挚虞作《族姓昭穆记》十卷，齐梁之间，其书转广”②，而未提及贾弼之。但《隋志》的谱系类小序写作有些草率，于此处之后又言“其《邓氏官谱》及《族姓昭穆记》，晋乱已亡”③，《族姓昭穆记》既然“晋乱已亡”，如何齐梁之际又“其书转广”？《隋志》似未曾注意到贾渊《十八州士族谱》蕴含新的全国总谱的性质，对东晋贾氏谱学予以忽略④，其胪列谱系之作中也未见录贾弼之之作，甚至亡书中也未曾提及。唐初史臣对贾弼之谱学不置一词，不能不说对后世认识东晋谱学成就产生了相当的影响。如果我们由此忽视贾弼之谱系之作，不能注意到其中蕴含新的全国总谱的性质，自然也就无法对贾弼之谱学成就给予适当的评价。实际上，无论是就前揭贾弼之谱系之作本身的性质和卷帙而言，还是就贾氏谱学与王氏谱学的渊源关系而言，贾氏谱学在整个魏晋南北朝都有着不可撼动的地位。贾渊字希镜，因谱学而屡受见遇，引导着南齐谱学的发展，王俭谱学成就即受惠于贾氏谱学，《南齐书》卷五十二《贾渊传》云：

> 世传谱学。孝武世，青州人发古冢，铭云“青州世子，东海女郎”。帝问学士鲍照、徐爰、苏宝生，并不能悉。渊对曰：“此是司马

① 《隋书》卷三十三《经籍二》附校勘记，第995页。

② 《隋书》卷三十三《经籍二》，第988页。此处理解依据中华书局1973年标点本之标点句读。但中华书局此处的标点也可能有误。原文句读当是“晋世，挚虞作《族姓昭穆记》十卷。齐梁之间，其书转广”。则“转广”之“其书”，就上指小序之首所言的“氏姓之书”，而非直指挚虞的《族姓昭穆记》。

③ 《隋书》卷三十三《经籍二》，第990页。

④ 综合《隋志》“谱系”小序及著录史著来看，可能《十八州士族谱》唐时已亡，但《族姓昭穆记》亦未在存书著录，可能史臣并未能全面详尽地把握贾氏谱学渊源。

越女,嫁荀晞儿。”检访果然。由是见遇。敕渊注《郭子》。

泰始初,辟丹阳郡主簿,奉朝请,太学博士,安成王抚军行参军,出为丹徒令。升明中,太祖嘉渊世学,取为骠骑参军,武陵王国郎中令,补余姚令。未行,仍为义兴郡丞。永明初,转尚书外兵郎,历大司马司徒府参军。竟陵王子良使渊撰《见客谱》,出为句容令。

……永明中,卫军王俭抄次《百家谱》,与渊参怀撰定。①

相较于《南齐书》,《新唐书》对王氏谱学与贾氏谱学的关系揭示得更为清晰,明言“王氏之学,本于贾氏”②。由此,我们在肯定南朝谱学盛行的同时,显然也不能低估东晋时期的谱学成就,实际上,结合前述对南朝谱牒撰述的考察,若是就谱系撰述质量及影响而言,至少是在东晋孝武时期,直至南朝末叶,谱牒撰述繁荣发展的水平和程度,似乎未现出明显的波动变化。

二、谱牒与士族门阀观念为中心的修撰旨趣

《史通》卷三《书志》载云:“谱牒之作,盛于中古。汉有赵岐《三辅决录》,晋有挚虞《族姓记》,江左有两王《百家谱》,中原有《方司殿格》。盖氏族之事,尽在是矣。”③刘知幾所言中古主要指魏晋南北朝即三至六世纪之间。谱牒实是一种古老的史学撰述类型,那么,这种古老史学撰述类型何以能在这一时期盛行开来?这自然须从谱牒撰述本身来进行历史思考,但若考量其发展之快、涉及之广,则不能不从门阀士族与谱牒的关系来寻找解答。

魏晋南北朝谱牒撰述种类,李传印将其主要概括为皇族家谱、士族家谱、

① 《南齐书》卷五十二《贾渊传》,第906—907页。

② 《新唐书》卷一百九十九《柳冲传》,中华书局1975年版,第5680页。

③ 刘知幾撰,浦起龙释:《史通通释》卷三《书志》,第68页。此中所谱牒之作,唯《方司殿格》时间不明。《新唐书·柳冲传》有载:“魏太和时,诏诸郡中正,各列本土姓族次第为举选格,名曰‘方司格’,人到于今称之。”(《新唐书》卷一百九十九《柳冲传》,第5680页)赵岐卒于建安六年(201),则刘知幾所言“中古”应当指东汉末年至隋之间。

庶族家谱、总谱和郡谱。[①] 皇族家谱、士族家谱与庶族家谱是依社会阶层的高下来划分的。关于士族家谱，毛汉光曾提出"大凡士族之家，都有家谱"之说，何启民对此也大体上予以认同。[②] 庶族家谱当然有别于士族家谱，从可考谱牒来看，庶族家谱实属少数；而皇族谱，就两晋南北朝各帝王而言，归其为士族家谱，该不会引起太大争议。总谱虽是全国性的，应包括士族与庶族，但亦是以士族为主体，贾弼之、贾匪之、贾渊三代所传之全国性总谱，其名称即《十八州士族谱》。郡谱在收录士族与庶族的各自分量上当与全国性总谱相仿佛，也是以士族为主体。

既然士族是谱牒撰述中的主体，那么我们分析这一时期士族高度强化的家族理念，显然极有益于理解这一时期谱牒的盛行。咸和九年（334），东晋士族王导重修琅邪王氏谱，他在《琅邪王氏宗图序》言及重修缘由，说道：

> 但以历世绵远，虑乖次序，予总机务之暇，考阅谱图之详，乃命区分，别为卷轴，上自灵王，次及侯祖，高曾积善，德厚流光，棣萼既繁，兰芽转茂，切虑百代之后，流派愈多，难穷始宦之由，有坠祖宗之业。今则先图本宗像影，次传血脉世系，并序先贤遗迹，粗明纂袭之风，永奉蒸常尝之道，传示来世，勿坠箕裘。咸和九年正月裔孙导谨撰。[③]

别昭穆、辨族姓、明世系、论亲疏，是谱牒的传统社会功能。王导修订家谱，"虑乖次序"，"次传血脉世系"，同样体现出这一点，但王导特别关注的是"高曾积善，德厚流光，棣萼既繁，兰芽转茂，切虑百代之后，流派愈多，难穷始宦之由，有坠祖宗之业"。宣扬祖宗之美业、家族之高贵，强调传承家风遗绪、

① 李传印：《魏晋南北朝时期史学与政治的关系》，华中科技大学出版社 2004 年版，第 81 页。

② 何启民依《隋志》所录对此提出怀疑，但却又据盛清沂对《世说新语》的研究成果基本上认同了毛氏所说。参见何启民：《魏晋南北朝时代之谱牒与谱学》，参见联合报文化基金会国学文献编：《第五届亚洲族谱学术研讨会会议记录》，1991 年 10 月。

③ 王轼：《琅邪王氏宗谱》卷一，清乾隆四十四年（1779）王国栋抄本。转引自王春元：《琅邪王氏族谱的修撰》，《青岛大学师范学院学报》2007 年第 1 期。

追溯先辈功绩之使命,这才是王导重新修订王氏族谱的直接动因。这种思想认识,与吴姓高门士族陆机所强调的"咏世德之骏烈,诵先人之清芬"①如出一辙,只不过二人借助的撰述载体略有差异而已。这种门第观念已大别于论亲疏与别昭穆了。由王导自述可见,正是家族观念的强化,易言之,正是谱牒撰述能迎合士族门第观念的需要,直接推进了这一时期门阀士族谱牒撰修浪潮的高涨。

士族将自己门阀意识转化为撰述旨趣,或者说士族借史学撰述来彰显主体门阀意识,刘知幾在《史通》多次予以揭示,如前引曾说"高门华胄,奕世载德,才子承家,思显父母。由是纪其先烈,贻厥后来",这不仅表现在家传等杂传撰述上,也同样寄寓于谱牒撰述上。刘知幾又说:"夫郡国之记,谱牒之书,务欲矜其州里,夸其氏族。"②如同家史、家传一样,士族将自身主体意识深深烙在谱牒撰述之中。

婚与宦是士族保障自己家族利益和门阀地位的两大支柱,也是士族门阀意识两大着力点。谱牒撰述也以婚与宦为彰显门第郡望的支点,一般来讲,谱牒内容体系远不如正史甚或史传那般丰满,但必少不了这两点的骨架。令人遗憾的是,隋唐以降谱学渐至衰落,正如郑樵所言:"自五代以来,取士不问家世,婚姻不问阀阅,故其书散佚,而其学不传。"③三世纪以来的谱系撰述,"其书散佚,其学不传",使我们已经无法窥视当时谱系撰述全貌。好在经前辈时贤不断努力,得以成功辑录一些零散佚文,虽然无法与完整家谱相比,但多少能使今人窥其一斑。清人章宗源首开魏晋南北朝古谱辑佚整理工作,其《隋书经籍志考证》"谱系"篇多节录裴松之《三国志注》和刘孝标《世说新语注》遗文,兹节录谱文相对丰富者若干种如下,以供分析。

《庾氏谱》:

---

① 严可均辑:《全晋文》,《全上古三代秦汉三国六朝文》,第 2013 页。

② 刘知幾撰,浦起龙释:《史通通释》卷五《采撰》,第 108 页。

③ 郑樵:《通志》卷二十五《氏族略》,中华书局 1987 年版,第 439 页。

《魏志·管宁传》注：庾遁支嗣克昌，为世盛门。

《世说·方正》篇注：庾会，娶诸葛恢女，名文虎。

《雅量》篇注：庾爰之，翼第二子。

《栖逸》篇注：庾友，司空冰第三子。友长子宣，娶桓豁之女，字女幼。

《排调》篇注：庾鸿，仕至辅国内史。

《轻诋》篇注：庾恒，仕至尚书仆射。并引《庾氏谱》。①

颍川鄢陵庾氏是三至六世纪名门望族，东晋时期跻身一流。《庾氏谱》卷数不知，《隋志》未予著录。从6则遗文来看，谱文大多简洁平实，信息相对单调。但即便遗文如此之少，仍见有“支嗣克昌，为世盛门”之语，夸耀门第之情溢于言表。谱文有2则涉及父子关系，2则涉及庾氏纳妇情况，2则涉及仕宦。

章宗源辑录条文最多的是关于琅邪临沂王氏的，其于“王氏谱”条下录云：

《魏志·崔林传》注：王雄，字元伯。

《王昶传》注：昶伯父柔，父泽。

《世说·德行》篇注：王导娶曹淑，王献之娶郗道茂。

《言语》篇注：王微，祖父澄，又，王羲之子凝之。

《文学》篇注：王讷之，祖彪之，父临之。

《雅量》篇注：王逸少妻郗璿。

《方正》篇注：王恺，娶桓伯子；王坦之，娶范盖。

《赏誉》篇注：王讷娶庾三寿，又王羲之是敦从父兄子，又王耆之，廙第三子。

《品藻》篇注：王颖，年二十卒。敞，年二十有二卒。又，王操之，羲之第六子。

① 章宗源：《隋书经籍志考证》，《二十五史补编》，第5000页。

王桢之，徽之子。

《规箴》篇注：王绪，祖延，父乂。

《容止》篇注：王诩，夷甫弟也。又，王讷，祖默，父祐。

《贤媛》篇注：钟夫人，名琰之，太傅繇孙；司徒夫人，黄门郎钟琰女。

《任诞》篇注：王廞，父荟。

《排调》篇注：王混，恬子。王肃之，羲之第四子。

《轻诋》篇注：王彭之，祖正，父彬。王彪之，小字虎犊。

《汰侈》篇注：王胡之是恬从祖。

《后汉书·献帝纪》注《刘表传》注：王璿，晋太保祥伯父也。并引《王氏谱》。①

这16则遗文中，用语也是简洁质朴。其中，有12则涉及家族世系关系，有4则涉及王氏纳妇情况；有2则涉及字号，有1则涉及寿长。陈郡阳夏袁氏也是江左侨姓士族，但门第逊于上引颍川鄢陵庾氏和琅邪临沂王氏。章宗源所考遗文相比这两家一流高门要少：

《袁氏谱》：

《世说·品藻》篇注：袁恪之，义熙守为侍中。

《任诞》篇注：袁耽大妹，名女皇，适殷浩；小妹名女正，适谢尚。

《谗险》篇注：袁悦有宠于会稽王，王颇纳其言。并引《袁氏谱》。②

这3则遗文语言风格与前引相近，其中第1则涉及仕宦，第3则涉及政治关系。第3则遗文说明士族修谱不仅仅停留于职官头衔，凡可能彰显家族地位特殊政治关系，也会被载入谱牒之中。遗文第2则涉及婚媾。从上引3家谱牒来看，其姻亲对象皆属侨姓士族，且门第尊高。《世说新语》记事下限在晋宋之际，故引见婚媾情形应该是南朝以前门阀士族身份内婚制的写实。

① 章宗源：《隋书经籍志考证》，《二十五史补编》，第5000页。

② 章宗源：《隋书经籍志考证》，《二十五史补编》，第5000页。

《袁氏谱》遗文所见均是嫁女，可与前引两谱相补充，说明嫁与娶两类婚媾形态都是谱系撰述关注所在。这在《谢氏谱》遗文中得到印证。章宗源考证《庾氏谱》《王氏谱》与《袁氏谱》卷数均不详，《谢氏谱》则注明有 11 卷，遗文如下：

《世说·德行》篇注：谢安娶沛国刘耽女。

《文学》篇注：谢据娶太原王韬女，名绥。

《言语》篇注：谢重女月镜适王愔之。

《方正》篇注：谢石娶诸葛恢小女，名文熊。又，谢奉，祖端，散骑常侍；父凤，吏部尚书。

《品藻》篇注：谢聘，历侍中、廷尉卿。

《简傲》篇注：谢万娶太原王述女，名荃。

《轻诋》篇注：谢尚长女僧要，适庾龢；次女僧韶，适殷歆。并引《谢氏谱》。①

上述 7 则遗文，有 6 则涉及婚媾，有 4 则为谢氏纳妇情况，2 则为谢氏嫁女情况，另有 2 则涉及仕宦。章宗源考证中也见有江左吴姓士族，但不多，仅见《陆氏谱》和《顾氏谱》，且条文亦少，主要集中于仕宦。其他侨姓士族及北朝士族诸谱，有佚文者也并不多，或言仕宦，或言世系，或及婚媾，其典型性不比王、谢、庾谱家谱牒残文。总体来看，这些谱文也能说明魏晋家谱“无具体事迹，主要记述人物的婚宦、血脉”这一基本特征。② 萧绎在《金楼子·戒子篇》中所说谱牒“所以别贵贱，明是非”“或复中表亲疏，或复通塞升隆”等撰述主旨，从现有各家谱遗文来看，能大约窥见这一时期谱牒撰述中士族门阀意识之存在。

刘知幾曾揭露魏晋以降门第之风的另一面，他说道：“至于碑颂所勒，茅

① 章宗源：《隋书经籍志考证》，《二十五史补编》，第 4999 页。

② 胡宝国：《杂传与人物品评》，《汉唐间史学的发展》，第 154 页。

土定名，虚引他邦，冒为己邑。”①中古士族“虚引他邦，冒为己邑”事学界已有密切关注②，这些有关当时士族谱系虚实的讨论，清晰说明了门第意识在谱系撰述中强烈渗透，也说明门第观念超越士族阶层演变成一种时代意识，即刘知幾所言“俗尚门籍”。刘知幾还提及门第观念影响碑颂铭文，意味着当时碑铭与谱牒也有关联，魏晋出土的诸多墓志也印证了这一点。近年来陈爽着意从谱学角度审视中古墓志，他认为，“从史料学意义上讲，传统认识中早已失传的中古谱牒，特别是以一家一姓为单位的家族谱牒并未完全亡佚，而是以特殊的形式大量保存于中古墓志之中，并在相当程度上保存了中古谱牒的原始风貌。”③这个结论揭示了中古墓志与谱牒的内在同一性。

实际上，早在汉代，家谱就往往以碑刻的形式出现，“有的专门刻碑记载家谱，有的将家谱专门刻于墓碑背后，有的则在墓碑中详录其家族世系”④。这种形式的家谱在魏晋以降浸染成俗。现今出土的大量六朝江左区域的墓碑与墓志，充分展示了当时江左这一别具特色的社会风气。《宋书·裴松之传》载：

> 松之以世立私碑，有乖事实，上表陈之曰：“碑铭之作，以明示后昆，自非殊功异德，无以允应兹典。大者道勋光远，世所宗推；其次节行高妙，遗烈可纪。若乃亮采登庸，绩用显著，敷化所莅，惠训融远，述咏所寄，有赖镌勒，非斯族也，则几乎僭黩矣。俗敝伪兴，华烦已

---

① 刘知幾撰，浦起龙释：《史通通释》卷五《邑里》，第 134 页。

② 参见仇鹿鸣：《“攀附先世”与“伪冒士籍”——以渤海高氏为中心的研究》，《历史研究》2008 年第 2 期；仇鹿鸣：《制作郡望：中古南阳张氏的形成》，《历史研究》2016 年第 3 期；范兆飞：《中古士族谱系的虚实——以太原郭氏的祖先建构为例》，《中国史研究》2017 年第 4 期；等等。

③ 陈爽：《出土墓志所见中古谱牒探迹》，《中国史研究》2013 年第 4 期。此文又收录在人大报刊复印资料《魏晋南北朝隋唐史》2014 年第 2 期。后来陈爽又推进这一问题的研究，出版专著《出土墓志所见中古谱牒研究》（学林出版社 2015 年版）。

④ 杨冬荃：《汉代家谱研究》，《谱牒学研究（三）》，书目文献出版社 1992 年版，第 37 页。朱希祖也以为“谱牒之中，有状有记有碑有传”，承认墓碑是谱牒的一种。参见朱希祖：《中国史学通论》，独立出版社 1943 年版，第 47 页。

久，是以孔悝之铭，行是人非；蔡邕制文，每有愧色。而自时厥后，其流弥多，预有臣吏，必为建立，勒铭寡取信之实，刊石成虚伪之常，真假相蒙，殆使合美者不贵，但论其功费，又不可称。不加禁裁，其敝无已。以为诸欲立碑者，宜悉令言上，为朝议所许，然后听之。庶可以防遏无征，显彰茂实，使百世之下，知其不虚，则义信于仰止，道孚于来叶。”由是并断。①

裴松之对魏晋碑铭竞相虚伪的揭露，与刘知幾所论一致。但一般而言，碑铭涉及近世父祖与婚宦此类写实性信息，想来不会有大的出入。陈爽关于“引谱入志”的发现颇具启发意义，值得重视。他比较北魏《元愔墓志》和《元悛墓志》，发现“两方墓志铭序与志文各不相同，但起首的谱系记载却几乎完全相同。”②由此可见，墓志叙述墓主生平事迹行状部分虚拟夸张可能存在，但涉及家族世系自有所本，不会在这方面上下其手。墓志世系部分的来源，便是各家族已经成型的谱牒。这就为“引谱入志”提供了间接但有力的佐证。③ 同时，也一定程度上弥补了上述仅依赖谱牒残文带来的遗憾。兹节录勒铭于宋末的“宋故员外散骑常侍明府君（昙憙）墓志铭”（元徽二年即474年刻）为例，以见南方侨姓士族谱牒简况：

祖俨，州别驾，东海太守。夫人清河崔氏，父逞，度支尚书。

父歆之，州别驾，抚军武陵王行参军苍梧太守。夫人平原刘氏，父奉伯，北海太守。后夫人平原杜氏，父融。

伯恬之，齐郡太守。夫人清河崔氏，父丕，州治中。后夫人渤海封氏，父恬。

第三叔善盖，州秀才奉朝请。夫人清河崔氏，父模，员外郎。第

① 《宋书》卷六十四《裴松之传》，第1699页。《南史》也有节文，改“由是并断”为“由是普断”。

② 陈爽：《出土墓志所见中古谱牒探迹》，《中国史研究》2013年第4期。

③ 陈爽：《出土墓志所见中古谱牒探迹》，《中国史研究》2013年第4期。

四叔休之,员外郎东安东莞二郡太守。夫人清河崔氏,父湮,右将军冀州刺史。

长兄宁民,早卒。夫人清河崔氏,父凝之,州治中。

第二兄敬民,给事中宁朔将军齐郡太守。夫人清河崔氏,父凝之,州治中。

第三兄昙登,员外常侍。夫人清河崔氏,父景真,员外郎。

第四兄昙欣,积射将军。夫人清河崔氏,父勋之,通直郎。

君讳昙憙,字永源,平原鬲人也。……晋徐州刺史褒七世孙,苍梧府君歆之第五子也。君天情凝澈,风韵标秀,性情冲清,行必严损。学穷经史,思流渊岳。少摈簪缙,取逸琴书。非皎非晦,声遂邦宇。州辟不应,徵奉朝请。历宁朔将军员外郎带武原令。

夫人平原刘氏,父系民,冠军将军冀州刺史。

后夫人略阳垣氏,父阐,乐安太守。①

平原明氏为中古名门士族,引得西域胡人多有伪冒。② 墓志 1972 年出土于南京太平门外,家族谱系见载志首。墓志溯至七世祖,而详述则自祖辈以下,仅止三代,是典型的家谱而非族谱与宗谱。铭文对墓主明昙憙的介绍,与杂传乃至一般正史史传的笔法并无二致,特别是铭文详述了墓主祖、父辈系列与同辈系列的职状,并及各自外家之职状,内容集中在婚与宦上,正是当时家谱记述核心的体现。士族尚阀阅意识及其彰显路径,也通过志文得到寄寓和实现。平原明昙憙的墓志铭,与陈直在《南北朝谱牒形式的发现和索隐》一文中所引用的"宋散骑常侍临沣侯刘袭墓志"(泰始六年即 470 年刻)从形式到内容均相近,两个墓志刻石时间上相隔仅 4 年,共同反映了当时墓志铭的流行

① 赵超:《汉魏南北朝墓志汇编》,天津古籍出版社 1992 年版,第 22—23 页。

② 刘知幾于《史通·邑里》篇下自注云:"又今西域胡人,多有姓明及卑者,如加五等爵,或称平原公,或号东平子,为明氏出于平原,卑氏出于东平故也。"见《史通通释》卷五《邑里》,第 134 页。

形式。而陈直称刘袭墓志,“谓之门阀式史书也可,谓之家谱式史书也可”①。

就现今出土墓志而言,无论赵万里集释所见,还是赵超汇编抑或罗新和叶炜新辑所见,北朝墓志都远多于南朝墓志②。北魏羊祉,字灵佑,望出泰山南城。八世祖羊续为东汉太常,七世祖羊耽亦官至曹魏太常,六世祖羊琇官至晋太仆。羊祉历任益州刺史、秦梁二州刺史、光禄大夫,卒后追赠安东将军、兖州刺史,寻诏迁镇东将军,谥曰“景”,入《魏书・酷吏传》。罗新等《新出魏晋南北朝墓志疏证》收“魏故镇军将军兖州刺史羊公墓志铭”,节录如下:

> 使君祖父已见铭序。太夫人清河崔氏。
>
> 父□史,赠平东将军、兖州刺史,谥曰威。
>
> □第二弟灵宝,州主簿,□后除□州使君。妻清河崔氏。
>
> □灵珍,州别驾。妻清河崔氏,父乌头,冀州刺史。□魏郡申氏,父恒安,宋虎贲中郎将。
>
> 息深,字文渊,年卌一,□□□□□□□□□□□。妻清河崔氏,父□。
>
> 息和,字文憘,年卅七,太□□□将军。妻安定皇甫氏,父□,梁中散大夫。
>
> 息俭,字□□,年廿五,□□□□侍郎。妻□三姑女。
>
> 息偘,字祖忻,年廿一。妻安定皇甫氏,父冲,平凉太守。
>
> 息允,字士□,年廿□。
>
> 息忱,字文稚,年十□姿,年卌,适天水赵令胜,河北、河东二郡太守。
>
> 息女显姿,早亡。

---

① 陈直:《南北朝谱牒形式的发现和索隐》,《西北大学学报》1980年第3期。

② 详见赵万里:《汉魏南北朝墓志集释》,新文丰出版公司1982年版;赵超:《汉魏晋南北朝墓志汇编》,天津古籍出版社1992年版;罗新、叶炜:《新出魏晋南北朝墓志疏证》,中华书局2005年版。

息女景姿，年卅，适荥阳郑松年，州主簿，父长猷，通直散骑常侍□。

息女华姿，年廿三。

息女淑姿，年廿二。燮女伯□，年五。

深男敦，字子尚，早亡。

男恭，字子□，年四。

女仲漪，年十三。

□默男植，字子建，年十四。

女汉□，年十一。

和男桢，字子□，年八。

男□，字子□，年三。

男□，字子□，早亡。

女□□，年□。

俭男劭，字子将，年□。

男荆，字子玉，年一。

女□君，年三。①

墓志1964年出土于山东省新泰县天宝镇，同时出土的还有羊祉妻崔神妃墓志。墓志未见载录羊祉祖父铭序②，据《魏书》本传，羊祉父为羊规之。又，《梁书》卷九十三《羊侃传》称羊侃祖父羊规，原仕刘宋，元嘉年间第二次北伐时入魏，时在北魏太武帝太平真君(440—451)末年。墓志详载羊祉两弟及成年子女的仕宦、婚媾情况，未成年子女和孙辈则以性别和年龄信息为主，亦完全符合陈直所言“门阀式史书”或“家谱式史书”。陈爽还推进了陈直的研究，

① 罗新、叶炜：《新出魏晋南北朝墓志疏证》，第78页。

② 陈爽以墓志中记录谱系文字与志文并非同源而出现的疏忽。他还以为部分墓志存在较大空间留白，是出于未能较好把握待定家谱或官谱内容篇幅所致，从而提出墓志谱系与官谱或私谱同源的可能。

他通过对墓志图版和文体演变等加以分析，总结说："中古墓志中大量位于首尾、志阴等特殊位置并以特殊行款书写的家族谱系记载，均可认定为两晋南北朝时期的官私谱牒文本。"①综上所述，我们对三至六世纪的谱牒撰述作了简单梳理，并结合谱牒残文和作为特殊家谱形式的墓志，分析了士族主体意识在谱牒撰述中的渗透和体现。陈爽分析中古谱牒有突出官爵、重视外裔和书写格式划一且带有公文色彩三个特点，指出其与选官、婚姻相联系，都反映出中古谱牒浓厚政治色彩。② 也就是说，门阀士族价值意识中，最注重的、能支撑门第的婚与宦，都成为谱牒和墓志的核心。质言之，中古的谱牒撰述深深烙有门阀士族主体印记。

第三节　正史传记书写与人物评论中士族门阀意识

一、正史传记书写与士族门阀旨趣

诚如尹达所揭："人物传记的极度兴盛，也是魏晋南北朝时期门阀制度在史学上的一种反映。"③人物传记反映出门阀士族的情趣与利益，不仅充分体现在前述之杂传撰述上，也同样在正史撰述中烙上印迹。④ 众所周知，即便杂传和谱牒等史学撰述相当流行，就史学地位而言，终究不能与记一代兴衰的正史相比。在反映社会存在全面性上，包括杂传在内其他史学撰述亦难以与正史相提并论。而且，就文本传世而言，三至六世纪正史也比杂传和谱牒等撰述要理想得多。因此，讨论这一时期史学撰述与士族旨趣的关系，不能忽略对正

① 陈爽：《出土墓志所见中古谱牒研究》，第 98 页。

② 陈爽：《出土墓志所见中古谱牒探迹》，《中国史研究》2013 年第 4 期。

③ 尹达：《中国史学发展史》，中州古籍出版社 1985 年版，第 127 页。

④ 这里所用的"正史"概念，取意于刘知幾《史通》，包含了记一代之史的编年体史书。

史的考察。

三至六世纪正史撰述相当兴盛。这些正史撰述，从体例上来说主要有纪传体与编年体两种，就撰述对象而言则既有前朝史又有本朝史。《隋志》收录的正史撰述共计101部，其中有97部成书于这一时期，除去28部以正史撰述为本体的注疏、论赞等外，也有69部之多。只是这一时期正史撰述多数已经亡佚，传世较为完整的有陈寿《三国志》、袁宏《后汉纪》、范晔《后汉书》、沈约《宋书》、萧子显《南齐书》与魏收《魏书》，另外清汤球辑录的《众家编年体晋史》《九家旧晋书辑本》和周天游辑注《八家后汉书辑注》等辑佚书也对相关正史撰述有所收录。

自《史记》《汉书》问世以后，人物传记作为历史记录的重心成为纪传体撰述的一个传统特色。这个特色在魏晋南北朝时期得到进一步强化。首先，这表现在人物传记类卷目在纪传体正史撰述中比例和地位上升上。《汉书》稳定固化了《史记》创造由纪、传、表、志构成的纪传体内部形态，但从现存文献来看，三至六世纪纪传体撰述中大都没有“表”，甚至于有些史书连“志”也缺失。不少纪传体史书中只剩下传述人物的本纪与列传，如此一来，自然其传述人物色彩就更为浓厚。“这种情况的产生，当然不应单从史家的学力和才华寻找原因，主要的应从当时史学思想追究根源。当时史学思想的重点在于褒贬人物，而对典章制度并不那么重视。这正是社会客观条件在史学上的反映。”①所谓的思想根源与社会客观条件，包含了上述门阀观念中注重人物这一意识。其次，正史人物传记的书写变化，还充分表现在人物遴选与笔法上。无论是前史撰述还是当代史撰述，这一时期的史家在具体创作过程中，都注入了身处时代崇尚人物的社会风气和注重门阀的家族观念。以下即以陈、袁、范、沈、萧、魏诸书为主，兼涉有关辑佚书，对三世纪以来正史撰述中人物书写予以考察，透视其中存有的士族意趣。

---

① 仓修良、魏德良：《中国古代史学史简编》，黑龙江人民出版社1983年版，第118页。

陈寿字承祚，巴西安汉人。其《三国志》撰著于三世纪80年代，合魏、蜀、吴三书65篇。元康七年(297)陈寿病卒，“梁州大中正、尚书郎范頵等上表曰：‘昔汉武帝诏曰：司马相如病甚，可遣悉取其书。使者得其遗书，言封禅事，天子异焉。臣等案：故治书侍御史陈寿作《三国志》，辞多劝诫，明乎得失，有益风化；虽文艳不若相如，而质直过之。愿垂采录。’”①众所周知，九品中正制始于曹丕时代，九品中正的成立，“即是以已经吸收了的‘著姓士族’，为本州郡邑的州都与大中正、中正，使掌搜荐。”②而中正乃“取著姓士族为之，以定门胄，品藻人物”③。又因为“中正对官才的品评直接影响着吏部对官员的作用”④，对于士族来说，这便有着特殊意义。西晋时期，九品中正制渐成为维护门阀士族的重要工具。陈寿本人缘情适性，不拘礼节，曾“遭父丧，有疾，使婢丸药，客往见之，乡党以为贬议”⑤，与竹林名士有意气相通之处。入晋后，陈寿曾领梁州巴郡中正，《三国志》又为梁州中正所肯定。可见，不仅陈寿本人为“著姓士族”，其《三国志》也彰显他的士族价值理念，白寿彝先生比较陈寿与班、荀二人，说他“跟班固、荀悦不同的地方，在于后者从维护皇朝利益出发而他从维护世族利益出发”⑥。自曹魏代汉和西晋代魏先后上演禅让以来，士族“与世推迁，为兴朝佐命以自保其家世，虽朝市革易而我之门第如旧”⑦的门阀观念渐为深入人心，直至南朝相沿而不改。汉魏之际的颍川长社钟繇、平原高唐华歆、东海郯人王朗与蜀亡时河南偃师郤正和吴时的沛郡竹邑薛莹都是这样的人物，陈寿遴选他们入传并予以好评。范頵称许《三国志》“有益风化”“明乎得失”，也因为这种保家固族理念符合当时士族利益。《三国志》一有可能

---

① 《晋书》卷八十二《陈寿传》，第2138页。

② 王仲荦：《魏晋南北朝史》，第130页。

③ 《新唐书》一百九十九《柳冲传》，第5677页。

④ 陈长琦：《官品的起源》，商务印书馆2016年版，第110页。

⑤ 《晋书》卷八十二《陈寿传》，第2137页。

⑥ 白寿彝：《陈寿与袁宏》，《中国史学史论集》，第162页。

⑦ 赵翼著，王树民校证：《廿二史札记校证》卷十二《江左世族无功臣》，第268页。

即谱列传主世系，不时流露出士族门阀趣味，如写荀彧云："荀彧字文若，颍川颍阴人也。祖父淑，字季和，朗陵令。当汉顺、桓之间，知名当世。有子八人，号曰八龙。彧父绲，济南相，叔父爽，司空。"①写温恢云："温恢字曼基，太原祁人也。父恕，为涿郡太守。"②写郑浑云："郑浑字文公，河南开封人也。高祖父众，众父兴，皆为名儒。浑兄泰，与荀攸等谋诛董卓，为扬州刺史。"③写王粲云："王粲字仲宣，山阳高平人也。曾祖父龚，祖父畅，皆为汉三公。父谦，为大将军何进长史。"④写傅嘏云："傅嘏字兰石，北地泥阳人，傅介子之后也。伯父巽，黄初中为侍中尚书。"⑤写杜袭云："杜袭字子绪，颍川定陵人也。曾祖父安，祖父根，著名前世。"⑥写诸葛亮云："诸葛亮字孔明，琅邪阳都人也。汉司隶校尉诸葛丰后也。父珪，字君贡，汉末为太山郡丞。"⑦写陆绩云："陆绩字公纪，吴郡吴人也。父康，汉末为庐江太守。"⑧写张温云："张温字惠恕，吴郡吴人也。父允，以轻财重士，名显州郡，为孙权东曹掾，卒。温少修节操，容貌奇伟。"⑨写陆逊云："陆逊字伯言，吴郡吴人也。本名议，世江东大族。"⑩写孙峻云："孙峻字子远，孙坚弟静之曾孙也。静生暠。暠生恭，为散骑侍郎。恭生峻。"⑪等等。这种突出世系与仕宦书法，与前述谱牒书写方式款曲相通。

陈寿之后，士族门阀观念进一步强化，至南朝时期士庶壁垒更为森严，所谓"士庶区别，国之章也"⑫"士庶之际，实之天隔"⑬。纪传体正史撰述中士

---

① 《三国志》卷十《荀彧传》，第 307 页。
② 《三国志》卷十五《温恢传》，第 478 页。
③ 《三国志》卷十六《郑浑传》，第 508 页。
④ 《三国志》卷二十《王粲传》，第 597 页。
⑤ 《三国志》卷二十一《傅嘏传》，第 622 页。
⑥ 《三国志》卷二十三《杜袭传》，第 644 页。
⑦ 《三国志》卷三十五《诸葛亮传》，第 911 页。
⑧ 《三国志》卷五十七《陆绩传》，第 1328 页。
⑨ 《三国志》卷五十七《张温传》，第 1329 页。
⑩ 《三国志》卷五十八《陆逊传》，第 1343 页。
⑪ 《三国志》卷六十四《孙峻传》，第 1444 页。
⑫ 《南史》卷二十三《王球传》，第 630 页。
⑬ 《宋书》卷四十二《王弘传》，第 1318 页。

族门第印记比《三国志》更为突出。范晔《后汉书》属前史撰述，在整理史事方面取得了突出的成就，其列传广泛采用"以类相从"的做法，从清代考史诸家到当代史家白寿彝等学者都予之充分肯定。魏晋以前，以《史记》《汉书》为代表的纪传体史书在传述人物时，大都直书人物言行事迹，如前所述，自陈寿《三国志》起便开始注意记述传主之家世。记述传主父祖之家世，在门阀士族的家传与家谱撰修中是通行的写作方式。而陈寿此一笔法本身就是对魏晋时代以杂传为代表的人物传记模式的借用与沿袭，是士族门阀观念现实作用的结果。南朝时期，这一人物传记书写新变化，"经范晔《后汉书》有所发展，至沈约《宋书》和萧子显《南齐书》，则凡记士族人物，必于传首载明其祖、父的官阶履历（有的追叙及邈邈的先世），遂成定例。"①如众所知，范晔生存于士庶壁垒渐至森严的刘宋时期，而东汉世家大族又为魏晋门阀士族历史渊源。时代思潮的影响以及本着历史实录的史学追求，致使范晔整理史事既注重用类传模式书写，也注意结合东汉史实灵活运用了家传与族传的写作形式。除了传述人物追叙家世的这种常见书法，范晔《后汉书》中还有不少父子兄弟乃至从侄合传的现象。严格来说，这种传记现象在魏晋以前也是有的，但不常见，不算常态。在范晔《后汉书》中，父子、祖孙、兄弟、叔从等合传者，仅从传目来看就达 45 处，已绝非少数了。范晔《后汉书》虽不过是在以往史家成果基础上删削而成，但范晔敏锐地注意到了东汉世家大族向门阀士族发展的这一历史特点，对东汉社会渐呈态势的门阀色彩有意以史笔作出反映。东汉后期一些世家大族如沛国桓氏、汝南袁氏、弘家杨氏、颍川荀氏等在范书中都是数代合传，实为家传，已有代士族宣言之意了。试以桓氏为例，东汉沛国龙亢桓荣家族颇具特色，素以学术见长，在经学的学术发展和学术传播上都与东汉学术的时代脉搏同步契合。龙亢桓氏自桓荣以下世为帝师，家族兴衰与东汉皇朝相始终。范晔对东汉这一特殊家族以专传加以处理，自桓荣以下，分别以传主身

① 尹达：《中国史学发展史》，中州古籍出版社 1985 年版，第 127—128 页。

份来写桓荣子桓郁、郁子焉、焉孙典、郁孙鸾、鸾子晔、郁曾孙彬,又附及郁兄子汎、郁子普、彬父麟。范晔于传中传述桓荣及其子孙后,还附及了桓荣弟子丁鸿。丁鸿也是以经学入仕的,这一处理使该传看来仍然具有一些"言行趣舍,各以类书"意味。但不可否认,这一附传并未能改变整传所体现出来的家传色彩。后来唐人修《晋书·桓彝传》,其整理史事的形式与范晔如出一辙,传述桓彝及其子孙后也附及东海徐宁。唐初学者这种处理,并未使人对《桓彝传》的家传性质产生怀疑。所以,分析《后汉书·桓荣传》,我们不能不说,南北朝人物传记的士族门阀化,在范晔思想及其史学撰述中烙有很深的印记。范晔还在桓荣家族传后发论赞道:

> 伏氏自东西京相袭为名儒,以取爵位。中兴而桓氏尤盛,自荣至典,世宗其道,父子兄弟代作帝师,受其业者皆至卿相,显乎当世。子曰:"古之学者为已,今之学者为人。"为人者,冯誉以显物;为已者,因心以会道。桓荣之累世见宗,岂其为已乎!①

论赞可见,范晔对桓氏家族在当时以学传家、显于当世给予了充分肯定。而这,正是魏晋以来顺阳范氏这一儒学世家家学旨趣之所在,也是范晔身处时代门阀士族价值理念之所在。

《宋书》与《南齐书》都是当代史撰述,作者沈约与萧子显都出自士族世家,均有着强烈的门阀观念。沈约出自吴兴武康沈氏,祖沈林子为宋征虏将军,父沈璞官淮南太守。沈约于《宋书·自序》以长文详述其世系传承,彰显其门阀郡望。沈约曾任扬州大中正,他在御史中丞任上以规范士庶关系为已任,其《奏弹王源》文指责东海王源与士庶莫辨的满璋之联姻,所言"王满联姻,实骇物听"②之语已为治南朝史者所熟知,后文对此将有详论。梁武帝正是在沈约倡议下置谱局、诏令王僧孺改定百家谱。萧子显出自兰陵萧氏"齐梁房",为齐高帝萧道成之孙,豫章王萧嶷之子。沈、萧二人在他们的纪传体

① 《后汉书》卷三十七《桓荣传》,中华书局1965年版,第1261—1262页。

② 萧统编,李善等注:《六臣注文选》卷四十《奏弹王源》,中华书局2012年版,第746页。

正史撰述中更为广泛地运用家传传述形式,施丁说:“汉魏以后正史中的纪与传,往往依据于谱系之书、家传和世族人物传记的材料编成,主要是记世族的家世及其家规门风,几乎形成了家谱或家传。”①《宋书》与《南齐书》史传书法充分证明了施丁所言不虚。

有学者以为:“在《宋书》的列传中,士族人物所占数量不足二分之一,而非士族的人物在数量上占总数的百分之五十六点一二,超过士族人物的数量。”②这个统计和观点是有商榷余地的。诚如这位学者所言:“士族包括高门和次门,门阀士族一般指的是高门”,“我们所讨论的士族即是指士族阶层中的上层,也就是高门。”③强调士庶之别,本非仅存在于士族高门狭小群体中,而实是士族群体中的一普遍意识。笔者以为,将高门士族提出来专论以彰显士族旨趣的典型性当然是可以的,但将次门士族纳入非士族群体之中,似乎就不太妥当。这不可避免地降低《宋书》列传中非士族人数超过士族人数这一结论的可信性,及其能够表现出来的意义。而且,士族内部诚然有着升降,但也不是全然没有稳定性,对士族进行定性时,并不能僵化地以父祖之仕宦为绝对依据,有些士族数代均绝意于仕宦,但无论官方谱牒还是民间意识都仍认同其为士族。就士族群体动态变化而言,作者也审慎地注意到了,只是这方面把握起来是有难度的,查核所见统计,诸如庐江何偃、东莞臧质、高平檀道济、吴兴沈攸之、东海徐湛之、吴郡顾琛、彭城刘康祖、略阳垣擭之等士族均被视为次门,纳入所谓“非士族群体”之中,而这些士族实属南朝士族之上层,王伊同《五朝门第》之《高门权门世系婚姻表》中均有收录。庐江何尚之与何偃尤为典型,两人本为父子,而作者将何尚之列为士族而置何偃为非士族。何偃历侍中,掌诏诰,元嘉年间曾与何尚之并处机要,甚得时誉。从何偃兄弟及其侄辈何点兄弟诸人行迹来看,时人绝非以庶寒视之。凡此种种,无疑都说明《宋

① 施丁:《中国史学简史》,中州古籍出版社1987年版,第94页。
② 李小树:《秦汉魏晋南北朝史学史稿》,第173页。
③ 李小树:《秦汉魏晋南北朝史学史稿》,第162页。

书》列传中非士族人数超过士族人数的结论，似有进一步斟酌的必要。刚好相反，从上面的分析来看，仅高门士族人数就逾四成，那么包括次门在内的士族群体，显然在《宋书》居绝对多数，是《宋书》史传主要群体。这既是沈约对刘宋士族社会史学写实，也是沈约士族门阀观念的有效贯彻。

《宋书》史传家传形式比范晔《后汉书》要典型得多。《宋书》常将父子、叔侄、兄弟或祖孙三代甚至数代共聚一卷来撰写，宛若家谱。如庐江何瑀、东莞刘穆之、东海徐羡之、北地傅亮、北海王镇恶、河内向靖、彭城刘怀慎、沛郡刘粹、太原王懿、吴郡张邵、彭城刘怀肃、平昌孟怀玉、沛郡朱龄石、彭城刘康祖、略阳垣护之、陈郡谢景仁、陈郡袁湛、河南阳翟褚叔度、吴郡张茂度、颍川庾登之、陈郡谢方明、会稽孔季恭、太山羊玄保、陈郡谢瞻、会稽孔琳之、济阳蔡廓、陈郡殷淳、吴郡张畅、颍川荀伯子、泰山羊欣、吴兴沈演之、河东裴松之、彭城刘道产、京兆杜骥、魏郡申恬、琅邪王敬弘、庐江何尚之、东海徐湛之、琅邪颜延之、东莞臧质、扶风鲁爽、河东柳元景、吴兴沈庆之、兰陵萧思话、吴郡顾恺之、吴兴沈怀文、琅邪王景文、河东薛安都、会稽郭世道、吴兴卜天兴、交趾（本出京兆）杜慧度、琅邪王弘之等列传皆是。其中卷四十二《刘穆之传》除传述刘穆之子孙三代外，还附传刘穆之女婿蔡祐，沈约叙之云："穆之女适济阳蔡祐，年老贫穷。世祖以祐子平南参军孙为始安太守。"①细究起来，蔡祐并无甚出众之处。尹达说魏晋南北朝时期纪传体史书，"列传和本纪，往往成了家谱和家传，都以门阀士族的谱传为重要依据。"②由此看来，甚为精当。瞿林东还认为，和此前的"正史"列传比较，正是《宋书》"在列传中创立了家传的形式"，并认为"这是魏晋南北朝时期门阀地主居于统治地位，社会风气崇尚家族史和谱系之学在历史编撰上的反映。"③稍晚成书的萧子显《南齐书》，传述人物上延续了《宋书》书法。兰陵萧氏"齐梁房"崛起始于萧子显祖父萧道成，

---

① 《宋书》卷四十二《刘穆之传》，第 1311 页。

② 尹达：《中国史学发展史》，中州古籍出版社 1985 年版，第 127 页。

③ 瞿林东：《中国史学史纲》，北京出版社 1999 年版，第 257 页。

萧子显以南齐帝室传人来写南齐史，其家族门第理念更是浸润笔端。《南齐书·高帝纪》以大段笔墨写萧氏族源，将萧道成虚饰为西汉名相萧何之后，极力美化与彰显其门第，其语云：

> 太祖高皇帝讳道成，字绍伯，姓萧氏，小讳斗将，汉相国萧何二十四世孙也。何子酂定侯延生侍中彪，彪生公府掾章，章生皓，皓生仰，仰生御史大夫望之，望之生光禄大夫育，育生御史中丞绍，绍生光禄勋闳，闳生济阴太守阐，阐生吴郡太守永，永生中山相苞，苞生博士周，周生蛇丘长矫，矫生州从事逵，逵生孝廉休，休生广陵府丞豹，豹生太中大夫裔，裔生淮阴令整，整生即丘令儁，儁生辅国参军乐子，宋升明二年九月赠太常，生皇考。萧何居沛，侍中彪免官居东海兰陵县中都乡中都里。晋元康元年，分东海为兰陵郡。中朝乱，淮阴令整字公齐，过江居晋陵武进县之东城里。寓居江左者，皆侨置本土，加以南名，于是为南兰陵兰陵人也。①

上述书写模式俨然已经家谱化，甚至有“伪冒窜籍”嫌疑。《南齐书》家传式列传也在在有之，萧子显还特立其父豫章文献王萧嶷为传，传及萧嶷子萧子恪、萧子廉、萧子操、萧子行以及其孙萧元琳。后世对此颇有议论。赵翼曰：“古未有子孙为祖父作正史者，独子显为祖作本纪，为父豫章王作传，故于《豫章传》铺张至九千余字，虽过于繁冗，然亦不失为显扬之孝思也。”②王鸣盛也论云：“《南齐书》出萧子显，豫章文献王嶷即其父也。自作史而为父立传，千古只此一人，故传中极尽推崇，论至以周公比之，赞则云‘堂堂烈考，德迈前

① 《南齐书》卷一《高祖本纪》，第1页。文中自萧整以上信息，与《梁书·武帝本纪》近似。《南齐书》并《梁书》都将兰陵萧氏“齐梁房”族源虚溯至萧何，李延寿论之甚明，语云：“据齐、梁纪录，并云出自萧何，又编御史大夫望之以为先祖之次。案何及望之于汉俱为勋德，而望之本传不有此陈，齐典所书，便乖实录。近秘书监颜师古博考经籍，注解《汉书》，已正其非，今随而改削云。”（《南史》卷四《齐帝纪上》，第127页）

② 赵翼著，王树民校证：《廿二史札记校证》卷九《齐书书法用意处》，第199页。关于《豫章王传》传文字数“九千余字”，王树民指出赵翼另有“七千余字”和“八九千字”两种说法，而“实计其文得七千八百余字”。参见赵翼著，王树民校证：《廿二史札记校证》，第210页。

踪'。"又云:"《南史》各论皆剿袭各书,独嶷论句句自撰,不用子显元文。"①所论虽褒贬未尽一致,但对萧子显自矜阀阅心态都清晰揭露。《豫章文献王嶷传》以下,河南阳翟褚渊、琅邪王俭、彭城下邳王玄载、彭城下邳垣荣祖、临川王萧映、彭城武原到㧑、兰陵萧谌、济阳考城江祏、吴兴武康沈文季、衡阳元王萧道度、始安贞王萧道生、兰陵萧惠基、琅邪临沂王奂、庐江潜人何求等史传,同传者或祖孙、或叔伯、或从侄,甚也如王奂与殷叡居然翁婿同传,家传形式极为典型。

两晋南朝正史撰述,除上述之外,据汤球与周天游辑佚所见其他史著,也有着上述人物传述形式的现象。如袁山松《后汉书》残文所见,沛国桓鸾即是置于其祖父桓荣传目之下,南阳朱穆也置于其祖父朱晖传目之下,②这和后来范晔《后汉书》书法是一样的。何法盛《晋中兴书》家族化现象也极为鲜明,辑本卷七属人物传记,共有34"录",其中除刘隗录、桓玄录是传述个人,胡录是传述北方少数民族外,其他均是某一士族阖家或阖族的群体传记。

史学撰述与社会存在是相互作用的。永嘉之乱后,中原士族一度骤衰,但随着少数民族政治统治日益成熟,北方士族得以缓慢复兴,后赵石勒"续定九品""典定士族"③,前秦苻坚有"复魏晋士籍"④,后燕慕容宝"定士族旧籍"⑤,都承认士族特权,意在重建北方门阀秩序。北魏统一中原后,拓跋贵族开始与汉士族合流,加速了北方门阀制度的发展,孝文帝实施汉化改革,通过"定族姓",使皇室八氏十姓,以及鲜卑三十六部九十二姓,与汉士族同享门阀特权,北方士族自此长足发展。魏收生于北魏宣武帝正始四年(507),字伯起,小字佛助,钜鹿下曲阳人,与济阴温子升、河间邢子才并誉为"北地三才",历仕北

① 王鸣盛:《十七史商榷》卷六十二"豫章王嶷传与齐书微异"条,第799页。

② 周天游:《八家后汉书辑注》,上海古籍出版社1986年版,第663页。

③ 《晋书》卷一百五《石勒载记下》,第2737页。

④ 《晋书》卷一百十三《苻坚载记上》,第2895页。

⑤ 《晋书》卷一百二十四《慕容宝载记》,第3093页。

魏、东魏与北齐。魏收父魏子建，官至骠骑大将军，据张莉考证，“钜鹿魏氏有着悠久的历史，有着较为显赫的门第和家世”，是“北朝门阀大族之一”。①《魏书》也属当代史撰述，北朝门阀士族的发展和魏收自己士族意识都在《魏书》烙有深深印记。

《魏书》从历史纪实出发，根据历史影响对活跃在北魏政治舞台上的胡汉士族进行了传述，其中既有单传也有合传，而书法上的共同点便是多附录家族成员。如代郡穆氏、于氏、陆氏，西平乐都源氏、北秀容尔朱氏，以及汉士族清河东武城崔氏、渤海蓨人高氏、范阳涿人卢氏、陇西狄道李氏、赵郡平棘李氏、东清河鄃人崔氏、弘农华阴杨氏等，虽以单传出现，却均以附录家族子孙。他如太原晋阳王氏、河东解人柳氏、河东闻喜裴氏、河东汾阴薛氏等倍极荣宠之汉士族，虽以合传存史，但亦附以子孙等家族人员。其他为合传而附子孙入传的还有：高凉王孤、武卫将军谓、文安公泥、昭成帝子孙、阳平王熙、河南王曜、广平王连、京兆王黎、临淮王谭、广阳王建、阳平王新成、京兆王子推、济阴王小新成、汝阴王天赐、任城王去、南安王桢、城阳王长寿、安乐王长乐、张衮、崔玄伯、邓渊、长孙嵩、长孙道生、长孙肥、尉古真、奚斤、王建、安同、高湖、崔逞、封懿、宋隐、王宪、屈遵、张蒲、谷浑、公孙表、贾彝、司马楚之、司马叔璠、刁雍、王慧龙、薛辩、寇谠、郦范、刘休宾、房法寿、乙环、薛野□、韦阆、裴骏、辛绍先、许彦、李灵、崔鉴、吕罗汉、赵逸、阴仲达、刘芳、郑羲、崔辩、崔挺、韩麒麟、薛安都、毕众敬、邢峦、裴延俊、傅竖眼、裴叔业、李叔虎六雄、高崇、冯熙，等等。另还有十六国南朝等政权建立者亦附之以子孙。类似这种附传之写法，可说是贯穿于《魏书》全书首尾。甚者，《魏书》合传中还存在这种现象，虽以某一人为传，却附上仅有官衔而未录任何事迹的子孙。如赵翼所揭：“《魏书》凡是某人之子孙，尽附于其传后。如朱瑞子孟允及弟珍，珍弟腾，腾弟庆宾，庆宾子清，皆但有官位，毫无事迹。”②前文已揭，但叙官位而不及其事的这种书法，正是家谱

① 张莉：《〈魏书〉研究》，华文出版社2009年版，第57页。

② 赵翼著，王树民校证：《廿二史札记校证》卷十《南北史子孙附传之例》，第214—215页。

谱文的典型特点。魏收几乎是将家谱植入《魏书》。可见,《魏书》士族门阀印记远过于这一时期其他史书。是以,赵翼给《魏书》定性为“代人作家谱”,他说:

其以子孙附祖父传之例,沈约《宋书》已开其端。然如萧思话、萧惠开;徐羡之、徐湛之;谢弘微、谢庄;王宏、王僧达;范泰、范奕;王昙首、王僧绰;颜延之、颜峻,皆父子也。檀道济、檀韶、檀祗;谢晦、谢瞻,皆兄弟也。犹各自为传,则以其事当各见,故不牵混,使阅者一览了如也。若一人立传,而其子孙兄弟宗族,不论有官无官、有事无事,一概附入,竟似代人作家谱,则自魏收始。①

魏收这种史传书法,其实在当时就招致非议。《魏书》成书后,一时众怨沸腾,挞伐四起,号之为“秽史”,还引发王松年等冤狱。这些,都与魏收上述无原则的史传书写密切关联。史称:“时左仆射杨愔、右仆射高德正二人势倾朝野,与收皆亲,收遂为其家作传。二人不欲言史不实,抑塞诉辞,终文宣世,更不重论。又尚书陆操尝谓愔曰:‘魏收《魏书》可谓博物宏才,有大功于魏室。’愔尝谓收曰:‘此谓不刊之书,传之万古。但恨论及诸家枝叶亲姻过为繁碎,与旧史体例不同耳。’收曰:‘往因中原丧乱,人士谱牒遗逸略尽,是以具书其支流,望公观过知仁,以免尤责。’”②《魏书》附传众多,一些列传附出人物数量也不少,甚者多达 68 人③,这与《魏书》以“百家谱状”为史料来源也有关系④。《魏书》这种编撰特色,几可谓是“移谱入史”。《魏书》资料来源及魏收的辨词,都清楚地说明了《魏书》撰述旨趣便是在于彰显士族门阀观念。

编年体撰述因其体例所限,在整理史事、组织材料上难以广泛运用纪传体

① 赵翼著,王树民校证:《廿二史札记校证》卷十《南北史子孙附传之例》,第 215 页。

② 《北齐书》卷三十七《魏收传》,第 489 页。

③ 《魏书》卷二十七《穆崇传》附传在本族 53 人,宗人 15 人。

④ 刘知幾《史通·古今正史》曾语及“于是大徵百家谱状,斟酌以成《魏书》”。参见刘知幾撰,浦起龙释:《史通通释》卷十二《古今正史》,第 339 页。李传印认为《魏书》之所以千年聚讼纷纭,症结正在于此。参见氏著:《魏晋南北朝时期的史学与政治的关系》,华中科技大学出版社 2004 年版,第 183 页。

中所见比较规范的家传形式，但三世纪以来，编年体撰述经荀悦、袁宏等改造后，传叙人物特色也有所加强。士族门阀意识对编年体撰述从内容到形式也产生了一定的影响。撰述内容上，编年史“也注意写门阀士族的识量气度，翩翩风雅。”①袁宏撰述的《后汉纪》是三世纪以后编年体撰述的代表作品之一，白寿彝比较袁宏和陈寿，说袁宏：“他更喜欢品题人物，有更多的清谈趣味，并且更公开地宣扬自己的观点。他在一部编年史里，很突出地重视历史人物才情风貌的记述，这是跟体现在他身上的这种世族名士的风尚不可分割的。他所以有时要在书内收入很易辨识的‘附益增张’的‘华辞’，也是跟这种风尚密切相关的。”②如写到桓帝年间党锢之祸中的范滂，袁宏书云：

> 汝南人范滂，字孟博，郡召为功曹，即（骞）〔褰〕衣就车，急痛于时也。进善退恶，风教肃然。即中不便者，咸共疾之，所举者谓之朋党。后为太尉黄琼所辟，登车揽辔，有澄清天下之志。受诏冀州，（百姓）〔守令〕闻滂名，其有赃污未发者，皆解印绶去。滂举刺史、二千石二十余人罪恶者，皆权豪之党也。尚书诘滂曰：“所举无乃猥多，恐有冤疑，其更详核，勿拘于前。”滂对曰：“臣之所举，自非饕秽奸罪，岂以污臣简札。臣以会日促迫，故先举所闻，其未审者，方当参实，以除凶类。臣闻农勤于除草，故谷稼丰茂。忠臣务在除奸，故令德道长。”滂睹时方艰难，知其志不行，乃投刺而去。于是〔中〕人耻惧，怀谋害正矣。③

袁宏的语言有简洁、浑厚、典雅、传神诸多风格④，范滂的风度及人情风貌在袁宏笔下跃然纸上，令人神往，想见其人。当然，最能彰显门阀观念家传式人物书写，袁宏《后汉纪》中也没有遗落。袁隗与袁宏同出汉平帝时太子舍人

① 尹达：《中国史学发展史》，中州古籍出版社 1985 年版，第 128 页。
② 白寿彝：《陈寿与袁宏》，《中国史学史论集》，中华书局 1999 年版，第 170 页。
③ 袁宏撰，张烈点校：《后汉纪》卷二十二《孝桓皇帝纪下》，《两汉纪》，第 429 页。
④ 参见刘庆莲：《袁宏〈后汉纪〉研究——以文学性考察为重点》，山东师范大学，2018 年。

袁良之后①,熹平五年(175)冬十月,司徒袁隗久病策罢,《后汉纪》于此后记云:

> 隗字次阳,累世三公,贵倾当时。兄弟逢及隗并喜人事,外结英俊,内附宦官。中常侍袁朗,隗之宗人,用事于中,以逢、隗家世宰相,推而崇之以为援。故袁氏宠贵当世,富侈过度,自汉公族未之有也。逢兄子绍,好士著名,宾客辐辏,绍折节下之,(所)〔不〕择贤愚。逢子术,亦任侠好士,故天下好事之人,争赴其门,辎軿柴车常有千两,宠臣、中官皆患之。②

《后汉纪》运用“言行趣舍,各以类书”以扩增编年体载史容量,上引正是典型例证。同时,我们也不难注意到,袁绍与袁术均是汉末群雄逐鹿中的失败人物。袁宏连举袁逢、袁朗并及袁绍、袁术,包括其中特别强调袁氏“自汉公族未之有也”,均乃是有意为之,侧笔彰显其袁氏门阀之显贵。

这一时期史传和家谱常见的书法,即传述人物提及先世仕宦而不及其事,袁宏《后汉纪》也能见到,如传述廉范时,袁宏写道:“范字叔度,杜陵人。祖父丹,王莽时为大司马。”③其下不及范丹史事。传述李固时,袁宏写道:“固字子坚,汉中南郑人。父郃,为汉司徒。”④其下又不及李郃史事。当然,袁宏这一笔法在当时编年体正史撰述中并不少见。东晋编年体盛行之时,同时也是门阀士族鼎盛时期。这种彰显门阀观念家谱式书法,简洁单纯,无须铺陈史事,既可增加编年体容量,又不易滋生枝蔓,比较适宜编年史撰述的有限空间。所以不少编年体撰述不时采用家传式写法,插入所述人物之父祖,利用有限空间烙上士族门阀观念印记。再如太原孙盛著《晋阳秋》,其“太康元年”条下记:“陆机字士衡,吴郡人。祖逊,吴丞相;父抗,大司马。机与弟云并有隽才,司

① 参见王伊同:《五朝门第·高门权门世系婚姻表》附表二一。

② 袁宏撰,张烈点校:《后汉纪》卷二十四《孝灵皇帝纪中》,《两汉纪》,第464页。

③ 袁宏撰,张烈点校:《后汉纪》卷九《孝明皇帝纪上》,《两汉纪》,第175页。

④ 袁宏撰,张烈点校:《后汉纪》卷二十一《孝桓皇帝纪上》,《两汉纪》,第396页。

空张华见而悦之，曰：‘平吴之利，在获二隽。’”“元康三年春帝正月”条下记：“孙楚字子荆，骠骑将军资之孙，南阳太守宏之子。”“元康五年春帝正月”条下记：“王深弟湛，字处冲，汝南太守。湛子承，字安期，东海内史。承子述，字怀祖，尚书令、卫将军。述子坦之，字叔度，北中郎将，徐、兖二州刺史。王昶子中湛最有德誉，而承亦自为名士，述及坦之并显重于世，为时盛门云。”又如南齐高平檀道鸾著《续晋阳秋》，记“孙恩陷沪渎，袁山松死之”事后云：“山松，陈郡人。祖乔，益州刺史。父方平，义兴太守。山松历秘书监，吴国内史。孙恩作乱，见害。”记“以元显为骠骑大将军，讨桓玄”事后云：“殷仲文字仲文，陈郡人。祖融，太常，父康，吴兴太守。”又如沛国曹嘉之《晋纪》记：“刘畴字王乔，彭城人，父讷，司隶校尉。”又如琅邪王韶之《晋安帝纪》，记孟昶云：“昶字平达，平昌人。父馥，中护军。”记谢混云：“混字叔源，陈郡人，司空琰少子也。”①等等。上述所引原书均皆亡佚，然即便仅据后世学者所辑残文，原作中关于人物传述之法，也可看出与当时家传、家谱所见形式颇相契合之痕迹，显示了家传式人物传记书法在编年史中的渗透。

综上考察，不难发现，当时史传写作中普遍运用了家传式的传述方法。这种书法早有渊源，但在魏晋南北朝时期士族门阀观念的炽扇下得到不断强化，渐成为一种固定的书写模式，对当时史家的撰述产生着深刻影响。清人所感叹的“六朝重氏族”②之风，从杂传与谱牒撰述到包括各类正史撰述，所显现的痕迹无处不在。

门第观念与上述史传书法是互为因果的，不可否认，在门阀观念流行之时，史传这种家传式书写的普遍运用，反过来又推动了门阀观念的进一步强化与风行，乃至当时庶族和僧道也浸染此风，他们的史学撰述也同样反映着时下流行的门第观念和家族意识。诸多史学撰述反映出的这一时代特征，又通过

① 参见汤球辑，乔治忠校注：《众家编年体晋史》，天津古籍出版社 1989 年版，第 120、131、133、280—281、375、444 页。

② 赵翼：《陔余丛考》卷十七“六朝重氏族”条，中华书局 1963 年版，第 315—319 页。

日益发展的历史教育,使更多受众在习读中去认知、体悟和史学再创作,形成了史学与士族的多重互动。史家面向现实、史学面向社会,本是古代史学优良传统。三世纪以来,从士族的门阀观念到史学撰述中人物传记家传式书法的普遍运用,推进了史学与士族群体的结合,推动了士族史家走出“名山”思维的自闭,也推动了史学向社会更深处迈进。

二、人物评论与士族旨趣

史著中的人物评论,存在着两个层面的情况:一是作为客体的历史人物作出的人物评论,一是史家主体对传述人物所作的评论,后者与前述史评偶见有所重叠。众所周知,史家会本主体旨趣来书写笔下客体人物,反之,而当史家倾情笔下历史客体时,也极易受客体人物感染,二者又往往交互作用。仔细剖析史家的史学作品,分析其中两个层面的人物评论,对于我们理解、发掘、解读史学撰述中士族门阀意识,也不失为一个有效路径。

某种程度上来说,人物评论兴盛是三世纪以来史传兴盛向深度发展的自然结果。但人物评论兴盛并不仅是纯粹学术运动,也实是时代风尚的反映。瞿林东先生曾揭示:“品评人物,是魏晋南北朝时期社会风气的重要特点之一。”①品评人物是人物评论的重要方式,包括对人物神形、品格、学术、业绩、思想等评判与论断。人物品评源自东汉末年的清议,即所谓“月旦评”。汉魏之际社会变迁对人物品评产生了新影响,“一方面是形成中的门阀士族对‘名节’、‘家风’的提倡,另一方面是九品中正制下选官任使的要求”②,再加上品评人物理论结晶《人物志》的问世,遂使品评人物在时人社会生活和文化活动中更为广泛地流行起来。品评人物之风与士族门阀观念相互结合,促使史学撰述中人物品评从形式到内容都出现了不同于以往的新变化。这种变化首先表现为大量人物类比形式的出现。

---

① 瞿林东:《中国史学史纲》,第285页。

② 瞿林东:《中国史学史纲》,第285页。

人物类比形式与九品中正制的施行有密切联系，中正在对士族作出品状时，往往“选择与被评者同等的人物彼此互相类比，以衡量所予的品是否恰当。”也因此，被评者与借用类比者通常有着许多相同或相近之处，他们又“往往是一个家族，或门第社会的婚姻集团，两个或以上郡望相等的家族成员”。①九品中正制是一种选官制度，从这个意义上来说，中正的人物品评是一种官方的政治行为，但其影响却并不仅限于官方，也不限于政治领域，士族的交往甚至一般士人交往中也往往有这类现象，形成社会风气。《世说新语·品藻》篇专记当时人物的品评，共计86条，足见这一时期人物品评之风的盛行，其中有不少就是有“齐名”“辈目”等形式的类比，举证如下：

> 正始中，人士比论，以五荀方五陈：荀淑方陈寔，荀靖方陈谌，荀爽方陈纪，荀彧方陈群，荀顗方陈泰。又以八裴方八王：裴徽方王祥，裴楷方王夷甫，裴康方王绥，裴绰方王澄，裴瓒方王敦，裴遐方王导，裴頠方王戎，裴邈方王玄。②

颍川颍阴荀氏、颍川许昌陈氏与河东闻喜裴氏、琅邪临沂王氏都是当时高门士族，胡宝国在《杂传与人物品评》中也注意到了这条史料的典型性，并认为这实是“以家族为品评对象”③。逯耀东也据之分析说：“由此可知当时的人物比论，必须门第相当，也就是说家族对于人物类比，产生直接的影响，”④两位前辈都直接指出了士族门第观念对当时人物评论发生的作用。

孔融是孔子二十世孙，为太山都尉孔宙之子，建安十三年（208）被曹操所杀。孔融所撰《汝颍优劣论》也是一篇士族群体比较的人物评论，见于《太平御览》卷四四七《人事部八八·品藻下》，其语云：

> 陈群《汝颍士论》曰：“群以为孔氏先汝颍士胜负之评矣。”孔答

---

① 逯耀东：《魏晋别传的时代性格》，《魏晋史学的思想与社会基础》，第87页。

② 刘义庆撰，杨勇校笺：《世说新语校笺》，第449页。

③ 胡宝国：《杂传与人物品评》，《汉唐间史学的发展》，第143页。

④ 逯耀东：《〈世说新语〉对个人形态的描叙》，《魏晋史学的思想与社会基础》，第154页。

曰："汝南戴子高，亲止千乘万骑，与光武皇帝共揖于道中。颍川士虽抗节，未有颉颃天子者也。汝南许子伯，与其友人共说世俗将坏，因夜起举声号哭。颍川士虽颇忧时，未有能哭世者也。汝南许掾，教太守邓晨图开稻陂，灌数万顷，累世获其功，夜有火光之瑞。韩元长虽好地理，未有成功见效如许缘者也。汝南张元伯，身死之后，见梦范巨卿。颍川士虽有奇异，未有鬼神能灵者也。汝南应世叔，读书五行俱下。颍川士虽多聪明，未有能《离娄》并照者也。汝南李鸿为太尉掾，弟杀人当死，鸿自劾诣阁，乞代弟命，便饮鸩而死，弟用得全。颍川士虽尚节义，未有能杀身成仁如洪者也。汝南翟文仲为东郡太守，始举义兵，以讨王莽。颍川士虽疾恶，未有能破家为国者也。汝南袁公著为甲科郎中，上书欲治梁冀。颍川士虽慕忠谠，未有能投命直言者也。"①

此处的比较，着重于区域群体。将《汝颍优劣论》与前引《世说新语·品藻》所见，可以看出门阀士族兴起以后门第观念日趋强化的时代现象。《汝颍优劣论》中也不乏士族世家，但又不限于士族名士，整体而言，所见汝颍士人群体门第，不能与前引五荀五陈、八裴八王等高门相比肩。陈群与孔融所论，毕竟只是在二世纪末三世纪初。五荀比五陈、八裴比八王，时在曹魏正始（240—249）中期，此时九品中正制已实施20余年，门阀士族逐渐强盛。所以前引《世说新语》中的类比所彰显门第意识，要强化得多，而这正是时代发展使然。

传述人物为重是三世纪以降史学的时代特征，而史学又具有纪实表世的功能，所以，门第观念影响下人物品评现象频频被史家载入史册。诚如逯耀东所说，如"'某少有美誉，与某齐名'，如'某少慕简旷，亦有才俊，与某齐名'，'某与某齐名，俱起家为某官'等等，成为别传写作的固定的形式。"②胡宝国

① 李昉等：《太平御览》卷四四七《人事部八八》，第2057页。文并见载于《艺文类聚》卷二二《人部六·品藻》。

② 逯耀东：《魏晋别传的时代性格》，《魏晋史学的思想与社会基础》，第88页。

还将考察由别传扩大到整个杂传部类，断言“杂传对人物的关注就是来自于当时的品评风气”①。杂传中这种人物品评风气不是孤立存在，三至六世纪正史中人物品评也俯拾即是。这些人物品评，既有见于历史客体之间，也有出于史家主体。品评人物源于东汉末年之清议，陈寿《三国志》与袁宏《后汉纪》、范晔《后汉书》恰好都记录了这段时事，他们史著中有这种人物品评载录自不必说。即便记录两晋的史书，也是在在有之。兹从汤球辑佚诸史所见略举数例，以见其情形：习凿齿《汉晋春秋》载惠帝元康七年，“以王戎为司徒。是时王夷甫为尚书令，乐广为河南尹。王夷甫、乐广俱以宅心事外，名重于时，故天下之言风流者称王、乐焉”；又，“世祖问毅曰：‘卿以吾可方汉何帝？’对曰：‘可方桓、灵。’”孙盛《晋阳秋》卷三“元帝”条下记：“（谢）鲲随王敦下入朝见太子于东宫，语及夕。太子从容问鲲曰：‘论者以君方庾亮，自谓孰愈？’对曰：‘宗庙之美、百官之富，臣不如亮；纵意丘壑，自谓过之。’”檀道鸾《续晋阳秋》卷二“简文帝”条下记：“陈郡人殷浩，素有盛名，时论比之管、葛”；“孝武帝”条下记：“张玄之，字祖希，吴郡太守澄之孙也。少以学显，历吏部尚书，出为冠军将军、吴兴太守。与会稽内史谢玄同时之郡，论者以为南北之望。玄之名亚于谢玄，时亦称南北二玄，卒于郡。”刘谦之《晋纪》“孝武帝”条下记：“太元十一年，中书令王献之卒，赠太常。以侍中王珉代之，皆一时之美也。”王韶之《晋安帝纪》记：“（王）忱字符达，平北将军坦之第四子也。甚（有）〔得〕名于当世，与族子恭少相善，齐声见称。仕至荆州刺史。”②习凿齿和孙盛为东晋中叶史家，刘谦之为东晋末叶史家，王韶之为晋宋之际史家，檀道鸾是刘宋时期史家，他们都距魏晋不远，他们传述之人物，都是魏晋时人。由他们笔下的历史客体所作的人物品评具有共同的时代特征，鲜明体现出门阀观念与品评人物的深度结合。实际上，这一时期，不仅上引汉士族盛行人物品评，即如北方少

---

① 胡宝国：《杂传与人物品评》，《汉唐间史学的发展》，商务印书馆2003年版，第143页。

② 汤球辑，乔治忠校注：《众家编年体晋史》，天津古籍出版社1989年版，第79—80、84、163—164、257、273、424、437页。

数民族君王也受到人物品评风气的影响,前引石勒问徐光"朕方自古开基何等主"事便是明证。石勒说自己"若逢高皇,当北面而事之,与韩、彭竞鞭而争先耳。脱遇光武,当并驱于中原,未知鹿死谁手。大丈夫行事当礌礌落落,如日月皎然,终不能如曹孟德、司马仲达父子,欺他孤儿寡妇,狐媚以取天下也"。石勒将自己与刘邦、韩信、彭越、刘秀、曹操、司马懿等历史人物作比较,品评短长。这不仅说明石勒历史知识素养较为丰厚,也说明他具有较强的品评人物的自觉意识。

东晋以后的人物品评风气,胡宝国认为存在着变化,他论之说:"人物品评风气的减弱与私人立碑被有效禁止都是从晋宋之际开始的。"①后一问题容待再议,暂于此先检讨下南朝时期的人物品评。晋宋之际琅邪临沂颜延之所撰长文《庭诰》,其中语云:"夫内居德本,外夷民誉,言高一世,处之逾默,器重一时,体之滋冲,不以所能干众,不以所长议物,渊泰入道,与天为人者,士之上也。"②胡宝国先生认为,晋宋之际虽仍有人热衷人物品评,但并不多见,而对品评人物采取回避态度却不乏其人。③ 即是凭借颜延之《庭诰》得出结论的。那么,颜延之是否真的"不以所能干众,不以所长议物"呢?且不论他好强斗胜面折周续之事,稍加注意他同当时权臣关系,便可看出他所谓"处之逾默"人生态度,只停留在想象层面。史称:"延之好酒疏诞,不能斟酌当世,见刘湛、殷景仁专当要任,意有不平,常云:'天下之务,当与天下共之,岂一人之智所能独了!'辞甚激扬,每犯权要。谓湛曰:'吾名器不升,当由作卿家吏。'"又载其,"作《五君咏》以述竹林七贤,山涛、王戎以贵显被黜,咏嵇康曰:'鸾翮有时铩,龙性谁能驯。'咏阮籍曰:'物故可不论,途穷能无恸。'咏阮咸曰:'屡荐不入官,一麾乃出守。'咏刘伶曰:'韬精日沉饮,谁知非荒宴。'此四句,盖自序

① 胡宝国:《杂传与人物品评》,《汉唐间史学的发展》,第 150 页。
② 《宋书》卷七十三《颜延之传》,第 1894 页。
③ 胡宝国:《杂传与人物品评》,《汉唐间史学的发展》,第 150—151 页。

也。”①颜延之咏五君本身就是一种人物品评，何况他还是以此自况“贵显被黜”，特别是他与刘湛、殷景仁的争胜斗气，可以看出他实际上是个入世很深的人。可见，《庭诰》所言其实并非颜延之真实人生，可能只是颜延之面对现实的一种理想化反思。颜延之这种假想，也许也正是沈约历经政治后的期盼，因有共鸣，所以沈约不厌其冗长，载之入史。再说，在人物品评风气强劲的魏晋时期，类同《庭诰》思想的名士也是大有人在的，如嵇、刘与二阮等，但这并不能说明魏晋人物品评风气有所减弱。还耐人寻味的是，颜延之本传后，沈约叙道：“延之与陈郡谢灵运俱以词彩齐名，自潘岳、陆机之后，文士莫及也，江左称颜、谢焉。”②恰好说明彼时人物品评风气正盛，颜延之还是被品评的当事人之一。

检寻《南史》，品评人物的士族侨姓吴姓均皆有之，如《南史·徐孝嗣传》载：

出为吴兴太守，俭赠孝嗣四言诗曰：“方轨叔茂，追清彦辅，柔亦不茹，刚亦不吐。”时人以比蔡子尼之行状也。在郡有能名。③

又《南史·傅亮传》载：

文帝将下，引见亮，哭泣哀动左右。既而问义真及少帝薨废本末，悲号呜咽，侍侧者莫能仰视，亮流汗沾背不能答。于是布腹心于到彦之、王华等。及至都，徐羡之问帝可方谁？亮曰：“晋文、景以上人。”④

又《南史·谢瞻传》载：

晦时为宋台右卫，权遇已重，于彭城还都迎家，宾客辐凑。时瞻在家，惊骇谓晦曰：“吾家以素退为业，汝遂势倾朝野，此岂门户福

---

① 《宋书》卷七十三《颜延之传》，第 1893 页。

② 《宋书》卷七十三《颜延之传》，第 1904 页。

③ 《南史》卷十五《徐孝嗣传》，第 438—439 页。

④ 《南史》卷十五《傅亮传》，第 443 页。

邪。”乃篱隔门庭，曰：“吾不忍见此。”后因宴集，灵运问晦：“潘、陆与贾充优劣。”晦曰：“安仁谄于权门，士衡邀竞无已，并不能保身，自求多福。公闾勋名佐世，不得为并。”灵运曰：“安仁、士衡才为一时之冠，方之公闾，本自辽绝。”瞻敛容曰：“若处贵而能遗权，斯则是非不得而生，倾危无因而至。君子以明哲保身，其在此乎。”常以裁止晦如此。①

又《南史·谢朏传》载：

仕宋为卫将军袁粲长史。粲性简峻，时人方之李膺。朏谒退，粲曰：“谢令不死矣。”宋明帝尝敕朏与谢凤子超宗从凤庄门入。二人俱至，超宗曰：“君命不可以不往。”乃趋而入。朏曰：“君处臣以礼。”遂退不入。时人两称之，以比王尊、王阳。②

又《南史·谢览传》载：

览昔在新安，颇聚敛，至是遂称廉洁，时人方之王述。③

又《南史·王彧传》载：

智无子，故父僧朗以景文（注：王彧字景文）继智。幼为从叔球所知怜。美风姿，为一时推谢。袁粲见之叹曰：“景文非但风流可悦，乃哺歠亦复可观。”有一客少时及见谢混，答曰：“景文方谢叔源，则为野父矣。”粲惆怅良久，曰：“恨眼中不见此人。”景文好言理，少与陈郡谢庄齐名。④

又《南史·到洽传》载：

朓后为吏部，欲荐之，洽睹时方乱，深相拒绝，遂筑室岩阿，幽居积岁，时人号曰居士。梁武帝尝问待诏丘迟曰：“到洽何如沆溉？”迟

① 《南史》卷二十《谢瞻传》，第525—526页。

② 《南史》卷二十《谢朏传》，第558页。

③ 《南史》卷二十《谢览传》，第563页。

④ 《南史》卷二十三《王彧传》，第632页。

曰："正情过于沆，文章不减溉；加以清言，殆将难及。"①

又《南史·褚彦回传》载：

彦回美仪貌，善容止，俯仰进退，咸有风则。每朝会，百僚远国使，莫不延首目送之。明帝尝叹曰："褚彦回能迟行缓步，便得宰相矣。"时人以方何平叔。②

又《南史·张种传》载：

种少恬静，居处雅正，傍无造请。时人语曰："宋称敷、演，梁则卷、充，清虚学尚，种有其风。"③

又《南史·江斅传》载：

斅字叔文，母宋文帝女淮阳长公主。幼以戚属召见，孝武谓谢庄曰："此小儿方当为名器。"少有美誉，尚孝武女临汝公主，拜驸马都尉，为丹阳丞。时袁粲为尹，见斅叹曰："风流不坠，政在江郎。"④

又《南史·萧恺传》载：

恺才学誉望，时论以方其父。⑤

又《南史·陆慧晓传》载：

陆慧晓字叔明，吴郡吴人，晋太尉玩之玄孙也。自玩至慧晓祖万载，世为侍中，皆有名行。慧晓伯父仲元，又为侍中，时人方之金、张二族。⑥

又《南史·陆瑜传》载：

瑜字幹玉，少笃学，美词藻，州举秀才。再迁军师晋安王外兵参

---

① 《南史》卷二十五《到洽传》，第681页。
② 《南史》卷二十八《褚彦回传》，第749页。
③ 《南史》卷三十一《张种传》，第820页。
④ 《南史》卷三十六《江斅传》，第941—942页。
⑤ 《南史》卷四十二《萧恺传》，第1074页。
⑥ 《南史》卷四十八《陆慧晓传》，第1190页。

军，东宫学士。兄琰时为管记，并以才学娱侍左右，时人比之二应。①

又《南史·陆杲传》载：

子罩字洞元，少笃学，多所该览，善属文。简文居蕃，为记室参军，撰帝集序。稍迁太子中庶子，掌管记，礼遇甚厚。大同七年，以母老求去，公卿以下祖道于征虏亭，皇太子赐黄金五十斤，时人方之疏广。②

又《南史·梁宗室上·吴平侯景传》载：

昂字子明，位轻车将军，监南兖州。初，兄景再为兖州，德惠在人，及昂来代，时人方之冯氏。③

又《南史·梁宗室下·安成康王秀传》载：

时诸王并下士，建安、安成二王尤好人物，世以二安重士，方之“四豪”。④

又《南史·梁宗室下·南平元襄王伟传》载：

世子恪字敬则，弘雅有风则，姿容端丽。位雍州刺史。年少未闲庶务，委之群下，百姓每通一辞，数处输钱，方得闻彻。宾客有江仲举、蔡薳、王台卿、庾仲容四人，俱被接遇，并有蓄积。故人间歌曰：“江千万，蔡五百，王新车，庾大宅。”遂达武帝。帝接之曰：“主人愦愦不如客。”寻以庐陵王代为刺史。恪还奉见，武帝以人间语问之，恪大惭，不敢一言。⑤

又《南史·沈约传》载：

自负高才，昧于荣利，乘时射势，颇累清谈。及居端揆，稍弘止

---

① 《南史》卷四十八《陆瑜传》，第1203页。
② 《南史》卷四十八《陆杲传》，第1205页。
③ 《南史》卷五十一《萧景传附萧昂传》，第1264页。
④ 《南史》卷五十二《萧秀传》，第1289页。
⑤ 《南史》卷五十二《萧伟传附萧恪传》，第1292页。

足，每进一官，辄殷勤请退，而终不能去，论者方之山涛。用事十余年，未常有所荐达，政之得失，唯唯而已。①

又《南史·任昉传》载：

昉不事生产，至乃居无室宅。时或讥其多乞贷，亦随复散之亲故，常自叹曰："知我者亦以叔则，不知我者亦以叔则。"既以文才见知，时人云"任笔沈诗"。昉闻甚以为病。晚节转好著诗，欲以倾沈，用事过多，属辞不得流便，自尔都下士子慕之，转为穿凿，于是有才尽之谈矣。……所著文章数十万言，盛行于时。东海王僧孺尝论之，以为"过于董生、扬子。昉乐人之乐，忧人之忧，虚往实归，忘贫去吝，行可以厉风俗，义可以厚人伦，能使贪夫不取，懦夫有立"。其见重如此。

有子东里、西华、南容、北叟，并无术业，坠其家声。兄弟流离不能自振，生平旧交莫有收恤。西华冬月著葛帔練裙，道逢平原刘孝标，泫然矜之，谓曰："我当为卿作计。"乃著《广绝交论》以讥其旧交曰：……近世有乐安任昉，海内髦杰，早绾银黄，夙昭人誉。遒文丽藻，方驾曹、王，英跱俊迈，联衡许、郭。类田文之爱客，同郑庄之好贤。见一善则盱衡扼腕，遇一才则扬眉抵掌。雌黄出其唇吻，朱紫由其月旦。②

又《南史·范述曾传》载：

范述曾字子玄，一字颖彦，吴郡钱唐人也。幼好学，从余杭吕道惠受五经，略通章句。道惠曰："此子必为王者师。"齐文惠太子、竟陵文宣王幼时，齐高帝引述曾为之师友，起家宋晋熙王国侍郎。齐初至南郡王国郎中令，迁太子步兵校尉，带开阳令。述曾为人謇谔，在宫多所谏争，太子虽不能全用，然亦弗之罪也。竟陵王深相器重，号

---

① 《南史》卷五十七《沈约传》，第1413页。

② 《南史》卷五十九《任昉传》，第1455—1459页。

为周舍。太子左卫率沈约亦以述曾方汲黯。①

又《南史·伏曼容传》载:

曼容素美风采,明帝恒以方嵇叔夜,使吴人陆探微画叔夜像以赐之。为尚书外兵郎,尝与袁粲罢朝相会言玄理,时论以为一台二绝。②

又《南史·陆庆传》载:

永阳王为吴郡太守,闻其名,欲与相见,庆辞以疾。时宗人陆荣为郡五官掾,庆尝诣焉,王乃微服往荣宅,穿壁以观之。王谓荣曰:"观陸庆风神凝峻,殆不可测,严君平、郑子真何以尚兹。"③

又《南史·何思澄传》载:

有人方之楼护,欣然当之……

初,思澄与宗人逊及子朗俱擅文名,时人语曰:"东海三何,子朗最多。"思澄闻之曰:"此言误耳。如其不然,故当归逊。"思澄意谓宜在己也。子朗字世明,早有才思。周舍每与谈,服其精理。尝为败冢赋,拟庄周马棰,其文甚工。世人语曰:"人中爽爽有子朗。"④

以上胪列,虽显烦琐但仍是未能尽举。凡所见20余人,皆出身士族,且自刘宋、萧齐、萧梁至陈各时期均是有之。所见人物品评,或为类比,或为时论,说明南朝以降,反映士族趣味的人物品评代代相承。至于前文引见胡宝国提及刘宋以后禁立私碑,事属史实,但这是否就标志人风品评风气衰落尚未可知。诚如胡先生所言,"如果说别传是受人物品评风气影响而来,那么与别传同时涌现出来的大量碑刻当然也是基于同样的原因。"⑤这说明当时碑文与史

① 《南史》卷七十《范述曾传》,第1714页。

② 《南史》卷七十一《伏曼容传》,第1731页。

③ 《南史》卷七十一《陆庆传》,第1756页。

④ 《南史》卷七十二《何思澄传》,第1783页。

⑤ 胡宝国:《杂传与人物品评》,《汉唐间史学的发展》,第146页。

传一样，同样有彰显士族观念的人物品评之印记。胡先生又引顾炎武“墓之有志，始自南朝”语解释此后南朝墓志的盛行，①从赵万里、赵超及罗新等所整理来看，所见南朝墓志者数量有限，远少于两晋，且其志文多有残缺，又不比北朝志文丰富。还以前文所举由江左奔入北魏的羊祉之墓志为例，略见彼时志文中人物品评之梗概。节录其志文如下：

> 使君讳祉，字灵祐，泰山梁父人也。……公学□群□，志□□□□□□□不□，清猷方远。太和中，□拜出藏□高□□□昌帝发核官人，综□名实，抽奇算异，必□曰□官人之□□日远□相许迁之讣□□东留戍。□想年□，开辅国大将军府，国栋时□，民□长□。□□□□□寻加建威将军，别督戎□□□□□□□□□□□□□，师徒失律，公独亡□。除征西大将军司马，辞荣□命，□□□□。太和六年，襄樊未宾，乃□□□□□□□□□□持节□统军，故左仆射元珍时亦同为统军，俱受节度□□。公□闲具术，善于治戎。时有诏使，军门不开，诏使□□令明□□□难犯。使者踟蹰，通□□进，还，以状□□帝，帝叹曰：“□抑之□方□□矣。”昔亚夫称美于汉文，□公见□于高祖，迈古垂声，其芳逾蔚。②

羊祉墓志志文破损残缺惨重，极大地影响对志文的整体解读。但仔细推敲志文，还是能见些端倪的。诸如“综□名实”，孝文帝叹语“□抑之□方□□矣”，以及志文撰者所称“昔亚夫称美于汉文，□公见□于高祖，迈古垂声，其芳逾蔚”，这些都说明人物品评在当时官方制度、帝王意识及撰者思想观念中都普遍存在的。羊祉墓志立于熙平元年（516），兹再举同为六世纪初的两方志文相对完整的墓志于以下，以明志文中人物品评的普遍性。《魏故华州别驾杨府君墓志》立于北魏永平四年（511），铭文节录如下：

> 君讳颖，字惠哲，弘农华阴潼乡习仙里人也。汉太尉震之十二世

① 胡宝国：《杂传与人物品评》，《汉唐间史学的发展》，第151—153页。

② 罗新、叶炜：《新出魏晋南北朝墓志疏证》，第78—79页。

> 孙，晋尚书令瑶之七世孙，上谷府君珍之曾孙，清河府君真之孙，洛州史君懿之第三子。君资性冲邈，志秀天云，情高古列，不桡下俗。至迺孝悌始于岐嶷，恭俭终于缀纩。及简公薨，毁几灭性。每读行状，未尝不哀感如雨。时人佥比之曾柴云。高祖孝文皇帝初建璧雍，选入中书学生。及登庠序，才调秀逸。少立爱道之名，长荷弥笃之称。春秋代易，而志业不移，录《三王魏晋书记》为卅卷，〔注〕皆传于世。历官大司农丞、平北府录事参军，征本州治中从事史，俄迁别驾。君籍胄膏腴，朱组重映，昆弟承华，列岳八牧，荣斑门生，禄逮仆妾。而君性灵璞亮，业素期神，食不兼膳，麻衣必碎。①

墓主杨颖出自弘农华阴杨氏，弘农杨氏是汉魏以来北方高门士族，《魏书》卷五十八《杨播传》附见有"（杨）椿弟颖，字惠哲。本州别驾"②。铭文首叙名、字、郡望，次叙世系，再次传述墓主。传语华丽，所注重者皆是汉晋以来人物品评关注的内容。从"录《三王魏晋书记》为卅卷"来看，杨颖还有史学撰述，《隋志》失载。"时人佥比之曾柴云"，曾柴云不详其人，从书法来看，这也是人物品评中的类比形式。

再如《大魏征东大将军大宗正卿洛州刺史乐安王墓志》，墓志立于北魏正始四年（507），节录墓志铭如下：

> 君讳绪，字绍宗，河南洛阳人也。明元皇帝之曾孙。仪同宣王范之正□。卫大将军简王梁之元子。君祖翼武皇，以造区夏。君父历匡四朝，实相成献。其鸿勋桀略，英踪伟迹，并图绩于鼎庙，灼烂于祕篆者矣。君少恭孝，长慈友，涉猎群书，遍爱诗礼。性宽密，好静素，言不苟施，行弗且合。不以时荣羡意，金玉渎心，雍容于自得之地，无交于权贵之门。故傲僧者奇其器，慕节者饮其风。遇显祖不夺厥志，

① 赵超：《汉魏南北朝墓志汇编》，第61页。

② 《魏书》卷五十八《杨播传》，第1294页。

逢孝文如遂其心。故得恬神园泌，养度茅邦，朝野同咏，世号清玉。①

《魏书》卷十七《明元六王列传》有“乐安宣王范”，传及其长子良，谥曰“简王”，不及元绪。② 铭文聚焦内容与上引杨颖墓志铭相近，对其志趣、风貌更为着意，铭文称“朝野同咏，世号清玉”，乃时论清议，亦属人物品评。从赵超整理的墓志来看，至六世纪后半叶，墓志铭文中仍能看到人物品评存在，北齐末年济南太守李云卒于武平七年(576)，其墓志铭文如下：

公讳云，字惠云，黎阳卫国人也。昔虎鼻诞于虞年，时兴画像之法；游龙挺于周世，实弘无□之理。自后兰柯布濩，桂叶氛氲，鸣玉赤墀，锵金紫闼、衣缨世袭，难得而具言矣。曾祖方叔，仪同三司顿丘献王，魏文成皇元恭后之父也。以外姻之重，启封河卫。祖峻，开府仪同太宰羽真录尚书顿丘宣王。父肃，侍中相州刺史穆公。并能文能武，不镂自雕，蕴韞琳琅，坐致天爵。公禀河宗之气，苞丘秀之灵。孝敬之情，发于怀橘。友于之志，见于分棘。父祖异之，因曰：此儿云宵中人也。因定名焉。③

李云史书无传，墓志铭文也着意传述其世系，此后介绍墓主风貌秉性，说道“父祖异之，因曰：‘此儿云宵中人也。’”这是汉晋以来人物品评最为常见的现象。

通过上述征引四方墓志铭文，我们不难看出，墓志铭文中所见，说明即使刘宋禁立私碑有效执行，与人物品评衰落之间也可能并不存在必然因果关系。因为地下墓志取代地上墓碑流行后，并没有在志文书法上出现本质变化。也说明三至六世纪南北墓志，不仅通过移谱入志标榜阀阅，也同样注意到适当通过墓主传记中人物品评来彰显士族观念。

汉魏以来的人物品评有着丰富的内涵，其形式除了上述所谓的类比和时

---

① 赵超：《汉魏南北朝墓志汇编》，第52—53页。

② 《魏书》卷十七《明元六王列传》，第414—415页。

③ 赵超：《汉魏南北朝墓志汇编》，第478页。

论外，前文隐约已经指出，还有对人物神情、风貌的塑形，以及史家对士族思想的直接发论等形式。如众所知，士族出于维护门第等级的需要而特重人物，对人物的评判也突破了两汉时期的儒学规范而有所变化，转向特别重视人物自身气质形象及风流学养①。刘义庆的《世说新语》就是这样一幅士人画卷长廊，其中上卷记录了儒家理想人格，而中卷以下则分载了方正、雅量、识鉴等多种性格类型，反映出当时士人对人物评判在儒家理想人格之外的多种价值取向，所记内容即多关乎人物气质形象和风流学养。

《世说新语》所反映的士族对于人物的多种价值取向，在史家的人物传述也得到充分体现。如沈约《宋书》记庐陵王刘义真："美仪貌，神情秀徹"；江夏王刘义恭"幼而明颖，姿颜美丽，高祖特所钟爱，诸子莫及也"；衡阳王刘义季"幼而夷简，无鄙近之累"；羊欣"少靖默，无竞于人，美言笑，善容止。泛览经籍，尤长隶书"；张敷"性整贵，风韵甚高，好读玄书，兼属文论。少有盛名"；王华"少有志行，以父存亡不测，布衣蔬食不交游，如此十余年，为时人所称美"；王敬弘"少有清尚……性恬静，乐山水"；何尚之"少时颇轻薄，好摴蒱，既长折节蹈道，以操立见称。为陈郡谢混所知，与之游处"；记谢灵运"幼便颖悟……少好学，博览群书，文章之美，江左莫逮。从叔混特知爱之"；刘湛："少有局力，不尚浮华。博涉史传。谙前世旧典，弱年便有宰世情，常自比管夷吾、诸葛亮，不为文章，不喜谈议"；记袁淑"少有风气，年数岁，伯父湛谓家人曰：'此非凡儿。'至十余岁，为姑夫王弘所赏。不为章句之学，而博涉多通，好属文，辞采遒艳，纵横有才辩"；谢庄"年七岁，能属文，通《论语》。及长，韶令美容仪，太祖见而异之，谓尚书仆射殷景仁、领军将军刘湛曰：'蓝田出玉，岂虚也哉'"；王景文"幼为从叔球所知。美风姿，好言理，少与陈郡谢庄齐名"②。

---

① 所谓风流学养，叶妙娜认为"概括起来，主要有品德、学问、风流和清谈"。见氏撰：《东晋南朝侨姓高门之仕宦——陈郡谢氏个案研究》，《中山大学学报》1986 年第 3 期。

② 《宋书》各本传，第 1633、1640、1653、1661、1663、1675、1729、1733、1743、1815、1835、2167、2178 页。

从上述胪列来看，人物品评既有单个人物品评也有类比；既有士族自评或同族叔伯品评，也有出自时人甚至帝王的品评；也有出自撰史者的品评，而各类人物评述集中在人物的仪容、品格、才干、文学、玄谈等方面，印证了《世说新语》中呈现的士族人物多种价值取向及士族风流学养之内涵。门阀士族走向衰落后，清虚退让、不以时务缨心，甚至居官而望白署空，渐成为门阀士族时尚所好，沈约《宋书·隐逸传》传后发论说：

> 夫独往之人，皆禀偏介之性，不能摧志屈道，借誉期通。若使值见信之主，逢时来之运，岂其放情江海，取逸丘樊，盖不得已而然故也。且岩壑闲远，水石清华，虽复崇门八袭，高城万雉，莫不蓄壤开泉，仿佛林泽。故知松山桂渚，非止素玩，碧涧清潭，翻成丽瞩。挂冠东都，夫何难之有哉。①

沈约的评论既从人物身处出发分析这种性格形成的现实背景，同时又从思想层面剖析这一性格形成内在的心理动因，使人物群体品评呈现出一定的逻辑深度。同时，沈约的评论既反映出作为史家的他对于现实社会影响历史人物的客观把握，又充分说明他对魏晋以来个人意识觉醒的深刻认识。也因此，沈约能在士族门阀观念盛行的时代，深刻把握住士族的价值取向对人物品评的多重影响，并成功通过史学撰述表现出来。

萧子显《南齐书》中的人物品评也具有《宋书》中人物品评的种种特色。《南齐书》卷二十三是阳翟褚渊与琅邪王俭两个家族的合传，萧子显于传后用多种手法对褚渊集中进行了评论，语云：

> 史臣曰：褚渊、袁粲，俱受宋明帝顾托，粲既死节于宋氏，而渊逢兴运，世之非责渊者众矣。臣请论之：夫汤、武之迹，异乎尧舜，伊、吕之心，亦非稷、契。降此风规，未足为证矣。自金、张世族，袁、杨鼎贵，委质服义，皆由汉氏，膏腴见重，事起于斯。魏氏君临，年祚短促，

① 《宋书》卷九十三《隐逸传》后论，第2297页。

服褐前代，宦成后朝。晋氏登庸，与之从事，名虽魏臣，实为晋有，故主位虽改，臣任如初。自是世禄之盛，习为旧准，羽仪所隆，人怀羡慕，君臣之节，徒致虚名。贵仕素资，皆由门庆，平流进取，坐至公卿，则知殉国之感无因，保家之念宜切。市朝亟革，宠贵方来，陵阙虽殊，顾眄如一。中行、智伯，未有异遇。褚渊当泰始初运，清涂已显，数年之间，不患无位，既以民望而见引，亦随民望而去之。夫爵禄既轻，有国常选，恩非己独，责人以死，斯故人主之所同谬，世情之过差也。①

宋齐之际褚渊、王俭身为刘宋姻戚而奉玺萧齐，在当时就颇遭诟病，吴兴沈文季曾嘲讽："褚渊自是谓是忠臣，未知身死之日，何面目见宋明帝？"②前已有揭，齐初庐江何点还曾撰史讽刺褚渊、王俭。萧子显对褚渊进行评论，主旨并不在为褚渊、王俭翻案，而是借此解析当时士族君臣观及其成因。他结合魏晋以来政权禅替和门阀士族观念不断强化的史实加以分析评论，比何点的道德评判有历史深度，也反映门阀士族观念对人物品评的影响。

魏收《魏书》评价人物，也注意从各方面来彰显士族门阀情趣，特别注重家世、门第和"器识"。如论韦阆等家族"韦、杜旧族门风，名亦不殒。裴、辛、柳氏，素业有资，器行仍世。所以布于列位，不替其美"③；论刘芳"矫然特立，沉深好古，博通洽识，为世儒宗，亦当年之师表也。懋才流识学，有名士之见，见重于世，不虚然矣"④；论杨播家族"杨播兄弟，俱以忠毅谦谨，荷内外之任，公卿牧守，荣赫累朝，所谓门生故吏遍于天下。而言色恂恂，出于诚至，恭德慎行，为世师范，汉之万石家风、陈纪门法，所不过也"⑤。这些人物评论，在《魏书》中俯拾即是。统观魏收此类人物评论，论门第，谈器识，评家风，从不同角度、不同方面围绕士族门阀观念彰显其撰述旨趣。实际上，毋庸置疑，不仅如

① 《南齐书》卷二十三《褚渊王俭传》，第438—439页。
② 《南齐书》卷四十四《沈文季传》，第776页。
③ 《魏书》卷四十五《韦阆传》，第1031—1032页。
④ 《魏书》卷五十五《刘芳传》，第1233页。
⑤ 《魏书》卷五十八《杨播传》，第1304页。

前所列，凡这一时期史学撰述中所能见及的人物评论，盖都彰显了士族门阀观念高度强化的时代特征。

小　结

史学撰述是史家与史书相互影响、不断对话的互动过程。史家既根据史料和撰述旨趣来组织编纂，同时，也会因史料本身特点来组织实现撰述旨趣。史学撰述就是在这样不断反复的过程中推进、修改与完善的，每一环节，史家都会不断将主体意识渗透其中。简单来说，史家必然会在史学作品中烙上主体意识的印记。嵇康所撰《圣贤高士传赞》是个典型，为我们理解史家与作品的内在关系提供了新的路径，同时，也为我们进一步认识士族与史学的关系提供了锁钥。

士族积极参与史学撰述，也在史学撰述中烙上自身印记。三至六世纪，士族在个体意识觉醒的时代氛围中形成并不断发展。一般来讲，士族自不能超脱时代，有着这一时期共有的时代意识和社会意识，庶寒和其他社会群体实际上也一样。士族和其他群体主体意识不同之处，不在于门第意识的有无，而在于门第观念的高度强化。凡所能用以炫耀家族、彰显门第的方法和手段，无不是士族所青睐而乐从的。史学作为社会意识产物和社会意识的一部分，正是士族用来再现、凸显其门阀意识的重要场所。传记人物直接以人为中心，人物评论围绕人物来表达观点思想，均易于实现士族这种撰述旨趣，所以这一时期杂传、正史传记、人物评论乃至谱牒撰述均深深烙上士族门阀意识的印记。

三至六世纪，杂传和谱牒撰述都出现前所未有的繁荣。杂传至两晋时期出现高潮，此后有所回落，但也保持着相当规模的持续兴盛。杂传不仅多为士族所撰述，且往往以士族为中心来记述门阀士族个人或家族，处处渗透着重名节、尚人物、崇门第等门阀意识。而家传与族传更是集中体现了这种门阀情趣。杂传彰显门第的书法，甚至渗透到方外人士传记之中，比如前引《比丘尼传》《高僧传》《名僧传》传述传主时也常常能见到。这说明门阀意识已由士族阶层旨趣上升为时代意识了。谱牒撰述本早已有之,三世纪以来谱牒撰述的变化,就在于由先秦帝王世系为主而下移至以门阀士族家谱为中心,甚至帝王谱也成为士族谱的一部分。至少自四世纪下半叶起,谱牒撰述保持了持续繁荣,不仅南北官方都重视并组织官谱撰修,民间私谱也相当流行,甚至以墓志形式在社会上广为流传。谱牒内容单一、用语简洁,以仕宦为中心记录士族世系与婚媾范围,辨族姓、明贵贱、别亲疏,直接彰显士庶差别,突出门阀传承,深深烙上了士族门阀的印记。正史本是史学主流,又是时代意识的记录,更为重要的是,还有不少正史撰述直接出自士族史家之手,所以其中的史传也往往有类似杂传的书法,写人物必及其父祖显宦,重视描绘人物容貌、气质和风尚等,甚至一些史书还移谱入史,将家族人物合传于一卷,更为鲜明地彰显其门阀。这一时期史家笔下的历史客体以及史家主体人物品评,往往都从士族趣味出发,成为士族门阀旨趣的又一道印记。总之,三至六世纪的史学深深烙有士族印记,实录了这一时期的社会面貌,反映了门阀士族活跃、门阀制度盛行的时代特征。

第四章 史学功用与士族对史学的借重

史学功用既是一个理论问题,也是一个实践问题。史学是一门反思的学科①,刘知幾反思并总结唐以前史学,称“史之为用,其利甚博,乃生人之急务,为国家之要道”②。瞿林东将史学社会功能进一步具体化为“居今识古”“彰往而察来”“蓄德与明道”三个方面。③ 这三个方面涉及历史认识、社会洞察、个人修养与国家政治等实践性问题。三世纪以来,士族在推动史学走向繁荣的同时,也注意将史学融入日常,在个人思想情志、社会生活及政治实践中借重史学,于自觉或不自觉中推动史学社会功用的实现。

第一节 史学与士族情怀及交游

一、士族史学情怀

由群体关怀走向自我价值反思,是魏晋士人个体意识觉醒的重要表现。

① 吴泽:《史学概论 · 前言》,安徽人民教育出版社 1985 年版,第 1 页。

② 刘知幾撰,浦起龙释:《史通通释》卷十一《史官建置》,第 281 页。

③ 瞿林东:《史学志》,上海人民出版社 1998 年版,第 326—335 页。

儒学本也有个体关怀的思想元素,孔子称"君子疾没世而名不称焉"①,《左传》借鲁大夫穆叔宣扬"太上有立德,其次有立功,其次有立言,虽久不废,此之谓不朽"②。孔子与穆叔之言,恰与魏晋之际士人个人意识觉醒的时代思潮相契合,成为士人走向个体自觉的经典依据,也使士人这种重名意识由此前的精英意识,推向新的社会广度而演化成为一种时代意识。

魏晋之际盛行重名意识,推动着求诸不朽具体途径的探讨走向深入。蜀汉郤正《释讥》阐发了他自己的思考,语之云:"或有讥余者曰:'闻之前记,夫事与时并,名与功偕,然则名之与事,前哲之急务也。是故创制作范,匪时不立,流称垂名,匪功不记,名必须功而乃显,事亦俟时以行止,身没名灭,君子所耻。是以达人研道,探赜索微,观天运之符表,考人事之盛衰,辩者驰说,智者应机,谋夫演略,武士奋威,云合雾集,风激电飞,量时揆宜,用取世资,小屈大申,存公忽私,虽尺枉而寻直,终扬光以发辉也。'"③文中所假借以讥讽郤正的认识,具求名与立功一体思想特点,实是两汉以来传统观点。历史已经证明了这是一条知易行难之路,对于身历汉魏乱世变迁、目睹黄皓乱政的郤正来说,这种观点根本不具有说服力。实际上,郤正也正是将其拿来加以批判的。郤正所论应当能代表当时颠沛流离士人的一般看法。

曹丕在《与王郎书》中也谈到上述问题,语云:

> 生有七尺之形,死唯一棺之土,惟立德扬名,可以不朽,其次莫如著篇籍。④

曹丕对人生的感叹和扬名不朽的意识,至南朝萧梁还有共鸣,南阳刘之遴也还说:"生有七尺之形,终为一棺之土。不朽之事,寄之题目,怀珠抱玉,有

① 朱熹:《〈论语〉章句集注》,载《四书五经》,中国书店1985年版,第67页。

② 杨伯峻:《春秋左传注》,中华书局1990年版,第1089页。

③ 《三国志》卷四十二《郤正传》,第1034—1035页。

④ 《三国志》卷二《文帝丕》注引《魏书》,第88页。

殁世而名不称者,可为长太息,孰过于斯。”①刘之遴与曹丕气息相通,所论从精神实质乃至话语形式,都与曹丕保持同调。值得关注的是,曹丕还提出了“立德”和“著篇籍”两种具体“扬名”方式。比较儒学传统中“立德扬名”,他所提出的“著篇籍”,对于诸多士人来说更具现实可行性,由此也就更富有时代意义。曹丕所言不是站在君临天下的帝王地位上,而是面向辗转于乱世之中的普通士人,因而能引起魏晋南北朝时人广泛共鸣。“著篇籍”以求不朽的方式,也因此“为重名者找出一条可走的捷径”②。

曹丕并没有具体指明所谓“篇籍”的范围,但他在《典论·论文》中似乎对此作了说明,他说:“盖文章经国之大业,不朽之盛事。年寿有时而尽,荣乐止乎其身,二者必至之常期,未若文章之无穷。是以古之作者,寄身于翰墨,见意于篇籍,假良史之辞,不托飞驰之声,而声名自传于后。”③曹丕这里所言,虽然还不十分直白,但他将“篇籍”与“良史”联系起来,已暗示了史学在实现“声名自传”中的特殊性。胡宝国经过对汉魏之际“文章”一词内涵的梳理,得出的结论可作下文论述之基础。他说:“既然‘史’在‘文章’之中,所以曹丕所说的‘不朽之盛事’自然也包括了撰写史学著作。”④众所周知,史学有着事关“荣誉千载”的独特功能,因而自然在求诸不朽的著述者眼中尤受重视。西晋京兆杜陵杜预,是明朝以前唯一同时进入文庙和武庙之人。他由武而文的转变,可以很好地诠释魏晋士族重名及其史学追求。杜预政治和军事都有很高的建树,泰始七年(271),杜预内任为度支尚书,时值匈奴帅刘猛举兵造反,史称“预乃奏立藉田,建安边,论处军国之要。又作人排新器,兴常平仓,定谷价,较盐运,制课调,内以利国外以救边者五十余条,皆纳焉”,又称“预在内七年,损益万机,不可胜数,朝野称美,号曰‘杜武库’,言其无所不有也”。统一江东

① 《梁书》卷四十《刘显传》,第571页。
② 杜维运:《中国史学史》(二),三民书局股份有限公司2002年版,第27页。
③ 萧统编,李善等注:《六臣注文选》卷五十二《典论·论文》,第967页。
④ 胡宝国:《文史之学》,《汉唐间史学的发展》,第63—64页。

是司马炎称帝后首要的政治任务，杜预在灭吴方略、战机把握、军事行动上都发挥了重要作用，“以功进爵当阳县侯，增邑并前九千六百户，封子耽为亭侯，千户，赐绢八千匹”。平吴后的江南安置，杜预又发挥了不可或缺的作用，以致“南土歌之曰：‘后世无叛由杜翁，孰识智名与勇功’”。值得注意的是，“预好为后世名”，常言“高岸为谷，深谷为陵”，并“刻石为二碑，纪其勋绩，一沈万山之下，一立岘山之上，曰：‘焉知此后不为陵谷乎！’”就“三不朽”而言，杜预已做到“立功”，然杜预的追求不止于此。史书又载：

既立功之后，从容无事，乃耽思经籍，为《春秋左氏经传集解》。又参考众家谱第，谓之《释例》。又作《盟会图》、《春秋长历》，备成一家之学，比老乃成。又撰《女记赞》。当时论者谓预文义质直，世人未之重，唯秘书监挚虞赏之，曰：“左丘明本为《春秋》作传，而《左传》遂自孤行，《释例》本为《传》设，而所发明何但《左传》，故亦孤行。”时王济解相马，又甚爱之，而和峤颇聚敛，预常称“济有马癖，峤有钱癖”。武帝闻之，谓预曰：“卿有何癖？”对曰：“臣有《左传》癖。”①

杜预于功成之后，转向著述，将人生推向新境界。他不断追求进步，动力源泉无疑在于“好为后世名”。杜预取得的撰述成就也是相当惊人的，他的《春秋左氏经传集解》，在经学史和史学史上都有特殊地位。唐史臣赞其：“杜预不有生知，用之则习，振长策而攻取，兼儒风而转战。孔门称四，则仰止其三；《春秋》有五，而独擅其一，不其优欤！”②诚非溢美之词。

当然，像杜预这样既建殊功又立高言的士族，实为稀见。不少士族既没有杜预这样的智识，也没有他的机遇。沛国沛人刘璠，“少慷慨，好功名，志欲立事边城，不乐随牒平进”，然而时运不济，遭逢梁末乱世，刘璠只能感慨“随会平王室，夷吾匡霸功。虚薄无时用，徒然慕昔风”。刘璠身不由己地卷入萧绎

① 上引并见《晋书》卷三十四《杜预传》，第 1027—1032 页。
② 《晋书》卷三十四《杜预传》，第 1033—1034 页。

与萧纪阋墙之争，后来刘璠降周入北，虽受周宇文泰青睐，然不合于时而难有建树，落寞之极作《雪赋》，感怀“本为白雪唱，翻作白头吟”，遂寄情于史，作《梁典》30卷。史称：

> 初，璠所撰梁典始就，未及刊定而卒。临终谓休征曰：“能成我志，其在此书乎。”休征（始）〔治〕定缮写，勒成一家，行于世。①

刘璠子刘祥，字休征，也于北周平江陵后入北。刘璠出自士族，“不乐随牒平进”，立功不成，遂乃撰史寄志。刘璠少好功名，然而对于他这样的一般士族来说，最终还是只能选择撰著史书实现其志。崔慰祖，字悦宗，其名与字即极显阀阅意识。崔慰祖望出清河东武城崔氏，父崔庆绪，齐永明中梁州刺史。崔慰祖“好学，聚书至万卷”，生时即以史才知名，沈约、谢朓“尝于吏部省中宾友俱集，各问慰祖地理中所不悉十余事，慰祖口吃，无华辞，而酬据精悉，一座称服之。朓叹曰：‘假使班、马复生，无以过此。’”②但崔慰祖并不自足于此，更希望辞世之后，仍能藉撰史而留名，《南齐书》本传载：

> 慰祖著《海岱志》，起太公迄西晋人物，为四十卷，半未成。临卒，与从弟纬书云：“常欲更注迁、固二史，采《史》、《汉》所漏二百余事，在厨簏，可检写之，以存大意。《海岱志》良未周悉，可写数本付护军诸从事人一通，及友人任昉、徐寅、刘洋、裴揆。”③

唐史臣也格外注重此事，李延寿修《南史》，对《宋书》《南齐书》多有删减，但不仅将此段全然载录，还续补了当是被萧子显删去的“令后世知吾微有素业也”④一语。这说明唐史臣已注意到了崔慰祖是将史学作为人生追求的，因而特别护惜古人，不忍再加遗漏。崔慰祖号称硕学，齐明帝曾欲试以百里之官，为其所辞。这样一个高尚其志的人，临终挂怀的居然是其未竟史作。进一

---

① 《周书》卷四十二《刘祥传》，第765页。
② 《南齐书》卷五十二《崔慰祖传》，第901页。
③ 《南齐书》卷五十二《崔慰祖传》，第901页。
④ 《南史》卷七十二《崔慰祖传》，第1773页。

步来说,即使是未曾毕功之作,崔慰祖仍想望冀之留名,作为生命的另类赓续。可见,史学在崔慰祖心目中有着极为尊高的地位,已被他视为实现人生价值的重要途径。崔慰祖如此看待史学,绝不能认为仅仅是一个学者的个体意识。试想,如果没有时人思想意识中浓厚的史学意识,没有强烈的史学情怀,崔慰祖怎会有如此史学价值观?类似崔慰祖这样以撰史为寄托的还有敦煌效谷宋绘。宋绘为北齐西兖州刺史、仪同三司宋显从祖弟,史载:

> (宋绘)少勤学,多所博览,好撰述,魏时,张缅《晋书》未入国,绘依准裴松之注《国志》体,注王隐及《中兴书》。又撰《中朝多士传》十卷,《姓系谱录》五十篇。以诸家年历不同,多有纰缪,乃刊正异同,撰《年谱录》,未成,河清五年并遭水漂失。绘虽博闻强记,而天性恍惚,晚又遇风疾,言论迟缓。及失所撰之书,乃抚膺恸哭曰:"可谓天丧予也!"①

宋绘撰述集中于史学,"失所撰之书"后抚膺恸哭,竟称"可谓天丧予也",可以看出他已经将其史学撰述视为生命,其毕生情志已寄于史乘之中。《南史》曾载有何法盛盗史一事,也有助于认识士人强烈的史学情怀,其语云:

> 时有高平郗绍亦作《晋中兴书》,数以示何法盛。法盛有意图之,谓绍曰:"卿名位贵达,不复俟此延誉。我寒士,无闻于时,如袁宏、干宝之徒,赖有著述,流声于后。宜以为惠。"绍不与。至书成,在斋内厨中,法盛诣绍,绍不在,直入窃书。绍还失之,无复兼本,于是遂行何书。②

何法盛为刘宋时湘东太守,史无专传。此事真伪,尚存疑。前此东晋时期确有会稽余姚虞预盗窃王隐《晋书》事(详见后文)。不过,何法盛盗史确然与否并不十分重要,他所举出的袁宏和干宝,也确实是东晋时期颇有声名的史家。何法盛的道白反映出当时士人特别希望通过修撰史书而博取声名的意

---

① 《北齐书》卷二十《宋显传附宋绘传》,第 271 页。

② 《南史》卷三十三《徐广传》,第 859 页。

识，可能是一种真实的社会存在。何法盛之后萧梁时的吴均亦“将著史以自名”[①]，所撰之《齐春秋》虽然并不为梁武帝看好，但吴均却依然以此获得了史名，梁武帝最后还将他十分看重的《通史》一书撰修重任交给了吴均。另如东晋王隐劝说祖纳修撰国史及其贫而著史事，北魏李彪晚年有以白衣修史事[②]，及宋孝王撰《朝士别录》事[③]，都为当时士族藉史见志、有强烈的史学情怀之明证。可见，著史寄志留名，在这一时期士族中始终是一种很有影响的思想意识。

三世纪以来，藉史留名的思想意识，也为更多史家落实于史学实践之中，从而成为魏晋南北朝史学繁荣的一个强力动因。无论是浮沉宦海抑或是隐逸山林，数百年间，热衷于撰史者代不乏人。前揭诸例之外，又如三国时孙该著《魏书》[④]，东晋杨方以才学为虞喜、贺循等人所知，司徒王导辟为僚属后却“不愿久留京华，求补远郡，欲闲居著述。……在郡积年，著《五经钩沉》，更撰《吴越春秋》，并杂文笔，皆行于世”[⑤]。晋宋之际琅邪王韶之父子也自发地从事历史撰述，史载：“韶之家贫，父为乌程令，因居县境。好史籍，博涉多闻。……伟之少有志尚，当世诏命表奏，辄自书写，太元、隆安时事，小大悉撰录之，韶之因此私撰《晋安帝阳秋》”[⑥]。南朝东莞臧荣绪，褚渊赞之：“荣绪，朱方隐者。昔臧质在宋，以国戚出牧彭岱，引为行佐，非其所好，谢疾求免。蓬庐守志，漏湿是安，灌蔬终老。与友关康之沈深典素，追古著书，撰《晋史》十卷，赞论虽无逸才，亦足弥纶一代。……近报其取书，始方送出，庶得备录渠

---

① 《南史》卷七十二《吴均传》，第1781页。

② 《魏书》卷六十二《李彪传》载：“时司空北海王详、尚书令王肃以其无禄，颇相赈饷。遂在秘书省同王隐故事，白衣修史。”第1397页。

③ 《北史》卷二十六《宋隐传》载宋孝王：“为北平王文学，求入文林馆不遂，因非毁朝士，撰《朝士别录》二十卷。会周武灭齐，改为《关东风俗传》，更广闻见，勒成三十卷以上之。”第944页。

④ 《三国志》卷二十一《刘劭传》注引《文章叙录》，第622页。

⑤ 《晋书》卷六十八《贺循传附杨方传》，第1831页。

⑥ 《宋书》卷六十《王韶之传》，第1625页。

阁,采异甄善。”[①]北朝清河东武城张彝,“私访旧书,窃观图史”,撰《历帝图》,其子张始均“才干有美于父,改陈寿《魏志》为编年之体,广益异闻,为三十卷”[②]。兰陵萧大圜“性好学,务于著述,撰《梁旧事》三十卷、《寓记》三卷、《士丧仪注》五卷、《要决》两卷”。[③] 等等。诸如此类事例,不胜枚举。总之,不论处境如何,士族史家史学撰述实践都达到了相当的自觉程度,彰显了他们强烈的史学情志。

二、史学与士族交游

建安十六年(211)是建安文学发展的重要时期,其原因便在于曹丕组织了“南皮之游”[④]。此后,三至六世纪间文士雅集便史不绝书,其成规模者如崇文馆、金谷之会、兰亭之会、石门之会及北齐文林馆等,[⑤]而小者便如一般公宴、清谈论难等,不一而足。当然,文士雅集并不总是以文学为主题,其中玄学、史学谈论也常常有之。当这些大小聚会成为士族的日常,士族史学交游便自然不时发生。

士族间日常的史学交往,或者说史学交游,既是士族重史意识的结果,又将促进士族重史意识的强化。这里所谓的史学交游,是指士族在相互交往的过程中,将史学作为交流的重要内容。士族间史学交游,既可能出现于士族聚会议事场合,也存在于士族学术交流活动之中。史学交游的形式也活泼多样,既有以历史知识运用为内容的探讨交流,也有史学撰述的切磋与互助。不同形式的史学交游对史学所产生的功效与影响也不尽相同,丰富了史学发展的内涵。士族间史学交游的频繁也是史学走向社会深层的另一重要表现。士族

---

① 《南齐书》卷五十四《臧荣绪传》,第936—937页。

② 《魏书》卷六十四《张彝传》,第1430、1433页。

③ 《周书》卷四十二《萧大圜传》,第759页。

④ 俞绍初考证“南皮之游”始于建安十六年五月。见氏撰:《“南皮之游”与建安诗歌创作——读〈文选〉曹丕〈与朝歌令吴质书〉》,《文学遗产》2007年第5期。

⑤ 详情参见胡太雷《中古文学集团》,广西师大出版社1996年版。

间的史学交游，在推动史学发挥社会功能和史学学术发展这两个方面都有着一定的促进作用，是考察这一时期史学与士族相互关系不可忽视的问题。

魏晋以来，玄学一向比较盛行，清谈之会在士族交往中十分流行，从士族间社会交往到门阀士族家族内部相互交往，都广泛存在这种清谈之会。时人的玄谈多是以论难析理为主旨，但众所周知，中国古人“未尝离事而言理”，即使是在思辨特色较为鲜明的魏晋时代也是如此。士族在谈论抽象义理时，出于思维习惯和析理特色，也往往大量运用相关历史知识来支撑观点，甚至于有些谈会本身就是以论史为主题。谯国龙亢桓氏是东晋一流门阀士族，其家族发展最为关键的人物，便是崛起于永和年间的桓温。桓温于永和初由徐州移刺荆州，其幕府规模便不断扩大，麾下名士增多，形成一个可观的名士集团。笔者曾撰文探讨桓温与史学的关系，指出桓温幕府之中云集了不少颇有史才的僚属，史学交流正是桓温幕府中常见的文化现象。① 桓温一些重大军事政治活动前后，谈古论今往往便成为其雅会主题。东晋永和二年（346）十一月，桓温西征成汉，次年三月克成都。《世说新语·豪爽》载：

> 桓宣武平蜀，集参僚置酒于李势殿。巴蜀缙绅，莫不悉萃。桓既素有雄情爽气，加尔日音调英发，叙古今成败由人，存亡系才，奇拔磊落，一坐赞赏不暇。②

西定成汉是桓温第一次独立采取规模较大的军事行动，其顺利出乎意料，展示了桓温过人的军政才能。桓温意气风发，于成汉李势宫殿设酒会，论“古今成败”，不仅叙展壮志，也收到笼络巴蜀缙绅之效。太和四年（369），桓温又组织第三次北伐，《世说新语·轻诋》载：

> 桓公入洛，过淮、泗，践北境，与诸僚属登平乘楼，眺瞩中原，慨然曰：“遂使神州陆沈，百年丘墟，王夷甫诸人不得不任其责！”袁虎率尔对曰：“运自有废兴，岂必诸人之过？桓公懔然作色，顾谓四座曰：

① 详见拙文《桓温与东晋史学》，《中国社会科学院研究生院学报》2008 年第 4 期。

② 刘义庆撰，杨勇校笺：《世说新语校笺》，第 544 页。

‘诸君颇闻刘景升不？有大牛重千斤，噉刍豆十倍于常牛，负重致远，曾不若一羸牸，魏武入荆州，烹以飨士卒，于时莫不称快。’意以况袁。”①

桓温与袁宏在平乘楼就西晋兴亡的总结，表现出不同历史观的交流与论辩，也是桓温与幕僚史学交游的一个典型事例。从上述两则事例可以看出，历史知识的运用与历史观点的交流在桓温与僚属议谈之中频繁出现，都是不难想象的。三至六世纪，史风长期盛行，史家辈出，史学门类丰富多样，史学新作又如雨后春笋般不断问世。这一史学繁荣背景之下，而像桓温与幕僚这种论古聚会，在士族生活中自不会少见的。如陈郡谢氏兄弟好作乌衣之游②，雅会频见史载，其间不免有论史之举，《南史·王惠传》便载：“惠幼而夷简，为叔父司徒谧所知。恬静不交游，未尝有杂事。陈郡谢瞻才辩有风气，尝与兄弟群从造惠，谈论锋起，文史间发，惠时相酬应，言清理远，瞻等惭而退。”③“谈论锋起，文史间发”即说明文义互赏之外，其间亦有史学交流。又如《北史·许惇传》载及：“齐朝体式，本州大中正以京官为之。乾明中，邢劭为中书监，德望甚高。惇与劭竞中正。遂凭附宋钦道，出劭为刺史，朝议甚鄙薄之。虽久处朝行，历官清显，与邢劭、魏收、阳休之、崔励、徐之才比肩同列，诸人或谈说经史，或吟咏诗赋，更相嘲戏，欣笑满堂，惇不好剧谈，又无学术，或坐杜口，或隐几而睡，不为胜流所重。”④邢、魏本各有文士集团⑤，魏收为著名史家，阳休之博综经史，与议北齐国史起元，意见与魏收相左，撰《幽州人物志》，这样的士族团体“谈说经史”活动，甚至相互论难嘲戏，自是不难想象。又如，《隋书·王劭

① 刘义庆撰，杨勇校笺：《世说新语校笺》，第746页。

② 史载：“混风格高峻，少所交纳，唯与族子灵运、瞻、曜、弘微并以文义赏会。尝共宴处，居在乌衣巷，故谓之乌衣之游，混五言诗所云‘昔为乌衣游，戚戚皆亲侄’者也。”见：《宋书》卷五十八《谢弘微传》，第1590—1591页。

③ 《南史》卷二十三《王惠传》，第629页。

④ 《北史》卷二十六《许惇传》，第946页。

⑤ 胡太雷：《中古文学集团》，广西师范大学出版社1996年版，第197—200页。

传》载:“劭字君懋……少沈默,好读书……累迁太子舍人,待诏文林馆。时祖孝征、魏收、阳休之等尝论古事,有所遗忘,讨阅不能得,因呼劭问之。劭具论所出,取书验之,一无舛误。自是大为时人所许,称其博物。”①祖孝征即祖珽,范阳遒人,曾祖嶷,位冯翊太守,赠幽州刺史;祖季真,历中书侍郎、钜鹿太守;父祖莹,历散骑侍郎、黄门侍郎、秘书监等。祖珽辞藻遒逸,少驰令誉,监修国史,撰有《御览》。王劭、祖珽、魏收、阳休之可谓组成史学集团了,其交游当然带有鲜明的史学交游特征。

史学交流有时也仅仅在两个人之间展开,这些交流往往目的性非常明确,有助于推进史学认识的深入。北朝自孝文帝汉化改革以后,南北交流比此前明显增多,据学者统计,仅萧梁天监八年(509)至太平元年(556)共47年间出使北朝即达46人次,陈自天嘉五年(564)至祯明二年(588)24年内出使北朝更达36人次。② 当然,北朝南来的使者也很多。南北聘使来往沟通,不仅仅是政治外交交流,往往也是文化交流,其间南北酬诗、问对、书籍往还等现象频频发生。③ 陈太建初年,吴兴武康姚察聘周,《陈书》本传载:

> 太建初,补宣明殿学士,除散骑侍郎、左通直。寻兼通直散骑常侍,报聘于周。江左耆旧先在关右者,咸相倾慕。沛国刘臻窃于公馆访《汉书》疑事十余条,并为剖析,皆有经据。臻谓所亲曰:“名下定无虚士。”著《西聘道里记》,所叙事甚详。④

沛国刘臻前已有揭,他后来被誉为“汉圣”,成为“汉书”学的高手。从“窃于公馆”来看,刘臻与姚察面会不是一次官方交流。刘臻本是南方人氏,梁末江陵沦陷时归于北周,与姚察本无隔阂,他拜访姚察目的非常明确,就是向姚察请教《汉书》疑事。姚察“并为剖析,皆有经据”,这可能与姚察的《定汉书

---

① 《隋书》卷六十九《王劭传》,第1601页。
② 张承宗:《魏晋南北朝时期的南北交往》,《中国史研究》1994年第3期。
③ 毛振华:《侯景乱后南北聘问与文化交流》,《宁夏大学学报》2009年第2期。
④ 《陈书》卷二十七《姚察传》,第348—349页。

疑》有关。显然,在刘臻成长为"汉圣"路途中,他与姚察这次史学交流是极有裨益的。

两个人之间的史学交流未必非面会不可。北齐起元之争是北朝史学又一件大事,讼案断续十余年之久。《北齐书·阳休之传》载:"魏收监史之日,立《高祖本纪》,取平四胡之岁为齐元。收在齐州,恐史官改夺其意,上表论之。武平中,收还朝,敕集朝贤议其事,休之立议从天保为限断。"①博陵安平李德林亦参与此事,他与魏收有往复论难之书,史载:

> 魏收与阳休之论《齐书》起元事,敕集百司会议。收与德林书曰:"前者议文,总诸事意,小如混漫,难可领解。今便随事条列,幸为留怀,细加推逐。凡言或者,皆是敌人之议。既闻人说,因而探论耳。"德林复书曰:"即位之元,《春秋》常义。谨按鲁君息姑不称即位,亦有元年,非独即位得称元年也。议云受终之元,《尚书》之古典。谨按《大传》,周公摄政,一年救乱,二年伐殷,三年践奄,四年建侯卫,五年营成周,六年制礼作乐,七年致政成王。论者或以舜、禹受终,是为天子。然则周公以臣礼而死,此亦称元,非独受终为帝也。蒙示议文,扶病省览,荒情迷识,暂得发蒙。当世君子,必无横议,唯应阁笔赞成而已。辄谓前二条有益于议,仰见议中不录,谨以写呈。"收重遗书曰:"惠示二事,感佩殊深。以鲁公诸侯之事,昨小为疑。息姑不书即位,舜、禹亦不言即位。息姑虽摄,尚得书元,舜、禹之摄称元,理也。周公居摄,乃云一年救乱,似不称元。自无《大传》,不得寻讨。一之与元,其事何别?更有所见,幸请论之。"德林答曰:
>
> 摄之与相,其义一也。故周公摄政,孔子曰"周公相成王";魏武相汉,曹植曰"如虞翼唐"。或云高祖身未居摄,灼然非理。摄者专

① 《北齐书》卷四十二《阳休之传》,第563页。

赏罚之名，古今事殊，不可以体为断。陆机见舜肆类上帝，班瑞群后，便云舜有天下，须格于文祖也，欲使晋之三主异于舜摄。窃以为舜若尧死狱讼不归，便是夏朝之益，何得不须格于文祖也？若使用王者之礼，便曰即真，则周公负扆朝诸侯，霍光行周公之事，皆真帝乎？斯不然矣。必知高祖与舜摄不殊，不得从士衡之谬。

或以为书元年者，当时实录，非追书也。大齐之兴，实由武帝，谦匿受命，岂直史也？比观论者闻追举受命之元，多有河汉，但言追数受命之岁，情或安之。似所怖者元字耳，事类朝三，是许其一年，不许其元年也。案《易》"黄裳元吉"，郑玄注云："如舜试天子，周公摄政。"是以试摄不殊。《大传》虽无元字，一之与元，无异义矣。《春秋》不言一年一月者，欲使人君体元以居正，盖史之婉辞，非一与元别也。汉献帝死，刘备自尊崇。陈寿，蜀人，以魏为汉贼。宁肯蜀主未立，已云魏武受命乎？士衡自尊本国，诚如高议，欲使三方鼎峙，同为霸名。习氏《汉晋春秋》，意在是也。正司马炎兼并，许其帝号。魏之君臣，吴人并以为戮贼，亦宁肯当涂之世，云晋有受命之征？史者，编年也，故鲁号《纪年》。墨子又云，吾见《百国春秋》。史又有无事而书年者，是重年验也。若欲高祖事事谦冲，即须号令皆推魏氏。便是编魏年，纪魏事，此即魏末功臣之传，岂复皇朝帝纪者也。

陆机称纪元立断，或以正始，或以嘉平。束皙议云，赤雀白鱼之事。恐晋朝之议，是并论受命之元，非止代终之断也。公议云陆机不议元者，是所未喻，愿更思之。陆机以刊木著于《虞书》，龛黎见于商典，以蔽晋朝正始、嘉平之议，斯又谬矣。唯可二代相涉，两史并书，必不得以后朝创业之迹，断入前史。若然，则世宗、高祖皆天保以前，唯入魏氏列传，不作齐朝帝纪，可乎？此既不可，彼复何证！①

① 《隋书》卷四十二《李德林传》，第1195—1197页。

阳休之认为北齐国史起元当在天保元年(550),魏收认为起元当在"平四胡之岁"即532年①,阳休之与魏收分歧实质在于究竟是"受终起元"还是"居摄起元",阳休之持前说,魏收主后说。李德林与魏收往复书信两轮,两人观点基本一致,实际上都是在论证"居摄起元"的合理性。李德林举证舜、禹、周公、息姑、曹操及晋史起元之争等历史人物及事件,说明高欢等人应有帝纪。魏、李往复辨析,借史喻理,史学意义纯粹,是一次别有意义的史学交流。

士族日常来往中,像刘臻和姚察、魏收和李德林这样具有学术意义史学交游的,更值得特别关注。士族间学术性史学交游形式也多样,对史学发展各有不同作用,大致可分以下几种:

其一,提高史家的名望。刘勰以《文心雕龙·史传篇》在南朝史坛确立了自己独特的地位。《梁书·刘勰传》云:"(《文心雕龙》)既成,未为时流所称。勰自重其文,欲取定于沈约。约时贵盛,无由自达,乃负其书,候约出,干之于车前,状若货鬻者。约便命取读,大重之,谓为深得文理,常陈诸几案。"②沈约乃当时文坛和史界皆公认的魁首,《文心雕龙》"取定于沈约"后,《文心雕龙》与刘勰始盛名传世,其中《史传》篇也随之传誉于史学界。萧绎与阮孝绪来往也与此类似,史称:"湘东王著《忠臣传》,集释氏碑铭、《丹阳尹录》、《研神记》,并先简孝绪而后施行。"③又如张华、夏侯湛与陈寿之交往,史称陈寿《三国志》成书后:"夏侯湛时著《魏书》,见寿所作,便坏己书而罢。张华深善之,谓寿曰:'当以《晋书》相付耳。'其为时所重如此。"④前揭王劭与祖孝征、魏收、阳休之等于文林馆论古事亦为此类,王劭因此一举成名,"自是大为时人所许,称其博物",其史才得以为当时名士所认可。

① 牛润珍:《齐史断限与平四胡之岁——刘节先生〈中国史学史稿〉正误一例》,《中国人民大学学报》2000年第4期。

② 《梁书》卷五十《刘勰传》,第712页。

③ 《南史》卷七十六《阮孝绪传》,第1895页。

④ 《晋书》卷八十二《陈寿传》,第2137页。

其二，提供编纂素材。《晋书·王隐传》载："时著作郎虞预私撰《晋书》，而生长东南，不知中朝事，数访于隐，并借隐所著书窃写之，所闻渐广。"①虞预雅好经史，有济世怀，屡屡上疏指陈时事，有撰史志趣，除撰《晋书》40余卷外，还撰有《会稽典录》20篇和《诸虞传》12篇，后两部书为其乡邦和本族作传，自无材料问题。其《晋书》所成，尽管过程不甚光彩，常遭后世诟病，但受惠于与王隐交往盖是虞预本人也不会否认的。比较起来，阮孝绪与平原刘杳史学交游更称佳话。如前所揭，阮孝绪《七录》是南朝一部簿录撰述，阮孝绪于《七录序》中语云："有梁普通四年，岁维单阏仲春十有七日，于建康禁中里宅，始述此书。通人平原刘杳从余游，因说其事。杳有志积久，未获操笔，闻余已先著鞭，欣然会意。凡所抄集，尽以相与，广其闻见，实有力焉。斯亦康成之于传释，尽归子慎之书也。"②刘杳助成《七录》，阮孝绪不欲专美，均展示名士风范，为两人学术交往增光添彩。

其三，促成史学新著。沈约《宋书》与裴子野《宋略》是南朝史学名著，《宋略》成书稍晚于《宋书》，《南史·裴子野传》载云："初，子野曾祖松之，宋元嘉中受诏续修何承天宋史，未成而卒。子野常欲继成先业。及齐永明末，沈约所撰《宋书》称'松之已后无闻焉'。子野更撰为《宋略》二十卷，其叙事评论多善，而云'戮淮南太守沈璞，以其不从义师故也'。约惧，徒跣谢之，请两释焉。叹其述作曰：'吾弗逮也！'"史家所言甚为清晰，《宋略》成书不能完全说是裴子野为裴松之正名所作，裴子野本有"继成先业"之志，但沈、裴相互笔伐意蕴也确实存在，加速了《宋略》的撰成。不过，裴子野自述与李延寿父子说法有差异。裴子野在《宋略·总论》中说："齐兴后数十年，宋之新史，既行于世也。子野生乎泰始之季，长于永明之年，家有旧书，闻见又接，是以不用浮浅，因宋之新史，为《宋略》二十卷，剪截繁文，删撮事要，即其简寡，志以为名。"③裴子

① 《晋书》卷八十二《王隐传》，第2143页。
② 释道宣：《广弘明集》卷三《七录序》，《影印文渊阁四库全书》（第1048册），第263页。
③ 严可均辑：《全梁文》，《全上古三代秦汉三国六朝文》，第3264页。

野没有明言的"宋之新史"章学诚断之即为沈约之《宋书》[①],裴子野自叙未见与沈约之扞格,倒是肯定沈约对其《宋略》的正面影响。不论《南史》与《宋略·总论》所见异同,裴子野与沈约的交往,有利于《宋略》成书,盖是确凿史实。稍晚阮孝绪与刘讦兄弟交游,又是一段佳话,史载:"初,孝绪所撰《高隐传》中篇所载一百三十七人,刘歊、刘讦览其书曰:'昔嵇康所赞,缺一自拟,今四十之数,将待吾等成邪?'对曰:'所谓荀君虽少,后事当付锺君。若素车白马之日,辄获麟于二子。'歊、讦果卒,乃益二传。及孝绪亡,讦兄挈录其所遗行次篇末,成绝笔之意云。"[②]刘歊、刘讦、刘挈均出自平原刘氏,刘歊与前揭助成《七录》的刘杳为兄弟,宋冀州刺史刘乘民之孙,齐正员郎刘闻慰之子。刘讦、刘挈为齐武昌太守刘灵真之子。刘氏兄弟与阮孝绪惺惺相惜,前后续作,令人唏嘘、崇敬。

其四,推进史学学术研究。此类可以宋齐时的琅邪王逡之与王俭交往为例,王逡之与王俭均擅长仪注,《隋书·经籍志》"仪注篇"收录有王俭《吊答仪》10卷、《吉书仪》2卷,收录王逡之《礼仪制度》13卷。《南齐书·王逡之传》载:"初,俭撰《古今丧服集记》,逡之难俭十一条;更撰《世行》五卷。"[③]琅邪二王礼学论难,思想相互激撞,又见之于撰述,推进了各自典制撰述。另如前文所揭萧梁时古本《汉书》校勘异同,魏收与李德林往复论北齐史限断,亦属此类。

说及史家之日常,还需要说明的是,三至六世纪史家之日常未必都是惬意。其中或原出贫寒,如东晋王隐,"贫无资用,书遂不就,乃依征西将军庾亮于武昌。亮供其纸笔,书乃得成,诣阙上之"[④];或家境中衰,如东海郯人王僧

---

① 章学诚《丙辰利记》言:"其所谓新史既行,乃沈约书也。"见冯惠民点校:《乙卯札记丙辰札记知非日札》,中华书局1986年版,第49页。

② 《南史》卷七十六《阮孝绪传》,第1896页。

③ 《南齐书》卷五十二《王逡之传》,第902页。

④ 《晋书》卷八十二《王隐传》,第2143页。

孺，为魏卫将军王肃八世孙，曾祖王雅为晋左光禄大夫、仪同三司，祖王准，宋司徒左长史，史称其“家贫，常佣书以养母，所写既毕，讽诵亦通”①。《初学记》还载录北齐邢子才《酬魏收冬夜直史馆诗》一首，诗云：

> 年病从横至，动息不自安。兼豆未能饱，重裘讵解寒。况乃冬之夜，霜气有余酸。风音响北牖，月影度南端。灯光明且灭，华烛新复残。衰颜依候改，壮志与时阑。体羸不尽带，发落强扶冠。夜景将欲近，夕息故无宽。忽有清风赠，辞义婉如兰。先言叹三友，末言惭一官。丽藻高郑卫，专学美齐韩。审喻虽有属，笔削少能干。高足自无限，积风良可搏。空想青云易，宁见赤松难。寄语东山道，高驾且盘桓。②

邢子才即邢劭，望出自河间鄚人邢氏，北齐士族，与魏收、温子升同为“北地三才”。邢诗作于北齐文宣帝天保八年（557）③，诗中言及兼豆不饱、衣不蔽寒、冬夜冷霜、壮志难酬，显示出一种沉郁的生活体验。或以为值史馆者乃邢劭本人④，从《初学记》所载诗题来看应该可能性不大，值史馆者为魏收本人当是无误。邢诗乃酬答之作，显见此前魏收有《冬夜直史馆诗》与邢。据牛润珍考辨，北齐史馆建于天保初年，其工作条件和生活待遇都是比较糟糕的。⑤ 史馆冬夜尚须例行值班，想来即便是朝廷命官，史臣工作日常也是不尽愉快的。

第二节　史学与士族的政治生活

史学自产生之时起，便与政治关系密切。刘知幾说史学为“治国之要道”，唐太宗李世民言《汉纪》“极为治之体，尽君臣之义”，或从宏观综论，或

---

① 《梁书》卷三十三《王僧孺传》，第 469 页。

② 徐坚等：《初学记》卷第三“冬四”，中华书局 2004 年版，第 62 页。

③ 缪钺：《魏收年谱》，《读史存稿》，三联书店 1963 年版，第 193—194 页。另见杨化坤：《邢劭研究》，河北师范大学，2011 年。

④ 李建栋：《邢劭考辨二则》，《淮北煤炭师范学院学报》2004 年第 3 期。

⑤ 牛润珍：《北齐史馆考辨》，《南开学报》1995 年第 4 期。

自具体史著阐发，都说出了史学关乎政治的重要性。瞿林东讨论史学与社会进步时，指出，“在政治方面，又以政治决策、历史经验、忧患意识同史学的关系最为密切。”①给史学与政治关系这一理论问题指明具体认识路径。士族是三至六世纪政治舞台上最为活跃的社会群体，士族宦海浮沉、政治功业和参与国家治理，都是其政治生活的重要内容。其间，历史知识运用、以史才求仕干禄，甚至以史学为政治斗争的工具，都是士族借重史学的重要表现。

一、历史知识与士族政治智慧

认识历史有多种途径，“通过史学认识历史无疑是最基本的也是最重要的途径。”②而认识历史显然不应该是意识活动的终点，认识历史，了解历史知识，根本目的应当是在实践中运用历史知识。对于历史知识运用问题的关注，学界有一个渐进的过程。士族与史学的关系，本质上从属于“史学与社会的关系”范畴。改革开放后，白寿彝先生多次呼吁学界要重视“史学的社会作用的发展过程”，并特别提及“历史知识的传播对社会的发展是否起作用”这一问题。③ 他在 1986 年出版的《中国史学史(第一册)》中辟专章写先秦时期“历史知识的运用”④，试以史学实践回答这一问题，被学界誉为“这是一个新的研究角度”⑤。历史知识的运用有多种去向，但大体来说以政治领域为最重。政治生活是士族生活的重要组成部分，三至六世纪时期的士族重视史学、重视历史知识的运用，也重视从历史知识中凝聚政治智慧。

北魏阳固(467—523)，字敬安，北平无终人。北平无终阳氏，累世仕于慕

① 瞿林东:《中国史学史纲》，第 97 页。

② 瞿林东:《中国史学史纲》，第 95 页。

③ 白寿彝:《中国史学史上的两个重大问题》，《中国史学史论集》，第 397 页。

④ 参见白寿彝:《中国史学史(第一册)》，第 323—372 页。

⑤ 乔治忠、姜胜利:《中国史学史研究述要》，天津教育出版社 1996 年版，第 291 页。

容氏与元魏，为北方一文化士族世家。阳固祖父阳尼北魏举为国子祭酒，兼幽州大中正，有书数千卷，所造《字释》数十篇。阳固于孝文帝太和年间入仕，历给事中、北平太守，在郡有惠政，复为给事中，领侍御史，延昌（512—515）末年，因得罪中尉王显被罢官。这一仕途挫折，给阳固很深的刺激，史称阳固“既无事役，遂阖门自守，著《演赜赋》，以明幽微通塞之事”，赋文长达数千字，兹摘引于下，以便分析：

绍有周之遐轨兮，初锡世于河阳。建甸侯而列爵兮，与王室而并昌。遭季叶之纷乱兮，仍矫迹于良乡。弃侯卫之桢弼兮，乃殖根于幽方。自祖考而辉烈兮，逮余躬而翳微。惧堂构之颓挠兮，恐崩毁其洪基。心惴惴而栗栗兮，若临深而履薄。登乔木而长吟兮，抗幽谷而靡托。何身轻而任重兮，惧颠坠于峻壑。凭神明之扶助兮，虽幽微而获存。赖先后之醇德兮，乃保护其遗孙。

伊日月之屡迁兮，何四时之相逼。知年命之有期兮，慨斡流之不息。伤艰蹶之相承兮，悲屯蹇而日臻。心恻怆而不怿兮，乃有怀于古人。

或垂纶于渭滨兮，有胥靡于傅岩。既应繇而赴兆兮，作殷周之元鉴。孔栖栖而不息兮，终见黜于庶邦。墨驰骋而不已兮，亦举世而不容。有鸾孤而争国兮，有让位而采薇。有跃马而赴会兮，有栖迟以俟时。曹纳辛而袁亡兮，袁戮田而曹盛。鲍授州而得时兮，韩弃牧而失性。赵尧门而诞圣兮，终夭隐而不繁。卫泯躯于世难兮，启洪业于宣元。释皋繇之法宪兮，见蓼六之先亡。练疑枉于怨狱兮，宁于公之独昌。明祸福之同门兮，知休咎之异涂。寻倚伏之无源兮，或先诎而后舒。①

① 《魏书》卷七十二《阳尼传》，第1605—1606页。

阳固为官刚正，北魏宣武帝醉心佛法，外戚专权，民庶劳敝，阳固作《南、北二都赋》以刺讥，魏收以其辞多而不载。但《演赜赋》近三千文，魏收不厌其长而录入，可见他对此赋的看重。上引为赋文头三节：首节，叙阳氏自周以来的家族世系发展简况；次节，写自己现实遭遇，引发怀古幽情；复次，历数古之圣贤穷通，提取人生智慧。三节赋文语句简洁，却有广阔的历史视野，贯穿了历史意识，借古喻今，以慰胸怀，收“明幽微通塞之事”成效。《演赜赋》比较成功地阐发了阳固的老庄寡欲和不争的思想，阳固这种思想倾向，有其跌宕仕途刺激因素，无疑也有取资于史的思想凝结。他借历史认识现实政治、认识人生，进而修炼人生。这正是刘知幾论及史学功用时所说的，“用使后之学者，坐披囊箧，而神交万古，不出户庭，而穷览千载，则贤而思齐，见不贤而内自省。”①类似阳固这样将现实宦海浮沉与历史认知结合起来，发思古之幽情，抒平生之情怀，不是个例。南阳新野庾信，出身于“五代有文集”的文学世家，通晓《春秋左氏传》，累仕梁右卫大将军，西魏车骑大将军、开府仪同三司，北周骠骑大将军、开府仪同三司。虽然庾信仕途似乎较为顺畅，但梁末动荡，特别是身仕敌国，成为他解不开的心里暗结。庾信是南北朝文学集大成者，其《哀江南赋》是南北朝文学名篇，正是他这种愁肠百结的心理写实。史言“信虽位望通显，常有乡关之思。乃作《哀江南赋》以致其意云”。赋文创作手法和历史知识运用，与阳固《思颐赋》十分相近。赋文长逾四千，《周书》全文收录，兹摘引如下：

> 粤以戊辰之年，建亥之月，大盗移国，金陵瓦解。余乃窜身荒谷，公私涂炭。华阳奔命，有去无归，中兴道消，穷于甲戌。三日哭于都亭，三年囚于别馆。天道周星，物极不反。傅燮之但悲身世，无所求生；袁安之每念王室，自然流涕。昔桓君山之志事，杜元凯之生平，并有著书，咸能自序。潘岳之文彩，始述家风；陆机之词赋，多陈世

① 刘知幾撰、浦起龙通释：《史通通释》卷十一《史官建置》，第280—281页。

德。信年始二毛，即逢丧乱，藐是流离，至于暮齿。《燕歌》远别，悲不自胜；楚老相逢，泣将何及。畏南山之雨，忽践秦庭；让东海之滨，遂餐周粟。下亭漂泊，皋桥羁旅，楚歌非取乐之方，鲁酒无忘忧之用。追(惟)〔为〕此赋，聊以记言，不无危苦之辞，唯以悲哀为主。……

孙策以天下为三分，众裁一旅；项羽用江东之子弟，人唯八千。遂乃分裂山河，宰割天下。岂有百万义师，一朝卷甲，芟夷斩伐，如草木焉。江、淮无涯岸之阻，亭壁无藩篱之固。头会箕敛者，合从缔交；鉏耰棘矜者，因利乘便。将非江表王气，应终三百年乎？是知并吞六合，不免轵道之灾；混一车书，无救平阳之祸。呜呼！山岳崩颓，既履危亡之运；春秋迭代，必有去故之悲。天意人事，可以凄怆伤心者矣。况复舟烜路穷，星汉非乘槎可上；风飙道阻，蓬莱无可到之期。穷者欲达其言，劳者须歌其事。陆士衡闻而抚掌，是所甘心；张平子见而陋之，固其宜矣。

我之掌庾承周，以世功而为族；经邦佐汉，用论道而当官。禀嵩、华之玉石，润河、洛之波澜。居负洛而重世，邑临河而晏安。逮永嘉之艰虞，始中原之乏主。民枕倚于墙壁，路交横于豺虎。值五马之南奔，逢三星之东聚。彼凌江而建国，此播迁于吾祖。分南阳而赐田，裂东岳而胙土。诛茅宋玉之宅，穿径临江之府。水木交运，山川崩竭。家有直道，人多全节。训子见于纯深，事君彰于义烈。新野有生祠之庙，河南有胡书之碣。况乃少微真人，天山逸民。阶庭空谷，门巷蒲轮。移谈讲树，就简书筠。降生世德，载诞贞臣。文词高于甲观，模楷盛于漳滨。嗟有道而无凤，叹非时而有麟。既奸回之赑匿，终不悦于仁人。①

① 《周书》卷四十一《庾信传》，第734—736页。

赋文从梁末乱离说起，点明主旨。又引孙策、项羽等写出历史潮流面前的人生无奈，赋中后文还提及项羽称雄和西晋平吴，可以看出庾信在征引史事中的内心起落。和阳固一样，庾信以 270 余字叙其新野庾氏自周至汉晋南朝之世系。阳固《思颐赋》有"以举士而受赏兮，悼史迁之腐刑"语，庾信更以司马迁而自况，《哀江南赋》中语及："信生世等于龙门，辞亲同于河洛。奉立身之遗训，受成书之顾托。"①矢嶋美都子对此解析颇有参考意义，他认为《哀江南赋》中有庾信"对新野庾氏的自豪，对于祖先的自豪心情，由此产生了耻于'贰臣'的心情；同时在接受'贰臣'的现实时，把自己比喻为司马迁，显示出要让自身接受这样一种现实，即继承被梁武帝认为是'文学之士的父亲肩吾的未竟事业。'"②阳固与庾信在历经政治风波后，都不约而同对司马迁产生共鸣，这又说明《史记》及司马迁对他们的思想有着不可磨灭的影响。前文我们曾详细考察了三世纪以来士族门阀观念在杂传、正史、谱牒及至墓志中的呈现，而《思赜赋》与《哀江南赋》所见说明，即便是这一时期的文学创作，只要有可能，士族也会将其家族谱系移入，彰显他们强烈的门第观念。这种将士族门第观念融进笔下文作，在南方也可见。试以吕文达《吕堨记》为例证之。吕文达，南阳人，正史无传，萧齐时一度任侍中，永明十一年(493)为新安内史，代齐武帝次子新安王萧昭文理郡事。吕文达本有庙堂之志，齐末内乱继起，他先收到妻父尚书令王晏贻书告诫，继而外父死于内乱，又收到父友沈文季贻书复加告诫，遂无意朝廷事，潜心地方治理，在新安兴修水利，作吕堨并志记。然志首却先以百余字叙家世情况，引之如下：

文达家世南阳。父安国，事宋为直阁将军。母袁氏，以明帝泰始元年乙巳六月十八日生。文达于台，先直阁将军酷爱之，以为类己。凡有征伐，必携之以从。未几，齐受宋禅，魏师攻寿阳，于敕先将军救

① 《周书》卷四十一《庾信传》，第 740 页。

② 矢嶋美都子：《新野庾氏与颍川庾氏关系考——以对庾信〈哀江南赋〉之"我之掌庾承周"的考察为中心》，《长江大学学报》2004 年第 2 期。

之，因援朐山，没于阵，时建元二年九月十二日也。长兄友度，承父阴掌兵权。次兄文昰，为中书舍人，得幸用事。①

记中不仅叙及父兄，还及至其母，父兄只录其仕宦，而其母仅叙及生年。吕文达说自己“生北居南”，该是父辈南下所至，志文未溯及祖辈以上，可能与此有关。然这些家世，本与吕堨无关。作者写此之意，应该与上揭阳固、庾信为文之法相通，彰显了时俗通行的门阀意识。此后，吕文达叙及其赴任新安及隆昌以降京师持续动荡对其心理影响的全过程，这实际上是写他治湖作堨政治缘起。吕文达有较强的存史意识，他在文尾说道：“且予生北居南，平生练事，及开浚颠末，苟不记录，付诸岳氏之子孙，以传永久，后人罔知。”又说：“后之览者，亦将感于斯云。”②吕文达的《吕堨记》可以说是历史意识与政治现实交织而成。

像阳固、庾信一般，从史学中汲取智慧，运用历史知识解决现实问题、阐发思想，在士族群体中是极寻常的事。检寻严可均所辑《全六朝文》，历史知识的运用在士族释疑解惑中比比皆是。如高平檀珪《又与王僧虔书》对汉荀公达、魏夏侯惇、西晋羊叔子、东晋卞望之等历史人物荫其子孙现象的梳理；吴郡陆澄《与王俭书》对魏晋以来《易》学发展史的梳理；吴郡顾欢《答袁粲驳夷夏论》对周公、孔子礼仪制度的强调；萧梁顺阳范缜《答曹思文难神灭论》中以孔子答复子贡关于死亡的对话来立论；陈蔡景历《答陈征北书》对西汉淮南王与东晋苏峻内乱的讨论；等等。不过，讨论国是或重大社会问题时，历史知识运用和历史认识的交流更为普遍，也更为重要，如贺循在与王导就虞庙问题往复辨析时，几乎每一份书信中都采用两汉历史作为依据。三世纪以来，社会长期动荡不宁，政权分立，战争频仍，边虞安全几乎是个时代课题。东海郯人何承

① 吕文达：《吕堨记》，载韩理洲等辑校：《全三国两晋南朝文补遗》，三秦出版社 2013 年版，第 287 页。《吕堨记》本为石刻，录文见《歙县金石志》卷二。

② 吕文达：《吕堨记》，载韩理洲等辑校：《全三国两晋南朝文补遗》，第 288 页。

天《安边论》颇为学界所重视①，刘宋元嘉二十三年(446)，北魏入侵冀、青、兖诸州，宋文帝“访威戎御远之略”，何承天因此撰论②，论文亦长，摘录如下：

伏见北藩上事，虏犯青、兖，天慈降鉴，矜此黎元，博逮群策，经纶戎政，臣以愚陋，预闻访及。窃寻猃狁告难，爰自上古，有周之盛，南仲出车，汉氏方隆，卫、霍宣力。虽饮马瀚海，扬旍祁连，事难役繁，天下骚动，委输负海，赀及舟车。凶狡倔强，未肯受弱，得失报复，裁不相补。宣帝末年，值其乖乱，推亡固存，始获稽服。自晋丧中原，戎狄侵扰，百余年间，未暇以北虏为念。大宋启祚，两耀灵武，而怀德畏威，用自款纳。陛下临御以来，羁縻遵养，十余年中，贡译不绝。去岁三王出镇，思振远图，兽心易骇，遂生猜惧，背违信约，深搆携隙。贪祸恣毒，无因自反，恐烽燧之警，必自此始。臣素庸懦，才不经武，率其管窥，谨撰《安边论》。意及浅末，惧无可采。若得询之朝列，辨覈同异，庶或开引群虑，研尽众谋，短长毕陈，当否可见。其论曰：

汉世言备匈奴之策，不过二科，武夫尽征伐之谋，儒生讲和亲之约，课其所言，互有远志。加塞漠之外，胡敌掣肘，必未能摧锋引日，

① 参见李步嘉:《何承天〈安边论〉“吴城江陵，移入南岸”考补》，《西北大学学报》1997年第3期；陈金凤:《何承天军事思想论析——以〈安边论〉为中心》，《南都学坛》2009年第3期；赵莹莹:《何承天〈安边论〉创作时间考》，《喀什师范学院学报》2014年第2期；杨恩玉:《何承天〈安边论〉与“元嘉之治”》，《东岳论丛》2017年第1期。

② 关于何承天撰《安边论》的时间，史籍相对模糊。《宋书·何承天传》记元嘉十九年立国子学，何承天以太子率更令、著作郎佐郎领国子博士，不久又转为御史中丞。此后又记北魏寇边，太祖谘访，何承天上表云云。陈金凤与杨恩玉都未对创作时间进行考辨，陈列于元嘉十九年，杨列于元嘉二十三年。李福庚于《南北朝作家编年初稿一》(《重庆师范大学学报》1985年第2期)以文中有“去见三王出镇”事而系于元嘉二十三年，赵莹莹复加考核，认为时在元嘉十九年，但其对李福庚的批驳未曾到位，且未注意到《安边论》中还提及“承平来久，边令弛纵，弓簳利铁，既不都断，往岁弃甲，垂二十年”语。考元嘉年间，宋文帝组织有规模的北伐有三次，第二次在元嘉二十三年，第一次在元嘉七年，所谓“承平已久”当自元嘉七年后算起，虽然元嘉七年至元嘉二十三年陋十六年，与“垂二十年”之说较为勉强，但至元嘉十九年则仅隔十二年，与“垂二十年”则相距甚远，断无可能。

规自开张。当由往年冀土之民，附化者众，二州临境，三王出藩，经略既张，宏图将举，士女延望，华、夷慕义。故昧于小利，且自矜侈，外示余力，内坚伪众。今若务存遵养，许其自新，虽未可羁致北阙，犹足镇静边境。然和亲事重，当尽庙算，诚非愚短，所能究言。若追踪卫、霍瀚海之志，时事不等，致功亦殊。寇虽习战来久，又全据燕、赵，跨带秦、魏，山河之险，终古如一。自非大田淮、泗，内实青、徐，使民有羸储，野有积谷，然后分命方、召，总率虎旅，精卒十万，使一举荡夷，则不足稍勤王师，以劳天下。何以言之？今遗黎习乱，志在偷安，非皆耻为左衽，远慕冠冕，徒以残害剥辱，视息无寄，故襁负归国，先后相寻。虏既不能校胜循理，攻城略地，而轻兵掩袭，急在驱残，是其所以速怨召祸，灭亡之日。今若遣军追讨，报其侵暴，大翦幽、冀，屠城破邑，则圣朝爱育黎元，方济之以道。若但欲抚其归附，伐罪吊民，则骏马奔走，不肯来征，徒兴巨费，无损于彼。复奇兵深入，杀敌破军，苟陵患未尽，则困兽思斗，报复之役，将遂无已。斯秦、汉之末策，轮台之所悔也。

安边固守，于计为长。臣以安边之计，备在史策，李牧言其端，严尤申其要，大略举矣。曹、孙之霸，才均智敌，江、淮之间，不居各数百里。魏舍合肥，退保新城，吴城江陵，移民南涘，濡须之戍，家停羡溪。及襄阳之屯，民夷散杂，晋宣王以为宜徙沔南，以实水北，曹爽不许，果亡柤中，此皆前代之殷鉴也。何者？斥候之郊，非畜牧之所；转战之地，非耕桑之邑。故坚壁清野，以俟其来，整甲缮兵，以乘其敝。虽时有古今，势有强弱，保民全境，不出此涂。要而归之有四：一曰移远就近；二曰浚复城隍；三曰纂偶车牛；四曰计丁课仗。良守疆其土田，骁帅振其风略。搜猎宣其号令，俎豆训其廉耻。县爵以縻之，设禁以威之。徭税有程，宽猛相济。比及十载，民知义方。然后简将授奇，扬旌云朔，风卷河冀，电扫嵩恒，燕弧折却，代马摧足，秦首斩其右臂，吴蹄绝其左肩，铭功于燕然之阿，飨徒于金微之曲。①

前文已揭，何承天曾主元嘉四学中“史学馆”，培养史学生山谦之，又为著作佐郎，撰国史。何承天深厚史学修养，在《安边论》中得到充分体现。何承天从上古讲起，论及周、汉、晋至刘宋，何承天将传统应对北方少数民族策略总结为和与战两种，所谓“不过二科，武夫尽征伐之谋，儒生讲和亲之约”，何承天重点分析了“征伐之谋”，指陈其弊，定性为“秦、汉之末策，轮台之所悔也”。二者之外，何承天提出了第三种选择，认为“安边固守，于计为长”。仍然以历史为支撑，何承天列举李牧、严申、曹操与孙权、司马懿、曹爽等成败为例，进而提出“安边”具体策略，“一曰移远就近；二曰浚复城隍；三曰纂偶车牛；四曰计丁课仗。”这四种措施熔安边和发展于一炉，集经济、政治和军事于一体，形成其安边思想体系。此后，何承天详细解读了四种措施如何具体落实，又复以先秦管子、商君、汉魏以还历史为证，最后点出其“安边”思想乃是“以利制车，运我所长”，具备可操作性。对于何承天《安边论》，沈约以一段较长议论给予了高度评价，他说道：“治边之术，前世言之详矣。夫戎夷狡黠，飘迅难虞，必宜完其障塞，谨其烽柝，使来径可防，去涂易梗，然后乃能禁暴止奸，养威攘寇。汉世案秦旧迹，严塞以限外夷，吴、魏交战，亦以江、淮为疆场，莫不先凭地险，却保民和，且守且耕，伺隙乘衅。高祖受命，王略未远，虽绵河作守，而兵孤援阔，盛衰既兆，用启戎心。盖由王业始基，经创多阙，先内后外，以至于此乎。自兹以降，分青置境，无围守之宜，阙耕战之略，恃寇不来，遂无其备。周、汉二策，在宋顿亡，遂致胡马横行，曾无籓落之固，使士民跼苍天，蹐厚地，系虏俘囚，而无所控告，哀哉！承天《安边论》，博而笃矣，载之云尔。”沈约史论基本思想乃至论证思路，都和何承天相近，肯定了《安边论》“博而笃矣”。刘宋以后，萧齐时范阳遒人祖冲之也撰有《安边论》，也将发展生产与安民固边相结合，延续了何承天“安边”思想。唐杜佑也特别重视何承天《安边论》，将其全

① 《宋书》卷六十四《何承天传》，第1705—1707页。

文收录,这在《通典》中是不多见的。何承天“安边”构想,自与其晋宋以来长期军旅生涯历练和政治思考有关,但纵观其论,历史知识是他的重要思想资源。

不仅仅是刘宋或南朝有着安边问题的困扰,北朝也存在同样的问题。西周以来,北方草原游牧部落对中原政权的冲击史不绝书,拓跋鲜卑入主中原后,草原部落窥视边虞并未消停,北魏也不得不继承这一历史负面遗产,对策就是沿边设重镇作为军事据点,执行防御战略。特别是孝文帝移都洛阳后,其政治军事中心南下,北边采取守势。正因如此,秦汉修筑长城御边被北魏君臣重新提出。高闾出自渔阳雍奴高氏,其五世祖高原,晋安北军司、上谷太守、关中侯;祖高雅,少有令名,州别驾;父高洪,字季愿,陈留王从事中郎。高闾于文成帝末年仕至中书侍郎,文明太后临朝后,迁尚书、中书监,与渤海蓨县高允参决大政,并称“二高”。期间,高闾上《请筑长城表》,论筑长城五利,表中语及:

臣闻为国之道,其要有五:一曰文德,二曰武功,三曰法度,四曰防固,五曰刑赏。故远人不服,则修文德以来之;荒狡放命,则播武功以威之;民未知战,则制法度以齐之;暴敌轻侵,则设防固以御之;临事制胜,则明刑赏以劝之。用能辟国宁方,征伐四克。北狄悍愚,同于禽兽,所长者野战,所短者攻城。若以狄之所短,夺其所长,则虽众不能成患,虽来不能内逼。又狄散居野泽,随逐水草,战则与家产并至,奔则与畜牧俱逃,不赍资粮而饮食足。是以古人伐北方,攘其侵掠而已。历代为边患者,良以倏忽无常故也。六镇势分,倍众不斗,互相围逼,难以制之。昔周命南仲,城彼朔方;赵灵、秦始,长城是筑;汉之孝武,踵其前事。此四代之君,皆帝王之雄杰,所以同此役者,非智术之不长,兵众之不足,乃防狄之要事,其理宜然故也。《易》称天险不可升,地险山川丘陵,王公设险以守其国,长城之谓欤?今宜依故于六镇之北筑长城,以御北虏,虽有暂劳之勤,乃有永逸之益,如其一成,惠及百世。即于要害,往往开门,造小城于其侧,因地却敌,多置弓弩。狄来有城可守，有兵可捍。既不攻城，野掠无获，草尽则走，终必惩艾。①

高闾以周、赵、秦、汉历史为证，提出筑长城与六镇相互策应，形成立体防线，是有见地的。高闾上表引起了孝文帝高度关注，提出与他进一步面论的要求。高闾所说的“以御北虏”之“北虏”就是四至六世纪中叶崛起于蒙古草原的柔然，时称蠕蠕。河阴之变前夕，柔然主阿那瓌在位（521—552），与北魏互动密切，在处理北魏与柔然的关系上，北魏朝臣往往借用周、汉的历史经验。如陈郡项人袁翻，字景翔，灵太后比之为西晋杜预。正光二年（521），柔然主阿那瑰、后主婆罗门投降北魏，北魏朝廷征求时为凉州刺史袁翻的意见，袁翻上《安置蠕蠕表》，分析道：

窃惟匈奴为患，其来久矣，虽隆周、盛汉莫能障服，衰弱则降，富强则叛。是以方叔、召虎不遑自息，卫青、去病勤亦劳止。或修文德以来之，或兴干戈以伐之，而一得一失，利害相侔。故呼韩来朝，左贤入侍，史籍谓之盛事，千载以为美谈。至于皇代勃兴，威驭四海，爰在北京，仍梗疆埸。自卜惟洛食，定鼎伊瀍，高车、蠕蠕迭相吞噬。始则蠕蠕衰微，高车强盛，蠕蠕则自救靡暇，高车则僻远西北。及蠕蠕复振，反破高车，主丧民离，不绝如线。而高车今能终雪其耻，复摧蠕蠕者，正由种类繁多，不可顿灭故也。然斗此两敌，即卞庄之算，得使境上无尘数十年中者，抑此之由也。②

袁翻由周、汉而至北魏代北兴起、迁都洛阳，一路而下分析草原部落与中原政权的关系。此后，袁翻又以“夷不乱华，殷鉴无远，覆车在于刘石，毁辙固不可寻”为据，提出“蠕蠕二主，皆宜存之，居阿那瑰于东偏，处婆罗门于西裔，分其降民，各有攸属”。袁翻奏表充分注意到从历史中汲取政治智慧，总结出

① 《魏书》卷五十四《高闾传》，第1200—1201页。

② 《魏书》卷六十九《袁翻传》，第1541页。

符合当时形势的结论，“时朝议是之。”①又如北魏宗室元孚，字秀和，太武帝拓跋焘曾孙，柔然曾出现饥荒，元孚上“陈赈恤阿那瑰便宜表”，云：“昔汉建武中，单于款塞，时转河东米糒二万五千斛、牛羊三万六千头以给之。斯即前代和戎、抚新、柔远之长策也。”又云：“又贸迁起于上古，交易行于中世，汉与胡通，亦立关市。今北人阻饥，命悬沟壑，公给之外，必求市易，彼若愿求，宜见听许。”又云：“虽戎狄衰盛，历代不同，叛服之情，略可论讨。周之北伐，仅获中规；汉氏外攘，裁收下策。”又云：“昔汉宣之世，呼韩款塞，汉遣董忠、韩昌领边郡士马，送出朔方，因留卫助。又光武时，亦令中郎将段彬置安集掾史，随单于所在，参察动静。斯皆守吉之元龟，安边之胜策。计今朝廷成功，不减曩时；蠕蠕国弊，亦同畴日。宜准昔成谟，略依旧事。”②可以看出鲜卑族元孚对汉史已是相当娴熟，陈表处处借史喻今，主张以“和戎、抚新、柔远”与柔然相处。

除了外交，内政中历史知识运用也十分普遍。清河东武城崔玄伯，为曹魏司空崔林六世孙。祖崔悦，仕石虎，官至司徒左长史、关内侯。父崔潜，先仕慕容暐，为黄门侍郎，代主拓跋珪征慕容宝时归附，仕黄门侍郎，助拓跋氏草创制度，是拓跋珪时代重要的政治家。众所周知，国号是一个政权的象征和标志，拓跋氏入主中原前，国号原为代。皇始三年（398），东晋遣使来朝，拓跋珪将报之，诏有司博议国号。玄伯议曰：“三皇五帝之立号也，或因所生之土，或即封国之名。故虞、夏、商、周始皆诸侯，及圣德既隆，万国宗戴，称号随本，不复更立。唯商人屡徙，改号曰殷，然犹兼行，不废始基之称。故《诗》云‘殷商之旅’，又云‘天命玄鸟，降而生商，宅殷土茫茫’。此其义也。昔汉高祖以汉王定三秦，灭强楚，故遂以汉为号。国家虽统北方广漠之土，逮于陛下，应运龙飞，虽曰旧邦，受命惟新，是以登国之初，改代曰魏。又慕容永亦奉魏土。夫‘魏’者大名，神州之上国，斯乃革命之征验，利见之玄符也。臣愚以为宜号为

① 《魏书》卷六十九《袁翻传》，第1542页。

② 《魏书》卷十八《临淮王谭传附元孚传》，第425—426页。

魏。"①崔玄伯少有俊才,号为神童,有着强烈的历史意识。需要指出的是,魏主拓跋珪的历史意识实际上也很深厚。君臣二人常谈古论今,从历史中寻找治国经验。史称:"太祖常引问古今旧事,王者制度,治世之则。玄伯陈古人制作之体,及明君贤臣,往代废兴之由,甚合上意。未尝謇谔忤旨,亦不谄谀苟容。及太祖季年,大臣多犯威怒,玄伯独无谴者,由于此也。太祖曾引玄伯讲《汉书》,至娄敬说汉祖欲以鲁元公主妻匈奴,善之,嗟叹者良久。是以诸公主皆厘降于宾附之国,朝臣子弟,虽名族美彦,不得尚焉。"②可见,在孝文帝大规模汉化改革前,拓跋珪就已经将西汉和亲政策移用至现实。崔玄伯的史学意识转承给其子崔浩,崔浩就是后来北魏"国史狱"中的主角。

社会矛盾和社会热点也是社会问题聚焦所在,士族在处理这些矛盾和热点时,往往也注重借鉴历史智慧。三世纪以来,佛教开始广为传播,引发的社会问题也越来越突出、尖锐,引起士族严重关切,东晋政坛就先后两次掀起"沙门礼敬王者之争",刘宋元嘉年间朝廷又再次掀起儒佛之争。北魏宣武帝元恪笃信佛教,推动朝野佛风弥漫,也致使其后半期国势渐衰。对于宣武帝专心释典、不事坟籍,裴延俊上表云:"臣闻有尧文思,钦明稽古,妫舜体道,慎典作圣。汉光神睿,军中读书,魏武英规,马上玩籍。先帝天纵多能,克文克武,营迁谋伐,手不释卷。良以经史义深,补益处广,虽则劬劳,不可暂辍。斯乃前王之美实,后王之水镜,善足以遵,恶足以诫也。陛下道悟自深,渊鉴独得,升法座于宸闱,释觉善于日宇,凡在听瞩,尘蔽俱开。然《五经》治世之模,六籍轨俗之本,盖以训物有渐,应时匪妙,必须先粗后精,乘近即远。伏愿经书互览,孔释兼存,则内外俱周,真俗斯畅。"③裴延俊历数尧、舜、光武帝、曹操、孝文帝等历史人物,强调"经史义深,补益处广",以此劝谏宣武帝。裴延俊,字平子,河东闻喜人,魏冀州刺史徽之八世孙。曾祖裴天明,谘议参军、并州别

① 《魏书》卷二十四《崔玄伯传》,第620—621页。

② 《魏书》卷二十四《崔玄伯传》,第621页。

③ 《魏书》卷六十九《裴延俊传》,第1528—1529页。

驾。祖裴双虎，河东太守。卒赠平远将军、雍州刺史。父裴崧，州主簿，行平阳郡事，赠东雍州刺史。河东闻喜裴氏在当时南北郡望都十分显赫。

酒会和酒宴是士族群体，也是朝臣政治生活中的常见现象。《战国策·魏策》曾载："昔者，帝女令仪狄作酒而美，进之禹，禹饮而甘之，遂疏仪狄，绝旨酒，曰：'后世必有以酒亡其国者。'"①酒可乱性、酒可亡国事，后世频有发生。北魏孝文帝对此事也有警觉，太和二年(478)，他敕令中书监高允论集往世酒之败德，以为《酒训》。高允作《酒训》一篇，其词曰：

> 自古圣王，其为飨也，玄酒在堂而醴酒在下，所以崇本重原，降于滋味。虽汎爵旅行，不及于乱。故能礼章而敬不亏，事毕而仪不忒。非由斯致，是失其道。将何以范时轨物，垂之于世？历观往代成败之效，吉凶由人，不在数也。商辛耽酒，殷道以之亡；公旦陈诰，周德以之昌。子反昏酣而致毙，穆生不饮而身光。或长世而为戒，或百代而流芳。酒之为状，变惑情性，虽曰哲人，孰能自竞。在官者殆于政也，为下者慢于令也，聪达之士荒于听也，柔顺之伦兴于诤也，久而不悛，致于病也。岂止于病，乃损其命。谚亦有云：其益如毫，其损如刀。言所益者止于一味之益，不亦寡乎。言所损者夭年乱志，夭乱之损，不亦伙乎。无以酒荒而陷其身，无以酒狂而丧其伦。迷邦失道，流浪漂津。不师不遵，反将何因。诗不言乎，"如切如磋，如琢如磨"，朋友之义也。作官以箴之，申谟以禁之，君臣之道也。其言也善，则三覆而佩之；言之不善，则哀矜而贷之。此实先王纳规之意。往者有晋，士多失度，肆散诞以为不羁，纵长酣以为高达，调酒之颂，以相眩曜。称尧舜有千钟百觚之饮，著非法之言，引大圣为譬，以则天之明，岂其然乎？且子思有云，夫子之饮，不能一升。以此推之，千钟百觚皆为妄也。②

---

① 何建章注释：《战国策注释》，中华书局1981年版，第882页。

② 《魏书》卷四十八《高允传》，第1087—1088页。

高允历观往代成败，提及商纣耽酒而亡，提及周公《酒诰》至周兴，又提及子反与穆生，进行历史正反比较。此后又重点批判西晋名士酗酒失度。继而又以孔子慎酒作正面引导。得出“千钟百觚皆为妄”的结论。《酒训》呈上后，史称“高祖悦之，常置左右”①，成为佳话。高允字伯恭，勃海蓚县人，祖高泰，官至北魏吏部尚书，父高韬，慕容垂太尉从事中郎，北魏丞相参军。

遍观三至六世纪的史书，其间士族运用历史知识，借鉴史学，从中汲取政治和人生智慧的事例，俯拾即是。从上面我们所举典型事例来看，在士族的政治生活中，大到事关宏观层面的国家政策、内政方针、外交决断，小到士族仕途起伏与个人政治体悟，往往都显示出对历史知识的汲取、历史经验的警觉、历史认识的深化、历史智慧的凝结。士族借重史学，注重运用历史知识，使史学的认识功能和资治功能得到实现和强化。

二、史学与士族的政治仕途

历史知识的运用，只是士族借重史学初起。利用史学跻入仕途和维护门阀郡望则更进一步。史学对士族仕宦的影响，主要表现在史学才干的突出有助于士族的入仕和迁转上。三世纪以来，这类现象就史不绝书。孙吴时沛郡竹邑薛莹，建衡三年(271)因罪被下狱，徙广州，史称：

右国史华覈上疏曰：“臣闻五帝三王皆立史官，叙录功美，垂之无穷。汉时司马迁、班固，咸命世大才，所撰精妙，与六经俱传。大吴受命，建国南土。大皇帝末年，命太史令丁孚、郎中项峻始撰《吴书》。孚、峻俱非史才，其所撰作，不足纪录。至少帝时，更差韦曜、周昭、薛莹、梁广及臣五人，访求往事，所共撰立，备有本末。昭、广先亡，曜负恩蹈罪，莹出为将，复以过徙，其书遂委滞，迄今未撰奏。臣愚浅才劣，适可为莹等记注而已，若使撰合，必袭孚、峻之迹，惧坠大

① 《魏书》卷四十八《高允传》，第1088页。

> 皇帝之元功，损当世之盛美。莹涉学既博，文章尤妙，同僚之中，莹为冠首。今者见吏，虽多经学，记述之才，如莹者少，是以慺慺为国惜之。实欲使卒垂成之功，编于前史之末。奏上之后，退填沟壑，无所复恨。”皓遂召莹还，为左国史。①

华覈奏疏很有政治智慧，他将孙吴国史修撰过程作了一番梳理，以孙权重视修史来立论，既突出修史工作之重要，又突出史才之士的宝贵。吴会稽王孙亮在位时，华覈曾和薛莹共撰《吴书》，知悉其史才。华覈化解了薛莹的危机，但归根结底，还是因自身出色的史学才干，薛莹方获得重新入仕、改变命运的机会。著名史家陈寿也是如此，《晋书·陈寿传》载：

> 少好学，师事同郡谯周，仕蜀为观阁令史。宦人黄皓专弄威权，大臣皆曲意附之，寿独不为之屈，由是屡被谴黜。遭父丧，有疾，使婢丸药，客往见之，乡党以为贬议。及蜀平，坐是沈滞者累年。司空张华爱其才，以寿虽不远嫌，原情不至贬废，举为孝廉，除佐著作郎，出补阳平令。撰《蜀相诸葛亮集》，奏之。除著作郎，领本郡中正。②

陈寿于沈滞累年后因史才出众而被起用，举为孝廉，除佐著作郎，出任史职。又因撰《蜀相诸葛亮集》而迁至著作郎，并领本郡中正，掌巴西郡品第人物之权。陈寿入晋后一系列迁转，根因都在于他的史学才能。这类情况在三至六世纪时期不胜枚举。如东晋会稽谢沈博学多识，明练经史，“何充、庾冰并称沈有史才，迁著作郎”③；又如习凿齿“少有志气，博学洽闻，以文笔著称。荆州刺史桓温辟为从事，江夏相袁乔深器之，数称其才于温，转西曹主簿，亲遇隆密”④；又如晋宋之际的琅邪王韶之，好史籍，博涉多闻，撰《晋安帝阳秋》，“既成，时人谓宜居史职，即除著作佐郎，使续后事，讫义熙九年。善叙事，辞

---

① 《三国志》卷五十三《薛莹传》，第 1256 页。

② 《晋书》卷八十二《陈寿传》，第 2137 页。

③ 《晋书》卷八十二《谢沈传》，第 2152 页。

④ 《晋书》卷八十二《习凿齿传》，第 2152 页。

论可观，为后代佳史。迁尚书祠部郎”①；又如颍川荀伯子，少好学，博览经传，“著作郎徐广重其才学，举伯子及王韶之并为佐郎，助撰晋史及著桓玄等传。迁尚书祠部郎”②；又如宋齐之际的平原贾渊，世传谱学，“孝武世，青州人发古冢，铭云‘青州世子，东海女郎’。帝问学士鲍照、徐爰、苏宝生，并不能悉。渊对曰：‘此是司马越女，嫁苟晞儿。’检访果然。由是见遇。……升明中，太祖嘉渊世学，取为骠骑参军，武陵王国郎中令，补余姚令”③；又如魏收，“除魏尹，故优以禄力，专在史阁，不知郡事。初，帝令群臣各言志，收曰：‘臣愿得直笔东观，早出《魏书》。’故帝使收专其任。”④又如北朝《后魏书》作者钜鹿下曲阳魏澹，“年十五而孤，专精好学，博涉经史，善属文，词采赡逸。齐博陵王济闻其名，引为记室。”⑤等等。上文有述，史学对士族博取名望是有一定的帮助，而在朝野上下都崇尚名望的时期，士族之声誉对他们的仕宦前程自然也起着相当积极的作用。一般来说，著作机构与中枢的关系十分密切。笔者曾特别指出东晋权臣桓温之所以要在著作机构中与皇室角力相争，其原因也正在于此。⑥ 两晋以来，著作郎就多由尚书、中书、门下、秘书监等中枢重要职能机构官员兼领，这种现象南朝时期依然存在。所以，著作史官向中枢机构进行迁转在两晋南北朝是极其寻常的现象。而能否进入著作机构，从前举事例来看，三世纪以来多数时期内，是以士族史学才能为重要参考依据的。

史学才干的有无、高下对士族仕宦的影响，不是简单存在于上列士族入仕或迁转的个别现象上，这种影响有制度化趋势，南朝后期仕进体制与此前发生了一些变化。《梁书》卷十四《江淹任昉传》后论云：

> 陈吏部尚书姚察曰：观夫二汉求贤，率先经术；近世取人，多由文

---

① 《宋书》卷六十《王韶之传》，第 1625 页。

② 《宋书》卷六十《荀伯子传》，第 1627 页。

③ 《南齐书》卷五十二《贾渊传》，第 906—907 页。

④ 《北史》卷五十六《魏收传》，第 2030 页。

⑤ 《隋书》卷五十八《魏澹传》，第 1416 页。

⑥ 参见拙文《桓温与东晋史学》，《中国社会科学院研究生院学报》，2008 年第 4 期。

史。二子之作，辞藻壮丽，允值其时。淹能沉静，昉持内行，并以名位终始，宜哉。江非先觉，任无旧恩，则上秩显赠，亦末由也已。①

江淹字文通，出自济阳考城江氏，少以文章显，辞赋以“悲情”风格著称，与修齐史，以为“修史之难，无出于志”②，故撰《齐志》10 卷，流行于世。任昉字彦升，乐安博昌人，为齐竟陵王西邸文学集团骨干，“竟陵八友”之一，任昉所撰《地记》达 252 卷，被四库馆臣称为“丛书之祖”，另又有《述异记》2 卷、《杂传》247 卷、《地理书钞》9 卷。江淹、任昉均是文史兼备，江淹官至吏部尚书、散骑常侍，任昉官至御史中丞、秘书监。姚察在这里将“近世”与“二汉”加以对举，粗略来看，“近世”显然有指魏晋南朝之嫌，倘若细读之，则“近世”时限未必如此宽泛。姚察发论是在南朝陈时，所谓“近世”意指南朝之时当是没有问题的。姚察在这里的议论没有限于对江、任二人的具体分析，而是从制度层面的高度出发，充分肯定了“文史”在南朝选官与仕进制度中的特殊作用。

不过，对于姚察所说“多由文史”之“文史”，胡宝国以为其“实质仅是指‘文’而言。”③胡宝国的本意是在说明南朝文重于史，但他又忽视他前此强调的另一个观点，即南朝时期文史已经分途的史实，前后二说颇有自相矛盾之嫌。况且，他还将文史分离时限上溯到南朝之初的刘宋，说“刘宋时，儒、玄、文、史四学并建，标志着在学术分化的大趋势下文与史的区别终于明确了”④。刘宋至于萧梁，历经百年，再至姚察著论的陈朝，文史分离当更是显然。从前文来看，江、任两人除文学之外，史才也是不弱，《梁书》还特别强调了江淹《齐史》十志和任昉的《杂传》《地记》。可见，“多由文史”中的“史”并非衍文。胡宝国认为姚察所说“文史”仅指“文”，其依据是此下姚察所言道的“二子之作，辞藻壮丽”，这是说江淹、任昉二人撰述中用笔的情况，但其实这种用笔在当

---

① 《梁书》卷十四《江淹任昉传》，第 258 页。
② 郑樵：《通志・总序》，中华书局 1987 年版，第 2 页。
③ 胡宝国：《文史之学》，《汉唐间史学的发展》，第 71 页。
④ 胡宝国：《文史之学》，《汉唐间史学的发展》，第 66 页。

时文学作品与史学撰述中均是普遍存在的。南朝史学撰述实际上是深受当时文风影响的,不少史书中的用笔与当时文学作品中所见十分相近,刘知幾还曾对魏晋以来史学撰述中“虚加练饰,轻事雕彩”“体兼赋颂,词类俳优”①的文风大加鞭挞,所以非要说姚察所说“文史”专指“文”学,甚为差强人意。此外,姚察是梁陈时期有名的史家,长期兼任史职,撰有不少史学著作,他本人屡因史才而迁转;他曾任陈朝吏部尚书,掌铨选,不可能不熟悉当时铨选制度的真实情况。所以,姚察“近世取人,多由文史”的总结,肯定了史才在仕进中的作用,不应视为虚言。上揭有史学才干士族的仕途迁转情况,对此也是一种旁证。在史风盛行、统治者重视史学的社会氛围之下,史学才干对当时仕进体制产生一定影响,显然是极有可能的。

士族门阀制度的保障之一,就是士族子弟的仕宦情况。所以士族子弟史学才能对士族仕宦方面的积极影响,对士族维护家族门第地位也起到了积极的作用。

士族热衷于谱学,与谱牒对士族门阀利益的维护也有关联。谱牒的功能,从周汉至魏晋南北朝隋唐再至宋元以降凡两变,即“从社会功能到政治功能再回归到社会功能”②,家谱政治功能即主要在魏晋南北朝时期得到体现。《新唐书·柳冲传》云:

> 魏氏立九品,置中正,尊世胄,卑寒士,权归右姓已。其州大中正、主簿,郡中正、功曹,皆取著姓士族为之,以定门胄,品藻人物。晋、宋因之,始尚姓已。然其别贵贱,分士庶,不可易也。于是有司选举,必稽谱籍,而考其真伪。故官有世胄,谱有世官,贾氏、王氏谱学出焉。③

① 刘知幾撰,浦起龙释:《史通通释》卷六《叙事》,第167页。

② 林其锬:《家谱功能的历史嬗变与现代价值》,《中华谱牒研究》,上海科学技术文献出版社2000年版,第68—69页。

③ 《新唐书》卷一百九十九《柳冲传》,第5677页。

谱牒成为朝廷选士的直接依据，自然利于士族入仕和维护士族门阀的政治地位。前揭南朝谱学名家王俭参掌选曹，以及萧鸾不谙谱牒而失去领选职官事，都是柳冲论述的有力例证。北朝情况与南朝相当，《新唐书·柳冲传》还云："魏太和时，诏诸郡中正各列本土姓族，为选举格。"柳冲所说作为选官依据的"选举格"，即是官谱。不过士族私谱对官谱也有补充功效。郑樵的《通志·氏族略·氏族志序》言及于此："自隋、唐而上，官有簿状，家有谱系。官之选举，必由于簿状；家之婚姻，必由于谱系。……凡百官族姓之有家状者则上之，官为考定详实，藏于秘阁，副在左户。若私书有滥，则纠之以官籍；官籍不及，则稽之以私书。"①郑樵在强调谱牒的政治功能时，将官谱与私谱一并考量在内，指出二者有互补之效，并以此解释了民间私谱得以盛行的原因。

三、史学鉴戒与士族的政治斗争

将史学作为斗争武器，发挥史学鉴戒功能，是士族借重史学的自觉升华。史学天然与君主联系在一起。从"君举必书"开始，以"左史记言""右史记事"，形成史学面向现实的优良传统，达到以史赞治的目标。这些在某种意义上已说明修史活动是一种政治活动，史学是政治学的延伸。北朝河东解人柳虬论史官说："古者人君立史官，非但记事而已，盖所以为监诫也。动则左史书之，言则右史书之，彰善瘅恶，以树风声。"②高允论史籍说："夫史籍者，帝王之实录，将来之炯戒，今之所以观往，后之所以知今。是以言行举动，莫不备载，故人君慎焉。"③刘勰《文心雕龙·史传篇》中也有"表征盛衰，殷鉴兴废"之语，杜维运由此感慨，"文学家的观念如此，可见此时以史惩劝的观念盛行的程度了。"④因史学鉴戒功能存在，能否做到"书法不隐"就容易成为问题。

① 郑樵：《通志》卷二十五《氏族略》，第439页。
② 《周书》卷三十八《柳虬传》，第681页。
③ 《魏书》卷四十八《高允传》，第2071页。
④ 杜维运：《中国史学史》，第303页。

也因此,直书与曲笔就不纯粹是一种学术问题,诚如刘知幾所说“古来唯闻以直笔见诛,不闻以曲词获罪”①。“书法不隐”的背后,往往会伴有政治风波出现。特别是皇权政治状态下,君王意志少有制约,因实录而引发君主对史官高度不满甚或罪戳。三至六世纪时期,因史家实录致这样的政治悲剧便不断发生,如孙吴时期韦昭不为孙皓父孙和作纪而付狱受诛,十六国时期前赵刘聪因公师彧实录《高祖本纪》而诛之、后赵石勒因史官实录其母与李威丑事而焚史并加罪史官,北魏崔浩《国书》直笔拓跋先世而被族诛。这种政治压力,反过来又会影响到史学撰述,因惧史祸而曲笔者似乎更多,如《晋书·王沈传》说王沈“与荀顗、阮籍共撰《魏书》,多为时讳,未若陈寿之实录也”②,王隐《晋书》也说“王沈为秘书监,著《魏书》,多为时讳”③,所言即是。十六国时期,直笔受诛时时发生,其结果就是官方史学中曲笔现象更为明显,《洛阳伽蓝记》借隐士赵逸揭露说:“自永嘉已来二百余年,建国称王者十有六君,吾皆游其都邑,目见其事。国灭之后,观其史书,皆非实录,莫不推过于人,引善自向。苻生虽好勇嗜酒,亦仁而不杀。观其治典,未为凶暴。及详其史,天下之恶皆归焉。苻坚自是贤主,贼君取位,妄书君恶。凡诸史官,皆是类也。”④当然,也有因曲笔而引发政治风波者,如魏收《魏书》成后,“时论既言收著史不平,文宣诏收于尚书省与诸家子孙共加论讨,前后投诉百有余人,或云遗其家世职位,或云其家不见记录,或云妄有非毁”,“时太原王松年亦谤史,及斐、庶并获罪,各被鞭配甲坊,或因以致死,卢思道亦抵罪。然犹以群口沸腾,敕魏史且勿施行,令群官博议,听有家事者入署,不实者陈牒。于是众口喧然,号为‘秽史’。”⑤这场风波持续很久,史称“既缘史笔多憾于人,齐亡之岁,收家被发,

① 刘知幾撰,浦起龙释:《史通通释》卷七《曲笔》,第185页。
② 《晋书》卷三十九《王沈传》,第1143页。
③ 汤球辑,杨照明校补:《九家旧晋书辑本》,中州古籍出版社1991年版,第226页。
④ 周祖谟校释:《洛阳伽蓝记校释》,中华书局2010年版,第65—66页。
⑤ 《北史》卷五十六《魏收传》,第2031—2032页。

弃其骨于外”①，至魏收身死犹未能停息。

君主言行举止影响往往是全局性的，所以至少是从《尚书·召诰》开始，历史鉴戒面向最重要的对象便是君主。杜维运在解析魏晋南北朝史学极盛原因时，就提到了“以史制君”这一因素。②《魏书·高祖纪下》载孝文帝：“常从容谓史官曰：‘直书时事，无讳国恶。人君威福自己，史复不书，将何所惧！’”③《北齐书·魏收传》也载神武帝语魏收曰：“卿勿见元康等在吾目下趋走，谓吾以为勤劳，我后世身名在卿手，勿谓我不知。”④北魏孝文帝和北齐文宣帝，都清楚地认识到史学的鉴戒功能。更为可贵的是，作为封建君王，他们认同这种鉴戒功能。而这种认同，才是历史鉴戒能否得以实现，能否真正产生制约性的根本前提。孝文帝与文宣帝，以及上引孙吴、前赵、后赵、北魏等因直书引发的史案，曹魏、两晋及至赵逸所批判的曲笔现象，涉事者都是史官，搅动的都是官方史学领域。有鉴于古代设置史官时就赋予了史官这种职守，所以，在某种程度上来说，“以史制君”可以说是一种官方制度设计。

诚如雷家骥所言，“严格而言，‘以史制君’是‘以史经世’思想中最尖锐的观念，其制约对象不仅在乱君贼主，也兼且涵盖了专权不法的乱臣贼子。”⑤东晋时期“主威长谢，臣道专行”⑥，是门阀政治最为典型的时代，权力中心由皇帝下移到权臣，“以史制君”效应便同步下移到“以史制臣”了。如果说“以史制君”是官方制度设计所致，那么“以史制臣”，特别是私家史学领域，可能更多的就是出于史家的自觉了。东晋中叶一些史家借用史学作为武器，将批判矛头直指当轴士族，便不能用制度来解释，只能说明士族借重史学鉴戒功能的主体意识已达到相当的自觉程度。

---

① 《北史》卷五十六《魏收传》，第 2038 页。
② 杜维运：《中国史学史》，第 303—304 页。
③ 《魏书》卷七下《高祖纪下》，第 186 页。
④ 《北齐书》卷三十七《魏收传》，第 486 页。
⑤ 雷家骥：《中国古代史学观念史》，北京师范大学出版社 2018 年版，第 353 页。
⑥ 《晋书》卷十九《礼志上》，第 580 页。

“成康既崩，桓氏始大”①，自4世纪40年代中叶至70年代初近30年间，桓温是东晋政坛最为显赫的士族。桓温幕府一时名士云集，史籍可考者约50余人②，其中曾官居史职或有史才声誉的有袁乔、孙盛、常璩、罗含、习凿齿、伏滔、袁宏等人。袁乔起家为佐著作郎；孙盛起家为佐著作郎，后长期以他官兼领著作，著《魏氏春秋》20卷、《晋阳秋》32卷；常璩，成汉李势政权中任散骑常侍，掌著作，有“蜀史”之誉，著《华阳国志》12卷、《汉之书》10卷；伏滔撰史论《正淮》上下篇，孝武帝太元年间为著作郎，专掌国史。罗含、习凿齿与袁宏虽未曾任职史官，但均以文笔著称，罗含著《湘中志》，习凿齿著《汉晋春秋》47卷、《襄阳耆旧记》5卷，袁宏著《后汉纪》30卷、《竹林名士传》3卷等。袁乔入桓温早年的辅国将军府；孙盛、常璩、罗含、习凿齿，均是桓温为荆州刺史开安西将军府或征西将军府时先后入幕的；伏滔、袁宏于桓温开大司马府时入幕。桓温历史意识浓厚，《世说新语》载有桓温读史活动，语云：“桓公读《高士传》，至于陵仲子，便掷去，曰：‘谁能作此溪刻自处！’”③这样，众多史才会聚于桓温幕府，宾主间历史知识交流便是最自然不过的事了。从前揭桓温在蜀谈论古今成败兴亡，及平乘楼与袁宏论西晋亡国的历史责任来看，桓温是常与他们谈文论史的。这既构成桓温幕府一大特色，也成为东晋中叶一种重要的文化现象。

桓温的历史意识影响着他的政治实践产生，而他的政治实践，特别是后期当轴主政时政治活动，又影响了众史家与桓温关系，进而影响了他们的史学撰述。对桓温与东晋中叶史家群体之间的关系，雷家骥曾特别关注，认为诸如孙盛、常璩、习凿齿、袁宏等名史家“皆先随桓温，后则疏远而反对之”。④ 诸位史家对桓温态度的变化，约当发生在兴宁以后。兴宁元年（363），桓温加封为侍

① 《晋书》卷九十八《桓温传》，第2578页。

② 林校生：《桓温与玄学》，《中国史研究》1998年第4期。

③ 刘义庆撰，杨勇校笺：《世说新语校笺》，第545页。

④ 雷家骥：《两汉至唐初的历史观念与意识》，书目文献出版社1987年版，第129页。

中、大司马、都督中外诸军事、录尚书事、假黄钺，开始了东晋政出桓氏的时代。此后桓温不断推行影响全局的重大举措，如庚戌土断、并官省职改革、第三次北伐、废海西公、立简文帝、谋九锡。这一系列动作在东晋政坛掀起轩然大波，对当时史家思想冲击巨大，尤其是桓温行废立与谋九锡，不仅给后世针砭桓温觊觎皇权落下口实，也导致一些史家彻底改变对幕主桓温的态度。东晋史学上一些有重要地位、重大影响的史学著作如《晋阳秋》《汉晋春秋》《后汉纪》等，都是在桓温行废立后相继问世的。考察这些史学撰述与桓温的关系，可以看出撰述者借重史学以行劝诫的自觉意识。

孙盛《晋阳秋》和习凿齿《汉晋春秋》，向来视为东晋史家实录之作的代表。《晋阳秋》为当代史撰述，事涉桓温。《晋书·孙盛传》载云：

> 《晋阳秋》词直而理正，咸称良史焉。既而桓温见之，怒谓盛子曰：'枋头诚为失利，何至乃如尊君所说！若此史遂行，自是关君门户事。'其子遽拜谢，谓请删改之。时盛年老还家，性方严有轨宪，虽子孙班白，而庭训愈峻。至此，诸子乃共号泣稽颡，请为百口切计。盛大怒。诸子遂尔改之。盛写两定本，寄于慕容儁。①

桓温于太和四年四月(369)北伐，九月败于枋头，十月桓温诿责归罪于袁真，激发袁真叛乱。北伐失利加上袁真之叛，令桓温声望大减，此后桓温又擅行废立、清除异己，彰露不臣之迹，百官为之震栗，同时也引发门阀士族的反弹。孙盛以史学为武器，撰述《晋阳秋》，将批判矛头指向桓温。枋头失利是桓温心理暗疾，孙盛加以实录，引起桓温震怒，以灭门相威胁。《史通》注意到此事："孙盛不平，窃撰辽东之本。以兹避祸，幸而获全。足以验世途之多隘，实录之难遇耳。"②孙盛作《晋阳秋》，刘汝霖将之著录于太和五年(370)③，正是在桓温北伐失利之后的敏感之时。孙盛字安国，太原中都人，高祖孙资，官

① 《晋书》卷八十二《孙盛传》，第2148页。

② 刘知幾撰，浦起龙释：《史通通释》卷七《直书》，第179页。

③ 刘汝霖：《东晋南北朝学术编年》，长安出版社1979年版，第70页。

至骠骑将军、侍中，曾祖孙宏，官至南阳太守，祖孙楚，官至冯翊太守，父孙恂，官至颍川太守。王伊同《五朝门第》“高门权门世系婚姻表”附表四六收录太原中都孙氏。

习凿齿《汉晋春秋》撰述动机，《晋书·习凿齿传》说得很清楚，语云：“是时温觊觎非望，凿齿在郡，著《汉晋春秋》以裁正之。起汉光武，终于晋愍帝。于三国之时，蜀以宗室为正，魏武虽受汉禅晋，尚为篡逆，至文帝平蜀乃为汉亡而晋始兴焉。引世祖讳炎兴而为禅受，明天心不可以势力强也。”①汉禅让于魏，魏复禅让于晋，这是西晋时期便确立的正统观，甚至是东晋立国江左的政治基础，东晋初年还曾以此与北方争正统，干宝撰《晋纪》也落实了这一观点。习凿齿却摒弃这种观点，将曹魏受汉禅晋定性“尚为篡逆”，显然是以史学与桓温谋逆之意进行对话。习凿齿“天命观”是其裁制桓温的理论支点，唐史臣也说桓温：“委罪于偏裨，废主以立威，杀人以逞欲，曾弗知宝命不可以求得，神器不可以力征。岂不悖哉！”这和习凿齿“天心不可以势力强”实际上是一致的。雷家骥对习凿齿藉史裁正桓温的现象也有论述，肯定了习凿齿这种政治动机的存在。② 刘知幾对《汉晋春秋》的批评是毁誉参半，既赞扬习凿齿能据事直书，又批评其治史不严谨③，而这一切根本原因在于习凿齿只是将史学作为阐发自己政治思想和裁制桓温的工具。④ 作为幕僚与幕主，习凿齿与桓温关系比较复杂，习凿齿一度因忤逆桓温而遭贬官⑤，所以他的史学撰述对桓温批判之意比较直白。袁宏的史学著述与桓温之间的关系则相对隐晦，但他作《东征赋》早先不及桓温父亲桓彝，待桓温逼问后，方补充桓彝“身虽可亡，

① 《晋书》卷八十二《习凿齿传》，第 2154 页。

② 雷家骥：《两汉至唐初的历史观念与意识》，第 129 页。

③ 刘知幾撰，浦起龙释：《史通通释》卷七《直书》、卷十八《杂说》，第 180、486 页。

④ 郑先兴：《习凿齿史学思想简论》，《许昌学院学报》2006 年第 1 期。

⑤ 《世说新语·文学》载：“习凿齿史才不常，宣武甚器之，未三十，便用为荆州治中。凿齿谢笺亦云：‘不遇明公，荆州老从事耳！’后至都，见简文，返命，宣武问：‘见相王何如？’答云：‘一生不曾见此人。’从此迕旨。出为衡阳郡，性理遂错。于病中犹作《汉晋春秋》，品评卓逸。”见杨勇校笺：《世说新语校笺》，第 241 页。

道不可陨；宣城之节，信义为允也”①，确也有针对桓温宣扬君臣之节的深意。前揭袁宏与桓温在西晋灭亡历史总结上的观点对立，可能也有类似之意。袁宏所作的《后汉纪》，旨在宣扬君臣名教，“从此书反映的思想来看，对桓温的反对态度似更明显。”②南朝时期政治环境与东晋相比有明显的变化，像东晋中叶诸多史家直接利用史学撰述来针对权臣惩劝的现象，不复存在。但自觉利用史学进行惩劝或针砭时弊的现象，还是不时出现。刘义康狱难是影响刘宋一代的重大政治事件。起用刘义康本是宋文帝刘义隆重建皇权政治的重要手段，在宋文帝“有虚劳疾，寝顿积年”情况下，刘宋取得“元嘉之治”，是与刘义康“锐意文案，纠剔是非，莫不精尽”有密切关联的。但也因此，刘义康“不复存君臣形迹”，遂致狱难发生。元嘉十七年（440），宋文帝使刘义康为江州刺史，出镇豫章。史称刘义康“于省奉辞，便下渚。上唯对之恸哭，余无所言。上又遣沙门释慧琳视之，义康曰：‘弟子有还理不？’慧琳曰：‘恨公不读数百卷书。’”③宋文帝对《汉书》比较娴熟，元嘉三年（426）除谢晦后，宋文帝以刘义康继任荆州刺史出镇江陵，并修《与彭城王刘义康敕》指点刘义康治事，其中引及《汉书》，语云：“皇帝敬问彭城王：礼贤下士，圣人垂训，奢侈矜尚，先哲所去。豁达大度，汉祖之德，猜忌褊急，魏武之累。《汉书》称卫青云：‘大将军遇士大夫以礼，与小人有恩。’西门安于，矫性同异；关羽张飞，偏任俱弊，行己举事，当深鉴此。”④宋文帝引《汉书》告诫刘义康可能并未引起刘义康对《汉书》的太多重视。元嘉二十二年（445），刘义康被废为庶人，流放至安成郡。“义

① 《晋书》卷九十二《袁宏传》，第2392页。

② 曹道衡：《论袁宏的创作及其〈后汉纪〉》，《辽宁大学学报》1992年第2期。

③ 《宋书》卷六十八《彭城王刘义康传》，第1792页。

④ 韩理洲等：《全三国两晋南朝文补遗》，第213页。据辑者注，是文见《日藏弘仁本文馆词林校证》四〇三页，并以文中有“西楚殷广”语与刘义康出镇江陵相吻合，将敕书时间断在元嘉三年。刘义康于元嘉六年入朝辅政，宋文帝以刘义恭代之任荆州刺史，据《宋书》卷六十一《江夏王刘义恭传》，刘义恭骄奢不节，宋文帝修书诫之，信中用语与《与彭城王义康敕》多有重复雷同，而文引“豁达大度”语以下所见，《与刘义恭书》则一字不误全有。事有蹊跷，另行专论。

康在安成读书，见淮南厉王长事，废书叹曰：‘前代乃有此，我得罪为宜也。’”①至此，刘义康也开始重视史学了，但已是悔之晚矣。元嘉二十八年(451)，刘义康最终被宋文帝遣人“以被揜杀之”。宋文帝对刘义康的处理，不仅一定程度上影响了元嘉之治的持续，而且“也开启了刘宋皇室骨肉相残之风”②。从此事前后来看，刘义隆、释慧琳及至刘义康最终都注意借重史学，史学成为他们处理政治问题的重要工具。南北朝也有士族不是被动接受史学，而是主动将史学作为批判的武器。前揭北齐宋孝王撰《朝士别录》即有此意。又，宋齐嬗替之时，本为刘宋皇室姻亲的河南阳翟褚渊和琅邪王俭，却弃婚姻和君臣伦常于不顾，为萧道成篡齐佐命。诚然南朝也有士族如褚渊和王俭般信守“一心可事百君”③，但这种政治伦理，是有违于传统儒家学说的，是以诟病者亦为不少，庐江潜人何点即是其中之一。何点本为“性率到，鲜狎人物”之人，直白对褚、王不耻，史称：

建元中，褚渊、王俭为宰相，点谓人曰：“我作齐书已竟，〔赞〕云：‘渊既世族，俭亦国华。不赖舅氏，遑恤外家。’”④

与何点同时代的东莞莒人刘祥，“性韵刚疏，轻言肆行，不避高下”，对宋齐禅代也有刺讥，《南齐书·刘祥传》载：“永明初，迁长沙王镇军，板谘议参军，撰《宋书》，讥斥禅代，尚书令王俭密以启闻，上衔而不问。”⑤宋孝王与何点、刘祥皆出身士族，他们像习凿齿、孙盛和袁宏一样，将修史作为批判武器直接刺讥人物、针砭时弊，这些都有力说明，南北朝士族在发挥史学鉴戒惩劝功能上也有着很强的主体自觉。

---

① 《宋书》卷六十八《彭城王刘义康传》，第1796页。

② 王永平：《刘义康之狱难与元嘉政局之变化》，《学术研究》2014年第6期。

③ 《南史》卷三十一《张岱传》，第807页。

④ 《南齐书》卷五十四《何点传》，第938页。

⑤ 《南齐书》卷三十六《刘祥传》，第639页。

第三节 史学与士族门阀地位和思想信仰

一、史学与士族门阀地位的维持

影响士族门阀地位的因素很多,仕宦无疑是其中的重要指标之一。毛汉光曾以为凡称士族需合于两大条件:其一,累官三世以上。其二,任官需达五品以上者。他据此考察北魏统治下北方士族,所得之大士族与柳芳所言大体相同。而当他将视野扩大到南方江左政权时,又将判定士族标准修改为三世中有二世居官五品以上。① 其原因在于,他发现南方如吴郡朱氏任官甚少,仍被柳冲称为“东南则为吴姓,朱、张、顾、陆为大”。这给我们以启示,仕宦以外,必还有其他因素支撑士族的门阀地位。《陈书·王元规传》载:

> 元规八岁而孤,兄弟三人,随母依舅氏往临海郡,时年十二。郡土豪刘瑱者,资财巨万,以女妻之。元规母以其兄弟幼弱,欲结强援,元规泣请曰:“姻不失亲,古人所重。岂得苟安异壤,辄婚非类!”母感其言而止。②

王元规,字正范,出太原晋阳王氏。祖父王道宝,官至齐员外散骑常侍、晋安郡守。父王玮,官至梁武陵王府中记室参军,官在流内五班,《唐六典》记从六品上。王元规父祖仕宦并不十分显赫,更为重要的是王元规八岁而孤,家道中衰,已无仕宦支撑,却仍然自矜门阀。而刘瑱还愿意以“资财巨万,以女妻之”,说明王元规自矜门阀也是得到土豪乃至地方社会普遍认同。笔者曾考察过庐江潜人何之元门第,何之元祖父何僧达仕至南朝齐南台治书御史,官仅六品;父何法胜宦迹无载。但何之元仍得起家扬州议曹从事史,说明其门第亦

① 毛汉光:《中国中古社会史论》,第36—37页。

② 《陈书》卷三十三《王元规传》,第448页。

在“二品士流”之列。① 这些事例再次提醒我们，士族门阀地位的维持，仕宦可能不是唯一依赖。

对魏晋南北朝盛行的门阀制度的理解，日本学者存在两种观点：一种是以越智重明、矢野主税所主张的“是以国家权力的存在才得以成立的”为代表；一种是以内藤湖南所主张的“不以国家权力存在为前提”为代表。② 内藤湖南所言，实际上是在强调门阀制度的社会属性。国内学界的基本看法是：“门阀制度在相当长的时期内主要当属于政治制度的范畴，社会制度的成分是次要的。”③也就是说，越智重明和内藤湖南各自所持的观点，实际上不是对立而是统一的，门阀制度既是一种政治制度也是一种社会制度。亦即是说，在政治仕宦之外，社会地位和社会声誉也是维持门阀制度的重要手段。这就给我们思考史学与士族门阀地位关系提供了一种新的路径。《世说新语·贤媛》载：

> 王凝之谢夫人既往王氏，大薄凝之。既还谢家，意大不说。太傅慰释之曰：“王郎，逸少之子；人材亦不恶，汝何以恨乃尔？”答曰：“一门叔父，则有阿大、中郎；群从兄弟，则有封、胡、遏、末。不意天壤之中，乃有王郎！”④

谢道韫嫌弃王凝之，谢安宽慰她的话中，特别提及王凝之是王羲之的儿子。这正是门第观念在婚姻中渗透和体现，众所周知，中古士族盛行严格的身份内婚制。在谢安看来，只有门第尊贵的琅邪王氏，才能与陈郡谢氏门第相当，婚姻匹配。这说明，士族阀阅意识中，婚姻也是一个重要内涵。东晋杨佺期为汉太尉弘农杨震之后，杨震以下“七世有名德”，《晋书·杨佺期》载：“佺

---

① 参见拙文《何之元仕宦考略》，《安徽史学》2018 年第 4 期。

② 川胜义雄：《六朝贵族制社会的成立》，《日本者研究中国史论著选译（四）》，中华书局 1992 年版，第 2 页。

③ 白寿彝：《中国通史（卷 7）》，上海人民出版社 1999 年版，第 557 页。

④ 刘义庆撰，杨勇校笺：《世说新语校笺》，第 626—627 页。

期自云门户承籍，江表莫比，有以其门地比王珣者，犹忿恨，而时人以其晚过江，婚宦失类，每排抑之。”①这就清晰地说明，维持士族门阀地位，仕宦之外，婚姻是又一支柱。而前文已揭，郑樵有言：“自隋、唐而上，官有簿状，家有谱系。官之选举，必由于簿状；家之婚姻，必由于谱系。”彼时，婚姻缔结有赖于谱牒，因而谱牒也就有了维持士族门阀社会地位的功效。

前文我们曾分析过家谱的政治功能，这里仍需要补充说明，在强调魏晋南北朝谱牒的政治功能有别于前后各时期谱牒这一显著特征时，我们仍然不能忽视这一时期谱牒的社会功能，郑樵指出的“家之婚姻，必由于谱系”就是谱牒社会功能表现之一。由谱牒撰述的兴盛而至谱学的出现，正是在士族走向衰落的晋宋之际。唐长孺论晋宋之际“士庶之别”时说：“那只能是表示士族集团业已感到自己所受的威胁日益严重，才以深沟高垒的办法来保护自己。”②谱学在这一时期形成并持续发展，正是因为谱学不仅具有保障门阀士族起家入仕的政治功能，同样也具有保障士族的社会地位之功效。齐梁之时，门阀士族虽继续保有起家的优先权，但政治地位日益下降，而与此同时，则是贾、王谱学进一步发展。这种历史现象，说明谱学的繁荣显然并未能确保门阀士族旧有政治地位。既然如此，那么仅从谱学的政治意义来思考谱学的繁荣，恐怕就离历史的真相愈走愈远。南朝谱学繁荣的原因，也在于其社会功能的发挥上，即谱学能相对有效地保障门阀士族在社会上的尊高地位，其途径便是定婚姻，以及以谱牒明贵贱、别亲疏，形成群体社会意识。梁元帝萧绎在《金楼子·戒子》中也谈到谱牒，说：“谱牒所以别贵贱，明是非，尤宜留意。或复中表亲疏，或复通塞升降，百世衣冠，不可不悉。”言语中也突出强调谱牒明贵贱、别亲疏等社会功能了。

史学有助于形成并固化门第高下的社会意识，进而达到维护士族门阀社

① 房玄龄：《晋书》卷八十四《杨佺期传》，第 2200 页。

② 唐长孺：《南朝寒人兴起》，《魏晋南北朝史论丛续编》，三联书店 1959 年版，第 91 页。

会地位。三世纪以后,史学先后与经学和文学相分离①,史学价值与功用的独特性也渐为更多时人所认同。这为史学与士族门阀地位形成联结创造了必要条件。一方面,受到门阀理念影响,史学从撰述形式、撰述内容到撰述旨趣,都烙上士族门阀印记;另一方面,史学在社会上有了更为广泛的传播和更为深入的发展,从而强化受众对士族门阀观念接受,由此产生维护士族门阀地位社会效应。如前所揭,魏晋南北朝人物传记撰述,一直比较盛行。这些撰述中所见的人物,基本上都是当时士族日常生活和精神领域中特受关注的各类人物。而这一时期,史传书法有些固定模式,传述人物时,必定要写明某郡某县人,起始追叙传主的父祖仕宦,传末补叙传主子孙的仕宦,这种书法是当时各类人物传述的通行法则,其效果则是令读者对传主的郡望高下一目了然,传主在当时社会中的地位也因此而清晰。表彰家族郡望与家学家风是家史撰述旨趣所在,所以它在维护士族门阀地位上更具有积极功效。但这些撰述,都不过是在从强化社会意识转而至于影响社会存在这一间接途径上。谱牒直接关乎婚姻,比较起来,还是谱牒在维护士族门阀地位上更具有直接意义和明显效果。

身份内婚制是士族保障自身门阀地位的重要手段,但长期士庶杂处,士族和庶族在共同社会生活中已不可避免走向了融合。举例为证,宋孝武大明五年(461),“是岁,始怀(坏)士族离(杂)婚者补将吏,于是民多逃亡,王役弗增而盗贼代起,侍中沈怀文谏不听”②,刘宋这次补将吏者正是对当时士庶杂婚者的一种处罚,但看来实际效果是有限的,反过来却证明了士庶之际的差别日渐模糊了。宋齐时期,却籍与反却籍的矛盾不断激化,最终还引发了萧齐时期的唐寓之起义,这次起义一个结果就是使官方的检籍活动停滞下来。这些史实都说明门阀士族特殊地位正日益动摇。正因如此,南朝起始就出现了看似

① 参见逯耀东:《〈隋志·史部〉及其〈杂传类〉的分析》《经史分途与史学评论的萌芽》,载氏著:《魏晋史学的思想与社会基础》,中华书局2006年版,第53、178—194页;胡宝国:《经史之学》《文史之学》,载氏著:《汉唐间史学的发展》,商务印书馆2003年版,第30—49、50—72页。

② 许嵩:《建康实录》卷十三《世祖孝武皇帝》,中华书局1986年版,第483页。

矛盾却意味着社会正在发生深刻变化的历史现象：一方面，晋宋之际“士庶之别，国之章也”“士庶之际，实自天隔”等严防士庶混乱的呼声不断高涨；另一方面，士庶境遇各自不同的转变，非士族通过窜改谱牒跻身于士族等社会现象也越来越普遍，终至士庶之别也逐渐失去应有的意义。在这种社会背景下，谱牒彰显士庶之别、维护士族门阀地位的意义和作用就更为突出、更为重要了。兹略举两例说明之：

其一，王泰宝买袭琅邪王氏谱事。《南齐书》卷五十二《贾渊传》载：

> 建武初，渊迁长水校尉。荒伧人王泰宝买袭琅邪谱，尚书令王晏以启高宗，渊坐被(求)[收]，当极法，子栖长谢罪，稽颡流血，朝廷哀之，免渊罪。①

琅邪王氏魏晋以来即为高门，整个南朝时期也一直郡望不坠，家族子弟由此仕路也大多顺畅，因此，琅邪王氏自然成为妄图改籍者的首选对象。贾渊是当时谱学名家，在谱学上有着相当的权威，王泰宝才会请他来帮助改籍。事发后，贾渊“当极法”，这个处罚，排除告发者王晏是出自琅邪王氏而有意严惩这一主观因素，也仍然能看出萧齐对这种有损于士族门阀利益行为的惩治是极其严厉的。

其二，沈约奏弹王源事。奏弹王源文稍长，现移逯如下：

> 臣闻齐大非偶，著乎前诰；辞霍不婚，垂称往烈。若乃交二族之和，辨伉合之义，升降窳隆，诚非一揆。固宜本其门素，不相夺伦。使秦晋有匹，泾渭无舛。自宋氏失御，礼教雕衰，衣冠之族，日失其序。姻娅沦杂，罔计厮庶，贩鬻祖曾，以为贾道，明目腆颜，曾无愧畏。若夫盛德之胤，世业可怀，栾郄之家，前徽未远。既壮而室，窃赀莫非皂隶，结褵以行，箕帚咸失其所。志士闻而伤心，旧老为之叹息。自宸历御寓，弘革典宪，虽除旧布新，而斯风未殄。陛下所以负扆兴言，思

① 《南齐书》卷五十二《贾渊传》，第907页。

清弊俗者也。

臣实儒品,谬掌天宪,虽埋轮之志,无屈权右;而狐鼠微物,亦蠹大猷。风闻东海王源,嫁女与富阳满氏。源虽人品庸陋,胄实参华。曾祖雅,位登八命;祖少卿,内侍帷幄;父璇,升采储闱,亦居清显。源频叨诸府戎禁,豫班通彻。而托姻结好,唯利是求,玷辱流辈,莫斯为甚。源人身在远,辄摄媒人刘嗣之到台辩问。嗣之列称:吴郡满璋之,相承云是高平旧族,宠奋胤胄,家计温足,见托为息鸾觅婚。王源见告穷尽,即索璋之簿阀,见璋之任王国侍郎,鸾又为王慈吴郡正阁主簿,源父子因共详议,判与为婚。璋之下钱五万,以为聘礼。源先丧妇,又以所聘余直纳妾。如其所列,则与风闻符同。

窃寻璋之姓族,士庶莫辨。满奋身殒西朝,胤嗣殄没,武秋之后,无闻东晋,其为虚托,不言自显。王满连姻,寔骇物听,潘杨之睦,有异于此。且买妾纳媵,因聘为资,施衿之费,化充床第,鄙情赘行,造次以之。纠慝绳违,允兹简裁。源即主。

臣谨案:南郡丞王源,忝藉世资,得参缨冕,同人者貌,异人者心,以彼行媒,同之抱布。且非我族类,往哲格言;薰莸不杂,闻之前典。岂有六卿之胄,纳女于管库之人;宋子河鲂,同穴于舆台之鬼。高门降衡,虽自己作;蔑祖辱亲,于事为甚。此风弗剪,其源遂开,点世尘家,将被比屋。宜寘以明科,黜之流伍。使已污之族,永愧于昔辰;方媾之党,革心于来日。

臣等参议,请以见事免源所居官,禁锢终身,辄下禁止视事如故。源官品应黄纸,臣辄奉白简以闻。臣约诚惶诚恐,云云。①

沈约时为御史中丞、吴兴邑中正,既掌纠察朝臣,又掌乡帮清议。沈约详细说明了王源的郡望情况,对王源与士庶莫辨的满璋之联姻进行了猛烈的抨

① 严可均辑:《全梁文》,《全上古三代秦汉三国六朝文》,第3110—3111页。

击，最后要求运用行政权力对王满联姻进行干预，提出对王源"禁锢终身"的处罚要求。从沈约的行文来看，他对士庶之别的捍卫是极其坚定的，他奏弹王源的根本理由仅是满璋之士庶莫辨。而对于两个当事人来说，诚如学者所分析，"王源许婚满璋之纯粹就是为了金钱，而满璋之则企图借此提升自身的政治地位，分享某种政治特权。"①史书未载沈约谱学成就，但他对当时谱牒修订十分关注，倒是史有明文，《南史·王僧孺传》云："先是，尚书令沈约以为'晋咸和初，苏峻作乱，文籍无遗。后起咸和二年以至于宋，所书并皆详实，并在下省左户曹前厢，谓之晋籍，有东西二库。此籍既并精详，实可宝惜，位宦高卑，皆可依案。宋元嘉二十七年，始以七条征发，既立此科，人奸互起，伪状巧籍，岁月滋广。以至于齐，患其不实，于是东堂校籍，置郎令史以掌之。竞行奸货，以新换故，昨日卑细，今日便成士流。凡此奸巧，并出愚下，不辨年号，不识官阶。或注隆安在元兴之后，或以义熙在宁康之前。此时无此府，此时无此国。元兴唯有三年，而猥称四、五，诏书甲子，不与长历相应。校籍诸郎亦所不觉，不才令史固自忘言。臣谓宋、齐二代，士庶不分，杂役减阙，职由于此。窃以晋籍所余，宜加宝爱'。武帝以是留意谱籍，州郡多离其罪，因诏僧孺改定《百家谱》。"②可见，沈约是精于谱学的，他对谱牒严防士庶之别、保障士族门阀地位的功效有着深刻了解。他对王源虽"即索璋之簿阀"后仍"判与为婚"的随意态度自是不满，这实际上是在强调谱牒在区别士庶方面的权威。总之，从贾渊受处到沈约奏弹王源来看，谱牒在严格士庶界限、维护士族门阀地位方面的作用，是有政治权力作强大后盾的，所以它对士族门阀地位的保障，不是落在思想意识层面上的蹈空虚说，而是实在的、有效的。沈约还针对谱籍混乱给梁武帝提出具体解决方案："宜选史传学士谙究流品者，为左民郎、左民尚书，专共校勘，所责卑姓杂谱，以晋籍及宋永初景平籍在下省者，对共校，若谱注通籍有

① 程章灿：《沈约〈奏弹王源〉与南朝士风考辨》，《传统文化与现代化》1995 年第 6 期。

② 《南史》卷五十九《王僧孺传》，第 1461—1462 页。

卑杂，则条其巧谬，下在所科罚。”①相对于官谱，私谱维护门阀地位的社会功能更为突出。北魏士族河东汾阴薛孝通《历叙世代贻后券》说：“河东薛氏，为世大家，汉晋以来，名才秀出，国史家乘，著显光华者历数百年。厥后竞仕北朝，繁兴未艾。今远官代北，恐后子孙不谙祖德，为叙其世代以志，亦当知清门显德有所自也。”②薛孝通说“当知清门显德有所自也”，显然并非与官谱诠选接轨，而与前揭王导《琅邪王氏宗图序》相近，重在发挥谱学的社会功能。《贻后券》真伪或需进一步核实③，但所道出的修谱动机，当是北方私谱普遍持有的撰述旨趣。谱牒尤其是私谱在士族婚姻生活中起着重要作用，对体现士族门阀利益的身份内婚制直接起到强化和巩固效果。谱牒之学对士族门阀地位的维护，是一种切实的历史存在。而随着谱牒对其他史学撰述的渗透，其维护门阀地位的功能也同步移植。魏收《魏书》广采家谱，移谱入史。高敏说：“我们知道，书家谱式写法，用以维护门阀制度，早已有之。刘宋时何法盛的《晋中兴书》，就有《陈郡谢录》与《琅琊王录》，即有家谱形式。魏收和《魏书》也曾把若干传主的子孙后代作为附传，同样有家谱的性质。他们之所以这样做，显然是当时的社会实况和政治需要决定的。”④谱学渗入《晋中兴书》《魏书》等撰述，将其也塑成维护门阀的工具。

史学对士族门阀地位的维护，是史学发挥社会功能的表现之一。不过，尚须指出的是，这种维护作用的实现，是建立在人们对当时史学内涵和士族门阀观念认同的基础之上的。或者说，正是时人对史学本质和表现类型，对“士庶之别，国之章也”等观念有着共同的认识，正是当时社会从官方到民间对依据

① 严可均辑：《全梁文》，《全上古三代秦汉三国六朝文》，第3110页。

② 转引自陈直：《南北朝谱牒形式的发现和索隐》，《西北大学学报》1980年第3期。

③ 参见杨强：《“薛孝通贻后券”辨伪》，《文博》2002年第3期。杨文以《魏书》《北史》《新唐书·宰相世系表》为主证，指斥“贻后券”世系失实，乃是伪刻。杨文所言有一定道理，但未解释既是着意进行伪刻，何以会犯“世系失实”这个难以想象的低级错误，这个问题未解，仍是难以使人尽信，且杨文也无法言明“贻后券”写作年代，是否成于北朝后期，亦未可知。

④ 高敏：《南北史掇琐·序》，中州古籍出版社2003年版，第5页。

谱学而优待士族的起家入仕有着认同，对谱牒明确区分士庶的作用有着认同，史学才能发挥出它对士族门阀地位的维护功能；反之，对史学本质和“士庶有别”这个认同基础一旦崩溃消失，史学对士族门阀地位的维护作用也就自然消失了。也正是有着这个认同基础，而且这个基础还处在缓慢消解之中，所以我们说，史学对士族门阀地位维护作用既是客观存在的，但也只能是有限存在。随着士族不断走向没落，士庶之别不断泯灭，虽然史学依旧盛行，但对士族门阀观念的认同却日益淡薄，上述史学维护士族门阀地位的表现也逐渐消失，史学最终也未能确保士族门阀地位恒久不坠。与此相适应，谱牒之学遂衰。“自五代以来，取士不问家世，婚姻不问阀阅，故其书散佚，而其学不传。”郑樵所言是也。

二、史学与士族多元思想信仰

与史学多途发展相同步，三世纪以来，社会思潮也开始呈多元化势态迅猛发展。儒学仍处基础性地位，玄学与佛、道思潮也并有传播。这些社会思潮流播并无特别固定的群体和路线，思潮内核与源流也各有异同，遂致彼此碰撞和融会时有发生。从思想渊源来看，儒、玄、道同种同根，彼此间张弛关系相对宽松。佛教属异质文化，虽落于中土已逾两百多年，且于北方江左均有流传，但与汉族文化间冲撞并未完全消解，还时有较强烈的碰撞。东晋成帝和安帝年间，先后两次出现“沙门礼敬王者”之争，北朝也出现沙门礼俗的争议。南朝时期，佛道间竞争一度颇为激烈，但又终归于调和，出现儒、释、道三教合一的趋势。这就是三至六世纪社会思潮的大体面貌。

三至六世纪，士族有不少文化世家，各以家学传承，如庐江何氏世奉佛法，高平郗氏世尊道教，时有“二郗谄于道，二何佞于佛”之讥①，又有如南阳顺阳范氏这样世代守儒的士族。整体来说，士族思想信仰多数呈现多元化，他们或

① 《晋书》卷七十七《何充传》云：“于时郗愔及弟昙奉天师道，而充与弟准崇信释氏，谢万讥之云：‘二郗谄于道，二何佞于佛。’”

儒玄兼修，或儒道互补，或秉儒执佛，甚者也有调和儒、释、道，如吴郡吴人张融便是如此。张融字思光，祖张祎，为晋琅邪王国郎中令。父张畅，宋会稽太守。张融"玄义无师法，而神解过人，白黑谈论，鲜能抗拒"①，自名文集为《玉海》。张融生存于宋齐时期，刘宋末年，以吴郡盐官顾欢《夷夏论》为发端，掀起一段佛道论难高潮。张融撰《门论》，言"道也与佛，逗极无二。寂然不动，致本则同，感而遂通，达迹成异"②，对佛道进行调和。史书又载其：

建武四年，病卒。年五十四。遗令建白旌无旒，不设祭，令人捉麈尾登屋复魂。曰："吾生平所善，自当凌云一笑。"三千买棺，无制新衾。左手执《孝经》、《老子》，右手执小品《法华经》。妾二人，哀事毕，各遣还家。又曰："以吾平生之风调，何至使妇人行哭失声，不须暂停闺阁。"③

这般兼修儒、释、道，道徒与佛门均有人在。南朝道士平昌安丘孟景翼曾说："道之大象，即佛之法身。"④与桓玄往复论难"沙门礼敬王者"名僧慧远，既娴熟《庄子》，又力主"如来之与尧孔，发致虽殊，潜相影响。出处诚异，终期则同"⑤。慧远弟子宗炳，字少文，望出南阳涅阳，为知名士族。宗炳撰有《明佛论》，称："孔、老、如来，虽三训殊路，而习善共辙也。"⑥丹阳秣陵陶弘景，道教上清派茅山宗创始人，他也说"百法纷凑，无越三教之境"⑦，倡导三教合一。陶弘景时称"山中宰相"，他对梁武帝思想是有影响的，梁武帝作《会三教诗》，称老子与周公、孔子都是如来弟子，提出"三教同源"⑧说。

---

① 《南齐书》卷四十一《张融传》，第729页。

② 僧佑撰，李小荣校笺：《弘明集校笺》卷六《张融门律》，上海古籍出版社2013年版，第325页。

③ 《南齐书》卷四十一《张融传》，第728—729页。

④ 《南齐书》卷五十四《顾欢传》，第935页。

⑤ 严可均：《全晋文》，《全上古三代秦汉三国六朝文》，第2394页。

⑥ 僧佑撰，李小荣校笺：《弘明集校笺》卷二《明佛论》，第107页。

⑦ 欧阳询：《艺文类聚》卷七十八《灵异部上》，上海古籍出版社2013年版，第2014页。

⑧ 见《全梁文》卷四《梁武帝敕舍道事佛》。南朝时期还出现了道教的三教同源说（见任继愈：《中国佛教史》（第三卷），中国社会科学出版社1988年版，第25—26页），佛、道中均兴起三教同源说，说明了各种思潮相互融会是一种时代潮流。

三至六世纪社会思潮多元化与士族思想信仰的多元化，在史学领域中都得到较为充分的体现。史学之于士族，既成为他们传播各种思想的阵地，成为他们展开思想斗争的武器，也成为他们和会儒玄释道的熔炉。

从史学史角度而言，以史学作为传播佛教与道教的阵地，首要的表现便是佛教史学与道教史学的产生。严耀中以为佛教史学包括狭义与广义两种，“狭义的佛教史学是专门关于佛教历史的，一般指佛教史家的专著，诸如《高僧传》；或专门论述佛教的有关史著，如《洛阳伽蓝记》。广义的内容则包括所有有关佛教历史的记载和议论，如正史中的《魏书·释老志》、《宋书·天竺迦毗黎国传》及《晋书·艺术传》里佛图澄、鸠摩罗什、僧涉、昙霍等一些僧侣的传记等等，都是关于佛教的重要记载。”①这种解读也适合道教史学，专载道教的史著有《道学传》，正史中也有道士专传如《晋书》之《葛洪传》、《宋书》之《陆修静传》、《梁书》之《陶弘景传》等。又，《魏书·释老志》不仅载录佛教，也载录有道教。

魏晋时期，佛教对史学已有明显渗透，陈寅恪曾专论《三国志曹冲华佗传与佛教故事》。② 此后佛教史学一时兴起，试以江左为例说明之。佛教史学首先表现为佛教史传出现，如竺法济撰《高逸沙门传》、高平金乡郗景兴撰《东山僧传》、康泓撰《道人善道开传》1 卷、琅邪临沂王巾撰《僧史》(《隋志》作《法师传》)、法安撰《僧传》，又有《法显传》2 卷与《法显行传》1 卷，等等。又，南齐时期兰陵萧子良还撰《三宝记》，分佛史、法传、僧录三部，具通史之意。南朝萧梁佛法最兴，佛教史学也达到南朝时期的高峰，梁释宝唱和释慧皎都撰成有相当影响的佛教僧侣总传。释宝唱撰《名僧传》31 卷，乃增补僧佑《出三藏记集》中僧传部分而成，书中收录始自后汉迄于齐代的共 425 人，记载当时佛教人士的一些重要言论，在佛教思想和理论方面的记载超过此后的《高僧

① 严耀中：《试论佛教史学》，《史学理论研究》2002 年第 3 期。

② 陈寅恪：《三国志曹冲华佗传与佛教故事》，《清华大学学报(自然科学版)》1930 年第 1 期。

传》;宝唱还撰有《比丘尼传》4 卷,收晋、宋、齐、梁尼僧 65 人,反映出女尼的社会活动以及她们对佛教的贡献。慧皎撰《高僧传》14 卷,记始自汉明帝永平十年终于梁天监十八年共计 521 人,集梁朝史传之大成。《名僧传》与《高僧传》撰述问世,“从此开启了佛教僧人总传的先河,后来这种总传在中国佛教史学史上几乎取得了相当于‘正史’的地位。”①此外,梁朝还有僧佑撰《萨婆多部相承传》《钟山定林上寺绝迹京邑五僧传》、释法进撰《江东名德传》、河东裴子野撰《众僧传》20 卷、吴郡吴人陆杲撰《沙门传》30 卷、虞孝敬撰《高僧传》6 卷、南阳宛人张孝秀撰《庐山僧传》、佚名撰《梁故草堂法师传》1 卷、严嵩撰《梁武皇帝大舍》3 卷,等。佛教簿录类撰述也较可观,如支敏度曾编撰《经论都录》与《经论别录》两种经录;另一名僧释道安编撰《综理众经目录》,后世称之为《道安录》,“为后代的佛经整理提供了不少有益的经验。”②又如,释僧佑的《三藏记》《释迦谱》与《弘明集》等,陈垣对《弘明集》颇为看重,赞誉其“体制与外学目录书不同”,“本书之特色,全在第三方式之经序,为其他经目所未有,可以考知各译经之经过及内容,与后来书录解题、书目提要等用处无异”,“至于本书经序及列传中,有涉及各朝帝王及士庶者,均可为考史资料。”③佛教地理书撰述有:道安《四海百川水源记》、慧远《庐山记略》、支遁《天台山铭序》、竺枝《扶南记》、释昙宗《京师寺塔记》、刘璆的《京师寺塔记》,等等。

这一时期道教史传和簿录著作也有不少,如鬷续与孙绰所赞之《列仙传赞》3 卷、郭元祖《列仙传赞》2 卷、葛洪《神仙传》10 卷、朱思祖《说仙传》1 卷、《养性传》2 卷、《汉武内传》3 卷、李遵《太元真人东乡司命茅君内传》1 卷、华存《清虚真人王君内传》1 卷、《清虚真人裴君内传》1 卷、《正一真人三天法师张君内传》1 卷、《太极左仙公葛君内传》1 卷、《仙人马君阴君内传》1 卷、《仙人许远游传》1 卷、《灵人辛玄子自序》1 卷、王珍《刘君内记》1 卷、孔稚珪《陆

① 魏承思:《中国佛教史学述论》,《佛教文化》1989 年创刊号。

② 方广锠:《佛教经目杂谈》,载《佛教与中国文化》,中华书局 1988 年版,第 174 页。

③ 参见陈垣:《中国佛教史籍概论》,上海书店 2001 年版,第 2—4 页。

先生传》1卷、郭元祖《列仙赞序》1卷、《集仙传》10卷、《洞仙传》10卷、《王乔传》1卷、鬼谷先生《关令内传》1卷、《南岳夫人内传》1卷、周季通《苏君记》1卷、《嵩高寇天师传》1卷、《华阳子自序》1卷、李氏《太上真人内记》1卷以及前揭《道学传》20卷,等等。此外,陶弘景《真诰》中亦保存有不少道士传记,但所述事迹不尽真实。道教簿录撰述,始于东晋葛洪,他说:"道书之出于黄老者,盖少许耳。率多后世好事者,各以所知见滋长,遂令篇卷至于山积。"①葛洪字稚川,自号抱朴子,丹阳郡句容人。葛洪出自江左士族,祖葛系,历仕孙吴御史中丞、吏部尚书、大鸿胪,封寿县侯。父葛悌,晋邵陵太守。葛洪在《抱朴子·遐览篇》中详细著录其师郑隐所收藏的汉魏以来的各种道教经记符图,计有257种、1179卷。周一良称其所列举道书"类似总目"②。但是,"由于魏晋道士珍秘其书,不肯轻易示人,致使道书流传不广。"③道教上清派宗师、吴郡吴人陆修静,也于元嘉十四年(437)撰成《灵宝经目》,此书已佚。周一良说其"是当时道经的正式总目录",并引陈国符说指出,"东晋以后,道士竞制新经,有的有目无书。陆修静经目所列经的卷数也不可信。其学术价值与道安、僧佑的佛经目录不可同日而语了。"④陆修静在解说撰述《灵宝经目》缘由时说道,"顷者以来,经文纷互,似非相乱。或是旧目所载,或自篇章所见。新旧五十五卷,学士宗竟,鲜有甄别。"⑤毫无疑问,上述佛道史传及簿录等史学撰述,成为当时传播佛教与道教思想的重要阵地。至于当时史界主流的正史,因史家主观思想信仰和史书记实等因素,往往也不遗余力地宣扬包括佛、道以及儒、玄在内的各种思潮。以史学之于儒学为例,史书往往都强调儒

① 王明:《抱朴子内篇校释》,中华书局1986年版,第151页。

② 周一良:《魏晋南北朝史学发展的特点》,《魏晋南北朝史学论文集续编》,北京大学出版社1991年版,第83页。

③ 任继愈:《中国道教史》,上海人民出版社1996年版,第123页。

④ 周一良:《魏晋南北朝史学发展的特点》,《魏晋南北朝史学论文集续编》,北京大学出版社1991年版,第83—84页。

⑤ 《道藏》第22册《云笈七籤》卷四《灵宝经目序》。

家伦理纲常，如陈寿《三国志》“有益风化”，如王隐“以儒素自守”而撰《晋书》。① 又如史家孙盛，他撰有《魏氏春秋》《魏氏春秋异同》以及《晋阳秋》，其书皆已亡佚，乔治忠对其史学撰述搜隐抉微后，发现他“在批评玄学，提倡儒学上迈进了一大步”②。史家以史著来宣扬儒学，在当时儒学相对式微情况下，这对于儒学的传承和坚守，起着不容忽视的作用。一言以蔽之，史学“仍是当时贯彻儒学名教意识、封建礼制观念和君主专制一统思想的文化壁垒。”③乔治忠先生提及孙盛诸书有对玄学的批判，这种借史学来批判社会思潮的现象，在当时士族史家笔下也相当普遍。其实，对玄学乃至异质之佛学，批判者有之，宣扬者亦有之。借史学褒崇玄学，最为典型的要算陈郡袁宏。袁宏本人儒、玄兼修，除著玄学名士系列史传外，他的力作《后汉纪》也处处着意宣扬玄学，以玄学视野来评判历史人物与历史事件。如他在《灵帝纪》后发论说：

> 夫称至治者，非贵其无乱，贵万物得所，而不失其情也。言善教者，非贵其无害也，贵性理不伤，性命咸遂也。故治之兴所以道通群心，在乎万物之生也。古之圣人，知其如此，故作为名教，平章天下。天下既宁，万物之生全也。保生遂性，久而安之。故名教之益，万物之情大也。当其治隆，则资教以全生；及其不足，则立身以重教。然则教也者，存亡之所由也。夫道衰则教亏，幸免同乎苟生；教重则道存，灭身不为徒死，所以固名教也。……夫称诚而动，以理为心，此情存乎名教者也。内不忘己以为身，此利名教者也。情于名教者少，故道深于千载；利名教者众，故道显于当年。盖浓薄之情诚异，而远近

① 《晋书》卷八十二《王隐传》，第2142页。

② 乔治忠：《孙盛史学发微》，《史学史研究》1995年第4期。

③ 乔治忠：《中国古代官方史学的兴盛与当代史学新机制的完善》，《中国官方史学与私家史学》，北京图书馆出版社2008年版，第51页。

之义殊也。统体而观，斯利名教之所取也。①

袁宏在此宣扬老庄“无为而治”的论调，强调本乎自然、万物得所、任情使性等玄学思想特质，要求世人“称诚而动，以理为心”。对于袁宏这一史论特点，刘节批评说：“这种思想，仍旧是从‘智周乎万物，而道济天下’的系统而来的。不过从‘唯物’而转向‘唯心’，就变为一番空话了。所以，刘知幾说袁彦伯‘多饰玄言’。”②袁宏还着意记述东汉时期佛教初传的相关事实，他详细记录永明求法的全过程并进而总结佛教教义，在记楚王刘英修浮屠祠后认真地解释浮屠的含义，这都说明他将《后汉纪》当作了宣传佛教的阵地。所以白寿彝先生将他定义为“是在史学领域里颂扬佛教较早的人物”③。比之袁宏，沈约《宋书》佛教宣传色彩要浓厚得多。沈约精通内典，屡行礼佛活动，并致力于弘扬佛法，撰《佛记序》《舍身愿疏》《千僧会愿文》《忏悔文》《形神论》《神不灭论》，还积极参与了梁武帝组织的对范缜《神灭论》的围攻。他的《宋书》，“最突出的特点，是宣扬天命、佛教、预言。”④前文论刘宋彭城王刘义康狱难，提及刘义康之死亡方式是“以被揜杀之”，沈约叙及此时，特别点明其中原委，他说：“二十八年正月，遣中书舍人严龙赍药赐死。义康不肯服药，曰：‘佛教自杀不复得人身，便随宜见处分。’乃以被揜杀之。”⑤又如记沈道虔，他用感情饱满的笔墨记其家“累世事佛，推父祖旧宅为寺。至四月八日，每请像。请像之日，辄举家感恸焉”⑥。白寿彝先生曾综论沈约、萧子显与魏收，认为他们有两点顽固地反抗范晔的影响，其中之一就是他们仨“在历史观点上都是有神论者”⑦。当然，借史书宣扬佛教，三人之中最为锐意着力者，可能还数兰陵萧

---

① 袁宏：《后汉纪》卷二十三《孝灵皇帝纪上》，《两汉纪》，第448页。
② 刘节：《中国史学史稿》，中州书画社1982年版，第116页。
③ 白寿彝：《陈寿与袁宏》，《中国史学史论集》，第175页。
④ 瞿林东：《中国史学史纲》，第259页。
⑤ 《宋书》卷六十八《彭城王刘义康传》，第1796—1797页。
⑥ 《宋书》卷九十三《沈道虔传》，第2292页。
⑦ 白寿彝：《范晔》，《中国史学史论集》，第151页。

子显。萧子显活跃于梁武帝时期，彼时正值梁武帝大力倡导佛法、几将佛教定为国教之时。范缜著《神灭论》，梁武帝组织朝臣对范缜展开围攻，萧子显参与了这场发难。他的《南齐书》也成了他积极宣扬佛教思想的舆论阵地。他在《南齐书·高逸传》后，又较多笔墨针对顾欢《夷夏论》发论，其语云：

史臣曰：顾欢论夷夏，优老而劣释。佛法者，理寂乎万古，迹兆乎中世，渊源浩博，无始无边，宇宙之所不知，数量之所不尽，盛乎哉！真大士之立言也。探机扣寂，有感必应，以大苞小，无细不容。若乃儒家之教，仁义礼乐，仁爱义宜，礼从乐和而已；今则慈悲为本，常乐为宗，施舍惟机，低举成敬。儒家之教，宪章祖述，引古证今，于学易悟；今树以前因，报以后果，业行交酬，连璅相袭。阴阳之教，占气步景，授民以时，知其利害；今则耳眼洞达，心智他通，身为奎井，岂俟甘石。法家之教，出自刑理，禁奸止邪，明用赏罚；今则十恶所坠，五及无间，刀树剑山，焦汤猛火，造受自贻，罔或差贰。墨家之教，遵上俭薄，磨踵灭顶，且犹非吝；今则肤同断瓠，目如井星，授子捐妻，在鹰庇鸽。从横之教，所贵权谋，天口连环，归乎适变；今则一音万解，无待户说，四辩三会，咸得吾师。杂家之教，兼有儒墨；今则五时所宣，于何不尽。农家之教，播植耕耘，善相五事，以艺九谷；今则郁单粳稻，已异阎浮，生天果报，自然饮食。道家之教，执一虚无，得性亡情，凝神勿扰；今则波若无照，万法皆空，岂有道之可名，宁余一之可得。道俗对校，真假将雠，释理奥藏，无往而不有也。能善用之，即真是俗。九流之设，用藉世教，刑名道墨，乖心异旨，儒者不学，无伤为儒；佛理玄旷，实智妙有，一物不知，不成圆圣。若夫神道应现之力，感会变化之奇，不可思议，难用言象。而诸张米道，符水先验，相传师法，祖自伯阳。世情去就，有此二学，僧尼道士，矛楯相非。非唯重道，兼亦殉利。详寻两教，理归一极。但迹有左右，故教成先后。广略为言，自生优劣。道本虚无，非由学至，绝圣弃智，已成有为。有为之无，终非道本。若使本末同无，曾何等级。佛则不然，具缚为种，转暗成明，梯愚入圣。途虽远而可践，业虽旷而有期。劝慕之道，物我无隔。而局情浅智，鲜能胜受。世途揆度，因果二门。鸡鸣为善，未必余庆；脍肉东陵，曾无厄祸。身才高妙，郁滞而靡达；器思庸卤，富厚以终生。忠反见遗；诡乃获用。观此而论，近无罪福，而业有不定，著自经文，三报开宗，斯疑顿晓。史臣服膺释氏，深信冥缘，谓斯道之莫贵也。①

顾欢，字景怡，一字元平，南朝宋齐时人，出自吴姓高门吴郡监官顾氏，上清派道士。刘宋后期，佛道之争渐起，学者互相非毁。顾欢乃著《夷夏论》，言"佛是破恶之方，道是兴善之术。兴善则自然为高，破恶则勇猛为贵。佛迹光大，宜以化物；道迹密微，利用为已。优劣之分，大略在兹。"②顾论一出，遂使夷夏之争"由原来一般舆论责难，升温为全面的、对垒的讨战"③，继之而作者一时纷起，如陈郡阳夏袁粲撰《驳夷夏论》、平原鬲人明僧绍撰《正二教论》、谢镇之撰《折夷夏论》和《重与顾道士书并颂》、吴郡钱塘朱昭之撰《难顾道士夷夏论》、吴郡钱塘朱广之撰《咨顾道士夷夏论》、释慧通撰《驳顾道士夷夏论》、释僧愍撰《戎华论折顾道士夷夏论》、齐道士撰《三破论》、东莞莒人刘勰撰《灭惑论》、僧顺撰《释三破论》，或斥道，或排佛，往复争鸣，将佛道互相论难推向新的高潮。萧子显撰《南齐书》时，"神灭与神不灭"论争已起，"夷夏"论热潮已趋平淡。但他还是在史书对顾欢作以回应。萧子显以《夷夏论》为楔，历数儒学、阴阳、法、墨、纵横、杂、农、道诸家，并与佛教相参照，处处彰显佛教之长，此后又以佛、道二教为重点进行辨析。梁武时期，三教合一声音已经抬头，萧子显也主张"详寻两教，理归一极"，承认二教"自生优劣"，但最后还是更加尊佛，自言"史臣服膺释氏，深信冥缘，谓斯道之莫贵也"，借史学阵地公开倡导佛教。

---

① 《南齐书》卷五十四《高逸传》后论，第946—948页。

② 《南齐书》卷五十四《顾欢传》，第932页。

③ 李养正：《顾欢〈夷夏论〉与"夷夏"之辩述论》，《宗教学研究》1998年第3期。

意识到史学可作为宣扬佛教的武器，不仅仅是史家群体有这样的认识。《广弘明集》卷六载《辨惑篇第二》有载：

> 蔡谟，字道明，陈留人。晋太常彭城王纮表，以肃祖好佛道，手画形像于乐贤堂，经历寇难而堂犹存，宜敕著作，咸使作颂。显宗出纮表博议。谟曰："佛者夷人。惟闻变夷从夏，不闻变夏从夷。先帝天纵多才，聊画此像，未是大晋盛德之形容。今欲发王命，敕史官，上称先帝好佛之志，下为夷狄作一像之颂，于义有疑焉。"①

司马纮为晋宣帝司马懿弟司马馗玄孙，彭城穆王司马权曾孙，咸和四年（329）袭爵彭城王，相继任国子祭酒、秘书监等职，明帝好佛，曾手绘佛像。成帝年间，司马纮因之上奏，要求"宜敕著作，咸使作颂"，说明他注意到借用史官来扩大明帝好佛影响。蔡谟出自陈留济阳蔡氏，为东汉蔡邕之后，曾祖蔡睦，曹魏时官至尚书，祖父蔡德官至乐平太守，父亲蔡克官车骑将军从事中郎，前文曾提及他撰有《汉书集解》。蔡谟从夷夏有别角度反对史官作像颂，进而去宣传佛教，其所持观点，实际上是顾欢《夷夏论》的前奏。《晋书·蔡谟传》也载有此事，语稍有异，但于此后补充说明了"于是遂寝"②，事情结果最终不了了之。河内士族司马纮和济阳士族蔡谟都敏感地注意到史学对于佛教传播有特殊作用。

出自世代崇儒顺阳范氏的范晔，具有鲜明反佛思想，他"常谓死者神灭，欲著《无鬼论》"，又曾对出自佞佛世家的庐江何尚之说："寄语何仆射，天下决无佛鬼，若有灵，自当相报。"③范晔将《后汉书》作为崇儒反佛场所。一方面，他在《后汉书》中大力提倡儒家伦理纲常，班彪父子批判司马迁"论大道则先黄老而后六经"，范晔则又批判班氏，认为："彪、固讥迁，以为是非颇谬于圣

① 释道宣：《广弘明集》卷六《辨惑篇第二》，《影印文渊阁四库全书》（第1048册），第300页。

② 《晋书》卷七十七《蔡谟传》，第2035页。

③ 《宋书》卷六十九《范晔传》，第1829页。

人。然其论议常排死节，否正直，而不叙杀身成仁之为美，则轻仁义，贱守节愈矣。”①范晔表彰东汉儒学忠直之士，用心整理东汉儒学发展历程，指陈儒学发展异化之敝，“其正统思想显然比司马迁、班固浓厚多了！”②另一方面，他又将《后汉书》作为批判佛教的武器。《后汉书·西域传》后论语云：

至于佛道神化，兴自身毒，而二汉方志莫有称焉。张骞但著地多暑湿，乘象而战，班勇虽列其奉浮图，不杀伐，而精文善法导达之功靡所传述。余闻之后说也，其国则殷乎中土，玉烛和气，灵圣之所(降)集，贤懿之所挺生，神迹诡怪，则理绝人区，感验明显，则事出天外。而骞、超无闻者，岂其道闭往运，数开叔叶乎？不然，何诬异之甚也。汉自楚英始盛斋戒之祀，桓帝又修华盖之饰。将微义未译，而但神明之邪？详其清心释累之训，空有兼遣之宗，道书之流也。且好仁恶杀，蠲敝崇善，所以贤达君子多爱其法焉。然好大不经，奇谲无已，虽邹衍谈天之辩，庄周蜗角之论，尚未足以聚其万一。又精灵起灭，因报相寻，若晓而昧者，故通人多惑焉。③

范晔直陈佛教“好大不经，奇谲无已”，揭露其“精灵起灭，因报相寻，若晓而昧者，故通人多惑”的虚妄，对佛教进行挞伐。范晔的反佛思想，为后来同出于顺阳范氏的范缜所继承。范缜所撰《神灭论》在梁武时期掀起了更大的儒佛斗争浪潮。

以反佛为指向的思想斗争在江左此起彼伏的同时，北方政治界、思想界和史学界也出现类似的情况，甚至情况更为惨烈。北魏太平真君五年(444)，太武帝拓跋焘接受崔浩和天师道寇谦之建议，奉道抑佛，发“禁私养沙门、巫觋”诏，令“限今年二月十五日，过期不出师巫、沙门身死，主人门诛”。太平真君七年(446)又借口沙门私通逆党盖吴，推进灭佛政策，“诏诛长安沙门，焚破佛

① 《后汉书》卷四十下《班彪列传后论》，第1386页。
② 刘隆有:《试论范晔的史学思想》，《求是学刊》1984年第2期。
③ 《后汉书》卷八十八《西域传后论》，第2931—2932页。

像,敕留台下四方令,一依长安行事。"①虽然两次灭佛原因比较复杂②,但多少是有儒、佛、道斗争的形迹。灭佛一直持续到六年后文成帝继位方才缓解。此后,北方反佛斗争一度缓和,但也断续未绝。北周建德三年(574),周武帝正式下令:"断佛、道二教,经像悉毁,罢沙门道士,并令还民。"③平齐后,周武帝又将这一政策扩大到原北齐境内。北魏与北周这两次灭佛,道教也都不同程度地受到牵连,灭佛的主因实际上也都在国家政治层面④,但对北方社会思潮来说,引发的动荡一时也难以平息。北方士族也注意利用史学作为武器展开对佛教的批判。

六世纪中叶,北平杨炫之在北方呼应了东晋时期"沙门礼俗之争"。《广弘明集》卷六《辩惑篇第二》载:

> 杨炫之,北平人,元魏末为秘书监。见寺宇壮丽损费金碧,王公相竞侵渔百姓,乃撰《洛阳伽蓝记》言:不恤众庶也。后上书述:"释教虚诞有为徒费,无执戈以卫国,有饥寒于色养,逃役之流,仆隶之类,避苦就乐,非修道者。又佛言:'有为虚妄,皆是妄想。'道人深知佛理,故违虚其罪,故又广引财事乞贷,贪积无厌。"又云:"读佛经者尊同帝王,写佛画师全无恭敬。请沙门等同孔老拜俗,班之国史。"⑤

杨衒之,或为阳炫之,所撰《洛阳伽蓝记》乃史学名篇,其中有大量对洛阳寺宇及佛教浮华的批判。他不仅自己撰述史著对佛教进行批判,还希望借助官方国史之权威,来进一步宣扬其反佛思想。

三至六世纪以来,佛道流行给学者的启示是多重的,琅邪王俭整理的《七志》,附见有道、佛二志,说明他开始注意将佛道典籍同编共录,这在当时来说

---

① 《魏书》卷四《世祖纪下》,第1061页。

② 参见向燕南:《北魏太武灭佛原因考辨》,《北京师范大学学报》1984年第2期。

③ 《周书》卷五《武帝纪上》,第85页。

④ 参见向燕南:《北魏太武灭佛原因考辨》,《北京师范大学学报》1984年第2期;余世明:《北周武帝改革略论》,《贵州大学学报》1990年第2期。

⑤ 释道宣:《广弘明集》卷六《辨惑篇第二》,《影印文渊阁四库全书》(第1048册),第304页。

是个创新。后来陈留阮孝绪撰《七录》,也专设“佛法录”与“仙道录”,如王俭一样给佛、道二教留有一席之地。但就正史而言,给二教以专卷记录的史书,唯有魏收《魏书》。周一良高度评价《魏书·释老志》,认为“《释老志》之作尤为卓见”①。向燕南也认为,“传统世俗史著中,只有《魏书》创制了《释老志》包容有关佛道二教的史实,给予二者以比较客观公允的系统表述”,“应具有特殊的史学价值”②。将佛道载入史册,客观上是将史书作为传播佛道的重要阵地了。据《魏书·阳尼传》载:“幽州刺史胡泥以尼学艺文雅,乃表荐之。征拜秘书著作郎,奏佛道宜在史录。”③可见,早在魏收之前,阳尼已经提出将佛道收录史册的主张。阳尼字景文,北平无终人,为前揭阳固之从祖。当然,史家实录社会思潮流播,也未必就是主观上完全赞同这种社会思潮。《魏书》客观记录佛教流传的同时,也真实反映了魏收对佛教批判。北魏后期,胡太后听政,“在京师则起永宁、太上公等佛寺,功费不少,外州各造五级佛图,又数为一切斋会,施物动至万计。百姓疲于土木之功,金银之价为之踊上,削夺百官事力,费损库藏,兼曲赉左右,日有数千。”④北魏宗室重臣、任城王元澄上表对此作了揭露和批判,直陈此乃“妨民害财,不亦宜戒”,提出“虽府寺胶塾,少有未周,大抵省府粗得庇憩理务,诸寺灵塔俱足致虔讲道。唯明堂辟雍,国礼之大。来冬司徒兵至,请筹量减彻,专力经营,务令早就。其广济数施之财,酬商互市之弊,凡所营造,自非供御切须,戎仗急要,亦宜微减,以务阜积,庶府无横损,民有全力。”⑤《魏书》于《任城王传》中节录此表,又于《释老志》完整载录此表。《释老志》中表文详细举证北魏高祖、世宗时佛教政策,又描绘当时佛教膨胀后的危害,此后说道:

如臣愚意,都城之中,虽有标榜,营造粗功,事可改立者,请依先

---

① 周一良:《魏收之史学》,《魏晋南北朝史论集》,中华书局1963年版,第262页。
② 向燕南:《〈魏书·释老志〉的史学价值》,《史学史研究》1993年第2期。
③ 《魏书》卷七十二《阳尼传》,第1061页。
④ 《魏书》卷十九中《任城王传》,第480页。
⑤ 《魏书》卷十九中《任城王传》,第479—480页。

制。在于郭外，任择所便。其地若买得，券证分明者，听其转之。若官地盗作，即令还官。若灵像既成，不可移撤，请依今敕，如旧不禁，悉令坊内行止，不听毁坊开门，以妨里内通巷。若被旨者，不在断限。郭内准此商量。其庙像严立，而逼近屠沽，请断旁屠杀，以洁灵居。虽有僧数，而事在可移者，令就闲敞，以避隘陋。如今年正月赦后造者，求依僧制，案法科治。若僧不满五十者，共相通容，小就大寺，必令充限。其地卖还，一如上式。自今外州，若欲造寺，僧满五十已上，先令本州表列，昭玄量审，奏听乃立。若有违犯，悉依前科。州郡已下，容而不禁，罪同违旨。①

比较元澄本传和《释老志》中所见，《释老志》中的完表对佛教泛滥的批判明显强烈，提出限制佛教发展的措施也更具体。魏收在元澄本传和《释老志》中共引此表，略于本传而详于志书，乃史家书法有意为之。需要指出的是，《魏书》如此整理材料，不惧重复之嫌，诚如学者所论，恰“反映了作者对待佛教问题的基本态度。”②他这一态度，在梳理北魏佛教发展演变后的史论中，更为直白地表达出来了。他说：

魏有天下，至于禅让，佛经流通，大集中国，凡有四百一十五部，合一千九百一十九卷。正光已后，天下多虞，王役尤甚，于是所在编民，相与入道，假慕沙门，实避调役，猥滥之极，自中国之有佛法，未之有也。略而计之，僧尼大众二百万矣，其寺三万有余。流弊不归，一至于此，识者所以叹息也。③

魏收从史鉴的高度，对北朝佛教发展进行历史总结，指出其泛滥原因和弊端，他的批判态度是非常清晰的，发出的感慨也是耐人寻味、令人深思的。

从范晔到杨炫之到魏收，这些典型事例中，我们不难看出，他们在批判佛

① 《魏书》卷一百一十四《释老志》，第3046—3047页。

② 张莉：《魏书研究》，第375页。

③ 《魏书》卷一百一十四《释老志》，第3048页。

教中都相当注意借重史学。更进一步而言，由于“未尝离事而言理”的思维特点，三世纪以来，士族在推动儒、玄、佛、道等思潮的传播和论战中，不可能忽视史学。如果从历史知识运用的角度来看，这方面的例证就更多。如慧远《沙门袒服论》说“玄古之民，大朴未亏，其礼不文。三王应世，故与时而变。因兹以观，论者之所执，方内之格言耳。”①又如袁粲《托为道人通公驳斥顾欢〈夷夏论〉》中说：“文王造周，太伯创吴，革化戎夷，不因旧俗。岂若舟车，理无代用？佛法垂化，或因或革。”②又如顾欢《答袁粲驳夷夏论》说：“案道经之作，著自西周，佛经之来，始乎东汉，年逾八百，代悬数十。若谓黄老虽久，而滥在释前，是吕尚盗陈恒之齐，刘季窃王莽之汉也。”③等等。佛道论争中，双方都虚拟传说，将讨论上溯至各自远祖，这是双方都有意识地借史学阵地一争短长。诚如汤用彤所论：“诸佛威力，亦无边际。应运垂及，自不能限于天竺，而遗弃华夏。因之信佛者乃不得不援引上古逸史、周秦寓言，俾证三五以来，已知有佛。”④如众所知，记载内容的包罗万象，是史学的基本特点。所以，史学又是儒、玄、释、道等各种思潮和会的天然熔炉。三世纪以来，社会思潮多元化对于士族影响的直接结果，便是士族的知识结构越来越丰富，士族的思想也越来越呈现多元化，再加上史学撰述本身的特点，所以我们可轻而易举地在各种史书中找到各种思潮的思想元素，僧尼、道士与传统儒家标榜之人物共载一史的现象也比比皆是。《后汉书》《宋书》《南齐书》《魏书》自不用说，其他有如葛洪撰《良吏传》《神仙传》《隐逸传》《集异传》且抄集《史》《汉》，又撰《抱朴子》内外篇分论道儒；袁宏《后汉纪》讲“道为其本，儒言其用”；臧荣绪说“吕尚奉丹书，武王致斋降位，李、释教诫，并有礼敬之仪”⑤；萧子良说“真俗之教，其致一耳”⑥；沈约说

① 严可均辑：《全晋文》，《全上古三代秦汉三国六朝文》，第 2396 页。

② 严可均辑：《全宋文》，《全上古三代秦汉三国六朝文》，第 2682 页。

③ 严可均辑：《全齐文》，《全上古三代秦汉三国六朝文》，第 2914—2915 页。

④ 汤用彤：《汉魏两晋南北朝佛教史》，上海书店 1991 年版，第 1—2 页。

⑤ 《南齐书》卷五十四《臧荣绪传》，第 937 页。

⑥ 僧佑撰，李小荣校笺：《弘明集校笺》卷十一《文宣王书与孔中丞稚珪释疑惑》，第 599 页。

“内圣外圣,义均理一”①;等等。更为特别的是,姚察父子所撰《梁书》将何点、何胤、阮孝绪、陶弘景、诸葛璩、沈顗、刘慧斐、范元琰、刘讦、刘歊、庾诜、张孝秀、庾承先等会于一卷,这些高逸人士思想信仰都是多元化的,儒、玄、释、道,或并重其二,或兼修其三,甚者四种同行,使该卷成为熔各种思潮于一炉的生动典型。

小 结

士族对史学的借重是出于士族的需要。三至六世纪的士族,其个人生活也并非总是风和日丽,他们所面临的时代,动荡不宁,问题丛生,甚至危机重重。作为往史之记录,史学是个巨大智慧宝库。作为时代记忆的记录,史学又是维护社会秩序的舆论工具。作为宗经附圣的学术延伸,史学又是推行教化、捍卫朝廷纲常的宣传和斗争工具。三至六世纪士族在社会生活、政治生活乃至情感生活中,都注重借用史学。

三至六世纪,士族有着浓厚的文化属性,又具有浓郁的重名意识,崇尚气节,寻求不朽,或有在学术中寻求自我。这些都促使士族借重史学,通过史学撰述来寄志寓怀,甚至将史志作为人生终极关怀。史学撰述既是一种慰藉,也成为一种寄托。如何法盛,如崔慰祖,如刘璠,如宋绘。史学不仅进入士族精神世界,也进入士族的日常。这一时期,士族雅集是一种常见的文化现象,也是士族比较热衷的社会交往,其间也往往有史学痕迹。士族相互来往中,史学影响不时存在,以史学为中心的交游,成为日常生活的一部分。这种史学交游,既有纵论古今的谈会,也有借史喻事的书信来往,也有史学学术探讨,丰富了士族日常生活和精神生活,间或也有促进史学作品的修撰和完善。

历史知识的运用,是士族借重史学的一种自觉意识。三至六世纪,士族在

① 释道宣:《广弘明集》卷五《均圣论》,《影印文渊阁四库全书》(第1048册),第289页。

政治舞台上相当活跃，政治生活也比较丰富，他们面临的政治问题和被卷入的政治风波也较多。士族多有经史学识，往往从历史中汲取智慧来认识或化解面临的各种难题，其小者如仕途人生，其大者如国是方针，可举证者多矣。如三至六世纪长期南北对峙，安边问题，民族问题，都比较突出，且长期存在。士族都积极借用历史智慧，并留下一些政论名篇，如西晋江统的《徙戎论》、东晋伏滔的《正淮论》、南朝何承天的《安边论》、北朝高闾的《请筑长城表》所见，此类名作可谓不胜枚举。在史风盛行的社会氛围中，史学才干也成为士族跻身于仕途的重要工具，谱牒是官方铨选的重要依据，士族借用谱牒来保障自己的政治地位，甚至不惧风险伪冒造籍。史学劝鉴功能也为士族所重视，士族以之约束君王，甚至引发一些政治狱案和政治风波。东晋中叶，士族史家还以史学为武器对桓温进行裁制，从舆论上阻滞桓温篡逆野心。南朝何点、刘祥，北朝宋隐，都注意将史学作为批判武器针砭时弊。这些都是士族政治生活中借重史学的典型。

士族社会生活中借重史学现象也比比皆是。婚姻是士族的又一大支柱，谱牒又是士族遴选婚媾对象的重要依据，成为士族保障社会地位和身份内婚制的重要工具。这是南北谱牒盛行、谱学发达的内在原因之一。从这个意义上来说，史学有助于规范士族的婚姻生活和社会秩序。三至六世纪社会思潮呈现多元化特色，士族的思想信仰也呈多元化倾向。史学与社会思潮同属社会意识范畴，自然为士族所关注、借重。史学成为士族宣传思想信仰的阵地、展开思想斗争的武器、和会儒释道的熔炉。

总之，三至六世纪，史学之于士族，一定程度上发挥了其具有的认识功能、政治功能和社会功能。这正是史学对于士族的反向作用。需要说明的是，作为社会意识的史学，像其他社会意识一样，虽具有能动作用，但这种能动作用并不能主动发挥，而只能且必须通过认识主体来实现。认识主体的意志往往决定史学能动作用的走向。三至六世纪，史风大盛，对史学及其功能的认同在较广的社会群体中普及，史学才能发挥出上述种种作用。诚如有些学者指出：

“史学是否具备这一功能或者是否成功地发挥这样的社会作用,其实主要看社会和社会中人对史学是否有这样的期望,即是否往史学中寻找思想资源。”①当上述认同消解时,史学功能发挥也就无从谈起。三至六世纪,谱学对士族政治和社会地位的维护及其局限性也正在于此。

① 罗志田:《20 世纪的中国:学术与社会 · 编序》(史学卷),山东人民出版社 2001 年版,第 16—17 页。

结　　语

门阀士族，是两汉魏晋、降及隋唐这一特定历史时期特殊的社会群体。纵观整个中古，三至六世纪时期的士族可谓最为活跃。与之相随的是，史学历经先秦、秦汉成长，终于在这时期迎来第一个发展高潮。士族兴盛与史学繁荣同步出现，成为三至六世纪两个突出而鲜明的时代特征。学界向来也将这一时期士族和史学视为重要课题，但将二者关系作为中心论题者则并不多见。自前文梳理来看，士族与史学之间有着长时期、多层次的互动。在魏晋南北朝基础史料相对有限、选题难觅的情况下，突破原有研究营垒，对士族和史学这样的热点问题进行综合考察，是有利于推进历史研究深入的。士族之于史学发展有着积极的推进作用，而史学又借助于士族及时人的认同反向作用于士族，士族以自身的史学实践推动传统史学发展道路向纵深延进。

一、士族对史学的参与、引领与借重

史学是社会意识形态的一部分，士族属社会意识主体。在士族与史学相互关系中，士族显然居于主导地位。从士族角度出发，士族与三至六世纪史学的关系，大体可概括为参与、引领与借重。

士族广泛参与各类史学建设。史官建设为官方史学提供制度保障，于官私修史起着基础性作用。比较两汉，魏晋史官制度进入一个相对快速发展阶段，著作机构性质、职掌、规模均渐趋稳定，并慢慢形成一个相对独立的机构。十六国史官在曲折中发展，出现了如史学祭酒、国纪祭酒等前所未有的新史官，虽然存期短暂，但着实令人耳目一新。东晋史官建设是在门阀士族推动下前进的，东晋史官因琅邪王导奏请而始立。东晋中叶，谯国桓温推行"并官省职"，对著作机构又进行了改革。桓温还提出"宜选建史官，以成《晋书》"①，改进其效率。进入南朝，门阀士族对史职机构的影响愈发深入。刘宋时便有"诸佐郎并名家年少"②的现象，梁代形成"上车不落则著作"时谚，至陈时，"次令仆子起家著作佐郎"成为常态。起家著作制度化，决定了士族是著作机构当然主力。增设撰史学士，是南朝后期史官建设的新变化。朱希祖认为和"著作"相比，撰史学士"可称略胜一筹"。从可考来看，任此职者仍尽是士族。北朝的史官建设有伏有起，而北齐史馆的出现，某种程度上代表了史官建设的发展趋势。推究北朝史官身份，大体与南方保持同样的特色，也以士族为主要群体。

历史教育事关史学继承与传播。魏晋以降，《史记》与《汉书》在南北均十分流行，常为士族取资来解决思想困惑和社会矛盾，这反过来又进一步促进时人对《史记》和《汉书》的重视和研读，由此二史"师法相传，并有解释"，成为历史教育中心内容，形成专家之学。以东莞徐广《史记音义》和河东裴骃《史记集解》为标志，《史记》学在晋宋时达到新高度。《汉书》学又胜于《史记》学。《隋书・经籍志》于服虔《汉书音训》以下，提及三至六世纪所撰《汉书》各类注解合亡者有 14 家 16 部之多③，其中可考为士族者有蜀汉琅邪阳都诸葛亮，东晋济阳蔡谟，南朝时的吴郡陆澄、沛国刘显、京兆韦稜、平原刘孝标、兰陵萧绎、吴兴姚察、兰陵萧该、兰陵萧绎，均是出身士族。张鹏一《隋书经籍志

① 《晋书》卷九十八《桓温传》，第 2574 页。

② 《宋书》卷六十四《何承天传》，第 1704 页。

③ 《隋书・经籍志》提到有陆澄亡书注《汉书》一百二卷及存书《汉书注》1 卷，疑存书为亡书所遗。见《隋书》卷三十三《经籍二》，第 953—954 页。

补》又补辑有北魏陇西狄道李师尚(自注即《北史》李仲尚)《前汉功世序赞》、陈吴郡吴人张冲《前汉书义》20卷、周隋之际代人于仲文《汉书刊繁》30卷①。章宗源又补出刘宋琅邪临沂颜延年《汉书决疑》12卷、北魏清河崔浩《汉书音义》2卷。②《汉书》注释之作代有所出,足见《汉书》学之兴盛,也显见时人对《汉书》学在内的历史教育之重视。南朝是《汉书》学发展的高峰期,除上述9家之外,另有沛国相人刘臻,本在南方《汉书》学发达氛围中受学,梁亡后流寓北方。刘臻在北周与北来报聘的姚察切磋受教《汉书》学,最终成长为北方的"汉圣",铸就南北史学交流之佳话。蔡谟《汉书集解》为颜师古推重,韦稜与刘显号为名家,姚察《定汉书疑》近于今日之史学研究,这些又推动了历史教育向深度发展。同样,历史教育在社会广度上也有新进展。继十六国时期出现史学祭酒和国纪祭酒后,刘宋文帝时又出现史学史上具有标志性意义的"史学馆",继而宋明帝于总明观中立"史科",创最早的史学教学机构和研究机构,这些史学现象的出现,无疑是三世纪以来史学长期发展的结果,被后世视为史学走向独立进程中的系列重要标志,反过来又有助于推动史学独立和历史教育向社会纵深前进。南朝两个史学新机构可考主事者,如东海郯人何承天、东海郯人王谌、会稽余姚虞愿,也都出身士族。士族还推动了私学中历史教育的强化,如以《晋书》知名的东莞臧荣绪在京口聚众收徒;琅邪王僧虔和梁元帝萧绎的家训,或强调"有意于史",或强调"宜以正史为先"。一些士族,如清河崔氏、河东裴氏、吴兴姚氏、高阳许氏、吴郡陆氏等,还以史学传家,成为史学世家。

史学撰述的整体面貌可称为一个时代史学发展缩影。郑鹤声《汉隋间之史学》网络中古各期史家史著,梳理其所录史家及其郡望,见有:三国时53人,可考者属士族21人;两晋时165人,可考者属士族66人;十六国史家21人,郡望多是难考,但除2人外,其余都是朝廷官僚;刘宋时45人,属士族者

① 张鹏一:《隋书经籍志补》,《二十五史补编》,第4934页。
② 章宗源:《隋书经籍志考证》,《二十五史补编》,第4945页。

25人;萧齐时15人,属士族者11人;萧梁时56人,属士族者37人;陈时18人,属士族者11人;北魏时15人,可考者属士族9人;北齐时19人,可考者属士族15人;北周时5人,可考者属士族3人。整体而言,相对庶族、寒人和僧道等群体,士族史家占据绝对多数。

三至六世纪时期,从史官建设到历史教育再到史学撰述,士族全方位参与了史学建设,成为各领域中的主力军。

士族还以其杰出成就引领了史学的发展。三至六世纪是古代史学多途发展第一个高潮期,这一时期,“若三国、两晋、若宋、若齐、若梁、若陈、若隋、若北齐等,其史学均有研究之价值。”①自三世纪伊始颍川荀悦《汉纪》成书,士族前赴后继,以饱满史学情怀和强烈经世意识,投入到史学撰述浪潮之中,留下了丰厚史学遗产。其间的各类史学著作,不仅属士族撰者数量为多,个中翘楚也往往出自士族之手。举其大端,如正史类之巴西陈寿《三国志》、顺阳范晔《后汉书》、东莞臧荣绪《晋书》、吴兴沈约《宋书》、兰陵萧子显《南齐书》、钜鹿魏收《魏书》等,古史类之颍川荀悦《汉纪》、陈郡袁宏《后汉纪》、太原孙盛《晋阳秋》、河东裴子野《宋略》、庐江何之元《梁典》、太原王劭《齐志》等,莫不如是。这一时期杂传与谱学风行:杂传之繁荣,有晋室“著作郎始到职,必撰名臣传一人”作制度保障,中正品状与士族个人意识觉醒又助扇其风;谱牒成专门之学在于士族平阳贾弼之与琅邪王俭、东海王僧孺,贾、王谱学又分别代表了江左谱学的最高成就。北魏宗室元晖业所撰《辨宗录》可谓北魏长期以来对皇族谱系建构的集成之作。地理书之名家则有士族吴郡陆澄、乐安任昉(与裴子野为从中表,门第当相当)、吴郡顾野王等,簿录名家有王俭、陈郡殷钧、平原刘孝标与陈留阮孝绪等,他如南北所见仪注、刑法、职官与起居注等类撰述多属官修,亦多以士族来主修。即如最能集中体现时代史学思想的史论与史学批评,其成就上乘者也多出自士族史家,如范晔、裴子野、沈约、臧荣

① 郑鹤声:《汉隋间之史学》,《学衡(34)》1924年第10期。

绪、萧子显与刘勰等。一言以蔽之,士族史家当是站在时代史学最高峰,引领着三至六世纪史学前行。

纵观汉唐间史学,国史走向悬诸令典与史学理论系统化为历史之趋势,门阀士族是这一史学趋势的引领者。士族对前者的推动处于自发状态。综观魏晋南北朝史学,私家修史胜于官方史学。士族撰述旨趣、史学观念大体虽仍以儒学为根本,但有时会与皇权利益存在错位,这在北魏"国史案"中表现得淋漓尽致。士族私修国史时往往突出门第观念,从而使传统君臣理念和君主权威有所弱化,而这又在皇权相对弱化、门阀势力较为强盛而私修为多的江左,表现得尤为明显。诚如逯耀东所说:"由于修史控制在世家大族手中,所以当时史学也发生若干特殊的现象。例如:后人读南朝史大都会觉得南朝帝王私生活的悖德暴虐,有过分露骨的描绘。"①这一切自然会激发皇家萌生控制修史之意识,最终导致隋文帝禁绝国史私撰。至唐以后,官修国史遂有悬诸令典之权威。后者则出于士族自觉,如士族荀悦、袁悦与范晔等之史论、裴松之与刘昭等史注、姚察之史考、荀勖与阮孝绪等对于史部分类探索,以及东莞刘勰之史学批评,等等,相继汇聚形成史学理论探索时代潮流,引领史学理论朝系统化方向发展,积极影响着唐初史学理论体系的构建。

士族在人生、政治与社会等诸多层面借重史学。士族对史学的借重,源于其对史学的高度认同。不少士族将史学撰述作为人生寄托,如会稽虞预借"(王)隐所著书窃写之",何法盛有感袁宏、干宝著史留声竟至窃高平郗绍《晋中兴书》而自据。齐时清河崔慰祖遗嘱从弟崔纬传其《海岱志》,意在"令后世知吾微有素业"。此风所致,竟致皇家亦"虽在蒙尘,尚引诸儒论道说义,披寻坟史,未尝暂释"②。史学交游是士族施展才华、增进友谊的重要手段。平原刘杳助力阮孝绪著《七录》,平原刘歊、刘讦、刘挈兄弟与阮孝绪共成《高隐传》,裴子野与沈约相互笔伐而各成宋史,南阳刘之遴与范阳张缵、彭城到溉、

① 逯耀东:《魏晋史学的双层发展》,《魏晋史学及其他》,第 18 页。

② 《南史》卷八《梁简文帝纪》,第 233 页。

吴郡陆襄参校《汉书》，沈约点评刘勰《文心雕龙》，皆成士族史学交游之佳话。诸多史学撰述是以士族为中心，史学评论也往往以士族旨趣和门第观念为准的。士族借史学寄寓情志，在史学中深深烙下自身印记。

史学是具有相对独立性的社会意识，其对士族的反向作用，或者说其社会功能的发挥，必须依赖社会主体而实现。借史以抒怀养性乃是士族雅集之常事，如袁宏咏史抒“趋舍各有之，俱令道不没”之志①，萧统《文选》收咏史诗 10 家，其中出身士族者就有山阳王粲、谯郡曹植、安平张协、范阳卢谌、陈郡谢瞻、琅邪颜延之、会稽虞羲、汝南应璩等 8 人，借史咏怀，其高手也是士族居多。士族更注重的是从史学中汲取智慧，洞察时事。如阳固、如庾信、如何承天《安边论》、如高闾《请筑长城表》，等等。彭城刘义康更是以生命来体验，可谓典型，他涉反罹祸后，在安成读书，见淮南厉王长事，废书感叹：“前代乃有此，我得罪为宜也。”历经政治风波后，其人生感悟自是易引人深思。士族讨论国是、书信酬答时往往运用历史知识。士族甚至以史学为武器，来展开政治斗争、针砭时弊。东晋时代，针对谯国桓温的不臣之迹，太原孙盛、陈郡袁宏奋袂而起，锐意著述，借史裁制。南朝时东莞刘祥撰《宋书》讥斥宋齐禅代，庐江何点撰《齐书》讽刺褚渊和王俭身为刘宋姻戚却奉玺萧齐。亦有如北魏宗室元怿借撰史而自我捍卫②，同样是将史学作为斗争武器。士族还以史学为儒、释、道三教斗争之武器、和会之熔炉、传播之阵地。在社会对史学有着高度认同前提下，士族于仕进干禄中借重史才，维护门第阀阅时借重谱学。史学面向现实、鉴戒资治等优良传统，因士族借重史学而有所发扬。

三世纪以降，四百年间，政权长期分裂、社会动荡、思想文化多元。这些迥异于两汉的新变化，都聚合、投射于新兴士族阶层身上，并经士族而进一步影

① 逯钦立辑校：《先秦汉魏晋南北朝诗》，中华书局 1983 年版，第 920 页。

② 《魏书·清河王怿传》载：“领军元叉，太后之妹夫也，恃宠骄盈。怿裁之以法，每抑黜之，为叉所疾。叉党人通直郎宋维希叉旨，告怿谋反，禁怿门下，讯问左右及朝贵，贵人分明，乃得雪释焉。怿以忠而获谤，乃鸠集昔忠烈之士，为《显忠录》二十卷，以见意焉。”参见《魏书》卷二十二《清河王怿传》，第 592 页。

响史学。士族通过参与、引领与借重，推动了史学多途发展与史风盛行，成为这一时期史学在外部环境发生变化情况下的新动力。

二、士族推进官方史学与私家史学的交汇

官方史学与私家史学分流并进、互相补益，是中国传统史学的主要特点，由此也形成中国古代史学独特发展道路。三至六世纪时期，无论是官方史学还是私家史学，都呈现出前所未有发展格局，都在传统史学发展道路上留下深深印迹。乔治忠说："三国两晋南北朝，是私家史学的大发展时期，私家史学不但人多、书多，而且内容、形式多样，呈现为多方向探索的特点。而也正是这个历史阶段，官方的史学建设在探索中稳步走向规范化，史官设置、史馆制度都日益完善，官修史书、官方委托私家纂修史书表现出积极、自觉的史学意识，官方对断代史的问题、史书义例问题、起居注的体制和地位问题等等，都进行了探索与讨论，不仅对官方史学的发展影响很大，而且也对私家史学直到一定的导向作用。"①这段论述，既指出三至六世纪私家史学发展的特殊性，也指出当时官方史学发展诸多突出表现，同时还特别强调官方史学对私家史学的影响。当然，官方史学与私家史学的影响不是单向的，三至六世纪，官方史学与私家史学存在着积极互动，而实现这种双方互动，推动三至六世纪史学独特发展道路形成与前行的，其主力便是这一时期的门阀士族。

历史发展往往由多种因素制约而成。官方史学活动的组织，以及官方史学活动的主体，都是影响官方史学成就的重要因素。整体来说，三至六世纪官方史学活动组织及其成效，与皇权的强弱有一定的关系。曹魏文帝时期未置史官，但设秘书监掌图籍与著述，曾由秘书监主成《皇览》，合 40 余部，具有一定史学内涵。此后曹魏于明帝太和年间、齐王嘉平年间、高贵乡公正元年间三次修国史，最后由王沈勒成《魏书》44 卷，因曹马构纷的特殊政治环境，是书多

① 乔治忠：《中国古代官方史学的兴盛与当代史学新机制的完善》，《中国官方史学与私家史学》，第 51 页。

有曲笔失实。另曹魏有著作郎集注起居的制度，其落实与否史书难详，《隋志》史部“起居注类”未见有曹魏时期的起居注。孙吴时期国史撰著始于吴大帝末年，前后断续四次，最后由薛莹成《吴书》。蜀汉官制固守东汉，未置专职史官，亦无组织国史修撰活动。西晋时期比较重视国史修撰，其史官制度进一步完善也有助于官方史学活动的组织和开展。西晋太康年间和元康年间两次组织规模较大的关于国史限断问题的讨论，元康以后著作郎陆机、束皙及著作佐郎华畅均有撰史活动并各有所成。东晋自太兴初设著作郎即开始修史活动，咸康以前修撰重心在西晋史，首成为佐郎朱凤《晋书》14 卷，干宝一度为著作郎领国史但最终于离史职后成《晋纪》，虞预在著作十余年成《晋书》40 余卷，此后由著作郎谢沉成《晋书》30 余卷。东晋兴宁二年（364）桓温推进官制改革，提出省著作佐郎为四人并“宜选建史官，以成《晋书》”，事行而未见有成《晋书》，义熙年间又敕著作郎徐广修国史，终成《晋纪》四十六卷，与修者还有佐郎王韶之和荀伯子。但两晋私修风气较盛，如牛润珍所言，“干宝、王隐之史，始于史官而终成于私家，朱凤、虞预、谢沉之书，刊削皆出自己，徐广《晋纪》因于私人所撰中兴记，王韶之私著《安帝春秋》，而后选佐郎。史官修史如同私撰。”①两晋著作郎掌起居，《隋志》录两晋起居注也相对完整，但起居注修撰情怀可能也如国史，除陆机《惠帝起居注》为落实著作郎之职的官成之作外，其余都难以断定为官撰。东晋“国之大籍，成于私家”的现象，可能与东晋门阀政治格局有关，皇权纠结于与权臣权力斗争中，史职机构甚至都成为权力斗争的场所，其官修成效也可想而知了。

十六国政治不同于东晋，史官制度有令人耳目一新之处，但因各政权存在时间相对短暂，而且处于持续动荡之中，一些官修成就还因触犯君王而被毁。所成者有《上党国记》《赵书》《大单于志》《后赵史》《赵纪/记》《二石传》《二石伪治时事》《二石伪事》《邺都记》《邺都记》《赵纪/记》《燕纪》《燕记》《秦

① 牛润珍：《汉至唐初史官制度的演变》，第 120 页。

书》《南燕录》《敦煌实录》《凉书》《汉之书》《华阳国志》《高祖本纪》《刘汉史》《汉赵记》《后燕书》《燕书》《凉国春秋》《凉记》《西河记》《秦史》《秦记》《夏国书》，几乎所有王朝都有相应的国史。十六国时期，也有一些政权注重起居注编集，如后赵、前燕、前秦、南燕、成汉、西凉、南凉等，其中《南燕起居注》至唐时犹存，上列诸史中《华阳国志》以前者多以各政权起居注为基础材料修撰而成。前列诸史虽多出史官之手，不过，不少都是原政权灭亡以后而成，在某种程度上来说，私修意义更为突出。诚如王志刚所揭，“从制度上看，这时的国史编撰尚无比较固定的机构和强有力的保障，很多时候要完全依靠史官个人的自觉。这些不足，到北朝才能克服。”①北朝以崔浩“国史狱”为标志，史官制度建设一度有起伏，但至文成帝和平元年(460)复置史官，此后又置著作局，至北齐后又置史馆，大臣监修自和平元年以后也逐渐制度化。孝文帝时代还建成了完善的起居注制度，强化国史编撰基础材料搜集与建设，北魏见载起居注有李伯尚《太和起居注》，崔鸿、王遵业《高祖世宗起居注》、邢峦《孝文起居注》。另，《隋志》著录有《后魏起居注》，部帙竟达 360 卷，当是北魏历代起居注集合而成。东魏与北齐、西魏与北周史官制度各有异同，大体都沿北魏史官制度而发展，在集注起居上也都有高度自觉，国史修撰也进入制度化运作时期。北朝虽然门阀士族也较为活跃，但无法也没有对皇权政治产生冲击，是以官方组织修史活动不比东晋，逐渐规范化并取得突出成效。如邓渊《代记》、崔浩《国书》，孝文帝太和十一年以后，北魏又走上了纪传体国史修撰的正轨。东、西二魏与北齐、北周国史一遵前轨，皆用纪传。北朝后期官方史学标志性成果就是魏收所撰《魏书》。《魏书》的编纂，是在北齐官方组织下，由平原王高隆之监修、魏收主笔，清河东武城房延祐、陇西狄道辛元植、渤海饶安刁柔以及裴昂之、高孝幹等参与，共计 7 人集体修撰而成。北齐文宣帝既提供优越写作条件，又给魏收以“优以禄力”的待遇，还给以“好直笔，我终不作魏太武诛

① 王志刚:《十六国北朝的史官制度与史学发展》,《史学史研究》2008 年第 1 期。

史官”的宽松政策。《魏书》成为唐代以前最为典型的官修之作，为后世官修提供了良好编纂范例。

南朝官方史学主要着力点也在国史和起居注修撰上，但官修与私撰关系比较复杂。南朝官修以国史撰著最为重要。金毓黻对魏晋迄唐初所修国史有个总体评述，即“官修之史，十才一二，私修之史，十居八九”①。具体到南朝，他又说：“南北朝诸史之已亡者，多属私修。”②即便是传世的沈约奉敕而成《宋书》，金毓黻也反复强调其私撰色彩，说其“虽受命时君，而奋笔一室，不假众手，亦与私撰无殊”③，又说“名为敕修，实出一人之手，亦私史之比也”④。日本池田温也持此说，他将魏晋南北朝所成正史分成两种，“一种是史家私人修撰的，如《三国志》、《宋书》。”⑤此《宋书》即指沈约《宋书》。南朝官成国史以沈约《宋书》质量最佳，然言宋史者却以裴子野私修《宋略》为上⑥。就南朝国史成书数量而言，邱敏的考察更为细致，其结论也是私撰多于官修。⑦ 起居注本为官方专掌，但南朝亦出现私修且部帙庞大。史称徐勉“尝以起居注烦杂，乃加删撰为《流别起居注》六百卷”⑧。徐勉以个人名义对前期官修起居注进行重整，不是南朝特例。《隋志》著录有宋北徐州主簿刘道会撰《晋起居注》317 卷，章宗源考其乃是合两晋起居为一书⑨，当亦属此类。对于刘道会与徐勉重整前期起居注，乔治忠视为不在官方记史体制之内的私修之作⑩。南朝风行地理书和杂传撰述，二者在当时史学撰述格局中颇有分量，但南朝官修杂传与地理书成就极其有限。又，“魏晋南北朝史学最大的贡献在于它促

① 金毓黻：《中国史学史》，第 95 页。
② 金毓黻：《中国史学史》，第 91 页。
③ 金毓黻：《中国史学史》，第 92 页。
④ 金毓黻：《中国史学史》，第 95 页。
⑤ 山根幸夫：《中国史研究入门》，社会科学文献出版社 2003 年版，第 319 页。
⑥ 刘知幾撰，浦起龙释：《史通通释》卷十三《疑古》，第 353 页。
⑦ 邱敏：《六朝史学》，第 145 页。
⑧ 《梁书》卷二十五《徐勉传》，第 387 页。
⑨ 章宗源：《隋书经籍志考证》，《二十五史补编》，第 4975 页。
⑩ 乔治忠、刘文英：《中国古代“起居注”记史体制的形成》，《史学史研究》2010 年第 2 期。

进了史学批评的发展”[①]，可南朝史学批评成就最突出者，莫过于私撰之范晔《后汉书》史论和刘勰《文心雕龙·史传》篇。因此，总体来看，南朝史学私撰依然胜于官修。诚如胡宝国所揭，南朝以后，南方地区官修只是“超过私撰的趋势越来越明显”，而非已然超过私撰。

南朝官方虽组织史学活动增多，但并无明显掌控史学的意图。宋文帝敕令谢灵运撰《晋书》，私撰则有臧荣绪《晋书》、何法盛《晋中兴书》等；齐武帝敕令沈约撰《宋书》、王智深撰《宋纪》，私撰则有刘祥《宋书》、裴子野《宋略》；梁时，萧子显曾“启撰《齐史》，书成，表奏之，诏付秘阁”[②]，胡宝国释为“萧子显的《南齐书》也得到皇帝的认可”[③]，未明说官修或私撰，赵吕甫释“启”为“开始”之意[④]，则萧子显《南齐书》为私成清晰可见。梁还有吴均私成《齐春秋》。刘知幾称：“时奉朝请吴均亦表请撰齐史，乞给起居注并群臣行状。有诏：‘齐之故事，布在流俗，闻见既多，可自搜访也。’”[⑤]可见，梁武帝无意垄断前朝国史修撰态度十分清楚。陈时，著作郎虽掌知梁史，但亦有庐江何之元私成《梁典》。即就当朝国史来说，南朝官方也并未垄断，如何点在齐私撰《齐书》以刺讥褚渊、王俭，许亨梁时勒修《梁书》[⑥]。南朝盛行的谱学也是如此，虽然梁代加强了谱牒官修，但谱牒私修仍广为流行。

就修史制度的规范化来说，南朝也还有不小的发展空间。南朝史职引入不少名家，但所获成就不无遗憾。如裴子野史才出众，领著作然又兼掌中书诏诰，官事繁多，虽得周兴嗣辅佐而国史竟无所成。裴子野直至卸任中书并著作后方重提史笔，“欲撰《齐梁春秋》，始草创，未就而卒。”[⑦]又如顾野王，自陈太

① 胡宝国：《汉唐间史学的发展》，第 237 页。
② 《梁书》卷三十五《萧子显传》，第 511 页。
③ 胡宝国：《南北史学异同》，《汉唐间史学的发展》，第 206 页。
④ 赵吕甫：《〈史通〉新校注》，重庆出版社 1990 年版，第 731 页。
⑤ 刘知幾撰，浦起龙释：《史通通释》卷十二《古今正史》，第 329 页。
⑥ 《北史》卷八十三《许善心传》，第 2804 页。
⑦ 《梁书》卷三十《裴子野传》，第 444 页。

建六年起长期担任大著作，十三年卒，期间先后兼任太子率更令、东宫通事舍人、黄门侍郎、光禄卿等多职，结果造成他"撰《通史要略》一百卷，《国史纪传》二百卷，未就而卒"①。裴子野、顾野王等名家虽为史臣却兼职太多，因王役无暇而撰史难成，反映南朝撰史制度仍有待成熟。对前朝国史进行整理，是一种值得肯定的官方自觉意识，也是后来官修惯例。但南朝帝王这一意识并不强烈，史职机构长期并无修撰前史职守，直至陈才见有大著作掌梁史。

近世学界关注南北朝学术比较始自陈寅恪②，20 世纪 90 年代初周一良先生撰《略论南朝北朝史学之异同》后，从比较角度考察南北朝史学又相继有人，并取得较为深入的成果，得出一些可令人深思的结论。如牛润珍言"从史学的主流看，南朝北朝均以官方史学为主流"③，又如胡宝国主张"东晋十六国以来，南北史书都是既有官修也有私撰。但就总体而言，南方私撰较多，北方则以官修为主"，又言"南朝以后，南方地区官修超过私撰的趋势也越来越明显"④。但从前述对南朝官方史学较为细致考察来看，南朝官方史学是否能称为主流，其成就能否高估，俱可斟酌。前文考察只是以著作职掌为中心，而实际上，魏晋南北朝时期官方组织的史学活动并不限于国史及其基础材料起居注这两个领域。就《隋志》史部著录来看，这一时期还有古史、旧事、职官、仪注、刑法、杂传、地理书、谱系、簿录等，综合考察这些撰述，官私修撰情况更为复杂。比如起居注，东晋以前，起居注私修较多，而十六国南北朝期间起居注应该多为官修；又如谱系，南朝北朝虽然都有专门官方谱局机构，但实际上也是官修私修并存；又如簿录，凡秘阁所修四部类者，皆属官修，尽管官修者多，但如私修者王俭《七志》和阮孝绪《七录》又影响较大、成就较突出。凡上均是官私修撰者均有，二者几近平分秋色。他如故事、职官、仪注与刑法，则官方组

① 《陈书》卷三十《顾野王传》，第 400 页。

② 万绳楠整理：《陈寅恪魏晋南北朝史讲演录》，贵州人民出版社 2012 年版，第 282—289 页。

③ 牛润珍：《汉至唐初史官制度的演变》，第 145 页。

④ 胡宝国：《南北史学异同》，《汉唐间史学的发展》，第 193 页。

织众修或敕令个人修撰为多,如南齐曾组织刑法撰述,萧梁曾组织五礼仪注修撰,这些活动都有一定规模,也取得明显成就。但是更有影响的编年体撰述,以及杂史类、地理书和杂传撰述,特别是后两类,既风行一时,又部数多、卷帙繁,就《隋志》所录均是以私修为绝对多数,这就使学界现有结论更须进一步思考。

三国两晋乃至南北朝官方史学并不绝对胜于私修,原因与门阀士族有关。作为官修主要群体的门阀士族,其撰史热情并不限于官方组织的史学活动。以南朝为例,苏绍兴分析南朝史学,说:"今统计南朝史籍著述,泰半为士族所作,盖彼等藏书较富,见闻又多,资料蒐集充实,而又有闲暇从事著述,开史家著史之风气焉。"①是以更多的士族,或者曾与役官修的士族会以更多的精力,投入到私修之中,创作更多私修成果,推动私家史学潮流汹涌前进。门阀士族撰史动力,本源自极强的自觉意识,如前文详论魏晋以来后汉史撰述所见。又如两晋国史残缺,不断激发南朝士族史学旨趣,沈约"少时常以晋氏一代竟无全书,年二十许,便有撰述之意"②,至齐梁兰陵萧子云仍"以晋代竟无全书,弱冠便留心撰著"③。南朝门阀士族怀抱这种史学自觉,积极私撰,或是聚私撰与官修于一身。尤其是后者,在官修与私撰的良性互动上,往往发挥出积极作用。乔治忠有言:"中国古代史学的发达,最重要原因就是具备了官方史学与私家史学两条相互联系的发展轨道。"④门阀士族私撰之外参加官修,官修之余进行私撰,通过自身的史学实践,完成了官修与私撰的良性互动。还如沈约,少有著史之意,宋时撰《晋书》;齐时,沈约进入史职,先后与修国史和起居注,又受敕撰修《宋书》;梁时,沈约不为史臣,尤撰有《高祖纪》14 卷。沈约以私撰《晋书》锤炼史才,为其官修《宋书》提供了质量保证;反之,也有因得官修

① 苏绍兴:《两晋南朝的士族》,第 14 页。
② 《南史》卷五十七《沈约传》,第 1413 页。
③ 《梁书》卷三十五《萧子云传》,第 513 页。
④ 乔治忠、杨永康:《清代乾嘉时期的官方史学与私家史学》,《学术月刊》2007 年第 8 期。

之便，引发新撰或是完善旧作。如河东裴子野，因其私撰《宋略》展现史才，被举荐为著作郎，掌国史与起居注，其间受命撰《方国使图》，离开史职后，裴子野又利用遍阅官方材料之利着手修撰《齐梁春秋》。再如高阳许亨，梁时曾私撰《齐书》，成 50 卷，又撰《梁书》阙而未就，至梁室交丧，“所撰之书，一时亡散”；陈永定中，许亨任职大著作，掌梁史，便“依旧目录，更加修撰，且成百卷”①。官修与私撰的相互影响、相互作用，是多种类型、多种渠道的，但这些影响和作用最终落实，还须由史家主体来完成。门阀士族往往兼与官修和私撰的史学活动，他们在从事史学撰述之时，自觉或不自觉地将其彼此融汇，存优汰劣、取长补短，促进官修与私撰的共同发展，甚至模糊了官修与私撰的界限。简言之，门阀士族正是通过自身的史学实践，完成了官修与私撰的良性互动，推动了三至六世纪官方史学与私家史学的相互交汇、共同发展，也推进这一时期史学独特发展道路的形成。而三至六世纪门阀士族与史学发展的这种关系，正好给我们今天思考如何繁荣传统文化，以及如何进一步推进史学走向社会深处以启示。

---

① 《北史》卷八十三《许善心传》，第 2804 页。

参考文献

古籍类

1.（先秦）《国语》，上海古籍出版社 1978 年版。

2.（东汉）班固撰：《汉书》，中华书局 1962 年版。

3.（东汉）荀悦撰，张烈点校：《汉纪》，中华书局 2002 年版。

4.（晋）陈寿：《三国志》，中华书局 1959 年版。

5.（晋）常璩撰，任乃强校注：《华阳国志校注图补》，上海古籍出版社 1987 年版。

6.（晋）袁宏撰，周天游校注：《后汉纪校注》，天津古籍出版社 1987 年版。

7.（晋）袁宏撰，张烈点校：《后汉纪》，中华书局 2002 年版。

8.（南朝 · 宋）刘义庆撰，杨勇校笺：《世说新语校笺》，中华书局 2006 年版。

9.（南朝 · 宋）范晔：《后汉书》，中华书局 1965 年版。

10.（南朝 · 梁）沈约：《宋书》，中华书局 1974 年版。

11.（南朝 · 梁）萧子显：《南齐书》，中华书局 1972 年版。

12.（南朝 · 梁）僧佑撰，李小荣校笺：《弘明集校笺》，上海古籍出版社 2013 年版。

13.（南朝 · 梁）释宝唱著，王孺童校注：《比丘尼传校注》，中华书局 2006 年版。

14.（南朝 · 梁）刘勰撰，詹锳义证：《文心雕龙义证》，上海古籍出版社 1989 年版。

15.（南朝 · 梁）萧统编，李善注：《文选》，中华书局 1977 年版。

16.（南朝 · 梁）萧绎撰，许逸民校笺：《金楼子校笺》，中华书局 2011 年版。

17.（北魏）崔鸿撰，汤球辑：《十六国春秋辑补》，中华书局 1985 年版。

18.（北齐）魏收：《魏书》，中华书局 1974 年版。

19.（唐）房玄龄等：《晋书》，中华书局 1974 年版。

20.（唐）姚思廉:《梁书》,中华书局 1973 年版。
21.（唐）姚思廉:《陈书》,中华书局 1972 年版。
22.（唐）李百药:《北齐书》,中华书局 1972 年版。
23.（唐）令狐德棻:《周书》,中华书局 1971 年版。
24.（唐）李延寿:《南史》,中华书局 1975 年版。
25.（唐）李延寿:《北史》,中华书局 1974 年版。
26.（唐）魏徵等:《隋书》,中华书局 1973 年版。
27.（唐）欧阳询:《艺文类聚》,上海古籍出版社 1985 年版。
28.（唐）释道宣:《广弘明集》,《影印文渊阁四库全书》,台湾商务印书馆 1983 年版。
29.（唐）刘知幾:《史通》,上海古籍出版社 2009 年版。
30.（唐）徐坚等:《初学记》,中华书局 2004 年版。
31.（唐）李林甫等撰,陈仲夫点校:《唐六典》,中华书局 2014 年版。
32.（唐）许嵩:《建康实录》,中华书局 1986 年版。
33.（唐）杜佑:《通典》,中华书局 1988 年版。
34.（唐）林宝撰,岑仲勉校记:《元和姓纂》,中华书局 1994 年版。
35.（唐）张彦远:《法书要录》,《影印文渊阁四库全书》,台湾商务印书馆 1983 年版。
36.（后晋）刘昫等:《旧唐书》,中华书局 1975 年版。
37.（宋）李昉:《文苑英华》,中华书局 1966 年版。
38.（宋）李昉等:《太平御览》,中华书局 1960 年版。
39.（宋）欧阳修、宋祁:《新唐书》,中华书局 1975 年版。
40.（宋）郑樵:《通志》,中华书局 1987 年版。
41.（宋）朱熹:《〈孟子章句〉集注》,中国书店 1985 年版。
42.（宋）王应麟:《玉海》,江苏古籍出版社 1987 年版。
43.（宋）马端临:《文献通考》,中华书局 1986 年版。
44.（清）顾炎武:《陔余丛考》,中华书局 1963 年版。
45.（清）顾炎武:《日知录》,上海古籍出版社 2006 年版。
46.（清）王夫之:《读通鉴论》,中华书局 1975 年版。
47.（清）王鸣盛:《十七史商榷》,上海古籍出版社 2016 年版。
48.（清）赵翼:《廿二史札记》,中华书局 2013 年版。
49.（清）钱大昕:《嘉定钱大昕全集》,江苏古籍出版社 1997 年版。

50.（清）纪昀总纂:《四库全书总目提要》,河北人民出版社 2000 年版。

51.（清）永瑢等:《四库全书简明目录》,上海古籍出版社 1985 年版。

52.（清）严可均辑:《全上古三代秦汉三国六朝文》,中华书局 1965 年版。

53.（清）汤球辑,乔治忠校注,《众家编年体晋史》,天津古籍出版社 1989 年版。

54.（清）汤球辑:《九家旧晋书辑本》,中州古籍出版社 1991 年版。

55.（清）朱铭盘:《南朝宋会要》,上海古籍出版社 1984 年版。

56.（清）沈家本:《古书目四种》,《沈寄簃先生遗书》,归安沈氏刻本。

57. 二十五史刊行委员会:《二十五史补编》,中华书局 1955 年版。

58. 刘文典:《庄子补正》,云南人民出版社 1980 年版。

59. 王利器:《文心雕龙校证》,上海古籍出版社 1980 年版。

60. 何建章:《战国策注释》,中华书局 1981 年版。

61. 赵万里:《汉魏南北朝墓志集释》,新文丰出版社公司 1982 年版。

62. 逯钦立:《先秦汉魏晋南北朝诗》,中华书局 1983 年版。

63. 王明:《抱朴子内篇校释》,中华书局 1986 年版。

64. 周天游:《八家后汉书辑注》,上海古籍出版社 1986 年版。

65. 杨伯峻:《春秋左传注》,中华书局 1990 年版。

66. 赵超:《汉魏南北朝墓志汇编》,天津古籍出版社 1992 年版。

67. 王利器:《颜氏家训集解》,中华书局 1993 年版。

68. 范希曾:《书目答问补正》,江苏古籍出版社 2000 年版。

69. 黎翔凤:《管子校注》,中华书局 2004 年版。

70. 罗新、叶炜:《新出魏晋南北朝墓志疏证》,中华书局 2005 年版。

71. 周祖谟校释:《洛阳伽蓝记校释》,中华书局 2010 年版。

著作类

1. 杨筠如:《九品中正与六朝门阀》,商务印书馆 1930 年版。

2. 朱希祖:《中国史学通论》,独立出版社 1943 年版。

3. 范文澜:《文心雕龙注》,人民出版社 1958 年版。

4. 缪钺:《读史存稿》,三联书店 1963 年版。

5. 毛汉光:《两晋南朝士族政治之研究》,中国学术著作奖助委员会 1966 年版。

6. 罗香林:《中国族谱研究》,香港中国学社 1971 年版。

7. 朱希祖:《史官名称议》,杜维运、黄进兴编:《中国史学史论文选集》(一),华世出版社 1976 年版。

8. 刘汝霖:《东晋南北朝学术编年》,长安出版社 1979 年版。

9. 王元化:《文心雕龙创作论》,上海古籍出版社 1979 年版。

10. 王仲荦:《魏晋南北朝史》(上),上海人民出版社 1979 年版。

11. 周振甫:《文心雕龙注释》,人民文学出版社 1981 年版。

12. 刘节:《中国史学史稿》,中州书画社 1982 年版。

13. 仓修良、魏得良:《中国古代史学史简编》,黑龙江人民出版社 1983 年版。

14. 唐长孺:《魏晋南北朝史论拾遗》,中华书局 1983 年版。

15. 陈光崇:《中国史学史论丛》,辽宁人民出版社 1984 年版。

16. 高国抗:《中国古代史学史概要》,广东高等教育出版社 1985 年版。

17. 蒋祖怡:《文心雕龙论丛》,上海古籍出版社 1985 年版。

18. 吴泽:《史学概论》,安徽人民教育出版社 1985 年版。

19. 尹达:《中国史学发展史》,中州古籍出版社 1985 年版。

20. 杨鸿年:《汉魏制度丛考》,武汉大学出版社 1985 年版。

21. 白寿彝:《中国史学史(第一册)》,上海人民出版社 1986 年版。

22. 施丁:《中国史学简史》,中州古籍出版社 1987 年版。

23. 苏绍兴:《两晋南朝的士族》,联经出版事业公司 1987 年版。

24. 余英时:《士与中国文化》,上海人民出版社 1987 年版。

25. 吴树平:《秦汉文献研究》,齐鲁书社 1988 年版。

26. 赵俊:《〈史通〉理论体系研究》,辽宁大学出版社 1990 年版。

27. 钱穆:《国史大纲》,商务印书馆 1991 年版。

28. 汤用彤:《汉魏两晋南北朝佛教史》,上海书店 1991 年版。

29. 周一良:《魏晋南北朝史论集续编》,北京大学出版社 1991 年版。

30. 吴怀祺:《宋代史学思想史》,黄山书社 1992 年版。

31. 杨冬荃:《汉代家谱研究》,《谱牒学研究(三)》,书目文献出版社 1992 年版。

32. 瞿林东:《中国古代史学批评纵横》,中华书局 1994 年版。

33. 张泽咸:《谱牒与门阀士族》,《中国史论集——纪念杨志玖教授八十寿辰》,天津古籍出版社 1994 年版。

34. 张泽咸:《中国史论集》,天津古籍出版社 1994 年版。

35. 卜宪群、张南:《中国魏晋南北朝教育史》,人民出版社 1995 年版。

36. 杨冬荃:《六朝家谱研究》,《谱牒学研究》第四辑,书目文献出版社 1995 年版。

37. 胡太雷:《中古文学集团》,广西师大出版社 1996 年版。

38. 乔治忠、姜胜利:《中国史学史研究述要》,天津教育出版社 1996 年版。

39. 任继愈:《中国道教史》,上海人民出版社 1996 年版。

40. 陈寅恪:《唐代政治史述论稿》,上海古籍出版社 1997 年版。

41. 陈光贻:《中国方志学史》,福建人民出版社 1998 年版。

42. 陈爽:《世家大族与北朝政治》,中国社会科学出版社 1998 年版。

43. 方广锠:《佛教经目杂谈》,载《佛教与中国文化》,中华书局 1988 年版。

44. 逯耀东:《魏晋史学及其他》,台湾东大图书股份有限公司 1998 年版。

45. 瞿林东:《史学志》,上海人民出版社 1998 年版。

46. 白寿彝:《中国史学史论集》,中华书局 1999 年版。

47. 金毓黻:《中国史学史》,商务印书馆 1999 年版。

48. 梁启超:《梁启超全集》,北京出版社 1999 年版。

49. 牛润珍:《汉至唐初史官制度的演变》,河北教育出版社 1999 年版。

50. 瞿林东:《中国史学史纲》,北京出版社 1999 年版。

51. 孙达人:《论族谱与传统史学》,《中国谱牒研究》,上海古籍出版社 1999 年版。

52. 白寿彝主编:《中国史学史教本》,北京师范大学出版社 2000 年版。

53. 林其锬:《中华谱牒研究》,上海科学技术文献出版社 2000 年版。

54. 刘驰:《六朝士族探析》,中央广播电视大学出版社 2000 年版。

55. 周征松:《魏晋隋唐间的河东裴氏》,山西教育出版社 2000 年版。

56. 陈垣:《中国佛教史籍概论》,上海书店 2001 年版。

57. 罗志田:《20 世纪的中国:学术与社会 · 编序(史学卷)》,山东人民出版社 2001 年版。

58. 杜维运:《中国史学史》(二),三民书局股份有限公司 2002 年版。

59. 毛汉光:《中国中古社会史论》,上海书店出版社 2002 年版。

60. 阎步克:《品位与职位:秦汉魏晋南北朝官阶制度研究》,中华书局 2002 年版。

61. 姚名达:《中国目录学史》,上海古籍出版社 2002 年版。

62. 高敏:《南北史掇琐》,中州古籍出版社 2003 年版。

63. 胡宝国:《汉唐间史学的发展》,商务印书馆 2003 年版。

64. 庞天佑:《中国史学思想通史(魏晋南北朝卷)》,黄山书社 2003 年版。

65. 邱敏:《六朝史学》,南京出版社 2003 年版。

66. 汪荣祖:《史传通说:中西史学之比较》,中华书局 2003 年版。

67. 张荣芳:《中古历史教育的发展及其转折——一个初步观察》,张国刚主编:《中国中古史论集》,天津出版社 2003 年版。

68. 李传印:《魏晋南北朝时期史学与政治的关系》,华中科技大学出版社 2004

年版。

69. 仓修良编注:《文史通义新编新注》,浙江古籍出版社 2005 年版。

70. 郝润华:《六朝史籍与史学》,中华书局 2005 年版。

71. 钱穆:《中国史学名著》,三联书店 2005 年版。

72. 逯耀东:《魏晋史学的思想与社会基础》,中华书局 2006 年版。

73. 蒙文通:《中国史学史》,上海人民出版社 2006 年版。

74. 王伊同:《五朝门第》,中华书局 2006 年版。

75. 谢保成:《中国史学史》,商务印书馆 2006 年版。

76. 许殿才:《中国史学史(秦汉时期)》,上海人民出版社 2006 年版。

77. 李小树:《秦汉魏晋南北朝史学史稿》,中国人民大学出版社 2007 年版。

78. 蒙思明:《魏晋南北朝的社会》,上海人民出版社 2007 年版。

79. 乔治忠:《中国官方史学与私家史学》,北京图书馆出版社 2008 年版。

80. 钱穆:《中国学术思想史论丛》(三),三联书店 2009 年版。

81. 张莉:《魏书研究》,华文出版社 2009 年版。

82. 白云:《中国古代史学批评史论纲》,人民出版社 2010 年版。

83. 杜维运:《中国史学史》,商务印书馆 2010 年版。

84. 王永平:《东晋南朝家族文化史论丛》,广陵书社 2010 年版。

85. 朱绍侯等:《中国古代史》,福建人民出版社 2010 年版。

86. 田余庆:《东晋门阀政治》,北京大学出版社 2012 年版。

87. 万绳楠整理:《陈寅恪魏晋南北朝史讲演录》,贵州人民出版社 2012 年版。

88. 许殿才:《秦汉史学研究》,北京师范大学出版社 2012 年版。

89. 韩理洲:《全三国两晋南朝文补遗》,三秦出版社 2013 年版。

90. 杨翼骧编著:《增订中国史学史资料编年》(先秦至隋唐五代卷),商务印书馆 2013 年版。

91. 范兆飞:《中古太原士族群体研究》,中华书局 2014 年版。

92. 唐燮军:《史家行迹与史书构造》,浙江大学出版社 2014 年版。

93. 熊明:《汉魏六朝杂传研究》,中华书局 2014 年版。

94. 陈爽:《出土墓志所见中古谱牒研究》,学林出版社 2015 年版。

95. 陈寅恪:《金明馆丛稿初编》,三联书店 2015 年版。

96. 范文澜等:《中国通史(第二册)》,人民出版社 2015 年版。

97. 仇鹿鸣:《魏晋之际的政治权力与家族网络》,上海古籍出版社 2015 年版。

98. 朱维铮:《中国史学史讲义稿》,复旦大学出版社 2015 年版。

99. 陈长琦:《官品的起源》,商务印书馆 2016 年版。

100. 汪高鑫:《中国经史关系史》,黄山书社 2017 年版。

101. 徐冲:《中古时代的历史书写与皇帝权力起源》,上海古籍出版社 2017 年版。

102. 马艳辉:《魏晋南北朝史论研究》,人民出版社 2017 年版。

103. 雷家骥:《中国古代史学观念史》,北京师范大学出版社 2018 年版。

104. [日]矢野主税:《门阀社会形成史》,国书刊行会 1976 年版。

105. [日]越智重明:《魏晋南朝的贵族制》,研文出版 1982 年版。

106. [日]中村圭尔:《六朝贵族制研究》,风间书房 1987 年版。

107. [日]川胜义雄:《六朝贵族制社会的成立》,《日本学者研究中国史论著选译》(四),中华书局 1992 年版。

108. [日]川胜义雄著,徐谷芃、李济仓译:《六朝贵族制社会研究》,上海古籍出版社 2007 年版。

109. [日]川胜义雄:《六朝贵族制社会研究》,上海古籍出版社 2008 年版。

110. [日]内藤湖南:《中国史学史》,上海古籍出版社 2008 年版。

111. [日]吉川忠夫:《六朝精神史研究》,江苏人民出版社 2012 年版。

期刊论文类

1. 郑鹤声:《汉隋间之史学》,《学衡(33)》1924 年第 9 期。

2. 郑鹤声:《汉隋间之史学》,《学衡(34)》1924 年第 10 期。

3. 李云光:《补梁书艺文志》,《台湾省立师范大学国学研究所集刊(创刊号)》,1957 年。

4. 杨寿彭:《补陈书艺文志》,《台湾省立师大国文研究所集刊创刊号》,1957 年。

5. 赖炎元:《补魏书艺文志》,《台湾省立师范大学国文研究所创刊号》,1957 年。

6. 蒙传铭:《补北齐书艺文志》,《台湾省立师范大学国文研究所创刊号》,1957 年。

7. 王忠林:《补周书艺文志》,《台湾省立师范大学国文研究所创刊号》,1957 年。

8. 饶宗颐:《文心雕龙探原》,香港大学《文心雕龙研究专号》,1962 年。

9. 金毓黻:《文心雕龙疏证》,《中华文史论丛》1979 年第一辑,上海古籍出版社 1979 年版。

10. 朱仲玉:《魏晋南北朝时期史籍散论》,《史学史资料》1979 年第 1 期。

11. 黎子耀:《史学在魏晋南北朝时期的新地位》,《杭州大学学报》1979 年第 3 期。

12. 王俊杰:《魏晋南北朝时期的史学》,《史学史资料》1980 年第 2 期。

13. 陈直:《南北朝谱牒形式的发现和索隐》,《西北大学学报》1980 年第 3 期。

14. 瞿林东:《试论汉唐史学中的家学传统》,《辽宁大学学报》1981 年第 2 期。

15. 刘隆有:《试论范晔的史学思想》,《求是学刊》1984 年第 2 期。

16. 向燕南:《北魏太武灭佛原因考辨》,《北京师范大学学报》1984 年第 2 期。

17. 高国抗:《魏晋南北朝时期史学的巨大发展》,《暨南学报》1984 年第 3 期。

18. 李颖科:《孙盛史学初探》,《西北大学学报》1984 年第 4 期。

19. 顾奎相:《魏晋南北朝史学繁荣探源》,《社会科学辑刊》1985 年第 2 期。

20. 卫广来:《袁宏与〈后汉纪〉》,《山西大学学报》1985 年第 3 期。

21. 刘隆有:《士族门阀制度与魏晋南北朝史学》,《齐鲁学刊》1986 年第 2 期。

22. 叶妙娜:《东晋南朝侨姓高门之仕宦——陈郡谢氏个案研究》,《中山大学学报》1986 年第 3 期。

23. 柏明:《〈文心雕龙 · 史传〉意义之管见——兼论魏晋南北朝时期的史评》,《西北大学学报》1987 年第 4 期。

24. 蒋家骅:《论魏晋南北朝史学兴盛及其原因》,《云南民族大学学报》1989 年第 2 期。

25. 魏承思:《中国佛教史学述论》,《佛教文化》,1989 年。

26. 余世明:《北周武帝改革略论》,《贵州大学学报》1990 年第 2 期。

27. 何启民:《魏晋南北朝时代之谱牒与谱学》,见联合报文化基金会国学文献编:《第五届亚洲族谱学术研讨会会议记录》1991 年 10 月。

28. 曹道衡:《论袁宏的创作及其〈后汉纪〉》,《辽宁大学学报》1992 年第 2 期。

29. 王仲:《何之元和〈梁典〉》,《安徽史学》1992 年第 2 期。

30. 向燕南:《〈魏书 · 释老志〉的史学价值》,《史学史研究》1993 年第 2 期。

31. 高敏:《试论魏晋南北朝时期史学的兴盛及其特征和原因》,《史学史研究》1993 年第 3 期。

32. 石荣伦:《魏晋南北朝史学的特点及其成因》,《江海学刊》1994 年第 1 期。

33. 庞天佑:《门阀士族与魏晋南北朝时期的史学》,《湛江师范学院学报》1994 年第 2 期。

34. 张承宗:《魏晋南北朝时期的南北交往》,《中国史研究》1994 年第 3 期。

35. 李颖科:《魏晋南北朝史学发达原因新探》,《人文杂志》1994 年第 4 期。

36. 耿敬:《谱学,鼎盛于魏晋南北朝的家族档案学》,《上海档案》1994 年第 5 期。

37. 吴怀祺:《〈隋书经籍志〉的史学观》,《史学史研究》1995 年第 1 期。

38. 牛润珍:《北齐史馆考辨》,《南开学报》1995 年第 4 期。

39. 乔治忠:《孙盛史学发微》,《史学史研究》1995 年第 4 期。

40. 程章灿:《沈约〈奏弹王源〉与南朝士风考辨》,《传统文化与现代化》1995 年第 6 期。

41. 俞灏敏:《西晋议〈晋书〉限断考辨》,《安徽史学》1996 年第 2 期。

42. 张承宗:《〈汉晋春秋〉在史学上的影响》,《史学史研究》1996 年第 2 期。

43. 李步嘉:《何承天〈安边论〉"吴城江陵,移入南岸"考补》,《西北大学学报》1997 年第 3 期。

44. 张承宗:《六朝道教杂传人物述要》,《苏州大学学报》1998 年第 1 期。

45. 瞿林东:《〈魏晋隋唐间的河东裴氏〉序》,《晋阳学刊》1998 年第 2 期。

46. 李养正:《顾欢〈夷夏论〉与"夷夏"之辨述论》,《宗教学研究》1998 年第 3 期。

47. 林校生:《桓温与玄学》,《中国史研究》1998 年第 4 期。

48. 蒋世杰:《刘勰出身士族衰门说考释》,《云南教育学院学报》1999 年第 4 期。

49. 李必友:《魏晋南北朝家族教育的特点》,《安徽师范大学学报》1999 年第 5 期。

50. 田昌五:《魏晋士族制度的历史考察——兼评陈寅恪的士族说》,《学术研究》2000 年第 1 期。

51. 牛润珍:《齐史断限与平四胡之岁——刘节先生〈中国史学史稿〉正误一例》,《中国人民大学学报》2000 年第 4 期。

52. 田昌五:《对魏晋士族制度的历史考察》,《学术研究》2001 年第 1 期。

53. 牛润珍:《释"上车不落则著作"》,《史学史研究》2001 年第 3 期。

54. 李珍:《"素心"与"史德"》,《史学理论研究》2000 年第 2 期。

55. 杨强:《"薛孝通贻后券"辨伪》,《文博》2002 年第 3 期。

56. 严耀中:《试论佛教史学》,《史学理论研究》2002 年第 3 期。

57. 张新科:《〈三国志注〉所引杂传述略》,《陕西师范大学学报》2003 年第 5 期。

58. 李传印:《魏晋南北朝时期谱学的时代特点》,《华中科技大学学报》2004 年第 2 期。

59. 张承宗:《南朝史官制度述论》,《扬州大学学报》2004 年第 2 期。

60. 李建栋:《邢劭考辨二则》,《淮北煤炭师范学院学报》2004 年第 3 期。

61. 熊明:《生命理论的投射:嵇康与〈圣贤高士传赞〉》,《古籍整理研究学刊》2004 年第 6 期。

62. 刘湘兰:《两晋史官制度与杂传的兴盛》,《史学史研究》2005 年第 2 期。

63. 王书才:《萧该生平及其〈文选〉研究考述》,《安康师专学报》2005 年第 2 期。

64. 孙明君:《陆机诗歌中的士族意识》,《北京大学学报》2005 年第 6 期。

65. 雷震:《魏晋南北朝史学发展的原因》,《渭南师范学院学报》2006 年第 1 期。

66. 仇鹿鸣:《略论魏晋的杂传》,《史学史研究》2006 年第 1 期。

67. 马艳辉:《晋、宋、梁三朝总论评析》,《河北学刊》2006 年第 2 期。

68. 陈祥谦:《刘勰出身于衰落的门阀士族之证辩》,《湖南工业大学学报》2007 年第 1 期。

69. 王春元:《琅邪王氏族谱的修撰》,《青岛大学师范学院学报》2007 年第 1 期。

70. 唐燮军:《何之元〈梁典〉述论》,《古籍整理研究学刊》2007 年第 3 期。

71. 高贤栋:《北朝宗族谱牒述论》,《北方论丛》2007 年第 5 期。

72. 俞绍初:《"南皮之游"与建安诗歌创作——读〈文选〉曹丕〈与朝歌令吴质书〉》,《文学遗产》2007 年第 5 期。

73. 乔治忠、杨永康:《清代乾嘉时期的官方史学与私家史学》,《学术月刊》2007 年第 8 期。

74. 王志刚:《十六国北朝的史官制度与史学发展》,《史学史研究》2008 年第 1 期。

75. 仇鹿鸣:《"攀附先世"与"伪冒士籍"——以渤海高氏为中心的研究》,《历史研究》2008 年第 2 期。

76. 毛振华:《侯景乱后南北聘问与文化交流》,《宁夏大学学报》2009 年第 2 期。

77. 陈金凤:《何承天的军事思想——以〈安边论〉为中心》,《南都学坛》2009 年第 3 期。

78. 乔治忠、刘文英:《中国古代"起居注"记史体制的形成》,《史学史研究》2010 年第 2 期。

79. 史卉:《魏晋南北朝杂传之儒家思想倾向》,《求索》2011 年第 1 期。

80. 石树芳:《江夏李氏考索——以李善家族检讨为中心》,《河南师范大学学报》2013 年第 1 期。

81. 陈爽:《出土墓志所见中古谱牒探迹》,《中国史研究》2013 年第 4 期。

82. 张蓓蓓:《魏晋南北朝贾执谱学研究》,《图书馆理论与实践》2013 年第 10 期。

83. 赵莹莹:《何承天〈安边论〉创作时间考》,《喀什师范学院学报》2014 年第 2 期。

84. 王永平:《刘义康之狱难与元嘉政局之变化》,《学术研究》2014 年第 6 期。

85. 柳春新:《陆机〈晋纪〉与晋史的修撰起源》,《魏晋南北朝隋唐史资料》(第三十二辑),上海古籍出版社 2015 年版。

86. 仇鹿鸣:《制作郡望:中古南阳张氏的形成》,《历史研究》2016 年第 3 期。

87. 杨恩玉:《何承天〈安边论〉与"元嘉之治"》,《东岳论丛》2017 年第 1 期。

88. 李正君、汤莉:《断限泰始:"晋书"的限断问题再讨论》,《唐都学刊》2017 年第

3 期。

89. 范兆飞:《中古士族谱系的虚实——以太原郭氏的祖先建构为例》,《中国史研究》2017 年第 4 期。

90. 张帆帆:《庾仲雍生平补证及其地记数种考论与辑补》,《中国地方志》2018 年第 2 期。

91. [日]林田慎之助:《裴子野〈雕虫论〉考证——关于〈雕虫论〉的写作年代及其复古文学论》,《古代文学理论研究丛刊·第 6 辑》,上海古籍出版社 1982 年版。

92. [日]矢嶋美都子:《新野庾氏与颍川庾氏关系考——以对庾信〈哀江南赋〉之"我之掌庾承周"的考察为中心》,《长江大学学报》2004 年第 2 期。

学位论文类

1. 杨化坤:《邢劭研究》,河北师范大学,2011 年。

2. 谢琛:《司马彪〈续汉书〉研究》,安徽大学,2012 年。

3. 陈妍:《魏晋南北朝家教文学研究》,南京师范大学,2013 年。

4. 刘庆莲:《袁宏〈后汉纪〉研究——以文学性考察为重点》,山东师范大学,2018 年。

责任编辑：汪　逸
封面设计：石笑梦
版式设计：胡欣欣

图书在版编目（CIP）数据

三至六世纪门阀士族与史学发展关系研究/金仁义 著. —北京：
人民出版社，2024.5
ISBN 978 - 7 - 01 - 023058 - 0

Ⅰ. ①三…　Ⅱ. ①金…　Ⅲ. ①士-群体-关系-史学-研究-中国-中古
Ⅳ. ①D691. 2②K092. 1

中国版本图书馆 CIP 数据核字（2021）第 015876 号

三至六世纪门阀士族与史学发展关系研究
SAN ZHI LIU SHIJI MENFA SHIZU YU SHIXUE FAZHAN GUANXI YANJIU

金仁义　著

人民出版社 出版发行
（100706　北京市东城区隆福寺街 99 号）

北京九州迅驰传媒文化有限公司印刷　新华书店经销

2024 年 5 月第 1 版　2024 年 5 月北京第 1 次印刷
开本：710 毫米×1000 毫米 1/16　印张：18. 75
字数：257 千字

ISBN 978 - 7 - 01 - 023058 - 0　定价：78.00 元

邮购地址 100706　北京市东城区隆福寺街 99 号
人民东方图书销售中心　电话（010）65250042　65289539